U0446961

Research on
Legal Regulation of
Chinese Energy Industry

我国能源产业
法律规制研究

郗伟明／主编　郗志豪／副主编

法律出版社
LAW PRESS · CHINA
北京

图书在版编目（CIP）数据

我国能源产业法律规制研究 / 郗伟明主编. -- 北京 ：法律出版社，2025. -- ISBN 978-7-5244-0640-2

Ⅰ. D922.674

中国国家版本馆 CIP 数据核字第 2025NN9573 号

我国能源产业法律规制研究
WOGUO NENGYUAN CHANYE FALÜ GUIZHI YANJIU

郗伟明 主 编
郗志豪 副主编

责任编辑 郑怡萍 王懿智
装帧设计 苏 慰

出版发行 法律出版社
编辑统筹 教育出版分社
责任校对 王晓萍
责任印制 刘晓伟
经　　销 新华书店

开本 710 毫米×1000 毫米 1/16
印张 20 **字数** 353 千
版本 2025 年 8 月第 1 版
印次 2025 年 8 月第 1 次印刷
印刷 中煤(北京)印务有限公司

地址:北京市丰台区莲花池西里 7 号(100073)
网址:www.lawpress.com.cn
投稿邮箱:info@lawpress.com.cn
举报盗版邮箱:jbwq@lawpress.com.cn

销售电话:010-83938349
客服电话:010-83938350
咨询电话:010-63939796

版权所有 · 侵权必究

书号:ISBN 978-7-5244-0640-2
定价:78.00 元

凡购买本社图书,如有印装错误,我社负责退换。电话:010-83938349

序

能源是经济社会发展的重要物质基础,能源产业的开发利用事关国计民生和国家安全。党中央、国务院高度重视能源产业开发利用和安全保障工作。在“双碳”背景下,习近平总书记围绕能源产业发展多次作出重要指示批示。为此,本书期望能为国家能源产业发展贡献法律规制研究学术成果。

《我国能源产业法律规制研究》编写工作的指导思想:以习近平新时代中国特色社会主义思想为指导,立足能源产业发展现状和转型升级改革需要,总结能源产业立法、执法和司法经验,广泛吸收国内外研究成果,提炼能源产业法律保障的基本概念、基本原则和基本制度,构建能源产业保障的法学理论体系,完善能源产业法学学科范式,为高等院校教学和能源企业培训提供参考教材,为立法部门完善能源立法提供理论支持,为实现能源产业保障法学科跨越发展奠定坚实基础。

《我国能源产业法律规制研究》编写工作的总体要求:一是要注重能源与法学的交叉性和复合性,立足法学与能源产业发展的交叉特点,既要有能源专业知识,也要有法学理论提炼,着重契合跨界学科的交叉类知识传授与复合型人才培养需求。二是要注重国内与国外的借鉴性和互动性,既要体现国内能源改革政策精神,也要借鉴国外能源产业立法最新成果,更要促进能源产业领域“产、学、研、政、律”之间的立法支撑、法务支持、知识更新、学术创新的良性互动。三是要注重吸收与创新的广泛性和代表性,要采各家之长,集思广益,凝聚共识,既要有集成创新,也要有原始呈现;既要体现广泛性,更要具有代表性。

本书各章的主要内容如下:

第一章详细阐述了我国煤炭资源开发利用的现状,在既有五大煤炭基地的发展格局及其各个阶段煤炭清洁化利用的基础上梳理发展脉络和技术路径,指出了煤炭清洁化利用在法律保障机制上存在的问题。法律实践层面包括领导管理体制不健全,部门间的管理职责存在一定重叠;和矿业有关的各种证件的颁发分散在不同的部门;“一刀切”“运动式”减碳导致有些部门为了响应“双碳”目标盲目关停高耗能项目。在立法层面存在的问题包括：一些环境保护措施可操作性不强；公众对煤炭清洁化参与缺乏法律制度的保障；煤炭环境行政体系不完备、环境行政许可制度不完善、煤炭监管体系不健全；煤炭清洁化激励政策缺位。对以上问题的成因进行分析，明确我国煤炭清洁化法律保障要从能源的法律制度体系、煤炭环境行政规范体系、煤炭清洁化利用实施的政策支持与激励出发进行完善。

第二章详细阐述了分布式光伏发电产业特点类型、分布式光伏发电的优势、产业盈利模式、项目建设与系统应用情况，通过介绍光伏发电产业的历史脉络，指出分布式光伏发电产业未来的发展必须坚持“双碳”目标、整县推进、平价上网与市场化交易。当前我国分布式光伏主要在行政审批、土地权属及租赁、能源市场发展、法律制度等方面存在的问题，主要表现为：立法零散，执行依据不足；涵盖面窄，法律滞后；上网制度及其电价问题与疏漏。通过分析问题的成因，我国分布式光伏发电产业法律规制要优化补贴政策与财政激励机制，加强技术标准与并网管理，强化环境与社会责任管理，优化政策实施路径规划，提升监管机制与执行力，优化持续评估与反馈机制。

第三章详细阐述了我国天然气产业类型、用途、衍生品、分布概况，从上中下全产业链介绍了勘探生产、运输、分销业产业体系，详细列举了中央及各地方的产业政策。对 1949 年新中国成立以来到 2022 年天然气产业发展的历史、现状进行梳理，指出在后疫情时代的能源发展要求。天然气产业发展存在的问题主要从天然气气源对外依存度较高，产业开发、储备环节发展薄弱，产业立法及司法困境，法律监管体系不完备四个角度予以分析，并对天然气产业监管法治完善路径从完善天然气产业上中下游法律规则体系，建立完备的天然气法律规范体系，加强天然气产业法律监管，优化天然气产业发展环境，解决天然气产业发展问题五个角度进行优化。

第四章详细梳理了氢能产业链各个环节的发展模式，氢能产业发展理论基础，国家及各地方的产业规划和政策现状，列举各地方开始规划投资氢能开发利用项目，说明当前各地方在缺乏对氢能产业法律保障的专门法律体系、法律滞后性严重、缺乏配套规则等问题，指明要完善氢能发展战略规划，加强顶层设计，挖掘氢能的法律属性，建立跨区域行业管理标准、制定严格的技术和质量标准，完善氢能领域新业态知识产权保护规则等，以此保障氢能产业持久健康的发展。

第五章详细介绍了能源安全、能源储备、能源应急管理三个概念，阐述了能源突发事件对能源需求、企业经营、企业发展转型三个方面造成的基本影响，以及对能源行业、能源应急体系产生的重要影响，从能源应急组织机构、部分能源应急预案、应急协同响应程序三个方面阐述了能源突发事件法律制度的发展现状，从能源安全观、能源安全新战略、能源领域科技创新三个角度剖析了能源应急制度的政策导向。从能源应急法律制度的历史发展、制度现状、立法模式和能源法规体系的变动总结了能源应急制度建设的概况，在此背景下，国家层面要保证能源供给、储备、消费安全；法律层面要加快能源基本法出台，增加重要能源单行法，推进能源领域法律立改废释，完善法律解释；加强地方省市能源应急管理能力建设；借鉴国外应对能源突发事件的建议。

值本书出版之际，要特别感谢关心和支持此书编写工作的朋友！还要感谢参与调研和本书编写工作的所有人：于熠舟、王川静、王杰、王泽耀、王珏、王雪品、师瑞、任泽龙、任晓勇、向志云、刘心怡、刘纪泽、刘博雅、齐康、李艺男、李伟、李灵芳、李宛笑、李栋、李娜武、李雪涛、李强、吴其慧、辛岳桐、张国杰、张怡、张春耕、张楠、张瑾、武之智、武曌辉、岳艳霞、岳晓涵、周瑜莎、赵文韬、赵楠、郝彤彤、郗志豪、贺子茹、贾育育、钱雨林、高哲、郭丁源、曹越、梁亚倩、韩宇、樊丽英、薛益渊等，正是大家的努力推动了本书的顺利出版。

对于本书的编写，虽然我们付出了努力，但是由于时间仓促、能力所限，疏漏在所难免，尚请广大读者提出宝贵意见。

郗伟明

2025 年 2 月 5 日

目　录

CONTENTS

第一章　构建我国煤炭清洁化利用综合保障法律问题研究

第一节　我国煤炭资源的内涵与发展状况

一、煤炭资源与储量

（一）我国煤炭的基本情况

煤炭，是传统化石能源。煤炭资源是千百万年来地壳运动过程中，植物遗体在隔绝空气的高温高压环境下碳化形成的。煤炭作为能源，在能源保供中发挥“压舱石”作用，给人类社会的发展提供源源不断的燃料。随着“双碳”政策的提出与发展，我们对煤炭资源的发展方向产生了新的思考。

1. 我国煤炭能源基本特征

（1）我国煤炭资源丰富，煤炭储藏量在全世界排名靠前。2020 年，我国煤炭已探明储量约占全世界储量的 13.3%（见图 1-1）。相比较而言，我国的

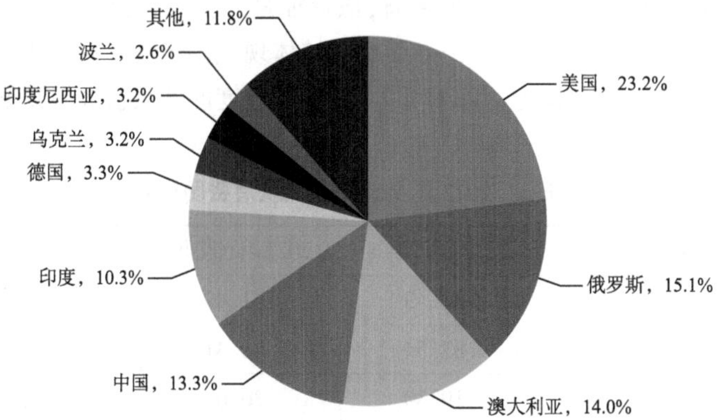

资料来源：《国际能源：全球主要煤炭生产国资源分布情况》。

图 1-1　2020 年全球煤储量分布

炼焦煤资源比较贫乏,煤炭整体质量存在差异。2020 年,我国煤产量约占全球 50.7%(见图 1-2)。

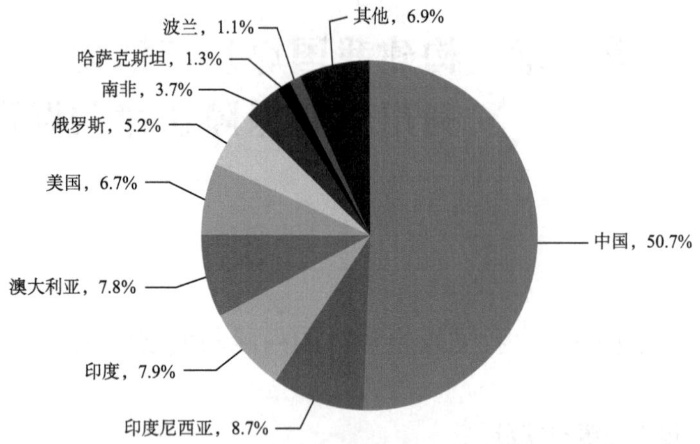

图 1-2　2020 年全球煤产量分布

(2)我国煤炭地域分布不均匀。根据 2022 年 9 月自然资源部发布《中国矿产资源报告(2022)》载明,2021 年中国主要能源矿产储量情况:煤炭储量约为 2078 亿吨,石油储量约为 36 亿吨,天然气储量约为 63,392 亿立方米,煤层气储量约为 5440 亿立方米,页岩气储量约为 3659 亿立方米。中国煤炭储量前五名的地区排名分别是山西、陕西、新疆、内蒙古和贵州。

(3)我国煤炭资源整体生产量高,消费量高(见图 1-2、表 1-1、表 1-2)。随着我国煤炭开采、加工利用技术的高质量发展,煤炭产量在全世界排名首屈一指,从辩证唯物主义的角度来看,该特征是一把双刃剑。一方面说明我国煤炭开采技术的发展,但另一方面也能够体现我国经济发展对于煤炭的依赖度较高。煤炭资源作为一种不可再生资源,过度的开采会导致煤炭资源的枯竭。

表 1-1　2022 年全球十大煤炭消费国排名

项目	2021 年/艾焦	2022 年/艾焦	同比增长/%
全球总消费量	160. 43	161. 47	0. 6
中国	87. 54	88. 41	1. 0
印度	19. 30	20. 09	4. 1
美国	10. 57	9. 87	-6. 7
日本	4. 93	4. 92	-0. 3

续表

项目	2021 年/艾焦	2022 年/艾焦	同比增长/%
印度尼西亚	2.75	4.38	59.4
南非	3.51	3.31	-5.6
俄罗斯	3.43	3.19	-6.8
韩国	3.04	2.87	-5.3
德国	2.24	2.33	4.1
越南	2.16	2.05	-5.0

资料来源:《世界能源统计年鉴 2023》。

表 1-2　2022 年全球十大煤炭生产国排名

项目	2021 年/亿吨	2022 年/亿吨	同比增长/%
全球总产量	81.60	88.03	7.9
中国	41.26	45.60	10.5
印度	8.12	9.11	12.1
印度尼西亚	6.14	6.87	12.0
美国	5.24	5.40	3.0
澳大利亚	4.60	4.43	-3.7
俄罗斯	4.34	4.39	1.1
南非	2.30	2.26	-1.7
德国	1.26	1.33	4.9
哈萨克斯坦	1.16	1.18	1.5
波兰	1.08	1.08	-0.2

资料来源:《世界能源统计年鉴 2023》。

(4)我国煤炭清洁化利用技术仍有待提高。“双碳”背景下,我国煤炭能源的清洁化利用技术有了长足的发展,但总的来说,仍旧和更为先进的技术有一定差距,因此,我国在煤炭资源发展过程中,更要增强清洁化利用的意识与技术创新,实现碳达峰、碳中和。

2. 煤炭资源的分类及品质分析

(1)煤炭的主要类型

《中国煤炭分类》根据相应的参数和指标,将煤炭分为无烟煤、贫煤、贫瘦煤、瘦煤、焦煤、肥煤、1/3 焦煤、气肥煤、气煤、1/2 中粘煤、弱粘煤、不粘煤、长焰煤等。其中按煤的挥发分,将所有煤分为褐煤、烟煤和无烟煤。

根据用途对煤炭进行分类可将其分为动力煤与炼焦煤。

动力煤是一种用于动力燃料的高能煤,包括烟煤、贫瘦煤和无烟煤等,燃烧时可以释放出大量的热能,主要用于发电和工业用途;还包括建材用煤、工业锅炉用煤、生活用煤、蒸汽机车用煤、冶金用煤等。

炼焦煤具有较高的固定碳含量和低灰分,适合在高温下进行干馏,通过蒸馏释放出可用于生产焦炭和一些化学产品的可燃气体。炼焦煤主要用于冶金工业,特别是钢铁生产中的焦炉炼焦过程。炼焦煤中的绝大部分被用来炼焦炭,焦炭是混合煤或焦煤经过高温冶炼从而形成的,焦炭的主要作用是炼钢,被称为钢铁工业的"基本粮食"。我国的炼焦煤资源在煤炭总储量中占比较低,包括气煤、肥煤、主焦煤、瘦煤、其他未分牌号的煤。

(2)煤炭的主要质量指标

水分:包括内在水分和外在水分两种,前者是由植物变成煤时所含的水分,后者是在开采、运输等过程中附在煤表面和裂隙中的水分。通常,煤的变质程度越大,内在水分越低。水分是影响煤炭燃烧过程中释放热量的重要因素。在煤炭燃烧过程中,水分要先蒸发,然后才能与其他可燃成分进行反应释放能量。因此,高水分含量的煤炭会降低煤的可燃性和煤的热值,降低燃烧效率和热能产出。对于一些特殊的燃烧设备,如燃煤电厂和工业炉窑,对煤炭的水分含量有着严格的要求。

灰分:煤在彻底燃烧后所剩下的残渣称为灰分,其中包括氧化物、碳酸盐、硫酸盐、硅酸盐、铁锰氧化物等。灰分分为外在灰分和内在灰分两种。前者来自煤层顶板和夹矸中的岩石碎块,这与采煤过程是否规范有很大关系。外在灰分通过分选大部分能去掉。后者是成煤的原始植物本身所含的无机物,与煤质结合得较为牢固,无法通过常规的物理方法进行分离,且内在灰分越高,煤的可选性越差。内在灰分主要存在于煤的孔隙和基质中,对煤质和煤炭的特性产生重要影响。灰分含量高的煤炭通常具有较低的热值,而且会降低煤炭的可燃性和燃烧效率。此外,高灰分含量还可能导致炉膛结渣、管道堵塞和烟气中颗粒物排放增加,增加燃烧过程中的能源消耗和环境污染。

挥发分:在高温和隔绝空气的特定条件下,煤炭发生热解、脱氢和裂解等反应所排出的气体和液体状态的产物被称为挥发分。挥发分的主要成分为甲烷、氢及其他碳氢化合物等。一般来讲,随着煤炭变质程度的增加,煤炭挥发分降低。褐煤、气煤挥发分较高,瘦煤、无烟煤挥发分较低。

固定碳含量:在加热条件下不发生挥发的煤炭中的碳元素含量被称为固定碳含量。它是不容易燃烧的煤炭组分,通常用于评估煤炭的燃烧性能和燃料价值。固定碳含量是表示煤炭中固定碳的质量百分比，是确定煤炭用途的重要指标。固定碳含量高的煤炭具有较高的热值，燃烧效率较好，可以减少灰渣的形成和处理。

发热量：单位质量的煤炭在完全燃烧过程中所释放的热量被称为发热量，主要分为高位发热量和低位发热量。高位发热量反映了燃料的总能量含量，而低位发热量更加贴近实际应用中能量的回收情况。通过比较不同燃料的发热量，可以选择适合特定用途的燃料，评估燃料的燃烧性能，帮助设计和优化燃烧设备，以实现更高的能源利用效率。

（3）不同种类煤炭资源差异的原因

煤炭的化学组成受到其形成过程中的环境条件和原始有机物的类型的影响，包括煤炭形成时的温度、压力、湿度和沉积环境等因素。大量植物，包括树木、蕨类、苔藓等，其残体富含有机质，在地表常温、常压下，这些植物堆积层在水体中经泥炭化作用或腐泥化作用，转变成泥炭或腐泥，形成沉积层；再经过地壳运动、地温、地压等，盆地基底下降而沉至地底深处，使植物残体中的水分和挥发性物质被逐渐排出，经成岩作用而转变成褐煤；随着地层深度的增加，植物残体在长时间内受到高压和高温的作用，其有机质发生物理和化学变化，转变成烟煤或无烟煤。泥炭化作用和腐泥化作用分别是指高等植物遗体在沼泽中堆积经生物化学变化转变成泥炭的过程和低等生物遗体在沼泽中经生物化学变化转变成腐泥的过程。也就是说，煤炭种类差异的部分原因是因为密度不同。

（二）资源储量与煤炭基地建设

根据自然资源部数据，2021 年中国煤炭探明储量为 2078.85 亿吨，2022 年全国煤炭储量为 2070.12 亿吨。从整体分布地区的情况来看，2022 年，山西、内蒙古、新疆、陕西煤炭储量稳居全国前四，分别约为 483.1 亿吨、411.22 亿吨、341.86 亿吨、290.97 亿吨，总计约占我国煤炭总储量的 73.77%。在已探明的煤炭储量中，动力煤约占 72%，炼焦煤约占 26%（其中主焦煤、肥煤、瘦煤等基础煤种比例较少，仅占 13.35%），分类不明的占 2%。细分煤种产地来看，无烟煤主要分布在山西（约为 39.6%）和贵州（约为 28.6%）；动力煤主要分布在内蒙古（约为 32.5%）、新疆（约为 28.7%）和陕西（约为 26.5%）；炼焦煤集中分布在山西（约为 46.0%）。

“十四五”期间，根据我国煤矿矿区的开采历史、资源禀赋、区域发展的特征，规划合理分类确定了 14 个大型煤炭生产基地的功能及其产能建设规模，优化开发布局，以提高我国煤炭供给综合保障能力。

在云贵和内蒙古东部基地，努力稳定煤炭产量，确保安全生产，并提供区域保障。预计两地煤炭产量将分别维持在每年 5 亿吨和 2.5 亿吨左右，以提升区域的煤炭供应稳定能力。

在两淮、河南、鲁西和冀中基地，控制煤炭产量规模，提升煤炭产能效率，保障地区供需平衡。预计两淮、河南、鲁西和冀中基地煤炭产量将分别稳定在每年 0.6 亿吨、1.2 亿吨、1.2 亿吨和 1.3 亿吨左右。

在晋东、晋北、晋中、陕北、黄陇和神东基地，控制煤炭产量，追求高产高效，以兜底保障能源供应，努力建成落地一批智能化大型煤矿，提升地区的长期稳定供应水平。预计晋东、晋北、晋中基地的煤炭产量将控制在每年约 9 亿吨，陕北和黄陇基地将控制在每年约 6.4 亿吨，神东基地将控制在每年约 9 亿吨。

在新疆基地，科学合理规划矿区建设开发，动态调整生产供应节奏，做好应急储备和能力保障。提前制定矿区总体建设规划，合理掌握开发节奏和建设时段，将煤炭的就地转化和外运有效结合，努力优化煤炭的梯级开发和梯级利用。在"十四五"期间，预计新疆基地煤炭产量将稳定在每年约 3 亿吨。

在宁东基地，主要保持产能规模，就地转化，维护区内供需平衡。预计宁东基地煤炭产量稳定在 0.8 亿吨/年左右。

(三)煤炭的伴生元素及其资源

1. 伴生元素

我国煤炭资源丰富，富含大量共伴生矿产资源。推动煤炭清洁高效利用就要求充分挖掘我国资源禀赋，提高煤炭资源综合利用效率，多层次提升煤系共伴生矿产资源的加工利用，促进矿产资源低碳转型。根据性质的不同，煤系共伴生矿产资源可以分为煤系非金属矿产和煤系金属矿产。随着我国煤矿生产规模的不断扩大，这些资源中的原矿多数已面临开采困难，资源枯竭，开发利用对生态环境造成了严重的影响，使其面临着严重的供需矛盾。在"碳达峰""碳中和"的大背景下，煤炭伴生矿产资源以其丰富的资源储量和低廉的开采成本，可以有效地填补油气等矿产资源短缺、环境污染等方面的不足，实现煤炭的绿色转型与固废资源化。

(1)煤系非金属矿产

煤系非金属矿产中富含大量矿物，这些矿物有广泛的用途，如硫铁矿、高岭土、膨润土与耐火黏土可以用于生产建筑材料；云母与石墨可以用于生产化工产品，如涂料、绝缘材料、润滑剂等；沸石、珍珠岩可以制成肥料和农药的载体，用于提高农作物产量、提高土壤质量。

(2)煤系金属矿产

煤系金属矿产主要包括煤层中的各种金属元素，如铁、锗、铜、镓-铝、锌、镍、稀土元素、钒以及锂等。通过物理选矿和化学浸出等方法，可以从粉煤灰中提取出铝、铁等金属元素，进一步加工成金属产品或合金。通过提取、分离得到粉煤灰和煤矸石中的金属元素用于制造钢铁、合金、铅蓄电池、超导材料、航空航天材料等产品，开发利用前景广阔。我国煤中稀土元素含量相对较高，远超世界平均值水平，为我国工业化大规模开发利用煤系稀土元素矿床提供了有利条件。

2. 煤炭伴生资源

煤炭伴生资源由煤炭开采衍生而来，主要包括煤矸石、煤层气、涌水等。其中，煤矸石主要成分为二氧化硅、氧化铝以及含有钙、铁等的氧化物，主要来自采煤、洗煤过程中排放的固体废弃物，我国煤矸石的产量大，2021 年的产量约为 7.43×10^8 吨；煤层气源于煤和围岩中的甲烷、氮气和二氧化碳的混合气体，属于非常规天然气，煤层气的用途有很多，可以用于瓦斯发电、集中供热、工业用气、汽车动力等；涌水是在矿井开采过程中，地下水、大气降水等通过各种通道汇集涌入井下所形成的水，可以利用涌水的势能建设小型水电站，或者利用涌水的热能建设地热发电站，这些发电项目不仅可以减少煤矿对传统能源的依赖，还可以为煤矿带来额外的经济效益。

二、现阶段我国煤炭供给结构及市场发展状况

（一）我国的煤炭供给结构

从煤炭的供给角度来说，煤炭是我国的主体能源和重要工业原料。从 20 世纪 80 年代起，特别是近 10 年来，中国煤炭工业快速发展，产量和消费量以年均近 2 亿吨的速度大幅增长。2021 年，中国原煤产量达到 40.7 亿吨，采煤机械化率达到 72%，原煤入选率提高到 62%，煤炭百万吨死亡率下降到 0.257；深井快速建井技术取得较快发展，最大井筒深度达 1300 米；特厚煤层大采高综放开采技术与成套装备研发实现重大突破，智能无人工作面技术在大型煤矿逐步落地，达到国际先进水平；煤炭清洁高效利用技术的运用正在逐步落实，煤制油、煤制气、煤制烯烃等示范工程建设取得优秀成果，如神华 108 万吨煤制油直接液化项目全年连续稳定运行，年生产油品约 96 万吨。火电机组平均供电煤耗已达到 321 克标煤/千瓦时，其中 660～1000 兆瓦超临界发电机组总装机已达 1 亿千瓦，平均供电煤耗达到 290 克标煤/千瓦时。

我国煤炭产能主要分布在晋新陕蒙，即山西、新疆、陕西和内蒙古。未来一段时间内，我国煤炭能源产能依旧呈上升趋势，但增速和增幅将会受到较大限制，原因错综复杂。全球都处在“双碳”政策的大背景下，我国主管部门对新增产能的批复条件越来越严苛，且对于新能源产业的政策扶持力度逐渐

加大。这种客观背景就会导致很多煤炭企业不具有新建、扩建煤矿生产设施的意愿。我国炼焦煤的供给特征较为明显,在这方面的产能受到掣肘。首先,炼焦煤供给新增空间更小,而且面临煤种结构失衡的问题。炼焦煤的新增,与动力煤的新增是不可同日而语的。近年来基本没有新增炼焦煤产能,在过去的2016~2021年里,除2019年的炼焦煤年产量增速大于2%之外,其他年份炼焦煤产量的年增速都在2%以内。炼焦煤煤矿的产能利用率上限也要远低于动力煤。其次,炼焦煤的开采,更加复杂,难度较大,发生安全事故的概率大,产能较低。因此,除了供给结构的影响,炼焦煤的产能还受到开采环境的影响。

除此之外,炼焦煤在结构上的稀缺性问题也很严重。炼焦煤用于炼焦时,对煤种比例有专业性的要求。我们常见的配煤比例是:焦煤(40%)、肥煤(20%)、气煤(30%)、瘦煤(10%)。因此,不考虑焦化企业的技术水平,炼焦煤的配比大约是焦煤与肥煤占比60%。但我国目前焦煤与肥煤的产量结构明显不足,2021年,焦煤与肥煤占比为47%,煤种结构稀缺性的问题影响较大,不足的部分,只能通过进口部分煤种予以补充。从炼焦煤的产量来说,山西的炼焦煤产量是十分可观的,占据了我国炼焦煤产业的半壁江山。而且近年来,其他省份的炼焦煤产量都在下降,但山西依然是保持增长。

从煤炭消费角度来讲,中国是能源生产和消费大国,2014年,中国一次能源生产量和消费量分别达到36亿吨和42.6亿吨标准煤。在中国一次能源消费结构中煤炭占66%,石油、天然气、非化石能源分别占17.1%、5.7%、11.2%。未来较长一个时期内,受中国能源资源禀赋格局的限制,煤炭在中国一次能源的生产和消费结构中仍将占主导地位,煤炭开发利用带来的资源、环境等问题也将更加突出,需要切实落实煤炭工业的转型发展,进一步推进煤炭清洁高效利用,促进经济发展、煤炭资源开发、生态环境保护的协调发展。

目前来看,我国的动力煤需求仍将持续增长,但持续时间不会太长,过去的历史进程中,我国对于煤炭的依赖性十分严重,但随着供给侧结构性改革,对于煤炭资源的依赖利用将会得到有效改善,在建设工程方面、民用供暖方面都会有很大的改善。随着新兴能源的发展,我国能源行业也会面临很多新生问题,例如储能技术不成熟,对于能量来源利用不够充分,基础设施建设与需求尚不配套等。随着这些问题的提出和解决,煤炭的供给侧结构将会得到进一步改善。炼焦煤需求受到"双碳"政策的影响,需求也会有所萎缩。焦炭的需求在房地产行业大受冲击的前提下,也会受到很大的影响。这是因为,焦炭的下游主要集中在钢铁行业,占比达85%,而钢材的下游主要是建筑业即房地产和基建，其次是机械和汽车。焦炭作为煤焦钢产业链中的中游行业，其需求基本和钢材的需求同步。

综上所述，我国煤炭的供给和消费都将受到较大的影响与冲击，因此需要切实提高煤炭清洁利用率，提高科学技术对煤炭开采、洗选行业的加持力度。

（二）煤炭价格机制的演变

自改革开放以来，尤其是1985年，我国煤炭价格的形成机制发生了本质性的变化，政府缩小了煤炭价格中政府定价的范围，部分定价权下放，从国家干预下的煤炭低价政策开始转向探索煤炭价格的市场化调节机制。

1. 价格双轨制阶段（1985~2012年）

这一期间又分为统一的煤炭价格双轨制（1985~1992年）、电煤的价格双轨制（1993~2001年）和煤炭市场化改革探索中的价格双轨制（2002~2012年）三个时期。

（1）统一的煤炭价格双轨制（1985~1992年）

自1985年起，国家逐步放开煤炭价格，为了支持小煤矿发展，允许煤炭企业根据市场需求和经营成本自行定价，一方面允许小型煤矿价格随行就市，根据市场定价；另一方面对国有煤矿进行总承包，国有大型煤矿先完成国家分配的煤炭产量定额并按国家规定的计划低价统一出售给电力、化工、冶金、钢铁等重要下游行业，然后才能对超产煤在限定范围内加价，后者被改为指导定价，从而形成煤炭市场价、计划价和指导价并存的价格体系，煤炭定价正式进入“价格双轨制阶段”。

（2）电煤的价格双轨制（1993~2001年）

自1993年起，国家逐步放开煤价，但此时电力价格却没有放开，煤电争端严重，在此情况下政府被迫对所有对电厂供煤的企业都执行政府指导定价，而重点合同之外的电煤与普通煤炭价格均由市场定价。

这一时期，电煤的指导定价逐年缓慢增长，但始终低于市场。由于电煤的价格双轨制导致计划内电煤价低于市场价，煤炭企业普遍以各种借口使电煤合同无法有效执行，造成资源配给无法得到有效调节。另外，由于计划外电煤价格逐步放开并随市场增长，煤炭企业通过降低对电厂供煤的质量使电煤变相涨价。

（3）煤炭市场化改革探索中的价格双轨制（2002~2012年）

自2002年起，国家逐步取消电煤价格双轨制，实行统一的煤炭市场价格机制，煤炭定价机制步入市场化改革的探索阶段。这一时期，逐步建立了以市场供求为基础的煤炭市场价格形成机制，减少政府的不当干预和权力寻租,实现价格双轨制向市场化定价机制的并轨,煤炭价格更多地由市场供需关系决定,而不是由政府干预决定。

2. 市场化定价阶段(2013~2015 年)

自 2013 年起,国家逐步取消了电煤价格双轨制和重点合同制度,并鼓励政府与企业签订中长期合同,不再干预煤电企业的正常经营活动,以使煤炭企业和电力企业自主协商确定价格。然而,在这一时期,由于煤炭价格持续下跌,导致许多大型火电企业出于价格和发电量的考虑选择不履行长协合同,因此煤炭长协价格实际上得不到严格执行。

3. 新双轨制阶段(2016 年至今)

2016 年,国家发展改革委、国务院国资委发布了《关于加强市场监管和公共服务 保障煤炭中长期合同履行的意见》。根据该政策,煤矿企业开始参考环渤海动力煤价格指数,以月度定价的方式确定每月的基准价。随后,在 2016 年年底,煤矿企业开始重新实行年度长协价和现货价的价格双轨制,并采取了“基准价 535 元+浮动价”的长协价定价模式。[1] 大型煤炭企业则将长协价分别按年和月进行定价。

2017 年,国家发展改革委办公厅在《关于推进 2018 年煤炭中长期合同签订履行工作的通知》中明确规定了煤炭中长期合同的定价机制。根据该通知,供需双方将根据市场的供需情况协商确定基准价。

2022 年 2 月,国家发展改革委发布了《关于进一步完善煤炭市场价格形成机制的通知》,明确要综合运用市场化和法治化手段来引导煤炭价格在合理区间内运行,以确保能源的安全和稳定供应。

该通知包括以下内容:首先,明确了煤炭中长期交易价格的合理区间,以引导煤炭价格在合理范围内运行。其次,明确了燃煤发电的市场化电价机制为“基准价+上下浮动不超过 20%”,以确保合理区间内的煤炭和电力价格能够有效传导。

第二节 煤炭清洁化利用的内涵及其转型发展

一、煤炭清洁化利用的基本情况

党的十八大以来,我国经济发展步入新时代,能源的发展也步入新时代。

---

[1] 陶冉:《我国煤炭交易市场的演变与探索》,载《中国煤炭报》2018 年 10 月 16 日,第 6 版。

《新时代的中国能源发展》白皮书指出要清洁高效开发利用化石能源。对煤炭能源的利用提出新的要求。煤炭清洁化利用是指,在煤炭生产、加工、运输、利用和转化过程中,降低能源消耗,控制和减少污染物和温室气体排放,提高煤炭利用效率的活动。[1] 不可否认,煤炭在世界发展史上曾起到至关重要的作用,推动了机器化时代的发展。但煤炭对环境的污染也是人类历史上不能抹去的一页,它的危害时间长、程度深,在此过程中很多国家开始研究和探索煤炭污染的解决方案。煤炭清洁技术(CCT)一词也是在这种探索和交流中产生的一种解决方案。

清洁煤这一术语起源于美洲,美国的德鲁·阿维斯(Drew Avis)以及加拿大的威廉姆·戴维斯(William Davis)分别是最早使用这个术语的人。提出清洁煤的目的是想通过清洁煤技术努力减少碳排放,减少资源开发造成的环境污染。在全球对煤炭污染高度重视的同时,清洁煤技术也越来越成为各国政府、国际社会和学术界关注的研究焦点。在这个过程中,专家称其为"煤炭清洁(化)利用"。这个技术逐渐深入到环境保护、节能减排领域,成为清洁生产、减少污染的重要环保技术。"煤炭的清洁化利用"从煤炭生产技术、环境保护等领域慢慢进入国际社会对能源安全的深入研究领域,其内涵更为丰富广泛。

今天,学术界接受了使用洁净煤的理念,即在开发和利用煤炭的全过程中,提高生产、加工、转化效率和控制有毒成分的有效排控,减少因煤炭的使用而导致的环境污染。这些提高煤炭利用效率的措施和方法是经济学、社会学和环境学的结合。以下是煤炭清洁化利用的三个阶段,即碳使用之前、之中和之后适用的一些技术:首先,在使用碳之前,先使用各种碳回收技术,如碳提取技术、型煤技术、水煤技术、洗涤技术、加工和煤炭转化技术与气化技术等。其次是煤炭燃煤发电技术,清洁化的煤炭发电程序包含释放低二氧化氮的萃取物,循环流化床燃烧技术,交联和燃烧系统,赶超临界机组。最后是燃烧后的烟气净化技术。其中包括先进的颗粒物控制技术、脱硫技术、痕量重金属控制技术、近零排放燃煤技术、烟气脱硝技术等,均已成为清洁煤炭技术的发展趋势。

二、煤炭清洁化利用的历史沿革

自改革开放以来,我国煤炭清洁利用大致经历了四个发展阶段:1978 年

[1] 《山西省煤炭清洁高效利用促进条例》,于 2022 年 12 月 9 日由山西省第十三届人民代表大会常务委员会第三十八次会议表决通过,2023 年 1 月 1 日起施行,全国首部专门针对煤炭清洁高效利用促进工作的省级地方法规。

至1990年的萌芽起步阶段；1991年至2000年的蓬勃发展阶段；2001年至2013年的迅速发展阶段；2013年至今的清洁转型阶段。

（一）萌芽起步阶段

改革开放初期，由于煤炭工业的生产、利用给环境造成的问题已经凸显，煤矿企业也有针对性地进行了环保综合整治工作。1979年，我国提出“调整，改革，整顿，提高”的政策，使我国的煤炭行业进入了新中国成立后的第二个大调整时期。1982年10月，中国煤炭加工利用协会正式成立，1983年，环境保护领导小组和环境保护办公室正式设立。这些机构的成立，为煤炭行业的环保工作提供了初级的组织和制度保障，与相关领域的专家和机构合作，共同研究煤炭清洁化技术和管理方法，推动了煤炭行业初期的可持续发展。截至1985年年底，在全国范围内已经基本上形成了“煤炭部、省（自治区）煤炭管理局（公司）、矿务局”的三级管理机构，同时设立了33个煤炭环境监测站，从而初步建立了全国煤炭工业环境保护管理体系。1986年，全国人大常委会通过了《矿产资源法》，首次确立了生态补偿政策，规定在矿业开发中，应按规定缴纳资源税、资源补偿费。

（二）蓬勃发展阶段

根据1991年颁布的《水土保持法》，企事业单位在建设生产过程中必须采取措施减少对水土流失的影响，否则必须进行治理。1993年，国家重新规定了征收补偿费的政策，其中包括对土地和矿产等自然资源开发的征收补偿费。1997年，《中国洁净煤技术“九五”计划和2010年发展纲要》明确提出中国将以煤炭加工、高效洁净燃烧、煤炭转化、污染控制及废物处置为重点发展清洁煤炭，并提出了14条相应的技术路线，该文件是我国煤炭洁净利用技术方面的第一份指导性文件。另外，在1998年，国务院相继发布了《矿产资源开采登记管理办法》和《探矿权采矿权转让管理办法》等法规和制度，对矿产资源的开采和转让进行了革新，使得矿业权在二级市场上能够依法交易。

（三）迅速发展阶段

进入21世纪，我国制定了《环境影响评价法》，明确要求煤矿企业在开采前进行调查、预测，合理评估开采活动对周边居民生产生活环境的影响，并提出相应的解决方案。自2006年起，煤炭清洁化利用逐渐成为国家的主要议程，清洁煤技术得到实际执行，并得到国家的重点支持。此外，2008年，对《水污染防治法》进行修订，为保护煤矿开采区的水资源提供了更具约束力的法律依据。

（四）清洁转型阶段

自2013年开始，中国对清洁煤的开发给予了更多的关注。2014年6月发布的《能源发展战略行动计划(2014—2020 年)》明确指出,要以煤电“清洁高效发展”为核心,推进煤电大基地大通道建设。2014 年 12 月,《关于促进煤炭安全绿色开发和清洁高效利用的意见》(已失效)提出要发展洁净高效的煤电,提升煤的加工转化水平,降低煤炭使用所致的环境污染。2015 年 4 月,我国出台了《煤炭清洁高效利用行动计划(2015—2020 年)》,明确了“源头治理、突出重点、高效转化、清洁利用”的思路。

2016 年 12 月,《能源生产和消费革命战略(2016—2030)》明确了提升煤炭清洁高效利用水平的基本战略。2021 年 9 月,习近平总书记考察榆林时,指出要按照绿色低碳的发展方向,对标实现碳达峰、碳中和目标任务,“控制总量”,“有序减量替代”,“推进煤炭消费转型升级”,推动煤炭作为主体能源的清洁发展。2022 年,国家发展改革委等部门《煤炭清洁高效利用重点领域标杆水平和基准水平(2022 年版)》,为我国重点行业煤炭洁净高效利用制定了基准标准。党的二十大的报告也提出了加强煤炭清洁高效利用。

三、我国煤炭清洁化利用发展形势及其技术路径

(一)我国煤炭清洁化利用的发展形势

1. 煤炭清洁化利用的背景和现状

煤炭是国家的能源基础,也是重要的化工原料。但是,在维持经济高速发展的同时,由于对矿物资源的粗放式开采所造成的环境污染也越来越严重。21 世纪以来,我国将煤炭清洁化作为我国能源发展的重要战略,相继出台了《关于促进煤炭安全绿色开发和清洁高效利用的意见》(已失效)、《大气污染防治行动计划》、《煤炭清洁高效利用行动计划(2015—2020 年)》、《能源技术革命创新行动计划(2016—2030 年)》等重大的政策性文件,这使党中央坚定不移地贯彻落实“四个革命、一个合作”新能源安全战略、坚决打好污染防治攻坚战。此时,煤炭的清洁高效利用将更多的注意力集中在提高能效和治理传统污染物上。

“十四五”期间,我国将以高质量发展为主线,以降低碳排放和减少污染为重要战略导向,以提高生态环境质量为目标,推动整体经济与社会的绿色转型。科学技术的发展对清洁、高效使用煤炭也提出了更高的标准,它要求在整个过程中实行更严格的污染物排放标准,并结合低碳化、规模化利用手段,以实现整个过程中所有要素的清洁、低碳利用。

在新时代,煤的清洁、高效利用可以概括为“三高三低”。“三高”是指:高效率,即在煤炭利用的每个阶段,都要采用先进的科技手段,针对不同煤质

选择合适的用煤技术、选择合适的匹配装备,旨在显著提升资源的利用率和转化率;高质量,也就是不断地采用具有经济效益和环保效益的新技术,对煤炭开发利用行业进行改造与升级,开发新的业态与产品;高循环化,就是把煤炭加工的废料转化为可再用材料,构建“资源—产品—资源”的良性循环模型。“三低”指的是:低能耗,即对煤炭使用过程中的能耗强度、用水强度等进行严格的控制,减少单位产品能耗;低污染,就是要减少空气、水体和固体污染物的排放量,实现清洁生产;低排放,是指通过深度与可再生能源的耦合,提升碳捕集使用、封存等水平来减少碳排放,实现对资源的最大化利用,同时降低环境污染和减少碳排放。

为保障我国能源安全、推进能源转型、实现“双碳”目标,推动煤炭清洁高效利用具有重要的理论与现实意义。我国独特的能源资源禀赋决定了在未来一段时间内,煤炭仍然是优势能源。到 2021 年年底,中国的煤炭消耗量已超出 40 亿吨,这相当于国内总的一次能源使用量的 56%左右,而且由煤燃烧产生的碳排放量,在化石燃料碳排放量中占比超过 70%。美国、德国和日本等发达国家的经验表明,尽管存在可以取代煤的其他能源选择,但即便是在实现碳达峰之后,煤炭在他们的工业制造过程中的占比依然会较高,不过它们的应用方式和效率将会有所提升。所以,要达成“双碳”的目标,我们还需要大量的高效清洁煤科技作为过渡期保障。一方面,风电、光能等新能源装机规模虽大,但因其高波动特性,仍需依靠洁净煤电作为基础电源,以均衡新能源波动所带来的不稳定性。另一方面,煤炭作为原料被用于生产现代化煤化工产品(例如煤制烯烃等),煤炭在以其为基础的高端材料制造(比如石墨烯、碳纤维、高品质活性炭、碳素还原剂等)的过程中还有一定的使用潜力。推广煤炭的高效洁净运用能助力消除落后的产能并加速煤炭产业的发展转变,还能够引领资源节约型和环境友好型的发展道路,从而在保障国家能源安全的基础上实现“双碳”目标。

2. 煤炭清洁高效利用的金融支持力度加大

2022 年 5 月,央行宣布增加 1000 亿元的专项再贷款额度,用于支持煤炭的清洁高效利用。新增的额度涉及煤炭安全生产、煤炭储备以及煤电企业的电煤保供等领域。重点支持:(1)煤炭安全生产与储存方面,支持煤炭洗选,推进矿井现代化,建设智慧矿井,推广绿色高效科技,增强煤炭储备力量,加大矿井安全改造力度。(2)煤电供应领域,煤炭公司的再贷款额度在增加 1000 亿元后,总额度将达 3000 亿元。[1]

---

[1] 《2022 年煤炭行业十大新闻》,载《中国煤炭工业》2023 年第 1 期。

这样的专项再贷款政策将提供资金支持，促进煤炭行业的清洁高效利用，推动煤炭产能的优化升级，同时也为保障能源安全和稳定供应提供重要支持，并有利于经济运行在合理的范围内发展。

（二）"双碳"背景下煤炭全产业链上的清洁化治理路径——顶层设计

2022 年我国煤炭消费量虽然增长了 4.3%，但是单位 GDP 能耗却下降了 0.1%，这表明我国煤炭清洁化高效利用技术已经取得了卓有成效的成绩，有助于推动"双碳"任务的实现。党中央、国务院已经表明，煤炭的清洁、高效开发和利用应被视为能源转型发展的第一要务和基本的立足点，并从清洁生产和清洁高效利用两个角度进行了详细的规划。

第一方面：上游生产侧路径，煤炭产业链的上游部分主要涉及煤炭开采和处理等环节。具体表现为：(1)发展矿区循环经济。鼓励煤炭企业按照等量置换的原则兴建洗选煤泥综合利用电厂，促进利用煤矸石和粉煤灰生产建筑材料，推动实现矿井排水的产业化利用等。这一举措的目的是加强对区域内资源的综合利用，对区域内各行业进行合理的规划，从而促进整个区域的新发展。(2)加强矿区生态环境治理。采用以市场为导向的积极开发式治理的理念，加大对历史遗留的矿山地质环境问题的治理。此外，加快推进采煤沉陷区综合治理、矿区损毁土地复垦和植被恢复等工作，实现矿区的生态环境的综合治理。(3)推动煤炭的精细化处理。以提升煤炭的精准度为主要目标，对其进行深层次的质量提高和分级。同时，致力于推动千万吨级先进洗选装备的研发和应用，降低洗选过程中的能源消耗，降低环境污染。此外，对于大中型矿井，要建立与之相匹配的选煤厂，以增加原煤入选比例。(4)贯彻绿色开采煤炭的理念。建立清洁生产评价体系，着力制定矿区生态文明建设的指导方针，强化对煤矿回采率的管理，创建一批具有生态文明特色的示范矿区。同时，根据矿井的实际情况，推行煤与瓦斯共采、保水采煤、充填采煤、矸石不升井等清洁采煤工艺。对于高灰、高硫、高氟、高砷的煤，在开采条件不成熟时限制其开发和利用。

近年来，我国在煤炭的开采与洗选工艺上取得了长足的进步，特别是对大面积和灾害较重的矿井的采掘方面，它的智能程度已经达到了一个较高的水平。同时，我国在大型露天矿和千万吨级矿山建设方面也实现了重要突破。我国煤炭产量在 2015 年至 2021 年从 37.5 亿吨增加到了 41.3 亿吨，同时煤矿数量也从 1 万处减少到 6000 处。在年产能超过 120 万吨的现代化大型煤矿中，占到了 83%以上。正在进行智能化建设的煤矿有近 400 座已经投产并使用，智能化采掘工作面已经建成了 813 个。为了保障煤矿的安全生产,采用了“少人巡视,无人操作”等技术手段。另外,我国新设了一批设备先进的大规模选煤厂,其选煤工艺已跻身国际先进行列。目前,全国有2400多家规模以上煤炭企业在运营,较2016年新增400家左右。我国原煤入选率高达71.7%,84处大型选煤厂原煤年入选率在千万吨以上,数量位居全球之首,综合选煤量为每年13亿吨,占全国选煤总量的44.37%;同时,煤的直接燃烧率逐渐下降,而原煤的洗选率则逐渐增加。

我国主要利用干法选煤、湿法重介质选煤、浮选选煤以及湿法跳汰选煤等多种方法和工艺来进行煤炭的选煤处理,借助这些手段实现了对原煤的除灰、除硫和除杂处理,使其与矸石分离。我国煤炭大多具有难选、极难选的特点,我国国内各大选煤厂普遍使用的是重介质湿选法,因利用重介选煤技术可取得良好的分选效果,促进选煤厂的机械化、集约化发展。

第二方面:下游消费侧路径,具体措施包括:(1)推进煤炭深加工产业示范。在拥有丰富的水资源和适宜的生态环境的地区,我们将开展煤炭深度处理的产业模式的展示,其中涵盖了如煤制成的化学物质、煤制成的石油、煤制成的天然气以及低级别的煤的多元化使用等的升级示范。我们以国家能源战略技术储备和产能储备为重点,提高经济效益、环保水平和煤炭转化效率,充分发挥煤炭的原料功能。(2)加大对散煤的综合管理力度。建立清洁煤配送中心,满足居民用煤的集中消费。加速对低效率的分层燃烧锅炉的淘汰,实行燃煤的减量替代,并推广高效的煤粉工业锅炉,对重点地区进行大气污染防治,并加强散煤使用管理。鼓励发展集中供热供暖,逐步替代分散燃煤锅炉。(3)加强商品煤质量管理。严格限制灰分、硫分等有害元素指标,制定民用煤炭产品等规范标准,建立完善的商品煤标准体系。同时,完善商品煤质量监督制度,严格控制劣质煤的买卖、使用,强化对流通过程中重点煤的质量的追踪监控。(4)推动重点耗煤工业的节能减排。通过推动煤电融合,增加电煤在煤炭销售中的比例,以便于推进煤炭分质分级梯级利用。严格执行钢铁、建材等耗煤行业的环境保护标准,强化污染监测,促进煤炭清洁、高效发展。

近些年,我国已成功构建了全球最大规模的洁净煤炭系统,并且把百万级、千万级的超临界电力科技纳入关键的研究项目中,其运营中的燃煤发电机的能源效率和污染物的排放等指标均达到世界先进水准。同时,中国的燃煤发电产生的温室气体排放强度也低于许多发达国家的标准,且大多数的环境保护措施及设备已被国内制造商所掌握。国家积极制定了相应的政策和标准,在GB 13223—2011等低碳减排政策下,烟尘、二氧化硫、氮氧化物和汞化合物等污染物的排放量呈逐年下降趋势。在此基础上,烟尘的排放标准为

5 毫克/立方米，二氧化硫的排放标准为 35 毫克/立方米，氮氧化物的排放标准为不超过 50 毫克/立方米，大气污染物排放的标准在持续升高，某些程度已经超越了国家对天然气发电的排放限制。我国正不断更新发展大规模的超临界和超超临界机组设备，目标是削减每千瓦时的电力能耗，大概是 14 克标准煤/千瓦时，同时也要降低 150 千焦/千瓦时的热耗，以及 0.8%的电力能耗。此外，借助于当前的超临界燃煤技术，配合低氮燃烧装置与烟气脱硫脱硝系统，可显著减轻二氧化碳、二氧化硫、氮氧化物和烟尘的排放，从而让中国跻身于世界上 600℃超临界机组运行数量较多的国家之列。在全球变暖、温室气体增加及石油短缺的环境中，我们需要把对燃烧煤炭的技术研究重点放在 700°C 的高效超超临界上。这不仅能节约我们的煤炭储备，又能有效地减少燃煤能源消耗和二氧化碳捕获费用，同时也有助于扩大 CCUS 技术的普及使用范围，从而增强设备的经济性能，700°C 的高效超超临界设备的节能环保效果比 600°C 超临界设备要好六倍以上，有助于推动更高级别的工业发展。

截至 2021 年年末，我们成功实现了目标，即拥有超过 10 亿千瓦的超低排放燃煤发电设备，接近 9 亿千瓦的能源节约项目，并且关闭或淘汰了超过 1 亿千瓦的不达标产能。经过这些改良后，燃煤发电机的平均电力消耗量降低到了大约 305 克标准煤/千瓦时。目前为止，这项成就排名世界第一的是日本，第二是我国，而美国、德国则相继排于第四和第五。此外，我们的超临界与超超临界燃煤机组的比例已经超过了半数。目前我国煤电装机占比已下降至 46%左右，燃煤发电煤炭消耗量占煤炭消费总量的 53.9%左右，同时提供了接近 60%的电力供应。对于煤炭的高效转换技术、高效燃烧技术、较低成本的 CCUS 技术等领域的需求日益高涨，同时 CCUS 技术迫切需要创新。CCUS 技术作为一种关键的技术手段，被认为是在减少温室气体排放、达成碳中和目标的过程中无法或缺的关键工具。然而，我国的现有 CCUS 项目捕获容量仅为每年 1 万至 15 万吨，这与美国、加拿大等发达国家的水平还有较大的距离，并且我国在诸如捕集、运输、应用及储存等方面还存在着技术的难题。至于在煤电机组的调节灵敏度的问题上，虽然现有的系统可以达到超过 50%的满载率并持续自动调控，但是在深层负荷调度过程中，煤电企业的动力并不强烈，很多设施都处于临界状态，导致解决稳定燃烧、调整负荷、去除氮氧化物等问题变得困难，从而限制了它们的灵活调峰潜力。另外，从能源储备角度看，部分燃煤机组能量损耗依然较高，这对整个系统的清洁、高效且安全运行产生了显著的影响。

（三）煤化工领域内的煤炭清洁利用的技术路径

我国在现代煤化工业的重点领域及主要设备的研究开发方面已经实现了重要进展并取得巨大突破。对智能化的矿产资源的挖掘正在加速普及，其环保性能得到了大幅度提高；大型燃煤发电厂正积极推行极高的污染物的减少措施；现代煤化工产业链逐渐健全起来，碳捕集利用封存技术（CCUS）迅速发展。国家“十四五”规划纲要提出“稳妥推进内蒙古鄂尔多斯、陕西榆林、山西晋北、新疆准东、新疆哈密等煤制油气战略基地建设，建立产能和技术储备”。国务院《2030年前碳达峰行动方案》中指出“严格项目准入，合理安排建设时序，严控新增炼油和传统煤化工生产能力”。历经多年的努力奋斗后，我们已经在全球范围内建立了相对完整的煤化工科技创新体系来支持诸如百万吨级煤炭直接液化、低阶煤热解、煤制油、煤制烯烃等各种类型的煤制品研究工作。目前，我国在煤制乙二醇、煤化工碳捕集与封存等技术领域都达到了世界领先的水准。

2021年，我国煤制气、煤制油、煤（甲醇）制烯烃、煤（合成气）制乙二醇产能分别达到61.25亿立方米/年、931万吨/年、1672万吨/年、675万吨/年。现代煤化工行业可以实现煤炭从产到销的整个过程的清洁高效的利用，可以生产出石化不能生产的原油和化工产品，从而帮助石化产品的原料多样化。目前，我国国内已建成落地的最大规模的煤化工装置是中天合创鄂尔多斯煤炭深加工示范项目——全球最大的煤制烯烃工程；神华宁煤公司年产400万吨煤间接液化工程是目前世界单体规模最大的煤制油工程，每年处理煤2046万吨，产油405万吨；潞安公司年产180万吨液化石油气液化装置是利用高硫煤生产油品及化学品，解决了煤中硫含量高、硫含量高的难题。

为了更好地推动低碳发展，国家鼓励技术创新和突破，当前我国有部分研究院所与企业结成了战略联盟，在煤化工行业中积极开展多碳化开发，以实现煤炭的清洁高效利用。

煤炭气化即通过干馏、气化和裂解等工艺将燃料煤转化为可燃气体，是煤炭清洁化利用的重要途径之一。煤制气具有诸多优点，在工矿企业中得到了广泛的使用，同时还可作为家庭燃气使用。尽管煤制气的热值比天然气低，但其方便获得，可以通过自备设备自行生产，且不受限于输送管道。在目前国内天然气供给严重短缺的情况下，煤制气是一种必不可少的具有重要应用前景的清洁能源。

煤制油是以煤炭为主要原料，经化学加工制取石油及石化制品的一种新工艺。其工艺路线有两条：一是煤炭直接液化，二是煤炭间接液化。煤炭直接液化是将煤炭经高温、高压催化加氢，将煤转化为液态烃类燃料，并去除其中的硫、氮、氧等元素。这种技术将煤炭直接转化为可用于燃料的液体产品。煤的间接液化则是先将煤进行气化，将其转化为合成气，然后通过费托合成反应技术将合成气转化为烃类燃料。这种方法先将煤转化为气体，再将气体转化为液体燃料（见图1-3）。通过煤制油技术，能够将煤炭这一丰富的资源转化为可替代石油的燃料和化工产品，从而减少对天然石油的依赖，拓宽能源资源的选择范围。

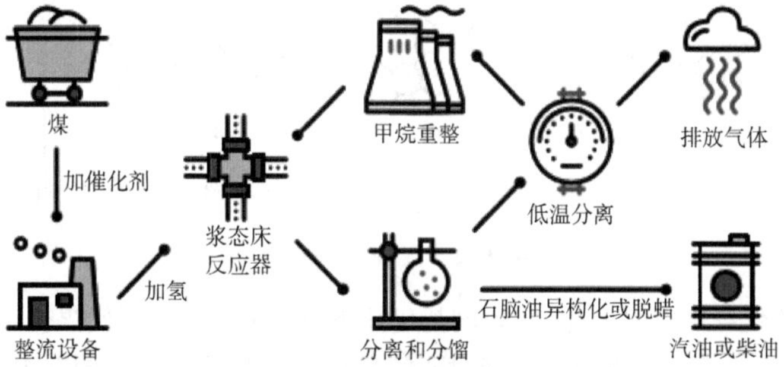

图1-3　煤制油工艺流程

发展煤化工产业是解决我国油气资源严重匮乏问题的现实选择。为推动煤炭安全绿色开发和清洁高效利用，国家能源局等3个部门于2014年12月26日发布了《关于促进煤炭安全绿色开发和清洁高效利用的意见》（已失效）。该文件明确提出应适度发展现代煤化工产业，提高煤炭综合利用价值。同时，文件还明确了持续深化对煤炭焦化、气化、煤炭合成燃料（含煤与石油混合燃烧）、煤制天然气、煤制乙烯等关键技术的研究并实施大规模实验的重要意义，以此来增强煤炭的使用效益。

煤制烯烃指以煤为原料合成甲醇后再通过甲醇（俗称工业酒精）制取乙烯、丙烯及其聚合物等烯烃的技术，所以煤制烯烃也被称作甲醇制烯烃（MTO/MTP）。煤制烯烃可分为煤制甲醇、甲醇制烯烃两个过程，其技术核心是第一个过程（煤制甲醇），这一过程主要有三个步骤：煤气化制合成气，合成气净化，甲醇合成。第一个过程产生的甲醇在催化剂的作用下脱水生成二甲醚（DME），形成甲醇、二甲醚和水的平衡混合物，然后转化为低碳烯烃，烯烃经过聚合反应生成聚烯烃（PE、PP等）。煤制烯烃是一种主要的煤炭清洁利用技术（见图1-4）。

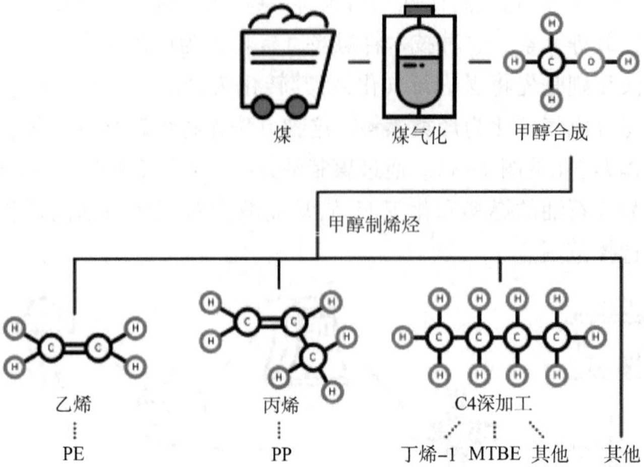

图 1-4　煤制烯烃流程

推动化纤原料多元化、实施煤基化纤原料示范工程是现代煤化工发展的方向之一。自“十三五”以来，通过研究机构和工程公司的共同努力，煤制乙二醇技术取得了显著进展。乙二醇是基础的化工生产材料，我国约 95% 的乙二醇用于生产聚酯。据统计，2020 年我国聚酯行业使用的乙二醇总量超过 2000 万吨。然而，我国煤制乙二醇在 2020 年的产能为 597 万吨，而产能利用率仅为 50.3%。同时，我国每年仍然需要大量进口乙二醇产品，2020 年乙二醇的进口依存度高达 56.40%。因此，迫切需要解决煤制乙二醇在聚酯行业高质量应用方面的瓶颈问题(见图 1-5)。

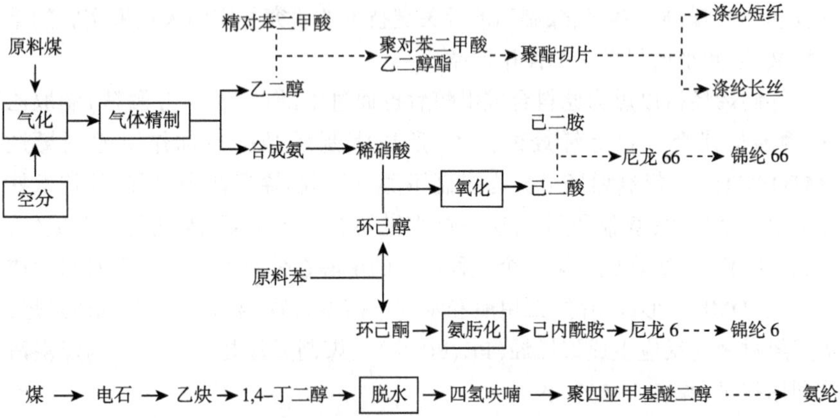

图 1-5　煤基化纤原料工艺流程

2020年我国乙烯制乙二醇产量889.9万吨,较2019年的697.4万吨增加192.5万吨,乙烯制乙二醇制装置的平均开工率在67.9%。2020年煤(合成气)制乙二醇总产能为597万吨,年产量为270万~300万吨,较2019年减少16万吨,降幅5.1%;产能利用率为50.3%,较2019年降低15.2%;进口依存度为56.4%。

我国的乙二醇项目主要集中在华东地区,在华北、东北及华中地区也有较为广泛的分布。2020年浙江省以300余万吨的产能,居各省市之首(见图1-6)。

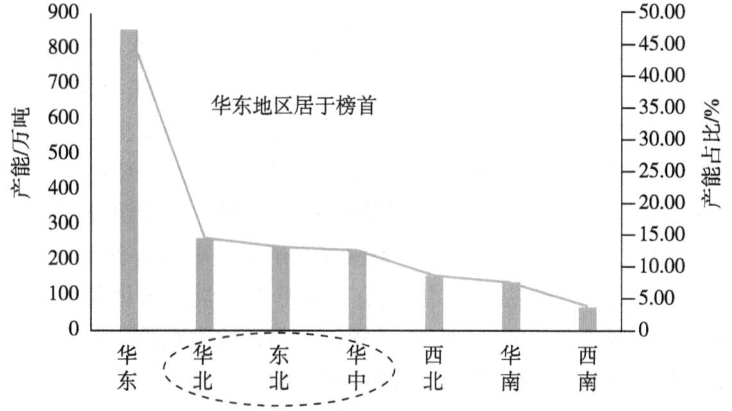

图1-6　我国乙二醇各地区产能分布情况

乙二醇是基础的化工生产材料,在我国,95%的乙二醇用来生产聚酯(饮料瓶、薄膜等),其余的5%则是用来生产防冻液、乙二醛、炸药、增塑剂、溶剂等。煤制乙二醇则是用煤来代替石油乙烯生产乙二醇,这条技术路线完全符合我国石油、天然气资源短缺,煤炭资源丰富的能源格局特点。据测算,用石油乙烯路线每生产1吨乙二醇约耗2.5吨石油。全世界用石油乙烯生产的2000多万吨乙二醇,若都以煤为原料进行生产,那么,节省下来的石油相当于新开发一个年产5000万吨石油的大庆油田。

四、我国煤炭清洁化利用法律法规规定

作为一种新型的产业技术,煤炭清洁利用为保护生态环境、减少环境污染、应对全球气候变化,做出了突出的贡献。这种新的产业技术,需要得到法律的支持和保障。

1986年,全国人大常委会的审议通过了《矿产资源法》,明确规定在开采矿产资源时,相关主体要向国家缴纳资源补偿费用和资源税,首次在法律层

面确定了生态补偿政策。在随后颁布的《水土保持法》中规定,企事业单位在进行建设生产的过程中如果对该地区水土环境产生了不利影响的,必须依法承担相应责任。1993年,国家对包括土地、矿产等自然资源的开发制定了新的征收补偿费。1998年,《矿产资源开采登记管理办法》和《探矿权采矿权转让管理办法》从法律制度层面对于矿产资源的开采及转让进行了革新,使得二级市场中矿业权交易有了制度保障。进入21世纪,国家颁布实施了《环境影响评价法》,规定煤矿企业在进行开采前首先要进行科学合理的勘探,对煤矿所包含的居民的环境所造成的影响进行准确全面的评估,并制定出合理的应对措施。

在《节约能源法》《煤炭法》《电力法》中,都规定了煤炭的清洁化利用,《大气污染防治法》和《清洁生产促进法》对煤炭清洁利用进行规范。《矿产资源法》、《煤炭法》(2011年修正)、《环境保护法》、《矿山安全法实施条例》、《土地复垦条例》、《土地管理法》、《煤矿安全生产条例》、《环境保护税法实施条例》、《矿产资源勘查区块登记管理办法》以及《矿产资源开采登记管理办法》等法律文件,也有相当一部分条款规定了煤矿矿区生态环境保护。在国务院颁布的众多行政法规当中,也有一部分对煤炭清洁化利用作出了规定,如《矿产资源法实施细则》第22条规定:"探矿权人在没有农作物和其他附着物的荒岭、荒坡、荒地、荒漠、沙滩、河滩、湖滩、海滩上进行勘查的,不予补偿;但是,勘查作业不得阻碍或者损害航运、灌溉、防洪等活动或者设施,勘查作业结束后应当采取措施,防止水土流失,保护生态环境。"部门规章中,最具代表性的是自然资源部制定的《矿山地质环境保护规定》。综上所述,我国关于煤炭清洁化利用的法律法规体系已经形成。

第三节 我国煤炭清洁化利用存在的问题及原因分析

一、我国煤炭清洁化利用在实践层面存在的问题

(一)领导和管理体制分散,协调性不足

煤炭清洁化是我国能源结构调整和环境保护的重要方向,但在领导和管理体制方面仍存在一些问题,制约了清洁化进程推进。

目前,我国煤炭管理体系大体可以分为三层:第一层是在国家层面的国家发展和改革委员会、国家能源局、自然资源部、应急管理部以及生态环境部,负责全国煤炭行业总体规划、政策制定、行业监管以及资源保护等工作;

第二层是在省级层面的省级发展和改革委员会、省级能源局、省级自然资源厅、省级应急管理厅以及省级生态环境厅,负责本省煤炭产业的政策制定、行业监管以及资源保护等工作;第三层为市县级层面的市县级发展和改革委员会、市县级能源局、市县级自然资源局、市县级应急管理局、市县级生态环境局,负责本市县区域内的煤炭行业发展规划、行业监管以及资源保护等工作。我国煤炭管理体系从国家到地方,虽然形成了一个多层次的管理网络,但仍然存在一些问题,制约了煤炭清洁化发展进程。

煤炭清洁化涉及多个部门的多头管理,国家发展和改革委员会负责煤炭行业的宏观政策制定、规划和发展战略;国家能源局负责煤炭行业的监管、安全生产和能源结构调整;自然资源部负责煤炭资源的勘探、开采权管理及资源保护;应急管理部负责煤矿安全生产监管和事故应急处理;生态环境部负责煤炭开采和利用过程中的环境保护和污染治理。因此,在监管层面,有国家能源局、应急管理部以及生态环境部等多部门出台规章制度进行约束,而在能源规划层面即有国家发改委、国家能源局、自然资源部等多部门进行约束。综上所述,多头管理导致部门之间职责存在重叠。

地方与中央协调不畅,致使政策落地难、地方执行力度不足。地方政府基于自身经济发展压力以及煤炭行业发展状况,在煤炭清洁化推进过程中存在与中央政策不一致的情况,导致国家清洁化政策落实不到位。除此之外,由于地方与中央缺乏统一协调,可能会基于地方煤炭清洁化监管不到位或有关部门执行能力不足,致使中央政策难以推进,影响中央有关煤炭清洁化进程整体战略部署。

(二)煤炭产品结构不合理,能源转化率低

相较于传统的煤炭产品,目前我国的煤炭产品都以清洁化利用和精细化产品为目标,其包括煤制烯烃、煤制甲醇、煤制乙二醇等。但是由于技术等原因,我国的煤炭产品发展并不成熟。

煤制烯烃产品一直都是以中低端为主。煤制烯烃产品的优势在于其无需石油就能生产烯烃,因此,近年来,富煤少油的我国越来越重视该产业的发展,越来越多的企业也加入到煤制烯烃产品的研发和生产中来,使塑料等中低端产品在我国烯烃产品中的占比逐步提升,行业竞争越来越激烈,但是由于我国发展起步较晚,部分技术要求过高,导致需求量持续提升的以聚烯烃弹性体(POE)、超高分子量聚乙烯(UHMWPE)等为代表的高端聚烯烃产品,仍主要由北欧化工、三井化学等外企掌控,到2022年年底,除了乙烯-醋酸乙烯酯共聚物(简称EVA),均基本处于空白状态。

除此之外,煤制乙二醇产品也存在产品结构单一的问题,被用于下游高端领域的聚酯企业的比例比较高。乙二醇产品以油制乙二醇和煤制乙二醇为主,在我国,乙二醇主要用于聚酯领域(包括涤纶短纤、涤纶长丝、聚酯切片等),占比可达95%,剩余的5%就用于防冻液、增塑剂、聚氨酯等。而我国煤制乙二醇技术发展比较缓慢,在此过程中容易产生不同于油制乙二醇的酸、醇等微量杂质,进而可能会对高端长丝产品的染色过程以及效果产生不利影响,因此为了避免这种困扰,更多的高端企业会谨慎地选择油制乙二醇而非煤制乙二醇。

煤炭产品的不成熟不仅体现在产品结构中,还体现在能源转化率中。在实践中,煤炭一般通过燃烧、汽化、液化等方式进行加工和转化,但是煤炭在加工和转化的过程中是需要大量能量的,就比如,煤炭在燃烧的过程中,只有一小部分能量被转化为电能,而大部分能量则以热能的形式被消耗掉;煤炭可以通过液化转化为各种液体燃料,但是这个过程工艺流程较为复杂,需要经过多个化学反应和物理分离的过程,而每个流程必然都会浪费掉部分能量,进而导致其能源转化率不高。而能量转换率低,就意味想要获得同等的能量就需要更多的煤炭,运营成本就会大大增加。

(三)成本、经营环境等因素制约煤炭清洁化利用推广

自"双碳"的目标提出以来,我国实行了更为严格的节能减排、环境监管等政策,对于各企业、各省市提出了相应的质控标准,但同时也限制了煤炭清洁化利用的推广。

1. 碳排放量一直是现代煤化工最重要的难题之一。在实践中,煤化工一直都是碳排放量的主要来源,每吨煤制烯烃产品就会产生大约11.1吨的碳排放量,而由于目前严格的安全环保政策,企业不得不增加预算来处置二氧化碳。除此之外,随着国家实施的水资源消耗总量控制、消费能源总量控制等行动的展开,获取用水、用能指标已逐渐成为企业无法解决的困难之一,也导致他们的项目因无法通过节能审查的环节而无法开展。

2. 为了减少煤炭的物流成本,拉动当地的经济增长,我国的煤化工项目主要集中在煤炭资源丰富的地区,即中西部。但是这些地区一般又远离产品市场,这就意味他们无法及时获取市场信息,难以针对性地对产品进行研发,导致研发的产品不符合市场需求,也让其无法及时了解市场变化以及趋势,难以把握市场机会,最终错失发展良机。

3. 在当前的国内外形势之下,煤电企业的经营本身就较为困难。以2022年为例,仍然存在以下问题:一是虽然到了年底煤炭供需不平衡问题有所解

决，但是煤炭供应紧张问题依旧存在；二是因为受市场总体影响，煤炭价格一直在高位运行，导致煤电企业的运营成本增加；三是出现了煤电价格倒挂的影响，许多煤电企业发一度电就会亏损一度电，但是为了保障市民的基本生活，不得不继续全力发电，因此大部分的煤电企业都出现了净利润下滑的现象，甚至部分企业亏损严重。而煤炭清洁化利用又需要投入大量的财力，因此即使想要响应政府号召，也是“巧妇难为无米之炊”。

二、我国煤炭清洁化利用在法律层面存在的问题

（一）现有煤炭环境法律保护制度无法达到生态化的要求

生态化是指无论什么时间，人类的行为必须遵守生态规律，而不能完全按照自己的意愿进行。换句话说，凡是能够影响到生物圈的行为，其本质上都是要受到一定制约的行为。但是传统的价值观念总是遵循一个准则，就是只要对人类发展有利的物种就进行保护和繁殖，凡是对人类发展不利的物种就肆意破坏，也就是以对人类有用为标准。但是从现状来看，我国的煤炭矿区环境法律保护制度远没有达到生态化的要求。如在制定法律时，并没有将环境保护相关内容考虑在煤炭开采的范围之内，高度关注煤炭资源，而忽视了环境保护的重要性；又如一些环境保护措施可操作性不强，缺乏严格的监管制度，也未形成统一协调的法律体系。具体的问题分析如下：

1. 我国关于能源的法律法规制度体系有待完善。为了规范能源利用，保护能源，节约能源，我国陆续出台了《清洁生产促进法》（2012 年修正），《煤炭法》（2016 年修正）、《节约能源法》（2018 年修正），但这些法律并没有下位法规予以细化、进一步落实。事实上，上述法律规定也是党的十八大以来逐渐修订而成。在这之前，国家层面的环保意识并没有通过立法明确体现出来。因此，结合国家层面法律，制定部委层面、地方层面的法规体系是十分必要的。例如，山西省在 2023 年 1 月 1 日发布施行的《山西省煤炭清洁高效利用促进条例》就是地方立法与中央立法的遥相呼应。该条例共计 29 条，对于重点涉及的规划与管理、生产与加工、利用与转化、扶持与服务等条款进行了规定，给山西这个能源大省的煤炭清洁化利用作出了全局性的规定与展望。但该条例也有其不足之处。比如对于煤炭清洁化利用有贡献的个人、单位社会群体，如何定义、如何激励并不能明确，不能直接高效落实鼓励激励措施，激发群众的积极性。

2. 我国能源方面的立法技术有待提高。随着能源革命的不断深入，能源技术的发展日新月异。现有立法无法满足科学技术不断进步而带来的新的

法律话题,更无法推动能源技术革命的发展,从而实现带动产业升级的目标。面对数字化、人工智能技术、云端、大数据等能源技术,立法技术需要不断提高,去解决实践发展带来的问题。也需要适当具有超前性,不能总是具有滞后性,跟不上时代发展的步伐。这就给立法专家提出了更高的技术要求,不仅要有立法效率,还要有立法质量,法律规定不能朝令夕改。

3. 能源方面的法律规定与环境保护法尚有脱节。能源在开采、洗选、运输、利用的过程中,给环境保护带来的危害是不言而喻的。现有的法律规定不能将能源利用与环境保护有效地融合。在《煤炭法》中,仅有 5 个条文涉及煤矿矿区保护,且大部分都是关于矿区基础设施,生产安全的规定,对于矿区环境保护并没有特别的规定。

(二)公众参与度不足

煤炭清洁化利用这一概念不能光是停留在上层建筑层面的要求,更应该是群众的行动指南。目前,我国公众对于煤炭清洁化利用的参与度不高。

提高公众参与的目的是让公众能够最大程度地表达自己的想法,同时增加法律政策的可操作性。而实现公众参与最有效的方法之一就是通过各种途径和形式推选公众代表,并由公众代表集中公众意见,表达公众意见,使最终的决策具有科学性、民主性和可操作性。公众参与制度,是由政府、公众的智慧和力量共同凝结而成的制度,相较于其他制度,其最重要的就是需要听取公众意见,增加制度的公众认可度以及通过这些方法来增加公众自我保护的能力。在实际生活中,公众参与制度能够增加项目的环境可行性,是必不可少的环节,它要求通过制定各项环境政策、法律、法规来赋予公民参与环境保护行为的权利和义务,保障公民能够合法合理地参加环境保护行为,而不被政府机关排除在外。通过这项制度,公民不仅在确定开发建设项目、调处环境污染事故等方面具有一定的表决权和决定权,还在环境法的执行、保护生态环境等方面享有相应的监督权以及批判权等权利。因此,公众参与不仅是可持续发展理念的基础,也是生态化理念的重要内容,是监管各级政府及有关部门的环境决策行为以及经济环境行为的基础。但是,目前尚无有关公众参与制度的具体规定,只是规定单位和个人享有一定的检举和控告的权利,缺乏一定的可操作性。

(三)煤炭环境行政体系不完备

想要实现煤炭清洁化利用的推广,不仅需要公众高度参与,更重要的是政府要起到相应的带头引导作用,因此完备的行政体系是必不可少的,目前我国的煤炭环境行政体系存在的问题有:

1. 环境行政许可制度不完善。煤炭清洁化利用涉及煤炭开发的各个环节，为了保护煤炭资源，其各个环节都需要政府或者国家机关依据法律法规进行审批，但这些有关审批的法律法规大都分散在国家及地方的不同法律法规之中，例如：《矿产资源勘查区块登记管理办法》《矿产资源开采登记管理办法》《探矿权采矿权转让管理办法》。这些法规虽然对煤炭矿区的环境起到了一定保护作用，但相关规定的分散状态也导致了一系列问题的发生，例如，将审批权授权给其他部门，进而导致享有审批权的部门之间存在重叠，以及各个法规制定时并未参考其他法规的规定，进而导致审判标准不一致，等等，最终使得煤炭矿区环境保护的综合整治工作无法顺利进行。

2. 煤炭环境监管体系不健全。目前，涉及煤炭矿区环境监管的法律有《矿产资源法》《环境保护法》《土地管理法》《水土保持法》《土地复垦条例实施办法》等。目前，我国煤炭矿区环境监管制度尚处于摸索阶段，虽然具备了一定的基础，但是在环境监管方面还存在许多问题，如涉及监管方面的法律制度不健全、条款较为分散、监管机制不完善、执法力不高、监管执法队伍落后、监管法律制度之间缺乏有机联系、执法管理涉及多个执法部门、职责交叉、监督管理职能脱节等，这些都不利于煤炭矿区环境保护的生态化发展。

（四）煤炭清洁化利用激励政策缺位

采取适当的财政激励政策能够在一定程度上推动煤炭清洁化利用的发展，使其更快地实现“双碳”目标，但是有时候，不适当的财政激励政策不仅不会推动政策的发展，反而会影响到原来的发展。因此，研究我国的激励政策，可以发现存在以下问题：

1. 政府现有补贴政策存在偏差。目前我国的煤炭产业仍以大型国有企业为主导。这些企业历来享有国家政策优惠，如纳税、贷款、政府采购等方面的优惠政策。然而，这些优惠政策并未与煤炭清洁化的目标相匹配。相反，这些优惠政策反而使得这些企业更加倾向于保持现状，而不是积极地进行技术升级和清洁生产。虽然政府近年来在煤炭清洁化技术方面投入了大量的资金，但是这些投入主要集中在科研基础设施建设、技术研发和示范工程等方面，还未形成完善的激励政策体系，这也导致了很多新技术无法得到在市场上的推广和应用。此外，政府对于清洁能源的补贴标准也不够高，这让一些企业缺乏足够的动力去转型。

2. 缺乏针对性的财税金融政策措施。在当前，“绿色消费”的理念虽然开始流行，但是对于大部分消费者来说，其对产品价格的关注肯定要高于产品生产过程的绿色投入。但是在实践中，粗放用煤成本低、清洁用煤成本高的问题是一直存在的,这也就导致了煤炭清洁化利用不会成为首选。虽然国家一直致力于推广“以电代煤”工作,但是在一些农村地区,由于电价相对较高且基于部分老年人的节约思想,仍倾向于使用传统散煤取暖。基于此种现象,国家也开展了相关工作,比如,大力推广洁净型煤使用并进行补贴,但其价格依然高于传统散煤,推广应用效果未达预期。因此,开展煤炭清洁高效利用工作,有必要弥补企业及个人的额外环保投入。但是,事实上,目前从事煤炭清洁高效利用的企业收益甚微,甚至出现严重亏损,这与我国的现行财税政策体系不合理之间存在着一定联系。[1] 在国家推行该项工作的同时,在财税金融政策制定方面却将煤炭清洁高效利用产业当作普通产业对待,并未考虑到其特殊性,从而导致在财税金融措施方面不但没有给予煤炭清洁高效利用企业在经济上的支持,反而增加了其运营成本。且较高的税赋使这些企业在经营上“雪上加霜”,也使得企业在煤炭清洁高效利用方面逐渐丧失信心。这说明,当前我国财税政策体系是存在不足之处的,应当考虑煤炭清洁高效利用产业的特殊性,对相关财税政策体系进行改进和调整,进而推出具有针对性的财税金融政策措施,以减轻企业的压力,鼓励更多企业参与到煤炭清洁高效利用工作中来,促进该行业的发展。

三、导致我国煤炭清洁化利用存在问题的原因分析

(一)传统能源观根深蒂固

前述章节对我国能源的现状有所介绍,我国能源储量的优势是显而易见的。在党的十八大以前,我国能源的发展模式是粗放型的,是以追求经济效益为先的。不管是上层建筑层面,还是民众层面,潜意识里有能源取之不竭、用之不尽的思维,且这种思维根深蒂固。虽然近年来,国家不断地宣传节约能源,并进行“双控”,但是对于民众而言,其对煤炭的重要性以及不可再生性仍认识不足,难以主动加入节约能源的行列中,不利于国家政策的实施。

除此之外,我国对于传统能源具有较强的依赖性。首先,一直以来,人们使用的都是传统的能源,如煤炭、石油,这也就导致人们对于煤炭清洁化利用的概念理解不深。其次,我国的清洁能源虽在不断发展,但其产能和规模比起传统能源都相对较小,无法完全取代传统能源。最后,相比之下,传统能源有较为稳定的输出,煤炭清洁化利用由于技术的不成熟导致其输出有部分会影响下游产品的微量杂质。综上所述,在清洁能源尚未完全成长起来之前,

---

[1] 毛涛:《论我国煤炭清洁高效利用的法律政策保障》,载《环境保护》2017年第12期。

想要改变这种思维，存在着一定的困难。

但是，我们必须改变这种主观的意识，树立起能源节约、能源高效利用的思维，通过义务教育、舆论宣传、提高能源利用成本等方式，塑造公民的高效利用能源的意识，因为只有这样才能便于从源头来解决煤炭清洁化利用推广的难题。

(二)专业化人才比例较低

煤炭工业一直都是我国的基础性产业，其具有劳动密集型和技能岗位分散型相结合的特点。目前，我国煤炭从业人员约为 260 万人，但是在一些老矿区，技能操作人员的学历普遍偏低，老企业人员年龄结构普遍不平衡，大多集中在 30 岁至 50 岁。同时，智能化的普及对煤矿产业技能人才提出了更高的要求，如设备操作、故障诊断与维修等，但是我国对于这方面的技术人才的培养和储备明显缺乏。

我国能源清洁化利用产业的发展取得了一定的进步，但还存在较大的发展空间，需要专业技术的支持。煤炭清洁高效利用的过程包括煤炭利用的洗选加工、利用、转化、废弃物回收等多个环节，而每一个环节所需要的技术都需要进一步完善。以煤炭的洗选加工为例，洗选加工是煤炭清洁高效利用的第一步，也是决定煤炭在后续环节中的利用和转化效率的关键一步，但是目前，我国洗选设备的精细化和智能化程度都不高，高精度煤炭的分选技术工艺的应用和普及程度较低，进而导致分选产品缺乏稳定性。

同时，我国也缺乏技能人才培养的高效途径。目前，煤炭企业技能人才仍是以传统的培养模式为主，如通过新职工入职培训、导师制、职工自我提升等途径实现人才培养。即使存在煤炭行业技能大师教学平台，其教学视频的播放量、收藏量以及订阅量并不高，最高的订阅量也才 1000 个左右。目前，我国缺乏一个统一、有效的技能人才培养途径，煤炭企业技能人才培养仍然是各个企业各自培养，导致具有该方面专业知识的人才占比仍较低。

(三)煤炭环境监管主体多元

1. 煤炭环境监管主体多元。目前煤炭环境监管中，存在着多个部门和单位参与监管工作的情况，包括国家发展改革委、自然资源部、生态环境部、应急管理部等多个部门。这些部门具有不同的职责和监管重点，导致监管职责界限模糊、监管标准不一，容易造成监管工作的重复和漏洞，从而影响到环境的保护和治理。此外，不同地区的煤炭环境监管机构之间也存在行政分属不统一的问题，使得煤炭环境监管工作无法形成有效的合力。

2. 煤炭环境监管职权重叠。在不同的监管部门和单位之间,存在着职权重叠的情况。例如,环保部门负责对煤炭企业的环境影响评价和审批,但工商部门也可以对企业的生产经营进行监管。这种职权重叠不仅会引起管理混乱,还可能导致监管形同虚设。煤炭环境监管职权重叠的原因主要有两方面:一是环保法律法规体系尚未建立完善,缺乏明确划分各部门职责的法律依据;二是各部门和单位之间存在着信息不畅、协调机制不完善等问题。

3. 煤炭环境监管缺乏统一独立机构。目前,我国煤炭环境监管机构分散、不统一,缺乏整体性和协调性。各个监管部门之间缺乏有效的协调机制,难以形成合力,而且监管部门本身也面临着职权过于分散、人员不足等问题。缺乏专门的煤炭环境监管机构,也使得监管工作难以有效实施。

(四)煤炭行业主要由大型国有企业和地方政府控制

目前,我国的煤炭行业主要由大型国有企业和地方政府共同发挥作用。大型国有企业,如国家能源投资集团有限责任公司、兖矿能源集团股份有限公司以及中国中煤能源集团有限公司等,他们通过政府授权取得相应的资质,拥有煤炭的使用权,并且通过引进科技人才进行技术的研发,在煤炭清洁化利用中占据重要地位。而政府则是通过提供资金支持、政策引导等方式,在宏观层面给大型国有企业指明方向,给予相应的帮助以及指导,并对大型国有企业的能源项目进行监督。我国煤炭行业的发展离不开大型国有企业的技术研发,也离不开地方政府的引导和监督,只有两者共同发挥作用,才能推动煤炭行业的发展。

由于对环保问题的认识不足,在过去几十年中,中国经济高速发展,但环境污染也随之加剧。政府和公众对于环境保护的重要性认识不足,这导致政策制定者没有充分意识到煤炭清洁化的紧迫性,因而导致相应的激励政策出台得晚、出台得少。尽管政府已经在煤炭清洁化技术方面投入了大量资金,但是与其他国家相比,中国的投入仍然不足。同时,政府的投入主要集中在科研基础设施建设、技术研发和示范工程等方面,而缺乏对企业的实际激励。此外,已经建立的激励政策缺乏有效的监管与评价机制,很难从煤炭清洁化利用的结果上进行衡量,在落实和执行方面仍存在不足,这导致企业可以利用漏洞绕开政策限制,使补贴政策难以发挥实效。

第四节　域外国家煤炭清洁利用法律保障机制

一、美国煤炭清洁利用的法律保障机制

美国是煤炭资源生产和消费大国，尽管在20世纪30年代，石油已经替代煤炭成为美国的最主要的能源来源，但美国的经济在很长一段时间内依然靠煤炭资源支撑。[1] 在美国，煤炭储量丰富、风险小、价格低廉，所以在美国今后的能源生产与消耗中，煤炭仍然会占很大的比重。[2] 煤炭的生产消费与环境保护、温室气体排放等议题息息相关，煤炭的清洁高效利用，仍然是美国未来能源发展的重要方向。

（一）美国煤炭清洁利用现状

美国是全球煤炭资源最丰富的国家，拥有超过1/4的全球煤炭储量。美国的煤炭资源遍布全国38个州，其中蒙大拿、伊利诺伊、怀俄明、西弗吉尼亚、科罗拉多、肯塔基、宾夕法尼亚、俄亥俄这8个州的煤炭储量占据全国煤炭储量的84%。美国的煤炭主要用于发电和工业用途，尤其是发电用途，约占美国煤炭消费量的90%。但是近年来，美国的煤炭产量和消费量都呈现下降趋势，从2011年到2022年，美国的煤炭产量减少了一半，消费量也减少了近40%。这主要是受到天然气和可再生能源价格下降、环保政策收紧、国内外煤炭需求减少等因素的影响。

美国作为全球最丰富的煤炭资源国家和最大的煤炭消费国之一，煤炭消费带来了环境污染和气候变化问题，为了解决这些问题，美国从20世纪80年代开始制定相关战略规划和实施各种科研项目，推动了煤炭清洁利用技术的发展和应用。目前，美国在具有成本效益的碳捕获技术和存储技术领域，具备世界领先能力，在煤炭清洁化利用方面，同样走在世界的前列。

（二）美国煤炭清洁利用路径

随着煤炭利用所引发的碳排放问题日趋严峻，如何平衡减排与煤炭利用间的矛盾，将是煤基能源产业长期面临的问题和挑战。美国是世界上煤炭清

---

[1] 陈茜、任世华：《消费平台期煤炭行业发展的国际经验借鉴》，载《煤炭经济研究》2020年第6期。

[2] 姜大霖：《应对气候变化背景下中美煤炭清洁高效利用技术路径对比与合作前景》，载《中国煤炭》2020年第11期。

洁利用领域的领跑者,美国煤炭清洁化利用的路径主要包括以下几个方面:

1. 提高煤炭发电效率,降低煤炭发电成本和碳排放量。美国将通过一系列政策支持,为美国消费者提供安全、稳定、可靠、接近零排放的燃煤发电厂。这类电站具备灵活性、创新性、适应性、小型化和可变化性,可根据电网需要灵活操作,采用创新性的先进部件,从而实现高效节能减排。在美国能源部的指示下,在已有电厂中采用清洁煤炭技术,将会降低 9/10 的燃煤所造成的污染,并能减少温室气体的排放量。目前采用的清洁煤炭技术可以在现有的电厂中减少 95%的二氧化硫和 90%的氮氧化物排放量。新科技的应用将会带来更多的效益,而每增加 1%的效率,生产每度电将会减少 2%的二氧化碳排放量。美国煤炭大部分用于电力领域,提高煤炭发电效率是最直接有效的煤炭清洁利用方式,并且对于煤炭资源行业转型发展具有长远意义。

2. 发展碳捕集利用与封存技术,实现碳中和。CCUS 技术能够实现化石能源的低碳利用,被认为是一种在提高煤炭能效和节能减排领域充满前景的技术。美国是全球 CCUS 技术的领导者,已经建成或在建的 CCUS 项目达到 28 个,总捕集能力达到 2500 万吨/年。其中,代表性的项目有:佩特拉诺瓦(Petra Nova) 煤电厂 CCUS 项目,该项目于 2017 年投入运行,每年可捕集约 130 万吨二氧化碳,并将其输送到油田进行注入增油;卡梅隆(Kemper)煤化工厂 CCUS 项目,该项目于 2014 年开始运营,目前已经成功地将约 2000 万吨二氧化碳储存到地下岩石层中,这个项目的创新之处在于它实现了“完整链条”,即将碳捕捉、利用和封存环节集成到一个系统中。该系统不仅可以减少温室气体的排放,而且可以将分离出的二氧化碳储存起来以供后续利用,为全球其他地方开展类似的碳捕捉、利用和封存技术提供了有益的经验和教训。

3. 推广煤炭转化技术,开发清洁高附加值的煤基产品。美国能源部正在支持一系列的煤炭转化技术的研发和示范,包括煤制液体燃料、化学品、材料等。例如,美国能源部资助了一项利用低品位褐煤生产高品位柴油和航空燃料的项目,该项目采用了一种新型的催化裂解技术,可以提高褐煤的附加值和市场竞争力;美国能源部还资助了一项利用废弃的粉煤灰生产高性能混凝土添加剂的项目,该项目可以减少粉煤灰的处置成本和环境影响。通过高效的煤炭转化技术和清洁高附加值的煤基产品的开发,煤炭的价值得到更深层次的挖掘,从而实现煤炭的清洁高效利用。

(三)美国煤炭利用法律保障体系

美国在气候问题和能源问题上,受到国内政治因素的影响,其政策导向一直存在反复,但是在漫长的煤炭清洁化利用的探索过程中,美国制定了一系列的政策法规,构成了美国煤炭清洁利用的法律保障体系。

美国现代环境法律的先驱和典范当属《清洁空气法》。《清洁空气法》是一部旨在降低和控制全国范围内空气污染的联邦法律,最早于1963年制定,后经历了多次修订。该法律在煤炭的清洁化利用方面也进行了一系列的规定:通过监管煤矿的甲烷排放,减少温室效应和爆炸风险,同时制定了煤矿的安全标准,保护矿工的生命安全。另外,该法律还通过监管煤气化和液化的煤产品,防止这两种产品造成环境污染和公共危害,同时鼓励开发和使用清洁煤技术,提高煤炭利用的效率和环保性。

《美国国家节能政策法案》是2005年8月美国国会通过的一部法案,目的在于促进国内油气资源的开发,激励油气、煤气和电力行业等采用节能、清洁的能源利用措施。该法律支持发展清洁煤技术,法案中规定能源部拨款18亿美元作为清洁煤发电的启动资金,开展新型煤炭发电技术的示范工程,以期降低温室气体和污染物的排放。其中60%的资金用于煤气化技术的应用。另外政府投入30亿美元实施清洁空气燃煤计划,推动电厂安装污染控制设备,以使燃煤机组能够遵守未来清洁空气法的规定。该法律还包含了制定税收激励政策,倡导提高能源利用效率,呼吁重视使用清洁煤炭、核能、可再生能源和乙醇等。除此之外,该法律强调了对煤层气和其他非常规天然气资源的开发和利用,并为其提供税收优惠和信贷担保等激励措施。

"Coal FIRST"计划是美国能源部在2018年提出的一项能源倡议,目的是开发21世纪的煤炭发电和氢气生产技术,实现净零碳排放。"FIRST"是Flexible、Innovative、Resilient、Small和Transformative的首字母缩写,意味着这些技术要能够灵活地适应电网的需求,创新地提高效率和减少排放,抵御各种风险,规模适中,改变煤炭发电和设备制造的方式,并与可再生能源相协调。该计划包括了多个方面的研究和开发项目,涉及不同类型的煤炭发电和氢气生产技术,如超临界水循环、超临界二氧化碳循环、氧化燃烧、气化、碳捕获利用和封存等。该计划已经投入了大量的资金支持相关项目的设计和开发。

《美国清洁电力计划》是美国前总统奥巴马于2015年颁布的一项重要的气候政策,它要求美国的电力行业在未来15年内大幅减少温室气体的排放,从而减少气候变化的危害,这直接关系煤炭发电在美国电力行业内的比重。这项政策在2017年被特朗普政府正式宣布废除,作为特朗普政府退出《巴黎气候协定》的一部分。特朗普政府认为煤炭等化石能源是美国制造业的重要支撑,这项政策会损害美国的能源安全和经济发展。2021年,拜登政府重新加入了《巴黎气候协定》,并提出了更加雄心勃勃的碳中和目标:到2035年实现无碳发电,到2050年实现碳中和。[1] 拜登政府还推出了一项新的清洁电力绩效计划,它通过奖惩机制鼓励电力公司提高可再生能源发电比例,特别是风电和太阳能发电。这些可再生能源发电不仅可以减少碳排放,还可以降低对化石燃料的依赖,提高电力系统的韧性。在此种背景下,煤炭在美国电力行业中的占比将进一步降低,煤炭的清洁利用进程也将进一步加快。

(四)美国煤炭清洁利用主要特点

1. 政府政策引导完善。良好的政策引导,是提高群众参与积极性的重要措施。从20世纪70年代开始,美国政府就开始重视清洁能源的发展,并且颁布了许多促进清洁能源发展的政策,这些政策不仅涉及政治方面,而且包括税收抵免、财政补贴、基金支持等经济方面的政策支撑,例如,《清洁安全能源法案》中引入了贷款担保,《国家节能政策法案》中规定了由能源部拨款18亿美元作为启动资金,拜登政府在提出碳中和目标的同时也拿出了相应的启动资金,这些政策的目的都是让企业能够放心探索,不断研发新的技术和引进新的技术型人才。除此之外,美国政府也自行主导设立了许多大型项目,用实践为企业摸索指明了方向。明确煤炭清洁化利用的战略目标,加大对于煤炭清洁化利用的资金投入,用经济政策来鼓励各企业都加入到研发以及运用相关技术的行动中来,进而更好地推动技术创新,推动煤炭清洁化利用的发展。

2. 能源政策不稳定。美国能源领域的政策受政治体制的影响十分严重,主要原因是共和党和民主党在气候问题上没有达成一致意见,这就导致在奥巴马政府和拜登政府时期,美国的一系列政策都是为推动清洁能源的发展,而在特朗普政府时期,美国就采取了一系列"去气候化"的政策,鼓励化石能源消费。能源政策的不稳定性,增加了能源的安全风险,也增加了企业在发展清洁能源过程的顾虑,不利于清洁能源的长期发展。因此,应当始终坚持推动煤炭清洁化利用不动摇,并根据实际发展状况与时俱进地修改部分政策。

二、日本煤炭清洁利用的法律保障机制

日本煤炭清洁利用的法律保障机制旨在促进煤炭行业可持续发展、提高

---

[1] 罗佐县:《"双碳"视角下2021能源市场回顾》,载《能源》2022年第1期。

能源利用效率、降低污染排放等,并且在这些方面已经取得了一些实质性进展。日本政府通过制定一系列法规和政策文件,明确了煤炭清洁化利用的目标和任务,并为企业提供了税收优惠、补贴和技术支持等扶持政策。此外,日本政府还加强了对于煤炭清洁利用技术和设备的监管和评估,建立了技术认证和标准体系,保障了产品质量和安全性,同时也提高了行业竞争力和市场地位。总的来看,日本煤炭清洁利用的法律保障对于推进能源转型和实现可持续发展具有积极作用和示范意义。

(一)日本煤炭清洁利用现状

日本是一个资源贫乏的国家。国内没有足够的资源供给,绝大部分资源需要依靠进口,资源对外依存度高。在能源方面,日本主要依靠石油、煤炭、天然气来满足自身需求,这些能源资源主要依赖进口,并且能源资源的利用会产生大量温室气体,不利于环境保护。2022 年,日本一次性能源消费量共计 17.84 艾焦,其中化石能源占了 84.92%(石油为 37.05%,煤炭为 20.29%,天然气为 27.58%),水电占了 3.90%,可再生能源占了 8.58%。日本推广可再生能源的难点在于电力系统的调节能力、成本问题和法规限制等方面。日本水能、太阳能、风能等可再生能源利用比例不高,还有很大的提升空间。核能占日本能源消费结构中的 2.6%,但是因为 2011 年福岛核事故,很多核电站都停止运行,核能所占比例进一步下降,福岛核事故带来的后果也引发了日本社会对核能安全性和必要性的怀疑和反思。

日本的一次能源消费长期以来以石油为主,但石油消费主要取决于进口。20 世纪 70 年代的石油危机对日本的经济发展产生了巨大的影响,在石油危机之后,日本将注意力重新集中在世界丰富的煤炭资源上,试图摆脱对石油的过度依赖。随着环境的发展,日本开始大量进口煤炭,2002 年,日本关闭了最后一个地方煤矿,进入“海外煤炭”时代。

由于日本的煤炭消费长期以来完全依赖于进口,再加上其有限的土地面积和较低的环境承载能力,煤炭清洁利用技术首先侧重于提高热效率和减少煤炭消耗,其次是减少污染排放和保护环境。因此,日本早在 20 世纪 90 年代初就制定了关于煤炭利用的政策,其中规定其煤炭技术的主要侧重点应该是清洁煤。1995 年,日本政府成立了清洁煤技术中心,致力于 21 世纪清洁煤利用技术的发展。日本的煤炭消费量从 20 世纪 70 年代的石油危机以来持续增长,特别是在福岛核事故之后,日本的能源消费不断增长,以此来弥补由于放弃核能而造成的能源短缺。此外,日本增加了天然气、煤炭等化石能源的进口,煤炭消费开始进入新一轮快速增长。随着电力市场自由化改革的推进，日本各地开启了燃煤电站建设新浪潮，受到国际社会的批评。[1]

（二）日本煤炭清洁利用路径

煤炭清洁利用是指以尽可能少的资源消耗和排放物为目标，运用先进技术手段，实现煤炭的有效利用。这种利用方式可以分为三个方面：一是在煤炭开采、运输、储存等环节中减少污染物的排放；二是在煤炭转化、利用过程中降低污染物排放；三是通过煤炭综合利用，实现废弃物资源化、能量高效转化和环境友好型的生产模式。

在日本的煤炭清洁利用中，高效燃烧技术是最重要的一个方面。燃煤发电在整个日本国内的能源供应中占据了很大比例，因此如何提高煤炭的利用效率，减少环境污染，成了当务之急。超临界锅炉就是其中的一个代表性技术，该技术最大的优点是提高了热效率，使得燃煤产生的热能可以更好地转化为电能，同时减少了二氧化碳等排放物的排放量。此外，日本还在开发一些新的高效燃烧技术，例如煤化学回收技术，该技术可以将煤炭转化为合成气和其他化学原料，实现资源高效利用和环境友好型生产。此外，煤尘治理技术也是日本煤炭清洁利用的重要组成部分。燃煤时会产生大量的煤尘，这种污染物对环境和人类健康都有一定的危害。为了解决这个问题，日本在煤尘治理上进行了很多探索和尝试，开发了一些有效的治理技术，例如静电雾化器、离心沉降器等。这些技术可以快速准确地对煤尘进行捕集和处理，避免其对环境造成污染。

同时，日本对煤炭清洗利用技术的研究具有很强的前瞻性，在研究和应用过程中分为两个层次，一是目前的应用技术，如流化床燃烧、烟气净化等；二是未来应用技术，燃料电池发电、磁流体发电、二氧化碳净化和有效利用技术等。还有一些大型的、长期的、基本的项目是由日本政府资助的，这些项目的难度大、周期长、成本高，由政府所有的研究机构和大学进行研究。

值得关注的是，虽然日本在煤炭清洁利用方面取得了不俗的进展，但仍然需要继续推广可再生能源的利用，特别是太阳能、风能、地热能等清洁能源。这些能源不仅可以减少环境污染，还可以有效地解决日本对于化石能源的依赖问题。此外，日本也在积极开发新型清洁能源技术，例如氢能、次世代太阳能电池等，这些技术有望成为未来主流能源供应方式之一。

（三）日本煤炭清洁利用的法律保障体系

日本是一个在能源技术创新方面领先的国家。为了保障国家能源安全、

---

[1] 周杰、周溪峤：《日本如何实现煤炭的清洁高效利用》，载《中国能源报》2016年3月28日，第4版。

应对气候变化、促进经济增长和实现低碳社会目标,日本将推进煤炭清洁高效利用作为国家战略之一,并制定了一系列法律法规和政策措施来支持这一战略的实施。

在 1974 年,日本政府提出了一项能源发展计划,并在随后的几年里分别制定了《节能技术发展规划》和《环境保护技术开发计划》,以促进环境保护技术的发展,并且日本政府将这三个计划合并为一个名为"阳光计划"的庞大计划,日本政府每年投资超过 570 亿日元来支持其实施。该计划旨在通过政策、科研、资金等多方面的合作,解决能源开发利用中的问题,从而保证社会经济发展、能源供应的平衡和环境保护。

1999 年,日本政府制定了《21 世纪煤炭技术战略计划》,这是一份面向 21 世纪的煤炭清洁高效利用专项发展战略。该计划提出了三个阶段的目标和任务:第一阶段(2000~2010 年),实现现有火力发电机组的超超临界化、提高火力发电效率和降低污染物排放;第二阶段(2010~2020 年),开发和推广整体煤气化联合循环发电系统(IGCC)等新型火力发电技术,进一步提高火力发电效率和降低污染物排放;第三阶段(2020~2030 年),开发和推广碳捕捉封存(CCS)等零排放技术,实现火力发电的零碳排放。该计划为日本未来 20 多年的煤炭清洁利用与高效发电提供了指导和规划。

日本政府于 2008 年推出《清爽地球——能源创新技术计划》,该计划是日本政府为应对全球气候变化和实现低碳社会而制定的一项长远规划,旨在促进日本能源科技的发展。该计划选择了 21 项优先发展的能源技术,其中包括先进超超临界技术、整体煤气化联合循环发电系统(IGCC)和煤气化燃料电池联合发电技术(IGFC)等高效燃煤发电技术和二氧化碳的捕捉和封存技术。[1] 该计划旨在通过技术创新,以优化日本的能源供给与需求结构,提升日本能源使用效率、降低能耗强度、减排温室气体排放量,推动日本经济发展与民生福祉。

2014 年,日本内阁通过《能源基本计划》,把煤电作为"基荷电源"中的一个重点,进一步阐明了大力发展高效、清洁化煤电的战略政策。本项目提出,尽管燃煤会造成较大的温室效应,但由于煤炭地缘政治风险较小,单位热值成本较低,因而是最安全、经济的一种能源。本项目提出,在改造老旧电站和新建电站中应用最新的发电技术,加大 IGCC 技术的研究开发力度,大幅度

[1] 周杰、周溪峤:《日本如何实现煤炭的清洁高效利用》,载《中国能源报》2016 年 3 月 28 日,第 4 版。

提升燃煤发电效率,实现单位发电量的节碳减排。[1]

2015年6月,日本政府、产业界和学术界成立"推广新一代火电科技学会",其目的是加快日本新一代清洁、高效使用火力发电技术的研发,并发表了技术路线图。根据这个路线图,日本在2020年初期掌握IGCC技术,该技术能够将煤炭整体转化为气体进行燃烧,从而减少约20%的二氧化碳排放量。与此同时,日本还打算到2025年完全掌握IGFC技术,这样可以降低30%左右的二氧化碳排放量。日本为支持研发清洁煤技术,制定了一系列扶持科研、放宽燃煤电厂准入限制等优惠政策。另外,日本还通过国际协力银行,以低成本融资方式,协助日本国内及海外的火力发电工程,推动日本煤电设备企业及清洁煤利用计划的发展。

2020年,复杂的国际局势以及国内灾害频发使日本的电力供应出现问题,因此日本政府陆续出台通过了《新国际资源战略》《能源供给强韧化法案》《绿色增长战略》,并宣布于2050年实现碳中和目标,以最终实现能源脱碳化。

(四)日本煤炭清洁利用主要特点

1. 加大对技术革新的支持,用高效电能抵消传统电厂。在煤炭清洁化利用的过程中,科学技术是第一动力。日本作为一个资源匮乏的国家,通过研发技术来提升清洁能源的利用率,是他们减少资源进口的唯一方法。因此,日本政府特别愿意加大对煤炭清洁化利用、清洁能源等技术研发的投入,只有这样,他们才不会因为资源对外依赖性高而担忧能源安全问题。为此应注重清洁能源的发展趋势,加大技术投入以提高煤炭能源利用率。

2. 制定更为严格的环保标准。严格的环保标准,有利于促进企业为了开展相应的项目而主动研发相应的技术,并且引进相应的技术人才。同时,严格的环保标准可以淘汰一些较为落后的设备与技术。目前,虽然在燃煤发电污染物排放方面已经制定了较为严格的标准,但是其他部分领域的标准制定得较为宽泛,给企业可乘之机。因此,根据国情制定更为严格也更为细致的环保标准,有助于推动煤炭清洁化利用的发展。

3. 加强煤炭清洁化利用的国际合作。煤炭清洁利用事业已经成为全球性的议题,日本也曾通过日本国际协力银行提供资金融资。因此,在加强自主研发的同时,政府科技部门不仅要加强国际技术交流,引进先进的科技,有组织、更多地参与清洁生产、煤炭技术论坛活动,与技术发达国家合作,沟通

---

[1] 周杰、周溪峤:《日本如何实现煤炭的清洁高效利用》,载《中国能源报》2016年3月28日,第4版。

和交流新技术,还要在资金支持等方面寻求更多的支持和合作机会,与发达国家共同推动煤炭清洁利用事业的快速发展。

三、德国煤炭清洁利用的法律保障机制

德国煤炭清洁利用法律保障机制是一个相对完善的体系,包括政策法规、技术标准和社会参与等多方面的内容。政府积极出台扶持政策,明确了煤炭清洁化的发展目标和任务;通过建立技术认证和标准体系,保障产品质量和安全性;鼓励社会各方面参与,特别是强调企业的责任和作用。这些措施为实现能源转型和环境保护奠定了坚实的基础。

(一)德国煤炭清洁利用现状

欧盟国家清洁煤炭使用的主要目标是通过提高燃煤效率和控制二氧化碳及其他温室气体排放、降低煤炭消费量来实现清洁电力。1990 年启动的"兆卡计划"投入了数十亿美元来解决燃煤排放问题。目前,欧洲国家,特别是德国,在选煤、型煤加工等方面取得了重大进展。煤炭作为德国的重要能源,在"二战"后德国的基础设施的发展发挥了不可替代的作用。与欧洲其他国家相比,德国煤炭丰富,煤炭是德国主要的能源来源之一。根据 2023 年发布的数据,德国的煤炭消费量为 2.33 艾焦,[1]其中约 60%来自褐煤,剩余的 40%来自硬煤。此外,由于俄乌冲突的升级,德国不得不通过重启煤炭发电机组或者提高煤电装置发电小时数来弥补天然气减少带来的损失,例如,德国的无烟煤在 2022 年 1~9 月累计发电达 189.5 太瓦时,较 2021 年增长了 38.16%。这些方法必然会产生大量的温室气体排放。

虽然德国政府正在逐步关闭煤电厂和采取其他措施来减少对煤炭的依赖,但目前煤炭在德国仍然扮演着重要角色。因为核电被禁止,煤炭的选择对于德国能源公司是不可避免的。德国主要使用的褐煤,是污染最严重的煤之一。作为前"绿色先锋",德国当然对煤炭消费激增感到尴尬。德国电力巨头莱茵集团(RWE)的经验可以成为德国工业"煤炭转型"的一个缩影,由于政府决定放弃核能,可再生能源无法填补这一空缺,德国不得不用煤炭代替。[2] 德国是欧盟最大的煤炭生产国和消费国,也是欧盟最大的煤电发电国,2022 年德国的煤炭产量约为 1.6 亿吨,煤炭消费量约为 2.5 亿吨,其中电煤约为 1.7 亿吨,非电煤约为 0.8 亿吨。德国承诺在 2038 年前逐步淘汰燃

---

[1] 数据来源于《世界能源统计年鉴 2023》。

[2] 王晓苏:《德国绿色转型变成煤炭转型——煤炭发电比例创 7 年新高》,载《中国能源报》2014 年 4 月 21 日,第 9 版。

煤发电,因此德国的煤电发电量在逐年下降,2022 年德国的煤电发电量约为 1.4 亿千瓦时,占德国总发电量的约 18%,占欧盟总煤电发电量的约 46%。德国的煤炭供应主要依赖进口,2022 年德国的煤炭进口量约为 0.9 亿吨,其中主要来源国是俄罗斯、澳大利亚和美国。由于俄乌冲突和欧洲能源危机,德国可能会寻求其他替代供应商或减少对俄罗斯煤炭的依赖。

目前,褐煤在德国煤炭消费结构中占据主要地位,但其燃烧价值较低,导致严重的环境污染。因此,德国政府一直大力提倡清洁使用煤炭,以减少煤炭消费对环境的影响。德国是欧洲最大的能源消费国,其次是法国和英国。2022 年,德国的一次能源消费达到 12.30 艾焦,[1] 其中化石能源消费占 75%以上,可再生能源消费占 19.9%,核能消费占 2.5%。德国的一次能源消费结构中,石油仍然是最重要的能源来源,占 34.6%,其次是天然气,占 22.6%,最后是煤炭,占 18.9%。且根据《世界能源统计年鉴(2023)》可以发现,相较于新冠疫情暴发前,德国近 3 年的一次能源消费明显降低且基本保持稳定状态。同时,德国承诺于 2022 年底全面淘汰核电,在 2038 年前逐步淘汰燃煤发电,并制定了到 2035 年通过可再生能源供应满足其所有电力需求,以及到 2050 年实现温室气体净零排放的目标。俄乌冲突造成欧洲能源短缺情况,由此带来的影响在短时间内难以得到缓解,并给欧洲的能源利用和低碳进程蒙上了一层阴影,为填补俄乌冲突带来的能源缺口,欧洲尤其是德国不得不重新考虑煤炭这一重要的化石能源,德国的低碳政策继续施行似乎也变得寸步难行,但是从德国政府在延长了 3 座核电站运营时间后仍坚持将其关闭中可以看出德国政府对于低碳目标如期实现的信心。

(二)德国煤炭清洁利用路径

首先,德国制定了明确的退煤时间表,确定到 2038 年退出煤炭市场,并就煤电退出时间表及相关问题给出详细规划。德国总理朔尔茨还在上台之初将承诺"退煤"的目标年份将从 2038 年提前到 2030 年。虽然,德国政府基于在需求高峰期将天然气挤出电力市场的目的,在 2022 年 9 月,通过了延长一家燃煤发电厂的运营时间以及允许另一家电厂提供 190 万千瓦褐煤发电装机的两项法令,但是其仍乐观地认为能如期实现退煤目标。除此之外,德国政府将为受影响的地区和行业提供 400 亿欧元的补偿和转型支持。其次,德国大力发展可再生能源,尤其是风电和光伏发电,通过《德国可再生能源法》等政策措施,为可再生能源的发展提供稳定的收益保障和优先并网权利。

[1] 数据来源于《世界能源统计年鉴 2023》。

最后,德国还建立了可再生能源合作社等多元化的参与主体,促进了可再生能源的社会化普及。2023 年上半年,德国可再生能源的发电量占比高达 53.4%,同时随着风力发电技术的提高,其发电量甚至超过了煤炭,占总发电量的 28.6%,成为了最重要的电力来源之一。

德国推进能源系统的数字化、智能化和灵活化,以应对可再生能源的波动性和不确定性。德国建立了智能电网、智能计量、智能家居等基础设施,实现了电力需求侧管理、储能技术、分布式发电等多种灵活性资源的有效整合。德国还通过市场化机制,激励用户参与需求响应、峰谷平移等方式,提高系统调节能力。

(三)德国煤炭利用法律保障体系

德国是世界上最早推进能源转型的国家之一,其可再生能源发展政策及相关法律成为全球其他国家借鉴学习的对象。德国能源转型计划(Energiewende)是一个旨在推动可再生能源发展、减少煤炭等化石能源依赖的战略计划。该计划于 2010 年开始实施,是德国政府为应对气候变化和环境污染问题所制定的一项长期性政策。德国能源转型计划的目标是逐步淘汰煤炭等化石能源,并由可再生能源取代其发电量。到 2030 年,德国的电力生产中可再生能源要占比 80%以上。同时,该计划也提出了改善能源效率的措施,到 2050 年,德国的总能耗要减少 50%以上。这些目标共同构成了德国能源转型计划的核心内容。为实现这些目标,德国政府采取了许多措施。其中最重要的措施之一是鼓励使用更加节能的灯具、提高建筑节能标准、升级电网等措施,这些措施有利于减少对煤炭的需求。此外,德国还出台了一系列鼓励可再生能源发展和限制化石能源使用的政策,例如增加可再生能源的采购额度、限制化石能源的发电量等。除了政策层面的措施外,德国还积极推广电动汽车,并鼓励企业和个人投资充电设施的建设,以进一步减少煤炭的使用。此外,德国还大力支持可再生能源技术的研发和应用,包括风能、太阳能、生物质能等领域。然而,德国能源转型计划也面临着一些困难和挑战。例如,电网扩容速度不足,很多可再生能源无法实现有效接入;煤炭工人失业问题严重,需要寻找新的就业出路,等等。同时,由于德国大量淘汰核能导致电价上涨,影响了企业的竞争力。

《可再生能源法》(EEG 2023)被认为是德国实现能源转型的重要法律框架之一,是德国推动能源转型的重要法律,旨在促进可再生能源的发展和利用,减少温室气体排放,保障能源供应安全和经济效益。该法于 2000 年出台,经历了 7 次修订,最新的修订案(EEG 2023)于 2022 年 7 月通过,明确阐述了可再生能源发展规划,德国于 2023 年实现可再生能源发电占比达到 80%的目标。同时,《可再生能源法》明确了可再生能源发展中国家机关、各市场主体的权利义务和法律责任,更好地发挥政府和市场各自的作用。除此之外,政府还鼓励煤炭企业向可再生能源领域转型,并提供相应的补贴和支持措施。该法案通过多种政策及措施,为可再生能源发展提供稳定的收益保障和优先并网权利,以逐步替代煤炭发电。其实,在实践中,德国也已经关闭了大量的燃煤电站,计划逐步淘汰所有的煤炭电力产能,用以降低二氧化碳排放,以及减缓气候变化的影响,并促进可再生能源的发展,为未来的能源结构打下坚实的基础。

德国通过建立"增长、结构变化和就业委员会"(也称"煤炭委员会"),制定了一项逐步淘汰燃煤发电的战略,使德国能够实现其气候减排目标。该战略包括了五个要素:逐步淘汰煤炭、支持传统采矿区的转型、使电力系统更加现代化、减轻受影响者的困难、监测和调整措施。该战略自 2019 年 1 月提出,最终确定于 2038 年退出煤炭市场,并就煤电退出时间表及相关问题给出详细规划。[1] 此外,德国通过《联邦自然保护法》等相关法律,保护自然环境免受煤炭开采和利用的影响,限制新的燃煤发电厂和露天煤矿的建设,规范露天煤矿退役善后工作,降低这些地区的相应处置成本风险。

(四)德国煤炭清洁利用的主要特点

在立法层面提高立法技术,明确具体的发展目标和规划,增加法律以及政策的可操作性。德国无论是颁布新的清洁能源方面的法律,还是对原有的法律进行修订,都会制定相应的目标,例如,其在《减少和终止煤炭发电法》中规定了德国淘汰煤炭的具体路径和最终日期,在《可再生能源法》(EEG 2023)中明确了可再生能源发展规划,以及相应的目标。这些具体的发展路径和战略目标增加了法律的可操作性,为政府和企业指明了方向,避免企业自己进行摸索而放缓了清洁能源发展的速度。

在组织层面,设立专门的委员会来监督协调清洁能源发展中的各项事务。相较于我国,德国实行的是退煤计划,而退煤必定会涉及失业问题,影响社会的稳定。因此德国专门设立了"增长、结构变化和就业委员会",也就是所谓的"煤炭委员会",通过各种手段来协调经济和社会问题,最终实现退煤计划。其组成人员也比较广泛,来自各个领域,如国会、科研能源、环保组织等,更加有利于问题的解决。通过设立专门的委员会,来解决在煤炭清洁化

---

〔1〕《德国煤炭委员会〈从煤炭到可再生能源的公平转型路线图〉报告分析》,载中国能源网 2019 年 11 月 22 日,https://www.china5e.com/news/news-1076380-1.html。

利用过程中发生的社会、经济问题，避免因行政机关之间职责冲突而影响推广的进行。

第五节　煤炭清洁化利用的对策及建议

一、完善能源法律制度体系

（一）明确我国煤炭清洁化利用的总体目标

实现“双碳”目标是煤炭清洁高效利用的总体目标。高效燃烧技术、煤炭高效转化技术、低成本高效CCUS技术等方面的重大突破是实现煤炭清洁高效利用的重要方向。其中CCUS技术是实现碳中和目标、减少碳排放的关键技术之一，国内CCUS项目捕集能力还远低于美国和加拿大等发达国家，而且在碳捕集、输送、利用、封存方面仍存在技术难题。燃煤机组的灵活性提高是煤炭利用率提高的一大重要指向。

1. 重点落实支持煤炭清洁高效利用的相关科研政策。相关政策如大力发展煤基特种燃料、近零碳排放煤化工工艺、低成本二氧化碳捕集技术、二氧化碳地质封存等技术，大力发展CCS/CCUS技术，为碳达峰提供技术储备，在碳中和阶段主动减碳。

2. 着力推动煤炭清洁高效利用“产学研”深度结合。重点推广超大型废锅气化炉技术、低位热能利用技术、高效精馏技术等节能环保技术，构建煤化工关键技术与创新平台，建立以国家重点实验室、高水平研究型高校为先导的科研队伍，推动“产学研”深度结合。

3. 加快推进煤炭资源的综合利用。确定煤制油和煤制气的战略储备地位，把高端煤化工当作一种战略性新兴产业来布局，推动它的有序和高质量发展，强化与石化、天然气化工等行业的结合，开发具有较高附加值的产品。

4. 制定鼓励发展煤基特种燃料的激励政策。引导聚烯烃品牌化工产品的差异化和高端化发展，由限制发展项目转为高技术产业项目，实现现代煤化工产业高质量发展。

（二）制定我国煤炭清洁化利用的行业标准

1. 在制定我国煤炭化清洁化利用的行业标准的相关立法时，要具有前瞻性。首先，立法者要追踪关于污染物排放防治的最新科研成果，及时弥补法律中的漏洞，并且更新法律中的滞后规定，实现新旧法律规定的有效衔接。

同时,在立法上增加企业的违法责任,增加违法的成本,旨在当现有社会道德功能失效的情形下,可以通过法律对企业行为进行强制性规范。其次,行业标准的立法目的应从减少污染物排放量转移到污染物排放不得使环境质量不达标上来。例如,大气污染物的排放不得使该区域内空气质量的监测数据低于该类污染物项目的最低要求。最后,在立法时,深入调查研究社会各类主体对环境保护的需求。同时,扩大环境公益诉讼的主体范围,赋予公民更多的救济渠道。使公民能够监督企业与政府行为,使公民检举、揭发企业与政府的不规范行为以达到推动煤炭清洁化利用的目的。基于企业以及政府的强势地位,赋予公民行使权利受到阻碍甚至被侵权时的有效救济途径与保障措施是必要的,公民可以通过向直接负责监管的行政部门的上级行政部门投诉、举报。对于政府有关部门的包庇行为,公民应当有权直接向上级政府的监察部门举报、投诉。除此之外,公民可以行使舆论监督的权利,任何国家机关、社会团体、个人不得对公民行使监督的权利进行打击、报复。公民监督企业与政府的行为,既能保护公民的民主权利,又有利于实现煤炭的清洁化利用。[1]

2. 立法者要细化煤炭化清洁利用的执法标准,执法者要依法执法。要遏制政府的"唯 GDP 论",使得政府在对企业进行严格管理的基础上,规范重污染排放企业的行为,避免因重污染排放企业为当地经济提供巨大经济效益而成为不受规制的对象。另外对污染物排放不达标进行管理的相关规范性文件的制定要转移到正确的方向上,例如,燃煤电厂的主要污染排放物为二氧化碳、二氧化硫、氮氧化物以及烟尘排放,相关空气质量规制的规范性文件不应局限于机动车尾气排放,应当将规制路径面向重污染企业,提高对企业清洁化利用的监管力度以及不达标企业的执法力度。[2]

(三)完善我国煤炭清洁化利用的配套法律制度

鉴于我国煤炭行业的法律法规体系有待进一步健全,提出进一步修订实施《节约能源法》,建立完善动力煤、炼焦煤在使用过程中的清洁化利用制度及节能制度十分有必要。在建设工程领域、民用供暖领域、焦煤炼钢等领域,制定更加完善的节能制度,供用煤企业参考,用于规范自身行为,提高煤炭清洁化利用的意识。要进一步健全节能监察、能源效率标识、固定资产投资项目节能审查、重点用能单位节能管理等配套法律制度,完善的法律法规配套体系的建立,形成强有力的煤炭清洁利用法规网。

---

[1] 赵笑笑:《论煤炭清洁化利用中践行排放标准的相关问题》,载《中国市场》2018 年第 2 期。
[2] 王慧、杨天敏:《我国煤炭清洁高效利用现状及发展建议》,载《能源》2023 年第 3 期。

首先,在每一个生产环节、销售环节、运输环节,都要设立相应的能源标识与节能制度,结合煤炭清洁化利用的最新科技成果细化节能审查的标准,使得执法机关对违法企业的执法能有法可依、有法必依、违法必究,从而高效地、全方位地实现煤炭清洁化利用。其次,还应该进一步强化各项污染物排放标准的引领性和约束性,面向全社会发布并实施特定用煤行业的清洁化利用标准与排放标准。完善对重点节能单位的管理措施,定期检测重点节能单位的各项污染物排放指标、所在区域环境指标,对于不符合强制性排放标准的企业要进行责任追究,依法进行处罚。这将有利于逐步增强用煤主体的清洁化利用意识。最后,加强节能执法监督,强化事中事后监管,严格执法问责,确保节能法律法规和强制性标准的有效落实。

鼓励用户使用高质量商品煤,针对煤炭采选中存在的问题,科学合理地修订煤炭采选的标准和条例,制定煤炭品质分级指标体系,不搞“去煤化、一刀切”、“逢煤必转”,明确其能源主体战略地位,保证政策的连续性、有效性。进一步提高煤炭入选率,因地制宜、配套完善相关选煤厂和选煤设备,努力实现商品煤全部入选,争取无原煤销售。以提高商品煤品质为重点,大面积推广干法分选,健全智能煤炭筛选体系,提高热值。建立健全市场监督体系,强化有关政策的落实,充分发挥煤炭在我国基本能源中的根本地位。在此基础上,结合美国等发达国家土地塌陷防治、土地复垦、矿山水处理等方面的经验与实践,制定完善我国矿业发展生态环境保护的相关法律、法规和约束性政策。[1]

（四）煤炭清洁化利用的法律规定与《环境保护法》的有效衔接

在煤炭化清洁利用的相关法律规范的制定以及实施过程中,要树立以《环境保护法》为核心的可持续发展理念。同时,通过制定有关司法解释与政策,使《环境保护法》的基本理念成为煤炭清洁化利用相关法律规定的依据与基本价值指向。《环境保护法》第 1 条规定:为保护和改善环境,防止污染和其他公害,保障公众健康,推进生态文明建设,促进经济社会可持续发展,制定本法。在煤炭清洁化利用过程中,排放污染物不达标企业往往无法得到有效规制,其主要原因在于目前相关煤炭清洁化利用的法律规定侧重于对经济效益的追求,而执法人员在执法过程中也往往选择以经济利益为重,对涉事企业的规制无法达到立法目的。因此,煤炭清洁化利用在制定法律规定的实施过程中,应当注重与《环境保护法》的有效衔接,形成以可持续发展

---

〔1〕 董洁、乔建强:《“双碳”目标下先进煤炭清洁利用发电技术研究综述》,载《中国电力》第 8 期。

为基本理念的环境保护的煤炭清洁化利用的核心。

二、完善煤炭环境行政规范体系

（一）规范有关煤炭产业行政执法体系

1. 设立专门的委员会专门执行有关煤炭开发各个环节的审批工作，将审批权集中于专门委员会。我国作为能源大国，煤炭作为我国主要能源之一，目前，我国关于煤炭行业的各个环节的审批权限规定得较为分散，不利于煤炭清洁化利用的统一管理与规制。监管主体多元对煤炭清洁利用整体工作合力会造成破坏，审批权分散导致政府有关部门对煤炭清洁化利用的引导效果较差。因此，可以通过借鉴德国关于专门委员会的规定，将煤炭环境行政许可的审批权集中于专门的委员会，有利于国家环保指标等的下放与安排，同时有利于政府有关部门对违规企业进行集中管理与行为规制。

2. 各地区应修订现有的关于煤炭清洁化利用的地方性法规，做好与上位法以及其他地区煤炭清洁化利用相关政策的有效衔接。各地区应当根据当地发展实际情况，就煤炭清洁化利用技术推广、煤炭利用开发中的环境保护问题以及煤炭清洁化利用技术对煤炭价格形成机制的影响，形成行之有效的地方性法规，做好与上位法，如《节约能源法》《环境保护法》《煤炭法》等的有效衔接。同时，吸收各地区有关气候、能源等各方面的地方性法规的规范，形成与本地区实际情况相结合的地方性煤炭清洁化利用法律规范体系，形成对煤炭经营企业以及煤炭管理部门完整有效的规范指导与评价体系。[1]

3. 煤炭主管部门在执法过程中，应当参考其他有关环境保护的规定。相关主管部门不能单一地只参考关于矿产资源或者煤炭的法律规定，同时也应当顾及《环境保护法》《节约能源法》等多部相关法律规定。煤炭清洁化利用不只涉及《煤炭法》，可能还会涉及《电力法》《节约能源法》《清洁生产促进法》等法律或地方性法规的规定，应当将煤炭清洁化利用的规制以法律体系的模式进行执法，要做到于法有据，有法可依，同时，通过对法律条文的体系解释实现对煤炭经营企业的合法规制。

（二）健全煤炭产业环境行政监管制度

1. 各地区煤炭管理部门应当及时掌握煤炭经营企业的动态信息，并将其纳入煤炭管理部门的监督管理范围之内。根据我国《清洁生产促进法》第27条规定，企业应当对生产和服务过程中的资源消耗以及废物的产生情况进行

---

〔1〕 秦建芝：《山西煤炭清洁利用地方立法研究》，载《中国政法大学学报》2014年第1期。

监测,并根据需要对生产和服务实施清洁生产审核。虽然,我国相关法律规定将清洁生产审核的自主权停留在企业,但是行政部门的监管也应当形成对企业清洁生产审核自主权的约束,避免企业为规避煤炭主管部门的监管而滥用自主权,对应当报批的不报批。因此,各地区煤炭主管部门应当定期通过企业信息平台筛查煤炭经营企业的企业信用、燃用单位信用记录及煤炭清洁污染物排放相关指数最新数据等,审核其是否符合各项国家规定标准,使煤炭经营企业的内部监管与煤炭主管部门的外部监管形成合力,形成对煤炭经营企业进行煤炭清洁化利用的有效监管。

2. 加强群众对煤炭管理企业与煤炭主管部门的行为的监督。任何单位和个人应当有权向本级煤炭主管部门举报煤炭管理企业的违法行为,有权向上级煤炭管理部门或监察部门举报本级煤炭主管部门的违法行为。煤炭清洁化利用涉及全体公民生活环境、身体健康以及经济的可持续发展,公民应当作为监督企业以及煤炭主管部门行为的主体。避免因煤炭经营企业利用自身创造巨大经济效益的有利条件与地位,形成煤炭主管部门因重视地区经济发展而忽视煤炭经营企业违法行为的情形。因此,加强公众参与煤炭环境监督是煤炭环境行政规范体系中不可或缺的一环,公众参与监督,既能保障煤炭主管部门的有效监管,又能保障在企业经营中的有效推进煤炭清洁化利用。

3. 煤炭行业的监管应当按照相关法律规定,对采取违规操作或者超标排放污染物的煤炭经营企业进行严厉处罚。应当根据煤炭经营企业所造成的不同程度的社会影响以及对环境的危害程度,采取从罚款到行政拘留、吊销营业执照等的各类行政处罚以及行政强制措施,以此促进煤炭产业的健康可持续发展。有力的行政惩罚措施也是对煤炭经营企业的警醒,督促煤炭经营企业正向发展,以此促进煤炭清洁化技术的利用。

(三)加强行政执法队伍建设

1. 上级煤炭管理部门通过发布煤炭清洁利用典型指导案例指导下级煤炭管理部门的执法行为。有关行政主管部门要综合执法,定期发布煤炭清洁利用的有关指导案例,尽量避免出现同案不同处罚的现象。对于典型疑难案件,下级煤炭主管部门应当主动向上级煤炭主管部门进行请示,避免因专业能力不足,导致对涉事企业的不公正处罚。大部分煤炭经营企业对所在地区的经济产生较大影响,企业工人大多数为当地民众,关系着万千家庭的生计。但是煤炭主管部门不能因煤炭经营企业为本地区创造巨大收益而不进行规制,无视煤炭经营企业的违法行为。对煤炭企业的公正执法既是对本地区经济的保护,也是对民生的保障。因此,发布指导案例指导下级煤炭主管部门的执法行为是必要的、不可或缺的加强执法队伍建设的手段。

2. 国家煤炭清洁利用的主管部门应当定期组织各地方煤炭资源主管部门的工作人员进行培训学习。既要进行专业培训,也要进行法律知识的培训,避免执法队伍能力不足带来的负面影响。执法队伍整体素质的提升可以对煤炭经营企业违法行为进行合理规制,形成对煤炭行业的正当法律评价,促进煤炭行业正向发展,从而推动煤炭清洁化利用技术的推广以及实施。

三、加强煤炭清洁化利用的政策支持与激励

健全促进煤炭清洁化利用的相关政策措施,积极支持、引导煤炭经营企业对煤炭清洁化利用技术的运用,并为企业积极运用煤炭清洁化利用技术提供政策保障。同时,要强化顶层设计,实现各类、各项政策进行有效衔接与落实。

(一)完善煤炭清洁化利用的财税金融政策

实行绿色金融政策,支持银行在贷款方面优先考虑开展煤炭清洁化利用的企业,适当放宽申请贷款的主体资格审查条件。目前,煤炭清洁化利用技术研发项目大多为政府项目所承包,银行贷款更倾向于政府项目,因而给成企业开发、利用煤炭清洁化利用技术造成困难。成本增加,成为阻碍煤炭清洁化利用发展的原因之一。除此之外,目前我国对申请煤炭清洁化利用技术贷款条件的审查较为严苛。因此,应当在宏观政策上对煤炭清洁化利用进行财政金融政策方面的引导,通过推广节能低息贷款、企业科技创新贷款、环保产业贷款、高新技术产业贷款等鼓励煤炭清洁化利用产业的发展,放宽申请贷款主体的资格审查条件,使煤炭经营企业能够达到贷款主体资格,从而顺利申请贷款。

一些国家通过明确的政策引导,不仅成立了一批煤炭清洁煤技术示范项目,也带动了企业自主安装清洁生产技术的积极性,具体的财政金融的支持政策也为企业使用新技术提供了资金上的支持。美国政府颁布的多项促进清洁能源发展的政策,不仅涉及政治方面,而且更多的是财政金融政策的引导,例如《美国能源安全法案》中增加贷款担保的规定。我国在推动煤炭清洁化利用的政策引导上也应当加大金融财政的支持力度,促使企业不断研发新的清洁化利用技术,吸引煤炭清洁化利用技术型人才。

(二)完善煤炭清洁化利用的税收优惠政策

国家对于使用煤炭清洁利用技术的煤炭经营企业,应当给予一系列税收

优惠政策,包括企业所得税、营业税、房产税、增值税等方面,通过税收优惠政策表明政策的倾斜,从而促进煤炭经营企业积极应用煤炭清洁化技术。

我国可以对应用煤炭清洁化利用技术的煤炭经营企业免征2年至3年的企业所得税,免税时间过后可以降低一定百分比的税率,以此税收优惠政策鼓励煤炭经营企业使用煤炭清洁化利用技术。我国可以对建设煤炭清洁化利用技术过程中使用的房屋减少一定比例的房产税。同时,对于实行税收优惠政策的煤炭经营企业的资格审查需要十分严格,除此之外,各地监管局也应当对享受税收优惠政策的煤炭经营企业进行不定期的资质审查,避免个别企业通过违规操作享受国家税收优惠政策,逃避缴税。在制定煤炭清洁化利用技术的有关税收优惠政策时,应当重点关注以下两方面问题:

1. 应当对相关政策草案进行多次公开听证听取意见。对相关政策草案进行听证可以避免政策入口太松,造成政策推动煤炭清洁化利用技术使用效果的降低,同时,也可以避免因入口太严,导致使用煤炭清洁化利用技术的煤炭经营企业无法达到享受税收优惠政策的标准,使得该政策难以实施。

2. 应当多次评估政策实施效果。政策的制定是为了落地实施,如若政策制定实施的效果不佳,则应当进行相关改进。政策的作用是为了促进煤炭清洁化利用技术的发展,因此,应当因时因地制宜,制定相关准则,不定期评估政策结果是对政策制定效果最有力的监测。[1]

(三)完善煤炭清洁化利用技术变革的政策支持

1. 加强对煤炭清洁化利用技术研发的财政补贴。我国应当加强对煤炭清洁化利用技术研发方面的投资,应当根据不同技术种类的成本进行不同比率的资助,促进基础性煤炭清洁化利用技术的研发。目前,我国煤制烯烃产品一直都是以中低端为主,煤制乙二醇产品的结构也较为单一,这导致煤炭在能源转换中的利用率较低,增加运营成本,同时带来不必要的环境污染问题,与我国实现"双碳"的目标相背离。因此,我国需要因地制宜实现对煤炭生产建设的清洁化利用,实现煤炭利用产业链集群化,推动煤炭多元化利用生产基地建设,进一步提升煤化工产业技术、经济投入,实现煤炭由燃料向燃料与原料的并重发展。煤制烯烃等化工产品在油价不断提高时,其盈利能力会强于煤制油气,应优先考虑发展煤制乙二醇、煤制烯烃。提高煤制烯烃的产品类型以减少碳排放量,同时发展煤制乙二醇的结构,提高煤制乙二醇利用率与能源转化率。技术的研发与应用需要国家加大支持力度,通过煤炭清

[1] 张延悦:《我国煤炭清洁利用的法律监管》,载《中国市场》2018年第2期。

洁化利用技术可以降低煤炭经营企业的运营成本,同时提高煤炭利用率,减少环境污染的负担,实现我国“双碳”目标。

对于现代化煤炭清洁化利用技术的发展,应当建立绿色煤炭清洁化利用技术产业体系。生态化是人类行为必须遵守的生态规律,因此,国家应当加大对煤炭清洁化利用技术研发的政策支持力度,成立关于发展高效污染物脱除技术、多污染物协同控制技术、废水零排放技术以及“三废”资源化利用技术等各类煤炭清洁化利用技术研发的研究院,由研究院带动煤炭清洁化利用技术发展。研究院的成立与技术研发需要我国提供财政支持,目前,我国煤炭清洁化利用技术研发较为分散,尚未形成煤炭清洁化利用技术研发的核心力量,而成立煤炭清洁化利用技术研发的研究院可以将技术核心进行集中,同时,也可以对技术进行集中性推广与应用,助力我国发展现代化煤化工。[1] 对于纳入煤炭清洁化利用示范项目的技术,可以在技术研发与试点应用中给予一定的财政补贴,也可以根据《清洁生产促进法》的规定,对煤炭清洁利用技术示范项目所属单位进行奖励,奖励资金可以从煤炭可持续发展基金与收取的各类排污费中支付。同时,对技术研发的主要高级技术人才进行奖励,以激励高级技术人才继续创新技术研发,助推我国煤炭行业清洁化发展。

2. 加大对煤炭清洁化利用技术成果转化的补贴力度。加大对煤炭清洁化利用技术成果转化补贴力度,使煤炭清洁技术装备突破现有技术,实现煤炭能源的高转换率。首先,在煤炭精准智能化洗选加工技术成果转化过程中,应当加大对突破工艺参数和产品质量的高精度的检测技术进行补贴,以促进煤炭精确分选技术工艺及装备的发展。其次,应当加大对于煤制油工艺升级的高端化技术的补贴力度,以激励煤炭清洁化利用技术突破煤炭分级液化的关键技术,从而提高油的品质,减少二氧化碳排放量。同时,加大力度突破煤焦油深加工制取化工新材料的技术,通过补贴手段推进煤炭清洁化利用技术产业中对于低阶煤分质利用的技术成果转化,以提高煤炭利用率。最后,加大对煤炭燃烧后多种污染物净化成套技术突破的补贴力度,旨在激励煤炭清洁化利用产业实现对煤化工高盐、高浓、难降解有机废水深度处理工艺技术的突破,实现煤化工转化过程中废水净化技术的成果转化。

煤炭清洁化利用技术成果转化旨在通过对现有技术进行突破,实现对煤炭的高效利用与煤炭清洁技术的延续发展。煤炭清洁化利用技术的发展不能只依托于新型技术的研发,现有技术成果转化对煤炭产业发展也具有至关重要的作用。新型技术的研发需要在投入大量成本以后才能取得,而实现碳

---

[1] 柳第:《雾霾治理背景下的煤炭清洁化利用法律规制》,载《中国市场》2018 年第 3 期。

达峰、碳中和的“双碳”目标刻不容缓，保护环境、减少污染物排放的要求也刻不容缓，因此，通过刺激现有煤炭清洁化利用技术成果转化，能切实发挥能源工程建设对技术研发创新的带动作用。

3. 强化对煤炭清洁化利用专业性人才的政策支持。

第一，通过财政支持的方式帮助煤炭经营企业引进煤炭清洁化利用技术高级技术人才，健全人才保障机制。煤炭经营企业对煤炭清洁化利用技术高级人才的引进力度是远远不够的，人才引进除了需要高薪酬，对人才的相关保障措施也需落实到位。煤炭经营企业作为企业，对人才保障机制的建设具有一定的局限性，因此，需要通过相关政策支持，健全煤炭清洁化利用技术的人才保障措施。首先，重点加大对创新人才的财政补贴投入力度以及研发新技术后的知识产权保护力度。支持高级技术人才研发新技术，对新技术提供相关保护措施。其次，加大对高级技术人才研发成果的奖励力度，充分调动煤炭清洁化利用技术高级技术人才的积极性，充分发挥高级技术人才的创新能力，同时，避免高级技术人才的流失。最后，提升高级技术人才福利，通过安排配偶在煤炭经营企业就业等，健全对人才保障机制，减轻高级技术人才的负担，吸引科技人才与优势资源向煤炭经营企业聚拢，推动煤炭清洁化利用技术的发展。

第二，加强对专业人才队伍的培养，通过财政支持的方式实现科研院所与煤炭经营企业的联合对接。建立煤炭经营企业与科研院所的技术培训计划，打造煤炭清洁化利用技术的专业人才队伍，通过煤炭经营企业与科研院所的联合培养，推动煤炭清洁化利用技术的发展与应用推广。煤炭经营企业作为企业的一种类型，其与科研院所的联合还需政府的政策支持与财政补贴，由政府作为桥梁，通过政策导向坚定煤炭行业对煤炭清洁化利用技术研发与应用的决心。围绕实践技术能力培养人才，完善以企业为主体，产学研用一体化的煤炭清洁化利用技术的创新体制机制，保证人才培养的质量。同时深化科研院所的专业课程改革，加快对企业技术技能人才的培养速度，由政府、科研院所、煤炭经营企业共同努力培养出熟知政策环境、生态要求以及相关技术的复合型人才。

4. 推动建立全球清洁能源合作伙伴关系。我国应当积极开展与各国的合作，推动建立全球清洁能源合作伙伴关系。首先，应当加强与煤炭清洁化利用技术发展较为先进的国家的合作，发挥我国的产能、人才等方面的优势，积极推进煤炭清洁化利用技术产能的合作与技术交流，融入域外先进煤炭清洁化利用技术市场，以此促进我国煤炭行业的清洁化利用发展与技术进步。其次，加强与煤炭资源结构相近的发展中国家在绿色低碳领域的合作交流，就政策、资金、技术等问题开展交流与研讨,借鉴他国经验以制定适应我国煤炭行业发展的相关政策。最后,应当鼓励地方政府同有关国家的地方政府展开煤炭清洁化利用技术交流、合作。支持煤炭经营企业通过政府的对外合作,加强与有关国家煤炭经营企业的合作。[1]

通过建立全球清洁能源合作伙伴关系,推动我国煤炭清洁化利用技术的发展,促进我国煤炭行业的快速发展与成果转化。目前,我国煤炭清洁化利用技术尚不成熟,需要政府通过各类政策以及合作交流,推动我国煤炭行业的技术发展。从长远来看,随着技术的不断完善与成熟,煤炭经营企业可以合理、正当应用煤炭清洁化利用技术,煤炭行业可以实现绿色、可持续发展,减轻政府负担,促进"双碳"目标的实现。

---

〔1〕 唐珏、王俊:《"双碳"目标下煤炭发展及对策建议》,载《中国矿业》2023 年第 9 期。

第二章　我国分布式光伏发电产业法律问题研究

第一节　我国分布式光伏发电概述

一、分布式光伏发电基本概况

(一)分布式光伏发电的内涵

根据国际能源署(IEA)等国内外能源研究机构的预测,随着能源危机影响的加剧,可再生能源的建设将加速推进。其中太阳能属于可再生能源,或将成为未来全球电力的主导能源之一。太阳能发电的种类之一为光伏发电,具有低发电成本、高环境优化性、资源丰富、辐射范围广泛以及应用领域广泛等众多优点。分布式光伏发电是电力系统与太阳能应用结合的产物之一,指位于用户所在地周边,所产电力以自用为主,多余电量可就近并网的光伏发电电力系统。通常,对于分布式光伏发电的建设,都是按照因地制宜、分散布局等原则进行的,以加强对太阳能资源的充分利用,尽可能减少化石能源的消耗。作为一种把太阳能转化成电能的系统,分布式光伏发拥有广阔的前景。其侧重于就近发电、并网及使用,不仅能扩充周边的能源,还能为周边提供源源不断的电能,更能均衡调节电网中的电量,对于社会的升压电力问题起到一定的缓解作用。

按照国家能源局在《分布式光伏发电项目管理暂行办法》(已废止)中的规定,分布式光伏发电被定义为:临近用户所在地运行,以用户侧自发自用为主,多余电量上网且在配电网系统具有平衡调节功能的一种光伏发电设施。在该定义基础上,我国国家电网公司于 2014 年在《关于印发分布式电源并网服务管理规则的通知》中完善两项内容:一项是 10 千伏以下接入;另一项是单点规模低于 6 兆瓦。国家电网对其的定位也相应扩宽,在申报备案中对分布式光伏发电站进行了区分,通过建筑屋顶和相关场地建立起来的分布式光伏发电站，既可以选“自发自用、余电上网”的方式进行备案，也可以选择“全额上网”的方式进行备案(但要求接入电网的电压不得高于 35 千伏，发电量不得超过 2 万千瓦，超过的屋顶项目不认为是分布式)。《关于进一步落实分布式光伏发电有关政策的通知》(已失效)将上述两项都归纳到分布式光伏建设的规模管理上。另外，根据《国家能源局关于 2019 年风电、光伏发电项目建设有关事项的通知》之规定，对于需要国家补贴的新建工商业分布式光伏发电项目，需要满足单点并网装机容量小于 6 兆瓦且为非户用的要求。

对于 10 千伏以下、单点接入 6 兆瓦以下的项目，国家电网公司与国家能源局都认为是分布式项目。对于单点接入超过 6 兆瓦或电压等级超过 10 千伏的项目，国家电网公司与国家能源局的定义有所差异。国家电网公司接入不超过 10 千伏的电压的分布式光伏发电，而且规定单个并网点不得将超过 6 兆瓦的分布式电源作为总装机。第二类的分布式电源为可接入 35 千伏电压，而且年自发自用超过一半的；或是接入为 10 千伏，但单个并网点需要大于 6 兆瓦，而且年自发自用超过一半的分布式电源。

综上所述，分布式光伏发电是通过光伏组件，将收集到的太阳能经过物理作用转化成电能的一种发电系统。其中规模不足 35 千伏的接入点，主要供给在周边的用户使用，用电成本更低。现阶段这种发电模式广泛存在于城市，如将光伏组件安装在城市之中的大型建筑屋顶上，对太阳能进行收集，并将其转化为电能，以满足周边的用电需求，在一定程度上缓解了城市用电紧张的局面。与之相对应的是，乡镇、农村的分布式光伏发电系统发展较为迟滞，这可能与乡镇、农村对太阳能资源利用的重视不足有关。作为一种把太阳能转化成电能的系统，分布式光伏发电无疑是具有较强环境适应性、应用场景丰富的发电方式，拥有广阔的发展前景。分布式光伏发电系统通过对分散式资源的有效利用，能实现提高用电效率、优化能源结构、改善用电结构等多个目标。

(二)分布式光伏发电的特点与分类

分布式光伏发电具有如下特点：一是技术特点。分布式光伏较集中式发电系统不同，其发电量与输出的功率都有一定限制，功率相差从千倍到万倍不止。除大型发电站或需要并入电网的情况外，其余分布式光伏发电站多不需要配电柜、升压器、变压器等设备。因此，根据分布式光伏系统情况及周边电网情况，依照输出功率的不同，我国划分了四个等级，用于分布式光伏并网。二是位置特点。分布式光伏发电系统多在用户周边建造，便于用户就近用电。因此，分布式光伏发电系统多呈现分散式的位置特点，其分布范围更广泛，可因地制宜，针对性解决用户独特的用电需求。在位置方面，分布式光伏的建立以太阳能为基础,并非所有的分布式光伏都能得到正向的经济收益。其位置受太阳能资源、政策补贴、用户地理位置等多方面影响。三是使用特点。相较于普通发电站而言,分布式光伏发电站兼具发电与用电两种功能。一方面,分布式光伏系统受当地消纳条件的影响较大;另一方面,更为丰富的功能意味着对分布式光伏系统的技术性要求更高。强技术性与昂贵的设备安装费用,将对分布式光伏发电的使用与市场普及造成影响。四是系统特点。分布式光伏发电系统中各系统相互独立,可以分别控制。在主要电力系统出现故障时,依然可以独立运行,具有一定的稳定性与安全性。因系统规模较小,临时响应速度更快,甚至能对主要电力系统的调控起到促进作用,弥补因集中供电的缺陷所造成的影响。此外部分分布式光伏发电系统也无须额外的配电器、变压器、升压器等设备建设,开发成本较低。在分布式光伏发电系统中,有独立的数据采集器以及监控终端,可对所覆盖区域的用电情况进行实时监控。

分布式光伏发电系统的分类方法有多种。最普遍的分类方法是按照用户主体或者用户目的的不同,可分为户用光伏、工商业光伏项目等。相较于户用光伏,工商业光伏的申报手续更为烦琐,要求也较为严格。并网的分布式光伏电站按照使用目的可分为全部自用、全额上网以及自产自用,余量上网三种类型。按照分布式光伏电站的规模、输出功率、输出电压,可分为大型发电站、中型发电站、小型发电站。按照分布式光伏电站建设位置的区别,可分为屋顶型、建筑一体化型、农渔业设施型等多种类型。

(三)分布式光伏发电的优势及建设意义

现阶段,分布式光伏发电的优势及建设意义主要包括以下几方面:

1. 在资源利用上,分布式光伏发电设施建设对环境要求较低,可提高闲置资源的利用效率。分布式光伏发电设施可建设于建筑物的屋顶、墙体表面等,因而,分布式光伏发电系统的安装无须另外占用珍贵的、集中连片的土地资源。较低的建设条件需求无形中丰富了分布式光伏发电系统的应用场景,也提高了土地的利用率,闲置资源的利用率以及太阳能资源的利用率,节约了土地资源,降低了开发成本。在分布式光伏发电系统中,倡导就近使用,就近转换,因而电力传输的距离较短,能源转化、传输中较传统的化石燃料对水的需求量更少,所以可以节约水资源。分布式光伏发电的原始目的在于用户的自发自用,且个人、工商业都可成为分布式光伏发电项目的投资主体,通过以满足用户所需为底线,配置相应设施,可有效避免浪费。同时通过最大程度地将市场主体囊括其中,扩宽了市场对光伏发电,分布式光伏发电系统终端装机的购置需求。

2. 在清洁环保上，分布式光伏发电利用光能直接发电，促进环境保护。光能属于清洁能源、可再生能源，利用光能进行发电能够极大地降低对环境所造成的污染。电力能源作为现代社会使用极为广泛的二次能源，如由化石能源进行转化对环境的伤害较大。而若由太阳能进行电能转化，则不仅在转化过程中不会排放有毒有害物质，污染环境，损害人体健康，同时不造成二氧化碳等碳排放，避免温室效应，有利于我国应对气候变化，达成“双碳”目标。太阳能作为可再生能源，相较于不可再生能源快速消耗所造成的能源危机，太阳能对缓解能源压力，促进经济、环境可持续发展都有着无比重要的意义。

3. 在建设成本上，分布式光伏的建设成本相对较低。因用户的需求不同，除初始的设施建设费用、系统费用投入以及部分用户需支付的土地成本外，用户后期的投入只限于定期清洗和运行维护费用。又因分布式光伏设备中的易损件较少，无可燃配件，其维护费用较传统化石燃料发电设备更低。目前，市场上分布式光伏发电设备组件的使用寿命预期为 25 年。随着使用时间的延长，分布式光伏发电系统的普及，以及规模效应出现，投入在分布式光伏发电系统的边际成本也将逐年递减。对于用户和供电公司而言，分布式光伏发电系统的电能都是用于周边人们的日常用电消费，因此免于建设远距离输电线路，能降低输配电的线路建设成本以及配电站成本，并降低电能在输送过程中的损耗，提高电能利用率。

4. 在市场改革上，分布式光伏发电系统对现阶段电力市场的改革有促进作用。一方面，发生大规模电网故障时，分布式光伏发电系统还能实现负荷供电，具有非常高的可靠性，有利于电力系统的安全稳定。另一方面，分布式光伏发电系统的临时响应速度快，有利于并网，参与电网调峰，一定程度上可以缓解城市高峰用电紧张的局面，是现代智能电网中不可或缺的一部分。

二、我国分布式光伏发电行业概况

（一）我国太阳能资源的分布情况及各地光伏发电定价差别

我国幅员辽阔，太阳能资源非常丰富，但存在一定的地区差异。从日照时长、地区辐射总量来看，各省市及地区的太阳能资源各不相同，总体呈现出高海拔地区太阳能资源大于低海拔地区，我国西部气候干燥地区太阳能资源大于我国东南部气候湿润地区的特点。[1]

---

〔1〕《我国太阳能资源是如何分布的》，载国家能源局网，https://www.nea.gov.cn/2014-08/03/c_133617073.htm。

具体而言,太阳能最丰富的地区为内蒙古西部、甘肃西部、青海和西藏的大部分地区、新疆和四川的部分地区。上述地区年辐射总量为每平方米 6300 兆焦耳以上,占据了我国国土面积的 1/5 以上。此外,我国年日照时数达到 2200 小时以上的地区,基本可产生的总热量都在 5016 兆焦耳以上,而该类资源区总计占我国国土面积的 2/3 以上。由此可见,我国有开发分布式光伏发电产业的天然地理优势。

在影响我国分布式光伏发电产业的开发的几个因素中,除技术因素、经济因素、管理水平外,影响比较显著的因素是政府政策因素。我国政府对分布式光伏发电产业的激励方式主要有产业政策、税收优惠以及政府补贴等,而光伏发电站的电价政策往往能直接影响到发电站的收益。

2013 年,我国出台《关于发挥价格杠杆作用促进光伏产业健康发展的通知》,按照太阳能资源的分布情况,可利用的太阳能资源的时长,日照辐射量,我国执行阶梯式的定价策略。资源丰富的地区定价较低,资源匮乏的地区电价较高。该文件明确将全国分为三类资源区,执行不同的光伏上网标杆电价,我国Ⅰ类、Ⅱ类、Ⅲ类资源区的电价分别为:0.90 元、0.95 元、1.00 元。此外,文件中还明确规定,对分布式光伏发电实行按照全电量补贴的政策,电价补贴标准为每千瓦时 0.42 元(含税,下同),通过可再生能源发展基金予以支付,由电网企业转付。其中,分布式光伏发电系统自用有余上网的电量,由电网企业按照当地燃煤机组标杆上网电价收购。对分布式光伏发电系统自用电量免收随电价征收的各类基金和附加,以及系统备用容量费和其他相关并网服务费。

2015~2018 年,根据国家发展改革委每年出台的相关政策文件,普通光伏电站上网电价和常规分布式光伏发电项目补贴标准逐年降低,但同时,电价指导价格也在逐渐降低。具体可见表 2-1。

表 2-1　光伏发电标杆上网电价(指导价)和补贴标准

单位:元/千瓦时

发文字号	普通光伏电站标杆上网电价			常规分布式光伏发电项目补贴	
	Ⅰ类	Ⅱ类	Ⅲ类	户用	工商业
发改价格〔2015〕3044 号	0.80	0.88	0.98	0.42	
发改价格〔2016〕2729 号	0.65	0.75	0.85		
发改价格规〔2017〕2196 号	0.55	0.65	0.75	0.37	
发改能源〔2018〕823 号	0.50	0.60	0.70		

2019 年,国家发展改革委出台了《关于完善光伏发电上网电价机制有关问题的通知》,对光伏发电的电价政策进行完善,提出电价将全年不变,也不再执行标杆电价,而是出台指导价,将纳入国家财政补贴范围的Ⅰ~Ⅲ类资源区新增集中式光伏电站指导价分别确定为每千瓦时 0.40 元、0.45 元、0.55 元。分布式光伏电站可以以指导价作为电价的上限,实行公开竞价。同时,对工商业分布式光伏和户用分布式光伏发电补贴标准分别进行了调整。

2020 年,按照 3 月 31 日国家发展改革委出台的《关于 2020 年光伏发电上网电价政策有关事项的通知》中所规定之标准,对光伏电站纳入国家财政补贴范围的Ⅰ~Ⅲ类资源区中的新增集中式光伏电站的指导价继续下调,Ⅰ类、Ⅱ类、Ⅲ类地区的电价分别下调至 0.35 元、0.40 元、0.49 元。但是通知将对户用光伏项目补贴及参与竞价的工商用光伏项目进行竞价补贴。对于采用"自发自用、余量上网"模式的工商业分布式光伏发电项目,全发电量补贴标准为每千瓦时 0.05 元;采用"全额上网"模式的工商业分布式光伏发电项目,按所在资源区集中式光伏电站指导价执行。对于户用分布式光伏,纳入 2020 年财政补贴规模的户用分布式光伏全发电量补贴标准为每千瓦时 0.08 元。

2021 年,指导价进一步细化,以各省的市场交易价、燃煤发电价等情况为参考,分省确定当地的指导价。

2022 年,我国进一步延续之前的平价上网政策,我国各地分布式光伏发电站的电价全面进入了平价上网时代。

(二)我国分布式光伏产业的发展现状

在国家政策支持以及先进技术应用的推进下,分布式光伏产业获得快速发展。既体现在新增装机容量越来越大上,还体现在数量比集中式光伏电站更多上。《巴黎协定》明确规定了碳减排指标,国际上对于非化石能源的重视程度越来越高,都渴望通过可再生清洁能源的利用实现电能的转化。现阶段全球光伏装机量还远远没有达到预测的数值,也就意味着在接下来的几十年里光伏产业发展潜力巨大。据统计国内只是通过建筑屋顶进行分布式光伏建设,就已经具有了超过 3 亿千瓦的市场潜力,加之我国一直以来都是以燃煤发电为主,环境问题非常严峻。在这样的大背景下,通过太阳能光伏发电,已经成为当下能源格局调整最为迫切的需求。

光伏组件的必要基础材料是光伏电池板,而光伏电池板的重要原材料就是晶体硅,晶体硅包括单晶硅和多晶硅。我国是世界上生产多晶硅、硅片等光伏材料最多的国家。我国目前有众多生产多晶硅的企业,在全球按照多晶硅产能排序的榜单中,前十大生产厂家中就有七家中国企业。在统计和分析光伏全产业链产能后可见,目前国内各个环节产能都在不断升高,特别是光伏组件的产量,更是占全球的70%,整个产业链已经覆盖从原材料到生产的全过程。作为光伏组件必备原料的重要生产商,我国为光伏产业的发展提供了必要前提,分布式光伏发电产业的开发也是题中应有之义。此外,为了降低光伏组件的生产成本,我国的科学家一直在努力攻坚克难,尝试着提高太阳能电池的光电转换效率,从而进一步推动光伏产业整体制造成本的降低。2021年5月,晶科能源研究所研发的大面积N型TOPCon单结单晶硅太阳电池的光电转换率达到了25.25%,创造了新的大面积N型TOPCon单晶硅太阳电池光电转换效率的世界纪录。[1]

从分布式光伏发电设备的安装及并网情况分析,《中国分布式光伏行业发展白皮书2022》显示,2022年国内分布式光伏发电站的新增装机量为2021年的一倍有余,我国总计装机量长期占据世界排名第一。国家能源局公布的数据显示,截至2023年第三季度,我国分布式光伏发电站新增并网设备容量总计达到6714万千瓦,累计并网容量22,526万千瓦。全国光伏发电利用率为98.3%,同比提升0.3%。据国家统计局数据和中国建筑科学研究院测算统计,我国对光伏产业的投资逐年增加,在发电产业的投资中,光伏发电产业的投资占比约达30%。目前,国内正在大力发展荒漠、沙漠等地区的大型分布式光伏发电产业。同时,在国际领域,我国还在逐步增加对海外光伏产业市场的投资,出口光伏组件等各类产品,出口量较2021年增长近75%,并在海外市场中占据一定的份额。

(三)分布式光伏发电产业的盈利模式及未来展望

纵观全球分布式光伏发电产业的发展历程,分布式光伏发电产业的用户侧取得收益主要可通过以下三种模式:

一是上网电价模式。上网电价商业模式是指电力公司依照政府的规定购买分布式光伏产出的电力,其规定价格往往高于燃煤发电等市场常规电价(但该模式并非长期存在,往往会限制10年左右的执行时间)。最早运用光伏进行发电,也是应用最成熟的国家是德国。德国电力公司按照政府规定全额收购分布式光伏发电站产出的电力,同时电价要求按照年份坡度递减。由于采取了这些举措,大量资本涌入市场,促进了其光伏产业的发展,随着光伏

---

[1] 晶科能源:《晶科能源大面积N型单晶硅单结电池效率达25.25%再次刷新世界纪录》,载北极星太阳能光伏网2021年6月1日,https://guangfu.bjx.com.cn/news/20210601/1155755.shtml。

技术更加先进,安装成本就降下来了,上网电价也就随之下调。随着德国颁布法案对电价进行修订,其电价不再按照年度坡度递减,而缩短为按月度递减,具体的递减量根据新增光伏设备的装机量灵活设定。自此,政府对光伏产业的把控更为灵活,可以更快掌握光伏产业发展状况、发展规模,并适度完善光伏产业的发展政策。

二是净电量结算模式。净电量结算,即除去自发自用的分布式光伏所产生的电量外,结算用户的用电量与输入电网的发电量,产生的差值按电网正常售价结算。正常情况一年结算一次。净电量结算的商业模式,用户可以把电网当作储能装置,光伏产生的电力可以直接替代更高的电价,也就是说用户能够自给自足,光伏发电量本身就可以使用。可以说,净电量结算与没装光伏系统一样,电网企业仍然根据安装的电表进行收费。最先实施净电量结算这一商业模式的国家是美国。现在美国大部分地区都采用这种方式。美国政府针对净电量结算采取了一系列政策,效果最为显著的是金融与税收政策。它使光伏系统的投资成本降低,投资者的投资风险也随之降低。贷款补贴也是促进光伏产业发展的重要因素。

三是自发自用,余量上网模式。"自发自用,余量上网"是单独对上网的电量进行计量,按照规定价格收益的方式。用户产生的电力优先供自己消耗。该模式下卖给电网企业的电价低于市场零售电价,所以用户提高自用的光伏电量越多,则实际获取的利益越大。我国目前采用这种收益模式。我国前期对设备端进行补贴,虽说有一定效果,可实践中有人会利用政策钻空子骗取补贴。之后我国转变思路,借鉴欧美国家经验,转向对发电端进行补贴。如前文提到的上网电价等模式,我国都进行过尝试。国家能源局在2013年提出分布式光伏发电实行"自发自用,余量上网"的商业盈利模式,同时对分布式光伏发电进行补贴,从而提高了光伏发电的效益,使产业发展提速。

综上所述,分布式光伏发电产业的三类盈利模式也对应着不同的商业模式,包括独立投资模式、合作投资模式以及融资众筹募集模式。[1] 独立投资可以拥有独立系统的所有权与经营权,发电企业、居民、工商业等各类主体,都能够拥有对该系统的最高控制权,不易引发纠纷并能获得全部收益。但此类模式需要所有权人具备较高的经营能力。合作投资开发模式涉及多个主体,具有明确的分工,市场竞争力较强。融资众筹模式则重在解决初始投资压力较大的难题,并将在期满后向投资者返利。

---

〔1〕 李欣民,《分布式光伏商业模式设计与评价研究》,华北电力大学(北京)2018年硕士学位论文,第25~27页。

不同的商业模式产生的经济效益不同。我国虽发展较快,但起步晚于个别发达国家,市场仍有较大开发空间。随着分布式光伏发电产业的发展及光伏企业的创新能力逐渐增强,生产成本逐渐下降,预测相关补贴也将逐步减少。随着补贴减少,市场上多个投资主体的竞争将更加激烈,商业化模式将更为多元。在分布式光伏发电产业的未来发展中,将逐渐出现规模化效应,在市场竞争的条件下,投资效率、融资能力更强的光伏企业将获得显著竞争优势。

三、分布式光伏发电项目的建设与应用

(一)分布式光伏发电项目的建设要求分析

依据国家能源局 2013 年公布的《分布式光伏发电项目管理暂行办法》(以下简称《分布式光伏发电管理办法》),以及我国对分布式电源并网的技术规范、控制运行规范与相关标准,可以获知分布式光伏项目的建设应符合如下要求。

一是选址要求。首先,在《分布式光伏发电管理办法》的第 4 章中指出,建设场所应具有合法性,即建设分布式光伏项目首先应取得一定年限内的建设场地的合法使用权,需提交建设场所的合法租赁或权属证明文件。其次,光伏系统的组件需要有一定的建设面积进行安装,特别是屋顶光伏,建设时屋顶应当具有足够的承重能力,不仅能承受光伏组件的重量,还能应对一定的自然气候下产生的额外重量,如雨雪天气和风压等。同时,为使光伏组件适应各类天气,屋顶应具有较好的防水能力。最后,在光伏设施的安装中,光伏组件多呈一定角度,以最大面积地接受日照辐射,光伏设施的选址应注意选择光照条件良好的地区,提高发电效率。至少在设施安装点方面,建设场所应选择向阳方向且附近无遮挡,日照资源充分,且较少引发光伏组件热斑效应或其他热伤害的不利因素的地区。

二是并网条件及要求。总体而言,分布式光伏并网前应符合两方面的条件,其一光伏系统的电压、输出功率、频率都处于稳定且正常的范围,并网过程中满足我国规定的安全要求。其二分布式光伏系统与待并电网的重要数据基本相同。[1] 具体而言,我国分布式光伏发电机组的并网应当在频率、电压、相序、相位等四个方面与电网系统保持一致。

三是光伏系统建设的设备、组件的设计与安装要求。在光伏系统安装

---

〔1〕 何国庆、王伟胜等:《分布式电源并网技术标准研究》,载《中国电力》2020 年第 4 期。

中,应准备符合国家安全标准的组件、配电器、升压器、逆变器、控制元件、监控系统、电缆及支架等设备。同时选择具有安装资质的施工单位进行设计和建站。

四是其他类型要求。分布式光伏发电站的用途可分为户用、工商用、农渔业等多种类型,在选址上也分为屋顶式、建筑一体化式等。每个类型都有针对性的安装要求。例如对工商业发电站的审批与申报较为严格,部分项目需要核准后进行批复,而较之于此,户用光伏的审批则较为简便。

此外,通过与集中式光伏发电项目的建设条件进行对比,对分布式光伏发电项目的建设要求可作进一步理解:从技术角度对二者进行分析,可发现分布式光伏发电设备是可以建设在建筑物表面及顶部的,因此可用于满足周边用户的用电需求,而且可以以并网的形式完成供电差额的补偿和对外输送。但集中式光伏发电通常都是在荒漠地区进行大型电站的建设,全方位对该地区太阳能的利用,其电能主要接入到高压输电系统,输送到各大城市中。

分布式光伏发电长输电网输送的投资成本及消耗低,对电网供电的依赖性小,电能在输送过程中的消耗也更少。而且还能完成对建筑物表面的充分利用,和建筑物进行结合,让建筑物具备很好的隔热效果,不会占用空旷的土地。如果将其与智能电网及微电网进行对接,不仅运行灵活,而且受到的限制也是非常小的,必要时还能和电网进行脱离实现独立运行。但同时,并网则意味着电压调节面临着更大的难度,尤其是接入大容量光伏时,对于功率因数的控制需要更高的技术要求,稍有不慎就会出现电路短路的情况。因此要在能量管理系统上接入负载的同一管理,而且对二次设备的要求更高,所以系统的安全性、稳定性尤为重要。

相对而言,集中式光伏发电选址的要求比较低,加之光伏能源集中,所以电能的输出都是比较稳定的,且通过对太阳辐射和用电负荷的利用,能实现削峰的作用。相对于分布式光伏发电,其能轻松控制无功和电压,更有利于实现电网频率调节。但是,集中式光伏发电通常都在荒漠地区,和城市的距离比较远,因此需要建设长输电线送电入网。再加上电能在输送过程中还会出现无功补偿、电能损耗等问题,要具备多台变换装置才可运行,因此建设时需统一标准,以便日后统一管理。

(二)分布式光伏发电系统的应用

在传统的分类中,光伏发电系统的独立型分布式光伏系统主要面向边远农牧区的分散供电,例如新农村、别墅等。并网型分布式光伏发电系统的对象更广、电源类型更丰富,一般而言,按照我国的现有规定,分布式光伏发电也指的是并网型分布式光伏发电系统。我国并网型分布式光伏发电系统，大致可以分为如下3类：

第一类是BAPV（屋顶电站），也称“安装式”或“附着式”的建筑物采光系统，顾名思义是指建筑物墙体、屋顶上安装的光伏构件，但是并不作为建筑的外部围护结构，仅用于发电功能的建筑部件，在已建成的建筑物上应用较为广泛。

第二类是BIPV（建筑一体化），也称“构件型”或“建材型”的建筑物应用光伏系统，是指安装于建筑之上的光伏构件既是用于发电的组成部分，也取代了传统的建筑外部涂料，因而能够直接成为建筑的外围保护性结构，能够和该建筑同时设计、同时施工、同时验收，比如光伏幕墙和光伏采光顶。但光伏组件并不完全是建筑本身的一部分，不仅可以拆卸，且拆卸后建筑物与光伏组件一样可以正常使用。不论是BAPV还是BIPV都可以理解为光伏与建筑一体化，二者统称为BMPV（建筑光伏）。

第三类是农光互补或渔光互补。其中，农光互补是指通过在棚顶安装光伏组件进行发电，以满足棚内农作物的用电需求。现阶段，通过农光互补进行的太阳能发电已经并入到国家电网中，而且所发的电能可以用于棚下的农业作物，有助于现代高效农业的发展。不仅让农作物的棚顶拥有无污染的发电能力，还无须对空旷土地进行占用，达到土地立体化增值利用的目的，从微观上看对农民和农业的生产有促进作用，从宏观上看对国家光伏发展有着重要意义。其运行模式为：棚外光伏发电，棚内种植蔬菜，所发电量除供棚内使用外，余量并入公共电网，享受国家新能源发电政策补贴。主要有三种类型模式：冬暖式反季节光伏农业大棚、弱光型光伏农业大棚、光伏养殖农业大棚。渔光互补是将现代渔业与现代光伏发电技术相结合的产物，主要适用于淡水鱼养殖过程中。具体方法是，搭建一个上方为立体式光伏组件的分布式光伏发电系统，下方为用于淡水鱼养殖的鱼塘的结构。其中发电系统可以直接放置在支架上，或者安置在固定于水面的浮体上，浮体随水位高低移动。这种结构不需要额外占用土地资源，而是通过综合利用空间，缩短了能源的传输距离，高效便捷地满足了养殖业对能源的需求。这两种类型的分布式光伏发电区别于传统类型的光伏发电，能够帮助解决土地占用矛盾与能源紧张问题。

需要强调的是，虽然上述三种类型均为分布式光伏项目，然而仅有BAPV、BIPV两类享受“不受规模指标限制”的待遇；农光、渔光互补项目，则与普通地面电站一样，都需要通过竞争获得“规模指标”。

目前，我国的分布式光伏发电系统主要应用于建筑、农业、渔业及林业设施、交通、日用生活等方面。随着装机量逐年上升,分布式光伏发电的并网量逐渐增加。为了保证当地电网的稳定安全运转,避免“孤岛效应”,消纳不断增加的光伏发电站产出的间歇性电量,预测未来分布式光伏发电的应用领域与将与能源储存方向密切相关。[1] 这也意味着光伏储能模式将在与上述应用领域结合的基础上,将光伏产品推向更广阔的应用场景。光伏储能配置的应用不仅有助于满足电网的安全运行要求,减少能源浪费,也有助于提高用户侧在储能方面的收益,进一步扩大光伏市场,同时还不会影响广大用户继续享受安全、便利、成本低廉的生活。

(三)我国支持分布式光伏发电项目建设的具体行动

现阶段,关于分布式光伏发电项目的建设与应用,我国最主要的支持模式包括如下四类:

一是金太阳示范工程。该工程由财政部牵头,每一个列入其中的项目均可享受到每千瓦 5.5 元补贴。因此如果按照 6 兆瓦的标准,单个示范工程可以获得的补贴是 500 万元,也就是说单靠国家补贴就能够支撑电站的建设。

二是绿色建筑方案。该方案由住房和城乡建设部主导,其目的是建设光伏建筑一体化的电站。《绿色建筑行动方案》明确规定,对于适宜发展太阳能资源发电的地区,需于 2015 年之前制定出光伏建筑一体化的推广方案和技术标准。此外,该通知还指出:截至 2015 年年末,再建设 25 亿平方米的再生能源建筑,保证示范区建筑利用太阳能发出的电能消耗量达到建筑总能耗的 10%以上。截至 2022 年,江苏省、浙江省及山东省在光伏与建筑业项目的结合上趋于全国领先地位。

三是应用示范区建设。按照国务院的意见指示,分布式光伏发电系统的推广可以依托新能源示范城市、绿色能源、可再生能源的示范地区,并且应优先推广光伏发电在工商业园区等高用电价格区间的建设。该项目由国家能源局主导,主要是为了建设光伏发电规模化示范区。对此,《国家能源局关于推进分布式光伏发电应用示范区建设的通知》指出,在 2013~2015 年,开始首批应用示范区的建设,共建设 18 个示范区,规模达到 1.823 吉瓦。

四是家庭自用型发电设备。该项目是由个人或集团主导的。在 2012 年年底,山东青岛诞生了国内的第一个个人用户分布式光伏电源,而且能够进行并网发电,意义十分重大。据国家能源局要求,2023 年户用光伏的发展依旧是国家能源产业发展的重点方向,且自 2023 年 3 月起要求各省按月抄送当地户用光伏的规模,进行综合监测。

---

[1] 李德智、田世明等:《分布式储能的商业模式研究和经济性分析》,载《供用电》2019 年第 4 期。

第二节　我国分布式光伏产业发展的历史沿革及趋势

一、我国分布式光伏产业的兴起

(一)我国分布式光伏的发展历程

2009 年至今,分布式光伏在中国经历了以下发展阶段:

1. 金太阳示范工程阶段

2009 年财政部、科技部、国家能源局共同启动"金太阳示范工程",率先启动国内光伏应用市场,截至 2012 年光伏发展仍以大型光伏电站为主,分布式光伏产业处于初步发展阶段。在这一阶段中,国家对光伏产业有 50%的初始投资补贴,推动了大型光伏电站和分布式光伏发电站的增长,其中分布式光伏新增装机量在 2011 年同比增长 245.8%,2012 年同比增长 79.7%。

2. 度电补贴阶段

2012 年 7 月推出的《太阳能发电发展"十二五"规划》将国内的光伏发展之路首次引向"分布式"电站。按照这一规划,"十二五"期间中国光伏的装机容量目标为 21 吉瓦,其中分布式发电为 10 吉瓦,与大型光伏电站相当;"金太阳示范工程"期间多家企业骗取光伏补贴,2013 年 8 月国家发展改革委出台《关于发挥价格杠杆作用促进光伏产业健康发展的通知》,确定分布式光伏发电按每度含税 0.42 元全电量补贴,开启光伏度电补贴时代。

3. 迅速增长阶段

2016 年我国持续推进分布式光伏发电产业的发展。此外,因为"三北地区"弃风限电的问题,国家开始限制一些大型发电站的建设。所以分布式光伏发电在我国迅速增长,2016 年新增分布式装机量达 4240 兆瓦。

2016 年,国家发展改革委、国家能源局对外正式发布《电力发展"十三五"规划(2016—2020 年)》,明确提出"十三五"期间,太阳能发电装机达到 110 吉瓦以上,分布式光伏发电要达到 60 吉瓦以上的装机规模,占比约 55%,体现了国家侧重发展分布式光伏的政策导向。2021 年我国分布式光伏新增装机容量 29.28 吉瓦,较 2020 年增长 88.66%,占光伏新增装机容量的 53.35%。2022 年 1~6 月,我国光伏新增装机容量 30.88 吉瓦,其中分布式光伏装机容量占比 63.63%,分布式光伏占比持续增加。

4. 全面快速增长阶段

2021 年 6 月,国家能源局综合司发布了《关于报送整县(市、区)屋顶分布式光伏开发试点方案的通知》,通知中明确为加快推进屋顶分布式光伏发展,将在全国组织开展整县(市、区)推进屋顶分布式光伏开发试点工作,其中党政机关建筑物屋顶总面积可安装光伏发电系统的比例不低于50%;学校的教学楼等教育用途,医院门诊楼、住院楼等医用用途,村委会、居委会等公共建筑物屋顶总面积可安装光伏发电系统的比例不低于40%;工业、商业等厂房的屋顶总面积可安装光伏发电系统的比例不低于30%;农村居民居住房屋的屋顶总面积可安装光伏发电系统的比例不低于20%。

2021年9月,国家能源局综合司发布了《关于公布整县(市、区)屋顶分布式光伏开发试点名单的通知》,各省(自治区、直辖市)及新疆生产建设兵团总计申报试点县(市、区)676个,均列为整个县(市、区)屋顶分布式光伏系统的开发试点。相关政策将推动各地共同参与分布式光伏发电的开发,进一步加快我国户用分布式光伏发电的发展。[1]

2022年6月,国家发展改革委、国家能源局等九部门联合发布《"十四五"可再生能源发展规划》,提出大力推动光伏发电多场景融合开发。全面推进分布式光伏开发,重点推进工业园区、经济开发区、公共建筑等屋顶光伏开发利用行动,在新建厂房和公共建筑积极推进光伏建筑一体化开发,[2]大力实施"千家万户沐光行动",致力于推动整县(市、区)建筑物屋顶分布式光伏的开发,加速建成光伏新村。上述国家政策的发布标志着分布式光伏发电在我国进入全面快速发展阶段的趋势。

(二)我国分布式光伏发电政策演变过程

分布式光伏与光伏发电的发展一脉相承、息息相关,对我国光伏发电政策进行分析,依其在不同时期的特征,其发展可以大概分为以下四个阶段:

1. 理念形成和示范工程探索阶段

为了积极应对世界气候变化的情况,2002~2008年,我国大力推动节能减排工作和可再生能源的发展,并为此制定和修改了多项法律法规。在这一阶段,因为环境、科学技术、社会观念等各方面水平的限制,光伏发电主要是以集中式发电站的模式存在,且应用规模较小。相关的产业政策包括根据不同地区的实际情况建设离网光伏电站或者风光互补电站,使无电可用的地区能够得到供电,例如2002年的"送电到乡"工程。太阳能被纳入"可再生能源"这一范畴开始,同时这一观念开始为人们所提及,太阳能供热因其节能性

---

[1] 《关于公布整县(市、区)屋顶分布式光伏开发试点名单的通知》。

[2] 刘明明:《"双碳"目标下可再生能源发展规划实施的用地困境及其纾解》,载《中国人口·资源与环境》2022年第12期。

开始受到广大居民朋友的关注和选择。

2009年“太阳能屋顶计划”与“金太阳示范工程”的实施标志着我国分布式光伏的发展初步形成了一定的规模。到2012年年底,这两个工程累计达到6.33吉瓦,迅速推动了我国光伏市场的发展。虽然这两个工程内的绝大多数项目都是建筑光伏但我国在当初并没有界定“分布式”的含义。这一阶段是“分布式光伏”的初期提出和探索阶段,是未来国家参考制定对应的战略方向、打开市场的源头和基础。

2. 国家全面推广阶段

自2012年后半年起,我国逐步认识到了分布式光伏在社会实际应用一侧的优点以及对于我国整体社会发展的极高价值,于是着手规划分布式光伏的发展方向,进而配合相关政策制度推进落实。2012年第三季度,为配合分布式光伏发电在我国的进一步落地发展,国家及各地区出台了多项政策,各项政策的内容主要表现在六个方面:(1)明确国家战略地位;(2)大力提升应用规模;(3)健全电力运行机制;(4)优化电价补贴方式;(5)明确监管权责,加强信息监管;(6)搭建市场支持环境。

这一阶段的各项政策在出台时的出发点是系统化地构建市场化、现代化的环境以及明晰不同主体之间的职责和具体分工,然而这些政策与我国当时能源市场的具体实际情况并不完全适应,在实践过程中存在许多问题。例如,部分建筑物的屋顶部分的所有权混沌不明,进而引致民居分布式光伏发电难以顺利大面积铺开。

3. 市场多元化推动阶段

2013年以来,我国的气象问题越来越严重,特别是雾霾问题。这也引发了我国对于大气污染问题前所未有的重视。调节优化能源结构,推动清洁能源的发展和利用成为国家和政府迫在眉睫的任务。

国家能源局在2014年发布的《关于进一步落实分布式光伏发电有关政策的通知》(已失效),重点说明了分布式光伏在我国的具体发展方向,并且着力解决了分布式光伏发电实践之中并网难、审批难、结算难等问题。

2015年,在光伏发电领域,我国制定了“领跑者计划”。这一计划的主要目的在于通过设定较高水平的技术标准挑选出能够生产出高质量产品的企业,然后针对这些企业进行政策倾斜。此后,各个企业争先改进产品质量、在技术方面进行创新,光伏行业开始步入良性竞争的发展状态。

2017年国家发展改革委、国家能源局发布了《关于开展分布式发电市场化交易试点的通知》,这一通知主要涉及分布式光伏发电交易平台的试点建设,使得用户和发电方能够在平台上就用电事项直接进行交易。为了使电力能够被就近消费,该通知提出了“过网费”等市场调节手段。

4. 制度体系基本形成阶段

21 世纪以来,在各项政策的推进下,我国分布式光伏发展的制度体系已经基本形成。基于这一现实情况,优化当前产品和改进相应技术、探索多元化市场配置模式、通过进一步市场化为光伏发电的平价上网提供导向是我国分布式光伏发电在这一时期的诸多制度和政策的首要目的。该阶段主要的政策整理见表 2-2。

表 2-2　现阶段我国分布式光伏发电政策文件

公布日期	政策名称	主要内容
2021 年 2 月	《关于加快建立健全绿色低碳循环发展经济体系的指导意见》	意见提出,建立健全绿色低碳循环发展经济体系,促进经济社会发展全面绿色转型,提升可再生能源利用比例,大力推动风电、光伏发电发展
2021 年 5 月	《关于 2021 年风电、光伏发电开发建设有关事项的通知》	制定发布各省级可再生能源电力消纳责任权重和新能源合理利用率目标;建立保障性并网、市场化并网等多元保障机制,2021 年户用光伏发电国家财政补贴预算额度为 5 亿元
2021 年 6 月	《关于报送整县(市、区)屋顶分布式光伏开发试点方案的通知》	党政机关建筑物屋顶总面积可安装光伏发电系统的比例不低于 50%;学校的教学楼等教育用途,医院门诊楼、住院楼等医用用途,村委会、居委会等公共建筑物屋顶总面积可安装光伏发电系统的比例不低于 40%;工业、商业等厂房的屋顶总面积可安装光伏发电系统的比例不低于 30%;农村居民居住房屋的屋顶总面积可安装光伏发电系统的比例不低于 20%
2021 年 9 月	《关于完整准确全面贯彻新发展理念做好碳达峰碳中和工作的意见》	将碳达峰、碳中和目标要求全面融入经济社会发展中长期规划:到 2025 年,非化石能源消费比重达到 20%左右,到 2030 年,非化石能源消费比重达到 25%左右,风电、太阳能发电总装机容量达到 12 亿千瓦以上;到 2060 年,绿色低碳循环发展的经济体系和清洁低碳安全高效的能源体系全面建立,非化石能源消费比重达到 80%以上,碳中和目标顺利实现

续表

公布日期	政策名称	主要内容
2021年10月	《关于印发2030年前碳达峰行动方案的通知》	全方位推动风力发电、太阳能发电等的大规模开发应用及高质量发展,做到集中式和分布式两手抓,加速建设风力发电和光伏发电基地。加快智能光伏产业创新升级和特色应用,创新“光伏+”模式,加速光伏发电多元化体系布局。到2030年,风力发电、太阳能发电总装机容量达到12亿千瓦以上
2021年10月	《“十四五”可再生能源发展规划》	推动退役风电机组、光伏组件回收处理技术与新产业链发展,补齐风电、光伏发电绿色产业链最后一环,实现全生命周期绿色闭环式发展
2021年11月	《“十四五”能源领域科技创新规划》	开展隧穿氧化层钝化接触(TOPCon)、异质结(HJT)、背电极接触(IBC)等新型晶体硅电池低成本高质量产业化制造技术研究;突破硅颗粒料制备、连续拉晶、N型与掺镓P型硅棒制备、超薄硅片切割等低成本规模化应用技术
2021年11月	《“十四五”工业绿色发展规划》	到2025年,工业产业体系结构、生产方式方法绿色低碳转型获得显著成效,绿色低碳环保技术装备大面积应用,能源资源利用效率大幅度提升,绿色制造水平全方位提高,进而为2030年工业领域碳达峰目标奠定有力基础
2022年1月	《“十四五”现代能源体系规划》	到2025年非化石能源消费比重提高到20%左右,非化石能源消费比重在2030年达到25%的基础上进一步大幅提高,可再生能源发电成为主体电源
2022年2月	《关于印发促进工业经济平稳增长的若干政策的通知》	组织实施光伏产业创新发展专项行动,更好推进沙漠戈壁荒漠地区的大型风力发电光伏基地建设,大力鼓励中东部地区发展分布式光伏发电,推动广东、福建、浙江、江苏、山东等省份的海上风力发电项目的发展,进而带动太阳能电池、风力发电装备产业链项目投资

续表

公布日期	政策名称	主要内容
2022 年 3 月	《"十四五"建筑节能与绿色建筑发展规划》	到 2025 年,全国新增建筑太阳能光伏装机容量 0.5 亿千瓦以上。推进新建建筑太阳能光伏一体化设计、施工、安装,鼓励政府投资公益性建筑加强太阳能光伏应用。新型建筑电力系统以"光储直柔"为主要特征,"光"是在建筑场地内建设分布式、一体化太阳能光伏系统
2022 年 8 月	《关于促进光伏产业链供应链协同发展的通知》	鼓励硅料与硅片企业,硅片与电池、组件及逆变器、光伏玻璃等企业,组件制造与发电投资、电站建设企业之间的深度合作,支持不同的企业之间通过战略联盟、签订长单、技术合作、互相参股等多样化方式建立长效的合作机制
2022 年 9 月	《关于促进光伏产业链健康发展有关事项》	推动高效环保型及耐候性光伏功能材料技术研发应用,提高光伏组件寿命
2023 年 1 月	《推动能源电子产业发展的指导意见》	大力扶持研发先进的智能光伏组件,发展智能逆变器、控制器、汇流箱、跟踪系统等关键部件和技术。进一步加强对关键技术和装备、原辅料研发应用的政策制度支持。加快构建光伏供应链溯源体系,推进光伏组件回收利用技术研发及产业化应用
2023 年 1 月	《关于进一步做好电网企业代理购电工作的通知》	各地方要逐步适应本地电力市场的发展现状,大力推进支持 10 千伏及以上的工商业用户直接进入电力市场,逐渐缩小代理购电用户范围。优化代理购电市场化采购方式,完善集中竞价交易和挂牌交易制度,规范挂牌交易价格形成机制

续表

公布日期	政策名称	主要内容
2023 年 3 月	《关于支持光伏发电产业发展规范用地管理有关工作的通知》	大力鼓励利用未利用地和存量建设用地发展光伏发电产业。在严格遵守保护生态原则的大前提下，鼓励在沙漠、戈壁、荒漠等区域选址建设大型光伏基地；对于油田、气田以及难以复垦或修复的采煤沉陷区，推进其中的非耕地区域规划建设光伏基地。光伏发电项目用地实行分类管理，光伏方阵用地不得占用耕地，涉及使用林地的，须采用林光互补模式
2023 年 4 月	《2023 年能源工作指导意见》	巩固风力发电光伏产业发展优势，持续扩大清洁低碳能源供应，积极推动生产生活用能低碳化清洁化，供需两侧协同发力保持绿色低碳转型强劲势头。大力推进风力发电和太阳能发电。推动绿证核发全覆盖，做好与碳交易的衔接联系，完善基于绿证的可再生能源电力消纳保障机制，科学设置各省（区、市）的消纳责任权重，全年风力发电、光伏装机增加 1.6 亿千瓦左右
2023 年 6 月	《关于印发开展分布式光伏接入电网承载力及提升措施评估试点工作的通知》	为应对分布式光伏接网受限制等问题，拟在全国范围选取部分典型省份开展分布式光伏接入电网承载力及提升措施评估试点工作，稳步探索积累相关经验，为全方位推广有关政策措施奠定坚实基础
2023 年 7 月	《关于实施农村电网巩固提升工程的指导意见》	合理规划布局电源点，因地制宜通过合理配置分布式光伏和风电、储能、柴油发电机等建设改造可再生能源局域网。加强新划转县域农村电网建设改造，逐步实现“统一规划、统一标准、统一管理、统一服务”
2023 年 7 月	《关于促进退役风电、光伏设备循环利用的指导意见》	支持光伏设备制造企业通过自主回收、联合回收或委托回收等多样化模式，构建分布式光伏有效回收体系。大力鼓励风力发电、光伏设备制造企业一方主动提供回收服务。鼓励支持第三方专业回收企业开展退役风力发电、光伏设备回收业务等

（三）我国地方性分布式光伏政策内容

在国家政策引领下，各地方结合自身地区光伏发电发展现状及特点，积极制定地方性政策推动本地区光伏发电项目发展，从而进一步推动落实国家有关光伏发电宏观政策。地方性分布式光伏发电项目的具体发展还需从微观层面的地方性政策中明确，我国地方性分布式光伏政策梳理见表2-3。

表2-3　地方性分布式光伏政策文件

地区	主要政策内容
北京市	《关于印发推进光伏发电高质量发展支持政策的通知》指出，个人利用自有农村合法住宅建设的分布式光伏发电项目，补贴标准为每千瓦时0.1元（全部发电量，含税）；执行居民电价的非居民用户光伏发电项目（如学校、医院、社会福利场所等），补贴标准为每千瓦时0.26元（全部发电量，含税）；享受大工业电价的分布式光伏发电项目，补贴标准为每千瓦时0.03元（全部发电量，含税）
山西省	《山西省光伏产业链2023年行动方案》指出，围绕光伏产业链“建链、延链、补链、强链”的整体部署，通过政策引导、产业支持、招商引资等方式，强化龙头带动，引进配套企业，打造大中小微企业优势互补、协调发展的业态发展新格局。到2023年年底，力争省内光伏产业综合产能稳定在20GW以上，产业链“延链”“补链”取得实效
吉林省	《乾安县融入“一主六双”高质量发展战略专项规划（2022—2035）》推动“源网荷储”一体化，把乾安打造成为吉林西部清洁能源基地。到2025年新能源发电装机规模达到4000兆瓦，到2035年，新增新能源发电装机规模6000兆瓦，年均上网电量53.65亿千瓦时。新能源年均发电量将达到125亿千瓦时，产值约45亿元，可降低能耗360万吨标准煤
江苏省	将进一步做好可再生能源发电市场化并网项目配套新型储能建设有关事项。坚持集中式和分布式开发利用协同并举，推进“光伏+”综合利用。计划到2025年，全市光伏发电装机达到460万千瓦
浙江省	将重点推动光伏关键材料制造水平，提高智能光伏集成运维技术和管理系统定制化开发能力，计划到2025年光伏、风电累计装机规模突破4000万千瓦
安徽省	《关于印发安徽省有效投资专项行动方案（2023）的通知》指出，推进风电光伏发电装机倍增工程，有序推动抽水蓄能电站建设，新增可再生能源发电装机400万千瓦以上

续表

地区	主要政策内容
江西省	《南昌市人民政府关于印发南昌市碳达峰实施方案的通知》指出，大力发展新能源。坚持集中式与分布式并举，加大新能源资源开发利用力度，因地制宜发展可再生能源发电和非电形式利用。推进光伏发电规模化开发和高质量发展，优先就地就近开发利用，支持具备条件的工业园区厂房、公共建筑、居民屋顶等建设分布式光伏。逐步普及光伏建筑一体化技术应用，推广“光伏+”开发模式
广东省	《广东省进一步加大力度支持民间投资发展实施方案》支持民营企业投建太阳能发电等项目，政府不得在布局规划等方面设置附加条件和歧视性条款
湖南省	加快建立健全碳达峰碳中和标准计量体系。《湖南省电力支撑能力提升行动方案(2022—2025年)》的总目标为，电力产业发展适当超前，全省电力稳定供应能力在2025年达到6000万千瓦。绿色低碳发展效果明显，风力发电、光伏发电装机规模在2025年达到2500万千瓦以上，在2030年达到4000万千瓦以上
海南省	推进大型集中式光伏项目落地建设，大力发展分布式光伏，提升清洁能源上网电量比例，进一步挖掘电网节能潜力，优化用能结构
贵州省	《六盘水市碳达峰实施方案(公开征求意见稿)》指出，推动高比例零碳电力，到2030年光伏装机容量达到400万千瓦
陕西省	明确对光伏发电的方阵用地和配套设施用地实行分类管理
广西壮族自治区	《广西能源基础设施建设2023年工作推进方案》明确加快电源建设。2023年计划完成投资537.57亿元，共实施226个项目(包括火电、核电、光伏发电、风电、水电)
宁夏回族自治区	《宁夏回族自治区能源领域碳达峰实施方案》指出，支持新建建筑和社区建设低碳智慧用能系统，鼓励使用太阳能、地热能、生物质能等可再生能源。力争到2025年，新建工业厂房、公共建筑光伏一体化应用比例达到50%，党政机关、学校、医院等既有公共建筑太阳能光伏系统应用比例达到15%。力争到2030年，新建交通枢纽场站光伏安装面积不低于60%。《宁夏回族自治区“十四五”扩大内需实施方案》提到，持续提高清洁能源利用水平，建设多能互补的清洁能源基地，以沙漠、戈壁、荒漠地区为重点加快建设大型风电、光伏基地。稳步推进集中式风电项目建设

二、我国分布式光伏产业发展

(一)分布式光伏产业近年基本情况

据IEA预测,10年后全球的光伏装机量将突破1721吉瓦,30年后全球的光伏装机量更是达到4670吉瓦。现阶段世界上的光伏装机量还远远比不上预测的数值,也就意味着在接下来的几十年里光伏产业将会获得翻天覆地的发展,其潜力是巨大的。国内的太阳能资源相对丰富,据统计国内只是通过建筑屋顶进行分布式光伏建设,就已经具有了超过3亿千瓦的市场潜力,加之我国一直以来都是以燃煤发电为主,环境问题非常严峻。在这样的大背景下,通过太阳能光伏进行发电,已经成为当下能源格局调整最为迫切的需求。

我国作为世界上生产多晶硅、硅片光伏材料最多的国家。据硅业分会发布的硅料价格看,2023年1~4月国内多晶硅产量共计41.5万吨,同比增长91.2%,预计2023年国内规划新增产能达到133万吨。虽然部分阶段仍会出现因惜售及检修等供给波动出现价格的震荡,但硅料价格逐步回归理性已成趋势,随着TOPCon,HJT,HPBC等电池技术提升发电效率,加速促进了度电成本的下降,分布式光伏发电的经济性得以显现。

统计和分析光伏全产业链产能可见,目前国内各个环节的产能都在不断提高,特别是光伏组件的产量,整个产业链已经覆盖从原材料到生产的全过程。从2013年起,我国的光伏新增装机容量在整个世界范围内都排在第一位,其中2015年的装机容量高达43.18吉瓦,远远高于其他国家。国家能源局发布数据称,2022年分布式光伏装机达51.11吉瓦,同比增长207.9%,已连续两年超过集中式光伏电站;预计2023年国内分布式新增装机有望达60~70吉瓦。[1] 目前我国光伏产业的相关环节产能都在不断提升,从而促进分布式光伏发电技术的全面发展。

(二)分布式光伏与集中式光伏

分布式光伏系统,特别是光伏建筑一体化发电系统,其投入资金量较小,具有有力的补贴支持、占地面积小等优点。构建分布式光伏电站的基本思想就是以建筑物外观为中心,近距离地克服用户的用电难题,同时再依靠并网来对供电差额完成补偿和外送。具体优点如下:首先,所述光伏电源位于用户一侧,且发电为本地负荷提供电力,有力地降低了对于电网供电的依赖程

---

〔1〕 换算公式:1太瓦=1000吉瓦,1吉瓦=1000兆瓦,1兆瓦=1000千瓦。

度，减轻线路过分的损耗。其次，有效利用各类建筑物的表面，光伏电池既是建筑材料，又是发电原材料，如此一来，光伏电站的所需占地面积则大幅减少。最后，操作灵活，可离开电网单独工作。

集中式大规模并网光伏电站是我国对荒漠这一特殊地形的有效的开发利用方式，主要推荐大型光伏电站的建设，其所产生的电力直接接入公共电网，和高压输电系统相连接，提供远距离负荷。分布式大型并网光伏电站是指在一个区域内分布有多个光伏电池阵列，通过独立控制单元对每个光伏组件进行管理。集中式光伏电站的基本工作原理：有效利用荒漠地形所处地区的储量丰富且供给平稳的太阳能资源，建立大规模光伏电站，与高压输电系统相连，提供远距离负荷。目前，我国主要采用集中式光伏发电站并网技术，优点在于：首先，因为位置选择比较灵活，提高了光伏发电的稳定性，同时，有效地利用了太阳辐射和用电负荷正调峰特点，能够发挥较强的削峰作用。其次，运行方式相较于分布式光伏发电更加多变灵活，能够较容易地实现无功与电压的控制，同时亦便于参与电网的频率调节。最后，施工建设周期较短，同时具备强大的环境适应力，无须其他原料供给保障，整体运行成本更低廉，方便集中调控和管理。

（三）户用分布式光伏与工商分布式光伏

所谓户用分布式光伏就是安装在居民房子上的光伏，将光伏板安装在老百姓的屋顶上（以农村居民屋顶为主），安装完成之后，电站可以并入国家电网，发的电一部分优先供给家里用，用不完的可以出售给国家电网。

工商业分布式光伏更多的是将光伏板放在工商业厂房、仓库上面的。工商业分布式光伏主要是利用工商企业屋顶，采用多样化的分布式光伏方案，将太阳能转化为电能，从而实现电量的自发自用。工商业分布式光伏项目有三种收益模式，分别为“全部自用”、“自发自用+余电上网”和“全额上网”模式。存量项目在考虑国家补贴的情况下，由于工商业电价显著高于上网电价，全部自用模式的经济效益显著高于全额上网模式，“自发自用+余电上网”模式介于二者之间。从不考虑融资方式的全投资回报来看，“全额上网”、“自发自用+余电上网”与“全部自用”三种模式的内部收益率分别为11%、19%和23%，投资回收期分别为7.7年、4.7年和4.1年；从仅考虑初始投资的资本回报来看，三种模式的内部收益率分别为14%、30%和38%，回收期分别为9.1年、3.3年和2.5年。

此外，户用分布式光伏与工商业分布式光伏的区别主要集中在电站规模、管理方式、申报流程、政策导向等方面，其中国家政策导向因素对整个户用光伏发电行业的影响较大。工商业分布式光伏电站的参与者都是体量较大的企业,整个电站项目的规模较大,企业本身也有着较强的抗风险能力,因此受新政策的影响相对较小。而户用分布式光伏发电面向的则是个人家庭及小散户,较低的准入门槛,由于电站规模较小,投资成本也不高,加之早些年光伏产业行情火爆,很多人加入了户用分布式光伏发电中。

(四)我国分布式光伏发电补贴模式

目前我国各地区关于分布式光伏发电主要有两种补贴模式:一是以装机容量为依据的初投资补贴,二是在度电补贴的基础上追加的短期年限补贴。

初投资补贴政策的特点是直接、清晰,其在农村的效果是十分明显的,在这种补贴模式下,农户们在投资初始就看到补贴,从而相信国家的政策,所以能够有效吸引家庭用户进行投资。但是这种模式可能会造成地方财政的负担,同时也存在部分人为了得到补贴金而进行虚假申报的情形。

追加补资补贴是现在大部分地区采取的政策激励模式。在这种补贴模式下,山东、河北、浙江等地区的分布式光伏市场发展迅速。各省、市出台的补贴政策在当地的激励效果十分明显,一些地区以本地的实际发展水平和自然环境为基础,针对分布式光伏发电技术订立了更加具体且便于操作的标准,例如杭州市太阳能光伏产业协会曾发布的《屋顶分布式光伏发电项目验收规范》以及河北省曾发布的《分布式光伏组件安装技术规范》等。

(五)能源"十四五"规划看分布式光伏产业

2020年9月22日,中国国家主席习近平在第七十五届联合国大会上宣布:"中国将提高国家自主贡献力度,采取更加有力的政策和措施,二氧化碳排放力争于2030年前达到峰值,努力争取2060年前实现碳中和。"[1]我国将坚决落实碳达峰、碳中和目标任务,大力推进能源革命向纵深发展,我国可再生能源发展正处于大有可为的战略机遇期。

"十四五"规划全面有力地推进分布式光伏的发展,着力发展工业园区、经济开发区以及公用建筑物的屋顶光伏能源的开发和利用活动,在新建成的厂房、公用建筑之内,积极开发光伏建筑物一体化模式,开展"千家万户沐光行动",规范有序推进整县(市、区)屋顶分布式光伏开发,建设光伏新村。积极推进"光伏+"综合利用行动,鼓励农(牧)光互补、渔光互补等复合开发模式,推动光伏发电与5G基站、大数据中心等信息产业融合发展,推动光伏向

---

〔1〕《习近平在第七十五届联合国大会一般性辩论上的讲话》,载新华网,https://www.xinhuanet.com/politics/leaders/2020-09/22/c_1126527652.htm。

新能源汽车充电桩方向、高铁沿线的设施、高速公路服务区及其沿线以及其他诸多交通领域的运用,因地制宜地进行光伏廊道论证。推进光伏电站开发建设,优先利用采煤沉陷区、矿山排土场等工矿废弃土地及油气矿区建设光伏电站。积极推动老旧光伏电站技改升级行动,提升发电效益。

(六)光伏产业格局转变

近年来我国的光伏产业结构主要发生两个方面的转变:一是装机形式的转变,也就是从集中式慢慢向分布式的转变;二是新增装机区域从西部向中东部的转变。通过对2013~2017年的光伏发电设备装机容量进行评估,结果发现相对于分布式光伏,地面集中式的新增装机容量要更大。不过从2015年起,分布式光伏就开始获得快速增长,装机量也在快速增加。与此同时,集中式光伏电站的发展则有所减缓,据统计,在2017年上半年,我国中部、东部光伏装机容量增长在全国是最快的。

通过对近年来的光伏新增装机情况进行分析发现,自2015年起,随着光伏发电设备装机容量在中东部地区的发展,光伏发电设备装机容量在西部地区就开始下降,从而能有效改善这些地区的光伏发电消纳问题,可以进一步实现对光伏产业格局的优化。值得一提的是,2017年上半年,东部地区分布式光伏在总装机的占比达到38%,以浙江、山东为主;而中部地区稍低,也达到了31%,以安徽为主。东部地区和中部地区的新增装机量都在100万千瓦以上。

中国光伏发电市场的发展,经历了从西部集中式大型地面电站为主到东中西部共同发展、集中式光伏发电与分布式光伏发电共同发展的格局转变。2013年,中国分布式光伏新增装机量仅为0.8GW,占当年光伏总装机量的比例仅为7%,集中式光伏新增装机容量占比达93%,主要原因是:甘肃、青海、宁夏、新疆、内蒙古等中西部地区地理面积广阔,太阳光照资源丰富,适合集中式光伏发电项目的建设运营,因而我国光伏发电初期以集中式光伏项目为主。

为了缓解国内光伏东中西部发电、用电的不平衡状况以及集中式光伏发电的输送损耗问题,自2013年开始,国家发展改革委、国家能源局等部门逐步推出多项政策鼓励分布式光伏发展,中国分布式光伏发电步入快速发展时期。从2015年的新增装机量1.39吉瓦增长到2018年的20.96吉瓦。2019~2021年,中国分布式光伏新增装机量分别为12.2吉瓦、15.52吉瓦和29.28吉瓦,其中2021年分布式光伏发电新增装机占全部新增光伏发电装机的53%,历史上首次突破50%,主要是户用分布式光伏市场发展火热,随着

“整县推进”试点工作在全国各省市全面展开以及国补 0.03 元/千瓦时的政策刺激下装机迎来爆发式增长。

“十四五”期间,我国光伏发电将形成集中式与分布式并举的开发模式。随着光伏发电全面进入平价时代,叠加“碳中和”目标的推动以及大基地的开发模式,集中式光伏电站有可能迎来新一轮发展热潮。另外,伴随着工业、交通等诸多领域内光伏的融合发展趋势,配合“整县推进”的政策落实,受到户用、工商业用的应用规模以及其他方面的影响,分布式光伏依然会在市场上占据很高的比重。根据中国光伏行业协会数据,在 2022~2030 年,我国分布式光伏在光伏年度新增装机量的比例总体将在 30%~40%,同时我国光伏产业将进入高质量跃升发展的新阶段,表现出新的特点:首先,是大规模开发,努力实现跨越式的发展,加速提高发电装机在产业中的比重;其次,是大比例快速发展,从能源电力消费的增量补充逐步向增量主体转变,能源和电力消费中所占比重迅速增加;再次,是以市场为导向,从补贴支持发展向平价低价发展的转变,逐渐完成从政策驱动发展向市场驱动发展的转变;最后,是高质量发展,在实现大规模开发、高水平消纳的同时,也保证了电力供给的稳定和可靠。我国可再生能源在能源生产与消费革命中会持续引导主流,在能源低碳绿色转型中起到引领作用,为实现“碳中和”“碳达峰”提供强力的支持。

放眼全球,推动可再生能源的发展已经成为全球性能源革命和面对严峻气候变化挑战的主流方向和统一行动。全球化能源转型的步伐显著加快,以风力发电、光伏发电为代表的新能源表现出性能快速提升、经济性不断提高、应用规模逐步扩大与加速扩张的趋势,形成逐渐代替传统化石能源的全球化潮流。2016~2021 年,可再生能源在全球新增发电装机中占比份额约为 70%,可再生能源在全球新增发电量中占比份额约为 60%。全球各个主要国家和地区均不断提高自身应对气候变化挑战的自主性贡献力度,深层催生可再生能源的大规模跨越式阶段发展新动能,进一步促使可再生能源成为全球性能源绿色低碳转型的主流方向,预测在 2050 年可再生能源在全球的电力消费中的占比将达到 80%。

此外,能源系统样态的换代演进更加迅速,分散化、扁平化、去中心化的特征日趋显著,传统能源的生产与消费之间的界限将不断地被打破,这将为可再生能源营造更加开放、多元、立体化的发展环境。

三、我国分布式光伏产业发展趋势

(一)“双碳”目标

实现碳达峰、碳中和目标,是以习近平同志为核心的党中央统筹国内国际两个大局作出的重大战略决策，是着力解决资源环境约束突出问题、实现中华民族永续发展的必然选择，是构建人类命运共同体的庄严承诺。到2025年，绿色低碳循环发展的经济体系初步形成，重点行业能源利用效率大幅提升。单位国内生产总值能耗比2020年下降13.5%，单位国内生产总值二氧化碳排放比2020年下降18%，非化石能源消费比重达到20%左右，森林覆盖率达到24.1%，森林蓄积量达到180亿立方米，为实现碳达峰、碳中和奠定坚实基础。

2030年经济社会发展实现全面绿色转型，重点耗能行业的能源利用效率达国际先进水平。单位国内生产总值能耗明显减少，单位国内生产总值二氧化碳排放较2005年减少65%以上，非化石能源的消费量约占风电的25%、太阳能发电总装机容量已超过12亿千瓦，森林覆盖率约25%，森林蓄积量190亿立方米，二氧化碳排放量达高峰，实现稳中有降。

根据2035年生态环境得到根本好转和美丽中国基本建成的愿景，大力发展可再生能源成为中国生态文明建设和可持续发展的客观需要。中国承诺力争二氧化碳排放将在2030年前达到高峰，到2060年达到中和水平，并明确到2030年，风力发电及太阳能发电的总装机容量超过12亿千瓦，这就给可再生能源的发展带来了新的任务和要求。作为碳减排的重要举措，我国可再生能源将加速步入跃升发展新阶段，实现对传统能源的加速替代，并逐步成为积极应对气候变化挑战、构建人类命运共同体的中坚力量。

2060年，全面建成绿色、低碳、循环、清洁、高配、安全、高效经济体系，能源利用效率达国际先进水平，非化石能源消费占比达80%以上，碳中和目标成功实现，生态文明建设硕果累累，创造了人与自然和谐共生的新境界。在这种情况下，中国分布式光伏产业必将出现爆发式的发展。

（二）整县推进

根据中国光伏行业协会数据，2019~2021年，中国光伏年度新增装机容量分别为30.10吉瓦、48.20吉瓦和54.88吉瓦。2021年，国内光伏新增装机54.88吉瓦，同比增长13.9%，在“整县推进”政策的引导下，地方政府和社会各界发展分布式光伏的意愿强烈。

目前，各地有一些正在探索的建设模式，以多方联合开发为主。河南省采用“1+1+X”模式，即1家大型能源企业+1家政策性银行+X家本企业。政府组织当地经销商来经营推进，引入央企、外部金融资源，培育本土分布式企业进行联营，这种模式看来是比较理想，但因涉及多个合作方，工作量相对烦琐。山东省临邑县采用“民企+电网+农户”模式，即由民企出资建设光伏组件、低压汇集线路、升压变压器;电网提供接入公网条件,实现降低负载、就近消纳;农户提供屋顶并收取租金。项目无须国家补贴扶持政策,无须政府和村民的资助,与电网建设进度的高度契合,凝聚发展合力,做到多方协作共赢。山东省临沂市采用了"央企+地方国企+县区"模式,临沂市财金投资集团有限公司分别与国家电投集团综合智慧能源科技有限公司、大唐山东发电有限公司等 13 家央企、省企签署合作框架协议。积极探索"央企+地方国企+县区"的合作模式,凝聚各方力量建设分布式光伏项目。

(三)平价上网与市场化交易

国家发展改革委于 2021 年 6 月 7 日发布《关于 2021 年新能源上网电价政策有关事项的通知》,该通知首次规定自 2021 年起,针对当前新备案的集中式光伏发电站、工商业分布式光伏发电站项目以及新核准的陆上风电站等项目,中央财政不再给予补贴,同时推行平价上网政策。该通知的第 2 条规定对于 2021 年上述项目的上网电价,需要根据当地燃煤发电基准价来执行,上述项目均可自主参与市场化交易进而形成上网电价,从而能够达到更好地展现风电、光伏发电等项目的绿色生态价值这一目的。该通知的第 3 条规定自 2021 年起,新核准或备案的海上风电项目、光热发电项目的上网电价应由当地省级价格主管部门负责制定,具备相应条件的也可由竞争性配置方式来形成,若所形成的上网电价高于当地燃煤发电基准价的,则基准价以内的对应部分由该电网企业进行结算,即中央财政取消补贴,转而实行平价上网政策。同时,为推进相关产业的迅速发展,明确了 2021 年新建项目不再通过竞争性方式来形成具体上网电价,而是直接推行当地燃煤发电基准价,此举措进一步释放了明确的价格信号,既达到了充分调动各方投资主动性,推动风电、光伏发电产业快速发展的目的,同时也促进了以新能源为主体的新型电力系统的建设发展,助力实现碳达峰、碳中和目标。

从原来的竞价上网到现在的平价上网,光伏价格足以与燃煤基准价格相媲美,分布式光伏市场广阔。根据有关数据计算得知,在推行各地燃煤发电基准价的特定市场环境中,2021 年新开发光伏发电以及陆上风力发电项目在其自身生命周期内的平均收益率在全国维持着较高水平,尤其是自身资源条件较好的部分省份,新建项目能够取得较高的回报。同时,针对一些用电企业意图直接与新能源发电企业达成市场交易的想法,《关于 2021 年新能源上网电价政策有关事项的通知》明确允许新建项目通过自发参与市场化交易,自主产生上网电价,进而能够更好地体现光伏发电和风力发电的生态绿色价值等。

第三节　分布式光伏发电存在的问题及其原因

分布式光伏发电目前发展形势良好，但随之而来的问题也在不断凸显，光伏发电产业正面临着转型与考验。在未来，光伏发电的发展依赖于技术创新与制度创新以及法律的保护和导向。但是目前我国的光伏发电法律仍不健全，在实施中遇到的问题使得保护分布式光伏发电的效果并不理想。当然，问题也会变成机遇与突破口，光伏发电的法律要根据光伏发电产业与市场做出调整。目前，光伏发电的开发利用涉及政府、市场、社会等多个层面，需要三者有机统一，优化光伏发电的资源配置。

当前，政府仍是可再生能源开发利用的重要调控力量，但也不可偏废市场。既要加强政府的监督管理，又要发挥市场的决定性作用，平衡好政府、市场、社会的关系，做到分工明确。这是光伏发电法律制度中的一项重要的任务，应当以此为基础去构建法律，使三者相互协调，从而完善总量目标制度，落实经济激励制度，监督资金的使用。分布式光伏发电的前景是美好的，对产业的促进与保障必然是社会合力作用的结果，我国经济的快速发展也意味着光伏发电行业机遇与挑战并行。

当前我国分布式光伏主要有四方面，即行政审批、土地权属及租赁、能源市场发展、法律制度存在的主要问题。

一、分布式光伏发电行政审批中的问题及其原因

（一）备案发文主体不合格

从光伏发电项目公司和投资方提供的备案文件中不难看出，虽然某些省份并未给市、县级投资主管部门下发光伏发电项目的备案权限，但是，县级投资主管部门为光伏发电项目公司和投资方下发了项目备案通知或备案证。经由无权限备案主体备案的项目备案通知或备案证实法律效力存疑。此外，有些地方政府为了避免光伏发电项目建设过程中出现问题，对一些未通过国家能源局审核的光伏发电项目进行违规审批，甚至将一些未纳入“领跑者计划”的项目列入“白名单”予以公示。

（二）备案文件时效短

《光伏电站开发建设管理办法》（国能发新能规〔2022〕104 号）规定，光伏发电项目备案文件有效期 2 年。在此规定下，光伏发电项目备案文件有效

期应当理解为项目投资主体应当在2年内开工建设或者竣工投产。如果有关公司涉及的光伏发电项目存在已备案但未开工建设或者已竣工投产的情形,则公司应当及时进行披露。在涉及有关光伏发电项目时应当谨慎审查剩余有效期,在项目备案文件有效期内未开工建设或竣工投产的,需按照规定申请延期。否则,2年期截止,光伏发电项目备案即为无效,有关公司此时如果没有重新备案,一旦开工则为违法。

(三)滥用行政权力排除、限制竞争

对于垄断式安装开发弊端该如何避免的问题,国家能源局于2021年7月7日做出了明确的答复,要求地方政府主要围绕五个方面即自愿不强制、试点不审批、到位不越位、竞争不垄断、工作不暂停展开工作,维护正常市场秩序。但是部分地方政府为了实现"双碳"目标,将整县分布式光伏项目全部打包交给国企,滥用行政权力排除、限制竞争。截至2022年1月底,国家电投"整县推进"投建县域已经超过100个;华能集团已经拿下八省近30个整县推进协议;大唐集团已取得共51个试点县区、总容量约12吉瓦的成绩;华电集团的整县分布式开发业务重心主要放在了山西、福建与湖北三省,各种项目协议正紧锣密鼓地推进。

以我国分布式光伏第一发展大省山东省为例,仅青岛、济南、济宁三市,就有23个下属区县停止、暂缓了分布式光伏备案和并网申请,有的地方是明确发出文件要求,有的是电话通知各光伏企业停止备案申请,有的地方则是不提供乡镇房产证明和村委盖章来"卡"住申请。此外,河南省襄城县与河南城投公司豫能控股签订了开发协议,同时排除了其他民营企业的参与,严重破坏了市场正常秩序。整县推进政策的实施过程中,涉及的主体、领域较多,往往需要政府协调各部门、各企业之间的工作,导致了政府具有较大的行政管理权限。

(四)一企包一县

锚定碳达峰、碳中和目标并根据2025年非化石能源消费约占20%的任务要求,地方积极落实分布式光伏整县推进政策。建筑屋面分布广、资源分散、单体规模偏小、开发建设配合工作量较大等特点,某种程度上限制了屋顶分布式光伏在更大范围内的开发,国企、央企便成为了主力军。许多一直深耕分布式光伏开发的民营企业,因为"整县推进"的实施,难以拿到开发资源。此前,中国光伏行业协会曾发文指出,地方政府应将注意力集中在屋顶资源整合上,在分布式光伏项目难以落地的有关痛点中开辟道路。目前很多政策仍偏离分布式光伏的建设主体和商业模式。

二、分布式光伏发电项目土地权属以及租赁问题与原因

(一)光伏项目土地权属问题及其原因

1. 以租代征。在光伏发电项目中,如果想要获得永久性的用地权,则必须通过征地、出让或者划拨等方式,而不能通过租赁取得集体土地,如变电站、集控楼等。如果仅仅和村委会之间签订简单的租赁协议,那么租赁协议中约定的上述土地的使用权的取得方式是违法的。

2. 未批先建。就光伏发电工程的施工建设而言,理所应当具备施工许可证。然而,当下的施工许可证的适用范围只限于升压站和集控办公楼等特定类型的建筑物。若仅仅为搭建光伏组件阵列而施工建设光伏发电工程,那么该工程启动施工建设就根本不需要办理施工许可证或要求工程具备用地批准手续。但集控楼以及办公楼的建设施工,依法必须具备备案文件、用地批准手续以及建设工程规划许可证。光伏发电项目在施工前无须土地使用证,法律亦未规定在工程施工建设时必须具备土地使用证,这是因为当前在实践中土地使用证难以在短期内获得。所以在一般情况下,光伏发电项目公司或相关投资方在获得建设用地审批后即可正常施工建设。

3. 林光互补。既往,光伏发电项目建设使用林地的主要政策依据源于国家林业局(已撤销)于2015年发布的《关于光伏电站建设使用林地有关问题的通知》(已失效)。该通知指出,针对在森林资源调查过程中确定为宜林地而第二次全国土地调查中确定为未利用地的土地,应当适用"林光互补"的用地模式,在该模式下,光伏发电站必须确保所使用的宜林地并未改变其林地性质。该通知被期后政策进行调整后失效。

2021年年底以来,自然资源部、水利部、林草局等部级及下属省级管理机构,出台了新的"光伏+"项目的用地政策。国家对"光伏+"项目用地管理更加严格。2022年5月17日,国家林草局森林资源管理司下发《关于开展光伏电站建设使用林地书面调研的函》。[1] 该文件依据当前现有单位装机容

[1] 《关于开展光伏电站建设使用林地书面调研的函》第1项至第8项规定了各单位关于光伏电站建设使用林地有关政策问题:(1)光伏电站建设使用林地管理应当遵循的原则;(2)划定光伏电站建设禁建区的建议;(3)划定光伏电站建设限制区的建议;(4)根据森林资源管理"一张图"与国土"三调"融合成果,划定光伏电站建设及光伏电池阵列使用林地的地类限制范围,结合新技术的应用,重点研究"林光互补"用地模式的允许范围、技术要求与用地政策;(5)光伏电池阵列内检修道路、箱变和集电线路等使用林地管理政策;(6)引导提高建设标准、施工工艺和新材料、新技术应用,节约集约使用林地的建议;(7)加强森林资源保护的其他措施。

量用地面积标准以及各光伏电站的自身发展规划，预测得出各地“十四五”期间光伏发电站建设使用林地所需求数量和主要建设施工区域。同时，该文件也提出了光伏电站建设使用林地后续管理问题，加强光伏电池阵列租赁林地的管理建议。2022年4月19日，山西省自然资源厅、农业农村厅、能源局、林草局四个部门联合发布《关于加强光伏发电项目用地支持保障》通知，对光伏发电站项目（除光伏扶贫及光伏复合项目外）[1]以及光伏复合项目（包括农光、林光）[2]的用地情况进行具体要求。2022年8月16日，自然资源部、生态环境部、国家林业和草原局三个部门联合发布了《关于加强生态保护红线管理的通知（试行）》。2022年12月5日，自然资源部公示《光伏发电站工程项目用地控制指标》行业标准报批稿。2023年3月20日，自然资源部联合国家林草局、国家能源局共同发布《关于支持光伏发电产业发展规范用地管理有关工作的通知》。上述文件对于“林光互补”“农光互补”形式的用地进行了较大程度的调整。

4. 土地权属不统一。建设用地的问题既表现在用地违法方面，同时也表现在土地权属不统一方面。根据我国政府对国土资源管理过程中的职责划分，国土、地质、水利、气象、林业、旅游、交通、军事等部门以及其他特定有关机构均有权实施国土资源的行政管理工作。然而，上述各部门或者有关机构之间尚未对国土资源采取“一张图”式的整合统一与联网管理，这就会导致明明是同一地块却需要到数个政府部门进行核验查证的现象。

---

[1] 山西省自然资源厅、山西省农业农村厅、山西省能源局、山西省林业和草原局《关于加强光伏发电项目用地支持保障的通知》第2条第1项规定，光伏发电站项目（除光伏扶贫及光伏复合项目外）用地使用第三次全国国土调查确定为未利用地的，光伏方阵可按原地类认定，不改变土地用途，用地允许以租赁等方式取得，双方签订补偿协议，报当地县级自然资源主管部门备案，其他永久性建筑应当办理建设用地审批手续；使用农用地的，所有用地均应当办理建设用地审批手续。

[2] 山西省自然资源厅、山西省农业农村厅、山西省能源局、山西省林业和草原局《关于加强光伏发电项目用地支持保障的补充通知》第2条规定，配套设施用地政策。光伏发电项目配套设施用地，按建设用地进行管理，依法依规办理建设用地审批手续。其中，涉及占用耕地的，按规定落实占补平衡。符合光伏用地标准，位于方阵内部和四周，直接配套光伏方阵的道路，可按农村道路用地管理，涉及占用耕地的，按规定落实进出平衡。其他道路按建设用地管理。第3条规定，将“（三）光伏复合项目认定标准”相关内容修订为：各市可在符合相关法律法规、行业标准、规程等要求的前提下，由主管部门牵头，结合本地区实际细化“园光互补”“林光互补”“草光互补”项目建设要求、认定标准及监管措施，避免对农业生产和生态安全造成影响。采用“园光互补”模式使用耕地以外的园地等农业农村部门负责指导种植的农用地建设光伏复合项目的，须县级农业农村部门出具技术审核意见；符合林光互补、草光互补要求占用允许使用的林地、草地建设光伏复合项目的，需经县级林草部门对生态影响情况进行评估并备案后实施。

比如,当前的《土地利用现状分类》(GB/T 21010—2017)这一文件采取两级层次来划分我国土地的利用现状,总共分为12个一级类别以及73个二级类别。但由于管理的交叉问题,国家林草局在其所发布的林业行业标准文件《林地分类》(LY/T 1812—2021)中又把林地类型划分为7个一级类别以及7个二级类别,进而导致光伏发电建设者在查验不同的土地权属时面临有关国土部门给出"未利用地"的界定而林业部门却给出"林地"的界定的冲突。各个政府部门之间针对土地性质的界定不清晰甚至冲突,以及资源管理上的不明确,给光伏发电项目建设带来诸多困难。

除此之外,在土地规划和用途管制的特定情境下,还存在基本农田保护区、风景旅游用地区、生态环境安全控制区、重点森林保护区、自然与文化遗产保护区的土地性质分类。光伏发电项目的建设者不仅需要向国土、林业、农业和水利等相关部门问询核验"土地性质",还需要再次从土地规划和用途管制两个不同层级对"土地性质"进行认定,也将引致光伏发电项目施工建设周期延长,进一步增加光伏电站的建设施工难度。

(二)分布式光伏项目租赁中的法律问题及其原因

1. 房屋建设手续不齐全。房屋建设时需要取得多种证明,比如土地使用权证、建设工程规划许可证等,但事实上并不是所有房屋在租赁时都能及时得到这些证明。

第一,在租赁协议或者手续当中,建设工程规划许可证是依法必须具备的,依据最高人民法院《关于审理城镇房屋租赁合同纠纷案件具体应用法律若干问题的解释》第2条的规定,光伏发电项目方作为承租一方在租赁特定建筑物房屋时必须获得对应的建设工程规划许可证,否则双方达成的租赁合同或者手续会被人民法院认定为无效。

第二,光伏发电项目公司应当查看所租赁的房屋是否为非法临时建筑物。根据最高人民法院《关于审理城镇房屋租赁合同纠纷案件具体应用法律若干问题的解释》第3条的规定,出租人就未经批准或未按批准内容建设的临时建筑,与承租人订立的租赁合同无效。

第三,分布式光伏发电项目方在承租标的房屋时也应当获得标的房屋的消防验收证明,通过证明来确认标的房屋能够避免由于荷载不足而造成的安全隐患。根据相关行政部门的规定,未获得消防验收证明的光伏发电项目不得正常并网。所以取得消防验收证明既是对自己安全负责的需要,也是减少法律风险的需要。

2. 租赁期限过短。根据《民法典》第705条,租赁期限不能超过20年,超过20年的,超出部分的租赁合同无效。但光伏发电项目的建设和运营期一般为25年左右,在实际情况下,为了便利以及避免续订的烦琐,一些公司在租赁时附加了自动续租5年的约定。相关主体通过适用《民法典》第725条规定的"买卖不破租赁规则",可以在相关项目拆迁之时,主张相应的赔偿,但超出20年部分的规定无效。根据《河北省国有土地上房屋征收与补偿实施办法》第15条,租赁期限超过20年的部分,不予补偿,约定超过20年的部分是无效的。

3. 房屋拆迁和出租人违约。在租赁合同正常履行期间,分布式光伏发电项目方往往遇到所承租房屋面临征收拆迁甚至出租人违反租赁合同等特殊情况。根据《国有土地上房屋征收与补偿条例》第2条、《关于办理申请人民法院强制执行国有土地上房屋征收补偿决定案件若干问题的规定》第2条、《民法典》第327条的规定,当政府依法征收或者拆迁标的租赁房屋时,项目方既不能继续使用该标的建筑物的屋顶,且其作为承租人也不能成为依法应当获得征收补偿的受益人,最终会出现项目方承担巨大经济损失的情形。

此外,项目方公司在开展必要的尽职调查过程中,部分屋顶出租人明确表示屋顶租赁合同能够实际落实。然而,当双方即将达成合作协议的时候,屋顶出租人一方又突然主张不能履行协议,因为其他投资方的报价相比之下更高,故已经把屋顶转租给其他项目方了。而在光伏发电项目方以屋顶承租人的身份希望诉诸法院维护其合法权益的时,就会遇到旧租赁合同没有备案因而对于屋顶的新受让人不具备法律约束力的情况。

4. 一房多租。在实际中,出租者将同一房屋出租给多个承租人,这些合同全部真实有效。在权利救济时,当所有承租人都请求实现权利时,光伏发电企业作为承租人,由于救济顺位问题可能会难以获得建筑物的使用权进而导致自身权利被侵害。按照最高人民法院《关于审理建筑物区分所有权纠纷案件具体应用法律若干问题的解释》第5条的规定,人民法院按照已经合法占有租赁房屋、已经办理备案手续的,合同成立在先的顺序确定履行合同承租人。当光伏发电项目承租人难以有效证明该标的建筑物的占有事实,且不具备合法备案登记,同时又不能证明合同成立在先时,光伏项目将会导致因租赁房屋使用权存在权利瑕疵而被迫中止。

三、分布式光伏发电在能源发展中的主要问题及其原因

(一)分布式光伏发电难以推广

虽然近年来光伏发电的产业成本在逐年降低,然而自2021年起,包括多

晶硅在内的多种原材料的价格均呈现了显著的上升趋势,较大程度地弱化了光伏发电低成本的竞争优势。一些公司盲目地追求短期利润,将仅有的竞争优势消除,给光伏发电的普及带来了负面影响,也给光伏发电带来了安全隐患。比如,部分企业为了追求利益最大化,选择“抢单”和“抢装”的方式来抢占市场,导致行业的无序竞争,不仅使得国内的光伏发电产业受到了冲击,还让整个行业的盈利能力大大降低。价格过高或是短期内太高的利润率,不但抑制了公众需求,同时还对光伏发电产业链上下游的协同发展造成了负面影响,导致其他资本大规模涌入光伏行业。如何合理平衡企业短期利益与长远利益之间的关系,进而避免行业价格持续性上升,这是目前的光伏行业需要应对的挑战。

(二)电网系统技术不成熟

伴随光伏发电产业的全面发展以及行业渗透率的稳步提升,电网整体系统的稳定性及安全性成为当前所面临的最大挑战。电网方面的建设水平确实低于电源侧的建设水平,光伏发电自身所无法避免的间歇性、随机性和不稳定性等特点意味着它的大量接入会给当前电力系统的稳定运行以及能源安全带来新的挑战。而且由于分布式光伏等新能源发电具备的时空分布不均、能源供给波动大等特点,接入能源系统的初期阶段势必会引发供应不稳定等技术上的难题,这意味着必须在电网系统及并网运行时介入更丰富的技术支持。[1]

(三)能源系统发展阻碍重重

国家机关事务管理局于2022年发布《关于2022年公共机构能源资源节约和生态环境保护工作安排的通知》,该通知指出,必须持续稳步推动可再生能源替代,实施绿色化改造工作。当前,光伏建筑一体化(BIPV)的发展过程中仍存在一些阻碍和亟待解决的困难,例如:政府的支持力度不足,BIPV组件新技术、设计和施工成本较高,安装规范不统一等。此外,国家在期盼多能源供应系统良好发展的同时,也持有着些许疑问,能源系统整体的稳定良好发展必然需要分析并应对能源供应的体系问题,还需明晰未来的光伏发电在能源供应系统中的发展战略方针和配套发展政策、措施和文件等。[2]

---

〔1〕 赵万明:《双碳愿景下中国光伏发电发展的困境及破解之策》,载《北方经济》2022年第9期。

〔2〕 俞健、叶浩然等:《“双碳”目标下光伏发展新机遇及在能源网络的应用》,载《油气与新能源》2022年第3期。

四、分布式光伏发电法律制度主要问题及其原因

(一)立法零散,执行依据不足

光伏发电产业法律制度的一大问题就是不成体系,较为分散。目前光伏发电产业的法律主要集中于部门规章、规定,相关的监管开发等也是分散于不同的国务院部门,如国家发展改革委、国家能源局、住房和城乡建设部等。同时,由于许多部门的功能不明确,从而造成立法比较分散,缺乏科学性和前瞻性。相关法律位阶均在低层次,权威性显然不够。在执行过程中,政府部门之间往往互相推诿,因为权力主体没有明确的定位,造成了执法效率不高。

目前我国光伏发电产业的发展主要是通过政府的行政手段来进行引导,缺乏与之相配套的法律法规作为支撑。光伏发电产业正在快速的发展之中,但由于市场的不确定性以及市场信息的不对称性,暴露出许多的弊端,这就亟须完善相关法律法规和政策。

《可再生能源法》仅仅为一部框架性质的法律,如果要切实达成这一法律的立法目的,需要与之相配套的实施细则办法。虽然目前我国围绕《可再生能源法》制定了诸如《光伏扶贫电站管理办法》、《可再生能源电价附加补助资金管理暂行办法》(已失效)、《关于开展可再生能源发电补贴项目清单审核有关工作的通知》等一系列法律文件,但是在实践中,光伏发电产业的法律保障体系仍有疏漏,法律政策的协调性不足,致使许多关键性的具体措施难以操作,影响产业的进一步健康发展。因此,通过法律制度引导规制光伏产业的良性发展势在必行。

(二)涵盖面窄,法律滞后

光伏发电产业涉及的领域和产品繁杂,因为这些领域和产品存在不同的特征,所以法律在调整时也应当对症下药,但《可再生能源法》对光伏产业来说是一种指导性立法,并不会提供细节规定。

目前我国针对可再生能源的所有技术类型做了统一的立法,法律已经关注到可再生能源的共性,但还是不能兼顾到不同的可再生能源技术所处的不同发展阶段、不同的技术特点、所依赖的资源及地域差异,不能满足制定因地制宜的指导政策的需求。

同时,光伏发电相关立法与其他法律之间还存在冲突、缺乏协调的问题,以及由于体制不顺畅导致的光伏利用效率低下、能源资源浪费严重等问题。这些问题都暴露出立法相对于产业发展而言较为滞后,有益的实践经验总结尚未上升到立法层面。

（三）上网制度与电价难题

目前在光伏发电并网政策上，出现主要的问题有三：首先，关于传统发电几乎无条件强制上网并且全额收购，目前，由于传统发电的成本仍然比光伏发电低，全额收购将会造成很大负担。其次，接网政策目前仅考虑当地和省一级之间的并网，没有从全国整体角度考虑问题。而且没有对未来的发展进行预估，比如未来可再生能源、光伏发电的快速发展等，也没有考虑同等级之间的相互接网，例如区域与区域之间，省与省之间等。最后，光伏发电依靠阳光，因此昼夜发电量差异很大，企业并没有针对这种特征进行调峰补偿。

上网电价比较低是开发可再生能源的原因之一，光伏发电也不例外。我国目前具体电价政策约可分为四类：中央政府特许权招标；地方招标、中央政府核准；地方核准；地方固定电价。

这种电价定价方式不仅增加了相关部门的工作量和工作难度，企业也很难对标。现在我国关于光伏发电的价格并没有形成一个统一的标准和原则。在制定价格时是以成本为主，还是以市场需求为主，并没有一个定论。

虽然现在的制度一定程度上推动了光伏产业的发展，但是其成本还是比传统能源高，而且由于地区差异，开发程度也不尽相同，因此仍然存在一些问题：投资者的预期利益并不确定；分类定价既要考虑不同的能源，也要考虑不同的地区；当将来光伏发电的成本下降时，现在的制度也应随之改变，否则将对企业发展造成阻碍；目前的上网电价制度仍需完善细节，需要有效的法律措施来保障实施。

第四节　域外分布式光伏产业政策的发展

全球光伏发电产业自2004年以来发展十分迅速。主要可分为四个阶段：第一阶段从2004年至2011年，这一阶段特点为，以德国为典型，各国政府机构均推行政府补贴政策，并大力发展光伏产业的大规模商业化，希望配合这些政策支持来使光伏发电产业的上中下游规模和技术得到较大提升，从而提高其市场竞争力；第二阶段是从2011年至2013年，这一时期欧洲大部分国家不约而同地大幅度降低甚至取消了政府补贴，这就使得光伏投资收益率较大程度地下降，并最终导致投资需求减少，同一时期的欧债危机也进一步扩大了供需失衡的情况；第三阶段是从2013年至2015年，这一阶段的光伏行业经历了市场的严格选择，行业成本极大程度地下降，投资回报的比率再一次回到动态平衡的理想状态，有越来越多的国家和地区积极投身到支持光伏发展的队伍之中,具备技术装备优势和生产规模优势的优秀企业相继出现;第四阶段是从2015年至今,2016年《巴黎协定》的签署,让新能源进一步引起了全球各国的重视。同时光伏技术进步推动光伏发电成本持续下降,部分国家地区已经实现平价上网,光伏发电正式进入可以与传统能源相竞争的高度发展时期。

欧盟国家近年来临时出台举措,减缓或重启了一些燃煤电厂,但是这些电厂大多处于待命状态,在紧急情况下作为"最后的手段"使用,还没有任何欧盟国家改变其最迟在2030年前逐步淘汰煤炭的承诺。

根据国际能源署的预测数据(见表2-4)可知太阳能光伏仍然主导可再生能源新增装机容量。

到2027年,太阳能光伏的装机容量有望超过煤炭,成为世界上最大的光伏装机容量。在该预测中,累计太阳能光伏装机容量几乎增加了两倍,在此期间增长了近1500吉瓦,到2026年将超过天然气,到2027年将超过煤炭。未来5年,太阳能光伏装机容量每年都在增加。

尽管目前由于大宗商品价格上涨导致投资成本较高,但公用事业规模的太阳能光伏发电是全球绝大多数国家新发电成本最低的选择。零售电价上涨和政策支持增加帮助消费者节省了能源费用,分布式太阳能光伏产业,如建筑物上的屋顶太阳能,也将实现更快的增长。

可见,积极推动光伏产业的健康发展已成为全球共识。

表2-4　2023~2027年按能源种类分列的累计发电份额

单位:%

能源种类	发电份额				
	2023年	2024年	2025年	2026年	2027年
太阳能光伏	14.7	16.5	18.4	20.2	22.2
风能	11.4	12.1	12.9	13.7	14.4
水电	15.7	15.2	14.9	14.5	14.1
生物能源	2.0	2.0	2.0	2.0	2.0
煤炭	24.7	23.8	22.8	21.9	20.9
天然气	21.4	20.8	20.2	19.7	19.1

一、域外国家光伏产业政策经验梳理

(一)德国光伏产业政策经验总结

1.法律法规先行配合,适时调整

德国在2000年正式颁布了本国的《可再生能源法》(EEG-2000),并且

该法律自颁布之后经历过数次修订,其中的政策也有过变化更迭,从以固定上网电价为主到加大对光伏发电的补贴,从支持自发自用到鼓励新能源发电进入市场,由小规模投标试点到整体采纳可再生能源发电的招标和投标制度等。这些政策的变更突出了制度与措施的创新性,从而实现了预定的目标。

德国于 1991 年通过《电力输送法》,对电网规定了强制接入制度,即电网接入由发电企业提供的新能源电能。为了更好地实现电力强制上网,德国于 1998 年制定《能源法》,对企业因发电量超出一定比例而产生的超额用电费用予以赔偿,并对其进行了详细的界定。2000 年《可再生能源法》(EEG-2000)对电网公司提出了采购新能源的强制要求。2004 年《可再生能源法》(EEG-2004)在原有基础上新增电网企业接受和输送的义务、透明度义务等内容,并对强制性入网制度进行了细化,要求电网公司基于各地的实际需求,对入网电能进行合理配置。并且,电网公司还应按照法律规定对可再生能源发电企业进行补偿。由于可再生能源具有间歇性,1991 年《电力输送法》中关于无条件全额购买的条款被取消,2004 年《可再生能源法》(EEG-2004)以优先购买政策取代了无条件全额购买政策。这之后,德国在 2009 年、2012 年、2014 年、2017 年相继修订的《可再生能源法》,均明确了电网公司必须履行有条件的优先认购义务。

为更好地监测新能源的实际应用,德国已经在新能源发电和输送网络中安装了一套名为"智能电表"的智能监控系统。《可再生能源法》(EEG-2021)对智能电表进行了详细的规定,即 25 千瓦以上的可再生能源发电厂一定要与电网相连,发电厂应配备相应的技术装置,从而可以利用智能电表网关实时监控实际发电状况,保证对电能的分级或无级控制,同时保证终端用户能够使用可再生能源;对于装机容量超过 7 千瓦但小于等于 25 千瓦的新能源电站中,还需配备相应的技术装置,通过智能电表网关能够实时监测真实的输入数据,允许发电站不把可再生能源电力纳入电网连接,但是必须自用部分可再生能源电力。上述规则同时适用于 2021 年之后建成的可再生能源发电站和 2021 年之前建成并配备智能电表的发电站。

2. 精准细化补贴规则

德国对租户的电费补助政策进行了修改。租户电力不与公用电网相连,而是直接面向同一建筑物或邻近居民区的住户供电。作为光伏发电装置的所有人,业主能够自行决定运营,或将其授权给具有光伏发电管理经验的专门企业,而不影响其对住户用电补贴的权利。租房者的电费与通常的入网费无关,并可享有政府补贴,该补助标准是装机容量小于 10 千瓦的光伏发电设备 3.79 欧分/千瓦时,10~40 千瓦的设备 3.52 欧分/千瓦时,40~100 千瓦的设备 2.37 欧分/千瓦时。该补助标准自 2021 年 1 月起开始施行,之后设备运行的每一个月,相应的补助标准会小幅度下调。

3. 灵活的电价调节制度

历经多年的不断发展,以及在国家政策的鼓励和国内民众的大力支持下,许多可再生能源电力品类,诸如如陆上风力发电和光伏发电等品类的技术装备已经日趋成熟,具备足够的能力去公平地参与电力市场竞争。有鉴于此,《可再生能源法》(EEG-2017)全方位引入了招标制度,自此,固定上网电价的时代正式落幕。而对于小部分技术不成熟、发展较为缓慢且市场份额占比较小的可再生能源产业,自然另当别论。

德国在 2014 年以前,对可再生能源电价实行固定价格机制。2014 年《可再生能源法》(EEG-2014)要求,从 2016 年 1 月 1 日开始,对装机功率超过 100 千瓦以上的新能源项目,实行竞拍方式定价。2017 年《可再生能源法》(EEG-2017)全面实施了竞价制,固定电价仅对小规模发电企业有效,同时大规模取消了电价补贴措施,使可再生能源电力开启了市场化发展的新时代。

《可再生能源法》(EEG-2021)实施招投标定价策略,为不同类别的可再生能源设定最高竞标价格。在陆上风力发电方面,拍卖的最高出价定为 6.0 美分/千瓦时,相比 2020 年的适用价值减少 0.2 美分/千瓦时,并伴随每年初始适用价格较上一年减少 2%。关于开放空间太阳能,政府设定了 5.9 美分/千瓦时的最高初始发行价。自 2022 年 1 月 1 日起,最高投标价格必须在最近三轮拍卖中每轮最高中标平均值的基础上增加 8%,但不得超过 5.9 美分/千瓦时的上限。关于建筑物的太阳能发电,政府设定了 9.0 美分/千瓦时的最高初始投标价格。从 2022 年 1 月 1 日开始,最高拍卖价格必须在最近三轮拍卖中每场中标的平均最高出价上涨 8%,但不得超过 9.0 美分/千瓦时的上限。

《可再生能源法》(EEG-2021)对不同类型的可再生能源发电能力提出了明确的要求,另外,每年还会有 500~850 兆瓦的电力会采用“创新拍卖”的形式竞标,不局限于特定类型,可以是陆上风力发电、太阳能发电、生物质发电和储能设备。

4. 注重社区内小规模可再生能源电力发展

鼓励支持社区及个人装设光伏发电设备,是推动可再生能源开发利用的一项重要举措,然而,小型光伏发电设备存在着发电成本高的明显缺点。为进一步减少成本,《可再生能源法》(EEG-2021)中规定对最大装机容量 30 千瓦或者年最大耗能 30 兆瓦时的屋顶太阳能设备免除可再生能源附加税。

同时,为了降低小型光伏发电厂的营销成本,还应允许100千瓦以下的光伏发电厂为电网运营方供电。

德国十分注重在用户端、电源端、配电网侧、输电网侧等方面发挥各种灵活资源的功能,并充分利用市场机制使其发挥最大效用。德国将重点金融扶持放在"用户侧光伏+储能"设备上,德国政府于2013年出台了关于光伏储能的补贴政策,可以对用户存能设备进行30%的投资额补贴,但也规定了光伏运营商要把其中60%的发电量接入电网,并且要求该系统应当有7年的质量保证。从2016年起,德国复兴信贷银行(KFW)以低利率、现金补贴等多种形式推动用户侧光伏配储能,支持用户在最大程度上自发自用。

5. 注重区域能源互联

以进一步消纳分布式可再生能源发电为目的,德国采取了电网平衡基团机制。每个平衡基团都是一个电力供需平衡的责任方,优先争取在自己的内部达到供求的平衡。当难以实现平衡基团内部自身平衡时,单个平衡基团有权向同一输电网控制区内部的另外平衡集群购买平衡服务,也可以在跨国输电网控制区来实现平衡,乃至从欧洲大电网直接购买平衡服务。其中,平衡基团和输电商之间的协调是实现电力供需平衡的重要环节。德国现有的平衡基团已超过2700个,这些基团在电力市场和电网运行过程中起着不可或缺的作用。

德国注重发挥电网区域互联的作用。德国可再生能源的迅速发展也与周边国家电网共同承担发展压力息息相关。德国通过30多条220~400千伏的跨国输电路线与邻近国家的电网连接起来,同时还借助海底电缆与瑞典、挪威等国家的电网之间实现互联。诸多跨国输电线路有效地增加了德国新能源发电的平衡区域,对德国电网的运作起到了良好的支撑作用。近年来,德国已成为欧洲电能出口最多的国家之一。

除上述因素外,德国延缓了此前规划多年用于连接北部北海风电富集区和南部负荷中心的"南北输电大通道"项目的建设,也在某种程度上推动了分布式可再生能源发电(Distributed Renewable Generation,DRG)的本土化发展。在此基础上,德国还大力推进全方位的分布式可再生能源发电聚合行动,通过采取虚拟电厂、需求侧响应、以电为中心的多能耦合等措施,增强分布式能源对电力系统运行的重要支撑作用。

德国政府对于选择将光伏电能全部并网的用户,在基础并网电价的基础上,还会给予额外的补贴。这一点主要是为了激励没有自用需求的用户,在其屋顶上安装光伏设备,并将产生的电能并入电网。这样德国政府就可以在尽可能多的私人屋顶上安装光伏,实现其光伏装机量的规划。以小于10千瓦峰值的光伏设备为例,全部并网的电价比部分并网电价要高 4.8 欧分/千瓦时,可达到 13.4 欧分/千瓦时。在光伏设备并网之后,用户可以在每年的年初,自主决定是全部并网还是剩余电量并网,以及是否更换并网的方式。

（二）美国光伏产业政策经验总结

随着全球能源形势趋紧,使用可再生、可持续的新能源取代传统能源成为了各国实现碳中和目标的必经之路,光伏产业成为高速发展的热点领域。经济性是驱动任何一个产业发展的核心力量,美国制定了一系列政策、法规用以鼓励光伏产业的发展。美国是全球主要的光伏市场之一,现有的光伏支持政策大致可以分为财政激励、管理类政策、财政补贴、本土贸易保护四大类,各类政策随国际市场变化而不断调整完善。美国通过政府政策的加强引导,有效驱动国内光伏产业发展。

1. 财政激励:调整补贴税收政策,助推光伏产业发展

为了促进可再生能源发展,美国实行了多项以税收优惠与减免为核心的财政激励政策,包括直接补贴政策、贷款计划以及各州政府提出的消费税与财产税减免政策等,进一步降低光伏装机成本及持有成本。

美国直接补贴政策体现在对可再生能源的激励计划,2024 年美国通过《可再生能源激励计划》明确未来五年内为光伏项目提供更高税收抵免,并允许现有项目申请额外补贴,以此提高企业的盈利能力。同时美国在抵免税额方面提出光伏电站装机容量 1 兆瓦以内的项目抵免额度从 26% 提高至 30%,1 兆瓦以上的项目抵免额从 26%降低至 6%(满足一定条件可至 30%),这些都是光伏市场的重大利好。该政策进一步刺激了美国本土光伏市场的发展。

美国贷款计划通过低息贷款和财政补贴降低光伏储能系统的融资成本,帮助企业和家庭负担安装费用,支持光伏产业发展。另外,美国能源部与其他机构提供研究资助,支持本国光伏技术发展与创新。

除此之外,还有消费税与财产税减免的激励政策,主要由美国各州政府提出或授权地方政府实施。美国大多数州政府都支持减免全部的财产税和销售税,不同区域和电力公司针对符合条件的光伏系统都给予补贴,有效降低了企业和个人的光伏系统采购及持有成本。

2. 管理类政策:明确制度目标,革新商业模式

美国的光伏管理类政策一般指州政府利用法律法规、各种标准或约束性指标,因地制宜,设立明确的目标,刺激需求的增长,其中包含配额制、净计量政策、PPA 电价等几种主要的方式。

配额制的目标由各州根据各地情况单独设定，有效地保障了各区域可再生能源的发展目标。截至2022年6月，美国气候联盟成员的24个州宣布将在2040年实现73%的可再生能源发电。根据统计，美国已有31个州及2个特区确立了明确的可再生能源发展目标。各州能源目标不断更新上调，显示出各地区坚定实现低碳目标的决心，从政策上支撑美国光伏产业高速增长。

净计量政策是目前美国各州实施最为广泛的政策，美国政府鼓励居民自发自用，同时多余电量可出售给电力公司。在净计量政策的刺激下，不仅节省了大范围建设光伏发电系统的成本，也很好地解决了并网消纳问题，提高光伏发电利用率。

PPA是发电企业与用电企业之间签订的协议，约定买方在一定期限内以约定的固定价格，购买到一定数量的可再生能源电力。近两年来，光伏产业链价格上涨，在电价上涨的背景下，PPA价格基本与当地电价呈现同步上涨的走势。2022第一季度，美国光伏PPA价格达到36.31美元/兆瓦时，同比增长15.8%，环比增长6.0%。系统价格不变的情况下，PPA价格每上涨1美元/兆瓦时，对应IRR可以提升0.04%左右。高经济性的政策是驱动美国市场需求的重要因子，PPA电价持续上涨，保障了良好的收益率。随着可再生能源成本的下降，光伏企业将有强劲动力发展PPA，以此获益。

3.财政补贴：政策直接扶持，推动产业发展

美国光伏产业的快速发展离不开一个重要的推手，即财政补贴。财政补贴是国家为了实现特定的经济目标，由财政安排专项款项提供给相应的企业或项目，以扶持行业发展。近3年来，美国相关新能源财政补贴政策主要集中在新能源汽车与储能行业。

面临欧美电价大幅波动、能源危机持续发酵的大环境，美国补贴政策正在积极推动光伏产业的发展。针对企业和个人安装屋顶光伏、热水器等，采取税收抵免的方式补贴的方式进行鼓励。针对制造端生产环节，对光伏组件、逆变器、储能电池给予一定的补贴，将有助于降低终端价格，引导更多企业和个人进入光伏领域。

4.本土贸易保护：发展本土光伏制造业，降低进口依赖

美国为激励本土制造业，对本土制造业进行生产奖励，如对满足本土制造比例的项目额外提供10%的补贴。除此之外，为发展和保护本土制造业，减少对海外各国的依赖程度，美国对光伏组件征收高额关税，以此对本土化生产企业施加发展压力，促其生产。但受限于人力成本、技术壁垒、产业链发展不均衡等，目前其制造业仍然不具竞争力。

美国的光伏市场主要依赖海外进口,本土几乎没有硅片和电池片的产能。根据美国能源信息署数据显示,2021 年美国可用组件出货量 30.45 吉瓦,其中进口光伏组件 22.97 吉瓦,占比 75%;本土生产量仅有 4.23 吉瓦,占比不到 14%。进口来源地区中,49.2%的组件来自中国、新加坡和越南,几乎占据半壁江山;21.7%来自韩国、泰国,阿特斯、天合光能、腾晖、正泰等在泰国设有工厂,技术和成本优势都遥遥领先的中国光伏产业链占据了主导地位。

就目前而言,美国目前有关光伏发电政策将会大大刺激美国本土光伏产业链的发展,而美国若想要建立属于自己的生产线,必然需要大量的光伏生产设备。中国光伏设备性能领先全球,美国很难完全脱离中国建立本土的光伏制造生产线,中国光伏设备厂商将率先获得利好。美国能源信息署报告显示,2022 年,美国计划安装的太阳能装机容量为 17.8 吉瓦,然而 2022 年上半年,美国新增光伏发电装机容量仅 4.2 吉瓦,远不足原计划的一半,想要完成目标,2022 年第三、第四季度美国光伏装机就要加速提升。在本土政策的不断加持,以及高收益的经济性驱动下,美国光伏市场或将迎来一场大爆发。

(三)日本光伏产业政策经验总结

众所周知,日本是世界上最大的能源消费国和进口国之一,其自身的能源资源非常贫瘠,自给率仅为 4%。日本政府为了扭转这一不利局面,降低对进口能源的依赖、维护国家能源供给安全,出台了一系列鼓励和扶持可再生能源的发展政策和法律法规。

1. 出台可再生能源补贴和财政支持政策

结合日本国内可再生能源的发展过程来看,其技术装备研发和市场应用的高速发展与日本政府所施行的一系列可再生能源财政补贴政策紧密相连。在 1974 年、1993 年,日本政府依次实行了"阳光计划""月光计划""新阳光计划",以此来推动可再生能源技术的研发和应用推广,并对光伏发电项目给予补贴,这些量身定制的计划使得日本光伏发电保持高速增长,其技术水平也位于世界前列。在 2002 年日本政府出台了《能源政策基本法》[1],目的是依靠财政补贴和金融支持政策来推动能源供应和需求改革。

在 2008 年,日本政府通过了"实现低碳社会行动计划",该计划的内容包括向购买绿色环保汽车的个人消费者和企业消费者发放补助金,对于使用新

---

[1] 2002 年 6 月 14 日,日本颁布并实施《能源政策基本法》,该法共 14 条,明确规定了立法的目的、能源政策的基本方针、国家、地方公共团体、企事业单位的责任和义务、国民的努力、相互协作、法制措施、能源供需报告、能源基本计划、国际合作、能源知识的普及等内容。

能源管理系统的住房、购买光伏发电设备的居民和企业等提供补贴；日本也出台了《推广光伏发电行动方案》，把光伏发电定位为可再生能源产业发展的重心。在2012年，日本政府出台了《国家上网电价补贴政策法》，开始施行可再生能源固定电价制度。在2014年、2018年和2021年，日本政府分别公布了"第四次能源基本计划""第五次能源基本计划"和"第六次能源基本计划"，把能源安全作为重心，从稳定供给、削减发电成本等方面来推动可再生能源发展。依靠上述政策措施的积极扶持，日本可再生能源产业稳定发展，在2005～2020年，风力发电发电量年均增长率为11.2%。而光伏发电产业则是自2012年进入快速发展阶段，在2012～2020年，发电量年均增长率高达36.3%，到2020年光伏发电在可再生能源发电总量中所占份额达到了44.1%。

2. 依靠市场化机制引导可再生能源的消纳

1994年，日本内阁通过了《新能源推广大纲》，在全国范围内大规模地宣传新能源及相关政策，刺激全国范围内对可再生能源电力的需求。在2000年，日本政府颁布了《特定规模电力自由化》，其中指出大宗电力用户能够自由地与特定供电方协商确定电价并与之交易。此外，还通过电力市场竞争机制来合理地降低电力价格，进而促进光伏发电和风力发电的消纳。在2003年，日本政府颁布《有关电力企业利用新能源发电的特别措施法》并通过了可再生能源配额制的立法，明确要求电力公司有义务购买特定比例的可再生能源电力，并要求电力公司购买居民光伏发电所剩电力，并将其计入电力公司所需达到的可再生能源发电配额，以此提高可再生能源电力消纳比例。

为了提高市场对可再生能源的开发利用，2009年日本政府构建绿色电能交易平台，推动绿色电能交易的规模化发展，并出台了《关于促进能源供应企业扩大非化石能源利用及提高化石能源利用效率的法律》，施行固定价格收购制度，该法律要求日本的十大传统电力公司按市场价格的2倍收购用户的光伏发电剩余电力。在2015年，日本政府设立了日本输电运营商跨区协调组织，升级跨区电力联网系统，促进跨区域电力互补，保障电力供应安全。在2016年，日本政府放开了对零售侧电力市场的控制，建立了完全自由市场化的电力市场。在2020年，日本政府取消了管制的零售电价，以此来推动电力市场全面自由化。自此以后，在2022年又进而引进了FIP项目[1]，允许电力公司根据自身发电量收取溢价，这一举措更好地起到了促进行业独立优化发展的作用。日本太阳能发电协会发布《面向2050年的太阳能产业展望》，把2030年光伏装机目标从108吉瓦提高到125吉瓦，推动建筑物屋顶

---

〔1〕 FIP制度是指可再生能源发电企业售电时在市场价格上加收溢价（补贴金额）的制度。

太阳能板全覆盖,这些措施极大程度地推进了光伏发电行业的发展。

二、我国光伏宏观政策实施的特点与机制

我国关于光伏产业政策的规范性相对较弱,且不够详细,执行中的问题较多。在周期性方面,我国光伏政策实施周期相对长,具有连贯性,但不够灵活,不能很好地应对实践中的各种突发状况;在资金支持方面,各项补贴基本是由政府宏观把握,财政负担。缺点在于获批程序较为复杂、发放不及时等,从而引发资金短缺的尴尬情况;在补贴对象方面,对光伏投资者给予补贴,能够有效扩大生产规模,但在装机后整体质量水平低下、效率不足,难以有效促进光伏产业的发展;在技术支持方面,我国非常重视光伏技术的创新发展,政府和民间资本共同发挥作用投资了相应的实验室。

分布式光伏合理稳定的发展离不开政府、电网企业、光伏企业以及其他发电企业等多方的合作与协调。政府相关单位需要对分布式光伏发电的发展进行中长期规划,制定年度计划,做好各项政策的衔接工作,构建科学合理的电价调节机制,鼓励用户、企业等各方积极投入分布式光伏行业,同时也要兼顾社会公平和经济效率。电网企业需要做好分布式光伏并网服务,实现光伏发电的大范围调剂平衡,增强电网的跨区域交换能力,加强运行管理。光伏企业应当重点关注分布式光伏技术创新工作,从而提高光电转换效率、降低成本、推动产业的升级发展。常规发电企业应当在最大限度吸纳新能源的要求下,尽可能提供系统辅助服务。

第五节 我国分布式光伏发电产业法律规制完善建议

一、优化补贴政策与财政激励机制

(一)建立动态补贴机制

在我国当前的分布式光伏发电的政策背景下,设计一个动态的补贴机制是至关重要的。这样的机制应当能够适应市场变化、鼓励技术创新,并考虑到地区差异,有效地推动行业的健康发展。

1. 灵活调整补贴标准。随着分布式光伏技术的发展和市场的变化,补贴标准需要不断调整以反映这些变化。例如,随着生产成本的降低和市场竞争的加剧,过高的补贴可能导致市场失衡,而过低的补贴则可能抑制行业发展。因此,政府需要建立一个机制,定期评估市场和技术的发展情况,并据此调整

补贴标准。这种调整不仅要基于成本和价格的变化,还要考虑到市场需求、技术进步和国际市场的竞争态势。

在标准实施的过程中,政府可以设立一个专门的监测和评估小组,负责收集相关数据,如光伏设备的价格、安装成本、运营效率等,以及监测国际市场动态。基于这些数据,政府可以制定或调整补贴政策,确保其既能促进行业发展,又不会导致市场失衡或资源浪费。

2. 鼓励技术创新与成本降低。动态补贴机制的目标还应该设计为激励技术创新和降低成本。政府可以提供额外的补贴或奖励给那些采用先进技术或实现成本显著降低的企业。例如,对于那些能够提高光伏电池效率或降低光伏系统成本的创新技术,政府可以给予更高的补贴或一次性奖励。

此外,政府还可以通过设立专项基金来支持研发活动,鼓励企业、科研机构和高等院校之间合作,共同开发新技术、新材料。这不仅有助于推动技术进步,还能通过规模化生产和应用来降低成本。同时,政府还应该加强对知识产权的保护,鼓励企业投资研发,创新技术。

3. 考虑地区差异。我国各地区在经济发展水平、能源需求和太阳能资源分布上存在显著差异。因此,动态补贴机制应该考虑到地区差异。对于资源丰富但经济相对落后的地区,政府可以提供更高的补贴,以促进当地光伏产业的发展。对于经济发达、市场成熟的地区,则可以适当降低补贴,鼓励企业通过市场竞争和技术创新实现自身的可持续发展。

在制定地区差异化补贴政策时,政府需要收集和分析各地区的详细数据,包括经济发展水平、能源结构、光伏发电潜力等,以确保补贴政策既公平又有效。此外,政府还应该鼓励地方政府根据本地实际情况制定具体的执行方案,确保政策的有效实施。

(二)多元化财政支持

为了进一步促进我国分布式光伏发电的发展,实施多元化的财政支持策略至关重要。这些策略应包括税收优惠与财政补助、风险投资与信贷支持以及公私合作模式的推广。

1. 税收优惠与财政补助。税收优惠是激励企业投资光伏项目的有效手段。政府可以通过减免企业所得税、增值税、关税等税种,降低企业的运营成本,提高投资回报率。例如,对于采用新技术或在偏远地区建设光伏项目的企业,可以给予更大幅度的税收减免。

财政补助也是支持分布式光伏发展的重要手段。政府可以为特定类型的项目提供直接的资金补助,如对于小型和农村光伏项目,提供启动资金或建设补助,以降低初始投资门槛。此外,对于研发和技术创新活动,政府可以提供研发补助,鼓励企业和研究机构进行技术创新。

2. 风险投资与信贷支持。风险投资是推动光伏行业创新和成长的重要资金来源。政府可以通过设立专项风险投资基金,投资于有潜力的光伏创新企业和项目。这些基金不仅提供资金支持,还可以提供管理和技术咨询,帮助企业成长。

信贷支持对于缓解企业融资难题同样重要。政府可以指导和鼓励金融机构提供低息贷款给光伏项目,尤其是对于中小企业和新兴企业。此外,政府还可以通过担保机制降低贷款风险,增加银行对光伏项目的贷款意愿。

3. 公私合作模式的推广。公私合作模式是近年来推动基础设施和公共服务项目发展的有效模式,同样适用于分布式光伏项目。在这种模式下,政府和私营部门合作,共同投资、建设和运营光伏项目。这种合作模式可以充分利用私营部门的资金、技术和管理优势,同时通过政府的参与降低项目风险。

政府可以通过制定优惠政策和提供必要的支持,如给予土地使用权、建设许可等,鼓励私营企业参与光伏项目。同时,政府还可以通过签订长期购电协议,保证项目收益的稳定性,吸引更多的私营投资者参与。

(三)激励与约束并重的政策框架

在推动我国分布式光伏发电行业的发展中,建立一个既包含激励措施又强调约束机制的政策框架是至关重要的。这样的框架应当平衡市场激励与政府干预,强化市场准入与退出机制,并建立长效的监管与评估体系。

1. 平衡市场激励与政府干预。在分布式光伏行业,市场激励和政府干预需要得到合理平衡。市场激励可以通过提供税收优惠、补贴等措施,鼓励企业投资光伏项目,促进技术创新和成本降低。同时,政府干预在确保行业健康发展、防止市场失衡和保护环境等方面发挥着重要作用。

政府应制定明确的政策目标和规则,确保市场的公平竞争和透明度。例如,政府可以设定光伏发电的最低效率标准,限制高污染和低效率产品的市场准入。同时,政府还应监督市场运作,防止垄断和不正当竞争行为,保护消费者和投资者的权益。

2. 强化市场准入与退出机制。建立健全的市场准入和退出机制对于维护分布式光伏市场的健康发展至关重要。市场准入机制应包括严格的质量标准、环保要求和安全规范,确保所有进入市场的产品和服务都符合国家标准和行业规范。

对于表现不佳或不符合规定的企业和项目，应有明确的退出机制，包括对违规企业的处罚措施，如罚款、吊销许可证等。此外，还应健全破产和清算程序，确保项目退出市场时的有序处理，减少对市场和环境的负面影响。

3. 建立长效监管与评估体系。为了确保政策的有效性和适应性，建立一个长效的监管与评估体系是必要的。这个体系应包括定期的政策评估、市场监测和风险预警机制。通过该体系收集和分析数据，政府可以及时了解政策执行情况和市场动态，评估政策效果，及时调整和优化政策。

政府还应建立一个多方参与的评估机制，包括行业专家、学者、企业代表和公众代表等。这样可以确保政策评估的全面性和客观性。同时，政府应公开政策评估结果，增加政策制定的透明度和公众的信任度。

二、加强技术标准与并网管理

（一）制定与更新国家标准

在分布式光伏发电领域，制定和更新国家标准是确保技术进步和行业健康发展的基础。这些标准应当学习国际先进水平，加强国内研发，并定期进行更新与修订。

1. 对标国际先进标准。在制定国家标准时，我国应积极学习国际上的先进标准。这包括对国际光伏行业的技术发展趋势、产品质量标准、安全规范等进行深入研究。通过参加国际标准组织［如国际电工委员会（IEC）和国际标准化组织（ISO）］，我国可以及时了解国际最新的技术标准和行业动态。同时，我国应加强与国际先进国家在光伏技术标准方面的交流与合作。通过国际合作项目、技术交流会议等方式，我国可以吸收和借鉴国际先进经验，提高国内标准的国际化水平。

2. 加强国内标准研发。国内标准的研发是提升我国分布式光伏行业竞争力的关键。政府应支持和鼓励国内研究机构、高等院校和企业在光伏技术标准方面的研发工作。这包括对光伏组件的性能、耐久性、环境适应性等方面的研究，以及对光伏系统的整体设计、安装、运行维护等方面的标准制定。政府还应设立专项基金，支持标准研发和测试设施的建设。通过提供资金和技术支持，政府可以激励企业和研究机构进行创新和技术突破，从而提高国内标准的科技含量和实用性。

3. 定期更新与修订。随着技术的快速发展和市场的变化，国家标准需要定期进行更新和修订，以保持其时效性和适应性。政府应建立一个定期评估和修订国家标准的机制，确保标准能够反映最新的技术进展和市场需求。更新和修订过程中，政府应广泛征求行业内外的意见和建议。这包括向企业、行业协会、消费者团体、专家学者等各方面征求反馈，确保标准的全面性和合理性。同时，政府应及时公布新的或修订后的标准，提供足够的过渡期，以便行业和市场的适应。

（二）优化并网流程与管理

对于分布式光伏发电项目而言，高效、可靠的并网流程和管理是确保电力系统稳定运行和提高能源利用效率的关键。因此，优化并网审批流程、加强并网设施建设和提升并网服务效率成为重要的工作方向。

1. 简化并网审批流程。当前，分布式光伏项目的并网审批流程往往复杂且耗时，这成为制约项目快速发展的一个重要因素。为了提高效率，政府需要简化并网审批流程，减少不必要的行政环节。这可以通过建立统一的在线审批平台来实现，将所有必要的审批步骤集成于一体，实现信息共享和流程透明。同时，政府应制定明确的审批指南和时间表，确保审批过程的标准化和高效性。此外，为了降低企业的运营成本和提高项目的吸引力，政府还应考虑对小型和农村光伏项目实行更为简化的审批程序。

2. 加强并网设施建设。随着分布式光伏发电规模的不断扩大，现有的电网设施可能无法满足日益增长的并网需求。因此，加强并网设施的建设和升级至关重要。政府应致力于电网基础设施的改造和升级，包括增强电网的承载能力、提高电网的智能化水平、加强电网的安全保护等。此外，政府还应支持研发和应用新技术，如智能电网、能源存储系统等，以提高电网对分布式光伏发电的适应性和灵活性。这不仅有助于提高电网的运行效率，还能增强电网的稳定性和可靠性。

3. 提升并网服务效率。为了提升并网服务的效率，政府需要建立一个高效、透明和用户友好的服务体系。这包括提供清晰的并网指南、建立快速响应的客户服务中心、实施高效的故障处理和维护机制等。政府还应鼓励电网企业和光伏发电企业之间合作，共同开发并网解决方案，提高并网过程的协调性和灵活性。例如，可以通过建立共享的数据平台，实现电网运行数据和光伏发电数据的实时共享，优化电网的调度和管理。

4. 政府应定期对并网服务的质量进行评估，收集用户反馈，不断改进服务流程和技术，以满足日益增长的并网需求。

（三）提升系统安全性与效率

在分布式光伏发电系统中，确保系统的安全性和提升运行效率是至关重要的。这需要通过强化设备质量监管、提升系统运行效率以及加强应急管理和故障处理来实现。

1. 强化设备质量监管。为确保分布式光伏系统的安全可靠运行，强化对光伏设备的质量监管是必要的。政府应制定严格的质量标准和认证程序，确保所有市场上销售的光伏设备都符合国家安全和性能标准，包括对光伏面板、逆变器、储能设备等关键组件的质量检测和认证。

政府还应建立一个全面的设备监管体系，包括定期的市场抽查、质量问题的追踪系统以及对违规企业的处罚机制。此外，政府应鼓励企业采用先进的生产技术和质量管理体系，提高产品的可靠性和耐久性。

2. 提升系统运行效率。提升分布式光伏系统的运行效率对于提高能源利用率和降低运行维护成本至关重要。政府应支持研发高效率的光伏技术，如高性能光伏电池和智能逆变器技术。同时，鼓励采用先进的能源管理系统和智能化解决方案，如智能电网技术和需求响应管理，以优化能源分配和提高系统的整体效率。

政府还应推动光伏系统与其他可再生能源系统的集成，如风光互补系统，以提高能源供应的稳定性和可靠性。此外，鼓励企业和研究机构开展光伏系统长期运行效率和维护成本的研究，为系统优化和技术升级提供数据支持。

3. 加强应急管理和故障处理。为应对光伏系统可能出现的故障和紧急情况，建立有效的应急管理和故障处理机制是必要的。政府应制定应急预案，包括故障检测、快速响应、紧急维修和事故调查等流程。同时，建立一个全天候的故障报告和响应系统，确保在发生故障时能够迅速采取措施，最大限度地减少损失。

政府还应加强对光伏系统运营人员的培训和教育，提高他们的应急处理能力和安全意识。此外，鼓励企业采用先进的监控技术和自动化系统，实时监测系统运行状态，及时发现并处理潜在的问题。

三、强化环境与社会责任管理

（一）完善环境影响评估制度

在推动分布式光伏发电项目发展的进程中，完善环境影响评估制度是确保可持续发展的关键。这需要通过制定详细的评估指南、加强跨部门协作以及提高评估的透明度和公众参与来实现。

1. 制定详细评估指南。为了确保环境影响评估的有效性和一致性，政府需要制定详细的评估指南。这些指南应涵盖评估的范围、方法、标准和流程，明确评估的关键环节，如生态影响、水资源利用、土地使用变化、生物多样性保护等方面。指南还应包括对潜在环境风险的识别和评价方法，以及有关缓解措施的建议。此外，指南应定期根据技术进步和环境变化进行更新，确保其时效性和适应性。

2. 加强跨部门协作。环境影响评估涉及多个方面，需要不同部门的协作和协调。政府应建立一个跨部门协作机制，包括环保、能源、土地资源、水利等相关部门。这种协作机制有助于综合考虑各方面的影响和需求，提高评估的全面性和准确性。通过定期的会议、共享数据和信息、联合研究等方式，各部门可以共同参与评估过程，提出专业意见和建议。同时，政府还应加强与相关部门的协作，确保评估结果能够反映地方的实际情况和需求。

3. 提高评估的透明度与公众参与度。提高环境影响评估的透明度和公众参与度是确保评估质量和公信力的重要方面。政府应公开评估过程和结果，包括评估报告、决策依据和实施计划等，通过网站、公告、公众听证会等方式，向公众通报评估的进展和结果。同时，政府应鼓励和促进公众、非政府组织和专家学者的参与，这可以通过征求公众意见、组织公众论坛、邀请专家参与评估等方式实现。公众参与有助于提高评估的社会接受度，同时也可以提供宝贵的地方知识和经验。

(二)提升公众参与度与透明度

在分布式光伏发电项目的发展中，提升公众参与度和透明度是实现社会可持续发展的关键。这需要通过加强信息公开与沟通、鼓励公众参与决策以及增强社会监督机制来实现。

1. 加强信息公开与沟通。为了提高政策和项目的透明度，政府需要加强与公众的信息公开和沟通，包括定期发布分布式光伏发电项目的发展计划、进展情况、政策变动等信息。信息公开应通过多种渠道进行，如政府网站、社交媒体、新闻发布会等，确保信息易于获取，提高信息传播的广泛性。政府还应建立一个互动平台，如在线论坛或热线电话，以便公众提出疑问和建议。通过定期组织公开讲座、研讨会等活动，政府可以直接与公众交流，解读政策背景，收集公众意见。

2. 鼓励公众参与决策。公众参与是提高政策制定和项目实施质量的重要途径。政府应鼓励公众参与光伏发电项目的决策过程，特别是在项目选址、环境影响评估等关键环节，这可以通过组织公众听证会、征求书面意见、开展在线调查等方式实现。政府还应考虑建立公众咨询委员会，邀请社区代表、非政府组织、专家学者等加入,参与政策讨论和项目评估。通过这种方式,政府可以更好地理解公众的关切和需求,提高政策和项目的社会接受度。

3. 增强社会监督机制。建立有效的社会监督机制是确保政策和项目执行的关键。政府应鼓励媒体和公众对光伏发电项目进行监督,包括项目的实施进度、环境影响、经济效益等。政府可以通过提供必要的信息和便利条件,支持媒体和公众进行独立的调查和报道。同时,政府应建立投诉和反馈机制,使公众能够及时反映问题和关切。对于公众反映的问题,政府应及时响应和处理,并向公众反馈处理结果。此外,政府还应定期评估社会监督机制的有效性,不断完善和改进。

(三)注重社会责任与可持续发展

在分布式光伏发电领域,强化企业的社会责任、促进可持续社区发展以及加强生态保护和修复是实现长期可持续发展的关键。这需要通过企业、政府和社会各界的共同努力来实现。

1. 企业社会责任的强化。分布式光伏企业在追求经济效益的同时,也应承担起相应的社会责任。政府应鼓励企业在其业务和运营中积极考虑社会和环境影响,如采用环保材料、减少能源消耗、减少废物排放等。企业应建立和实施社会责任策略,包括提供安全的工作环境、公平的就业机会以及对社区的积极贡献。政府可以通过制定相关政策和激励措施,如税收优惠、公共认可等,鼓励企业履行社会责任。同时,政府应加强对企业社会责任实践的监督和评估,确保企业在其商业活动中真正考虑到社会和环境的可持续性。

2. 促进可持续社区发展。分布式光伏项目的实施应与促进当地社区的可持续发展相结合。政府和企业应考虑项目对当地社区的长期影响,包括就业创造、技能培训、基础设施改善等。通过与社区合作,项目可以更好地满足当地居民的需求,同时提高社区居民对项目的支持和参与度。政府应鼓励企业与当地社区合作,共同开发和实施社区发展计划,包括支持社区教育和培训项目、改善公共设施、提供社区健康和福利服务等。通过这些措施,光伏项目可以为当地社区带来实际和持久的好处。

3. 加强生态保护与修复。在分布式光伏项目的规划和实施中,保护生态环境和生物多样性是不可忽视的重要方面。政府和企业应采取措施减少项目对自然环境的负面影响,如避免破坏敏感生态区域、减少对野生动植物栖息地的干扰等。在项目实施后,应进行生态修复工作,以恢复受影响的自然环境,包括重新种植植被、恢复水体生态系统、保护土壤质量等。政府应制定相关的生态修复指南和标准,监督和指导企业进行有效的生态修复工作。

四、政策实施路径规划

（一）优化短期与长期政策规划

在分布式光伏发电领域，制定明确的短期和长期政策规划对于指导行业发展和实现政策目标至关重要，需要通过制定阶段性目标、规划长远发展蓝图以及灵活调整政策来应对市场和技术的变化。

1. 制定阶段性目标。短期政策规划应聚焦于当前行业面临的主要挑战和机遇，制定具体、可量化的阶段性目标。这些目标可能包括提升光伏发电效率、降低成本、扩大市场覆盖范围、提高技术标准等。短期目标应具有明确的时间框架，通常为1~3年，以便于集中资源，快速实现具体成果。在制定短期目标时，政府应考虑当前的市场状况、技术发展水平以及国际趋势。同时，应与行业利益相关者进行充分沟通，确保目标的可行性。

2. 规划长远发展蓝图。长期政策规划则需要着眼于行业的未来发展，制定一个全面的发展蓝图。这包括对分布式光伏行业在未来5~10年甚至更长时间内的发展方向、技术创新路径、市场扩张策略等进行规划。长期规划应考虑到能源转型的大趋势、环境保护的需求、经济可持续发展的目标等。长期规划应具有一定的灵活性，以适应不断变化的市场和技术环境。政府应定期评估行业发展状况和政策效果，根据评估结果调整长期规划，确保其始终符合行业发展的实际需要。

3. 灵活调整政策。在政策实施过程中，灵活调整是确保政策有效性和适应性的关键。政府应建立一个动态的政策评估和调整机制，及时响应市场变化、技术进步和国际动态。这包括对政策执行情况进行定期评估、收集行业反馈、监测国际发展趋势等。政府还应鼓励创新和实验，支持试点项目和新技术的应用。通过在小范围内测试新政策和技术，政府可以收集宝贵的经验和数据，为全面实施政策提供依据。同时，政府应保持开放的态度，愿意根据实际情况和行业反馈进行政策调整。

（二）制定政策时间表

为了确保分布式光伏政策的有效实施，制定明确的实施步骤和时间表是至关重要的。这需要通过明确关键里程碑、制定详细时间表以及确保任务分工和协调来实现。

1. 明确关键里程碑。在政策实施过程中，首先需要确定关键的里程碑，这些里程碑代表着政策实施的重要阶段和目标。例如，里程碑可以是特定政策措施的启动、重要技术标准的发布、关键基础设施的建成等。每个里程碑都应有明确的目标和预期成果,以便于评估政策实施的进展和效果。为了确保每个里程碑的实现,政府需要制定具体的行动计划和责任分配,包括确定负责实施的部门或机构、明确各方的职责和任务、设定完成的期限等。

2. 制定详细时间表。制定详细的时间表是确保政策按计划实施的关键。时间表应涵盖从政策制定到完全实施的整个过程,明确每个阶段的开始和结束时间。时间表应具有一定的灵活性,以适应可能出现的挑战和变化。时间表的制定应基于实际情况和可行性分析,考虑到政策制定、行业准备、基础设施建设、人员培训等各方面的时间需求,政府应定期检查时间表的执行情况,及时调整以应对延误或加速的情况。

3. 确保任务分工和协调。在政策实施过程中,确保各部门和机构之间的任务分工明确、协调一致是非常重要的。政府需要建立一个有效的协调机制,确保各相关部门和机构在实施过程中的沟通和协作。这包括定期的协调会议、信息共享机制、联合工作组等。同时,政府还应确保各参与方了解自己的职责和任务,以及与其他方面的工作如何相互关联。通过明确的任务分工和有效的协调,可以避免工作重复和资源浪费,确保政策实施的高效和顺利。

（三）跨部门协调与合作

在分布式光伏发电政策的实施过程中,跨部门协调与合作是实现政策目标的关键。这需要通过加强政府间协作、促进公私部门合作以及强化国际交流和合作来实现。

1. 加强政府间协作。分布式光伏发电政策的实施涉及能源、环境保护、经济发展等多个政府部门。因此,加强政府间的协作至关重要,这包括建立跨部门协调机制,确保各部门在政策制定和实施过程中的信息共享和策略一致性。政府可以定期组织跨部门会议,讨论政策进展、协调政策执行中的问题、共同制定解决方案。此外,建立一个跨部门工作组,专门负责监督和协调分布式光伏政策的实施,可以有效提高政策的协调性和执行效率。

2. 促进公私部门合作。公私部门合作是推动分布式光伏发电行业发展的重要途径。政府应鼓励和促进私营企业参与光伏项目的投资、建设和运营。这可以通过提供政策支持、财政激励、简化审批流程等措施来实现。政府还可以与私营企业合作,共同开发新技术、共享市场信息、合作进行人才培训和技术交流。例如,政府可以与企业合作建立光伏技术研发中心,共同推动技术创新。此外,通过公私合作模式实施项目,可以有效地利用私营部门的资金、技术和管理经验,同时降低政府的财政负担和风险。

3. 强化国际交流与合作。在全球化背景下,国际交流与合作对于分布式光伏行业的发展尤为重要。政府应积极参与国际能源和环境保护相关的组织和论坛,与其他国家分享经验、学习先进技术和管理经验。政府还可以与其他国家建立双边或多边合作关系,共同开展光伏技术研发、市场开拓、政策制定等方面的合作。通过国际合作,我国不仅可以提升自身的光伏技术和管理水平,还可以在国际市场中发挥更大的影响力。

此外,政府应鼓励国内企业走出去,参与国际光伏项目,通过实际项目积累国际经验,提升国际竞争力。同时,引进国外先进的光伏技术和管理经验,促进国内光伏行业的整体提升。

五、监管机制与执行力提升

(一)创新监管体系

在分布式光伏发电领域,创新监管体系是确保行业健康发展和保护消费者利益的关键。这需要通过探索多元监管模式、强化数据驱动的监管以及提升监管透明度和公正性来实现。

1. 探索多元监管模式。传统的监管模式可能无法完全适应分布式光伏行业的快速发展和技术创新。因此,政府需要探索多元化的监管模式,结合政府监管和市场自律,形成更加灵活和高效的监管体系。例如,政府可以与行业协会合作,共同制定行业标准和规范,同时鼓励行业内的自我监督,建立健全质量保证体系。政府还可以引入第三方评估和认证机构,对光伏产品和服务进行独立的质量评估和认证。这种多元监管模式可以提高监管的专业性和有效性,同时减轻政府的监管负担。

2. 强化数据驱动的监管。在数字化时代,利用大数据和信息技术对分布式光伏行业进行监管是一种有效的方法。政府可以建立一个综合的数据平台,收集和分析来自光伏项目的运行数据、市场交易数据、消费者反馈等信息。通过数据分析,政府可以及时发现市场异常、预测行业趋势、评估政策效果。数据驱动的监管还可以提高监管的精准度和及时性。例如,通过实时监控光伏系统的运行状态,政府可以及时发现并处理安全隐患和故障问题,保护消费者和公共安全。

3. 提升监管透明度与公正性。提高监管透明度和公正性对于增强公众对监管体系的信任至关重要,政府应公开监管标准、程序和结果,让公众和行业参与者了解监管的依据和过程。例如,政府可以通过网站、报告和公开会议等方式,公布监管决策、执行情况和评估结果。政府还应确保监管的公正性,避免利益冲突和不正当干预。这可以通过建立独立的监管机构、加强监管人员的专业培训和伦理教育、实施严格的监督和问责机制等措施来实现。

（二）强化执行力与监督

为了确保分布式光伏政策的有效实施和行业的健康发展，强化执行力和监督机制是至关重要的。这需要通过增强执法力度与效率、强化监督机制与问责机制以及确保政策执行的一致性来实现。

1. 增强执法力度与效率。政府需要强化对分布式光伏行业的执法力度，确保所有相关法律、规章和标准得到有效执行，包括加大对违法违规行为的查处力度，对不符合标准的产品和项目进行严格的处罚，以此来维护市场秩序和保护消费者权益。

为提高执法效率，政府可以采用现代化的监管工具和技术，如利用大数据和人工智能进行市场监测和风险预警，提高执法的精准度和及时性。同时，政府应提升执法人员的专业能力和服务水平，确保执法过程的专业性和公正性。

2. 健全监督机制与问责机制。建立健全的监督机制和问责制度对于提高政策执行力至关重要，政府应加强内部监督和外部监督，确保政策和法规得到正确实施。内部监督可以通过审计、评估和内部报告等方式进行；外部监督则可以通过公众参与、媒体监督和第三方评估等方式实现。对于执行不力或违法违规的个人或机构，应实施严格的问责制度。这包括对相关责任人进行处罚、进行组织调整或改革等措施，以提高政策执行的严肃性和有效性。

3. 提升政策执行的一致性。政策执行的一致性对于保证政策效果和公平性至关重要。政府需要确保不同地区、不同部门的政策执行保持一致性，避免因政策实施的地区差异和执行标准差异导致的混乱和不公。为此，政府应建立统一的政策执行标准和指导原则，对各地区和部门的政策执行进行指导和监督。同时，通过定期的培训、研讨和交流活动，提升各级执行人员对政策的理解和执行能力，确保政策在全国范围内的统一和有效实施。

（三）优化法律责任与惩罚机制

在分布式光伏发电政策的实施中，建立明确的法律责任界限和有效的惩罚机制是确保政策严格执行和维护市场秩序的关键。这需要通过明确法律责任、设立有效的惩罚机制以及保障法律的公正和严格执行来实现。

1. 明确法律责任界限。为了确保分布式光伏行业的健康发展，政府需要明确各方在光伏项目实施中的法律责任，包括制定详细的法规和标准，明确企业、投资者、供应商、消费者等各方在项目开发、运营、维护等各个阶段的义务和责任。法律责任的明确化应涵盖产品质量、环境保护、安全标准、信息披露等多个方面。例如,对于不符合安全和环保标准的产品,企业应承担相应的法律责任。同时,政府应提供清晰的指导和培训,帮助相关方理解和遵守这些法律责任。

2. 设立有效的惩罚机制。有效的惩罚机制是确保法律和规章得到执行的关键,政府应设立一套明确的惩罚机制,对违反法律法规的行为进行处罚,包括罚款、吊销许可证、市场禁入等措施,确保对违法行为有足够的威慑力。惩罚机制应公平、合理,与违法行为的性质和严重程度相匹配。政府应确保惩罚的执行力度和效率,及时处理违法案件,防止违法行为的蔓延。同时,应为企业和个人提供申诉和复审渠道,确保惩罚的公正性。

3. 保障法律公正与严格执行。法律的公正性和严格执行是维护市场秩序和公众信任的基石,政府应确保法律适用的一致性,避免在执行过程中的任意性和不公正,需要加强法律执行机构的独立性和专业性,提高执法人员的法律素养和职业道德。政府还应加强对法律执行过程的监督和评估,确保法律得到有效和公正的执行。通过定期发布执法报告、接受公众监督和反馈,政府可以提高执法透明度,增强公众对法律执行的信任。

六、持续评估与反馈机制

(一)定期政策评估与调整

为了确保分布式光伏政策的有效性和适应性,建立一个定期的政策评估与调整机制是至关重要的。这需要通过建立定期评估体系、及时调整不适应政策以及保持政策的灵活性和适应性来实现。

1. 建立定期评估体系。政府需要建立一个全面的政策评估体系,定期评估分布式光伏政策的效果和影响。这个评估体系应包括多个方面,如政策对行业发展的推动作用、对环境和社会的影响、市场反应和消费者满意度等。评估过程应收集和分析各种数据,包括行业统计数据、市场调研结果、消费者反馈、环境影响报告等。政府可以设立专门的评估小组,负责收集数据、进行分析和编制评估报告。此外,政府还应鼓励第三方机构和学术界参与评估工作,以提高评估的客观性和全面性。

2. 及时调整不适应政策。基于评估结果,政府应及时调整那些不适应市场和技术发展的政策,包括修改或废除过时的政策措施、引入新的政策以应对新出现的挑战和机遇、调整政策的重点和方向等。政策调整应基于充分的研究和分析,考虑到行业的实际需求和未来发展趋势。政府应与行业利益相关者进行充分沟通,确保政策调整符合行业发展的实际需要,并能够得到行业的广泛支持。

3. 保持政策的灵活性与适应性。在快速变化的市场和技术环境中，保持政策的灵活性和适应性是非常重要的，政府应保持对市场和技术发展的敏感性，随时准备对政策进行调整和优化。政府还应建立一个动态的政策调整机制，能够快速响应市场变化、技术创新和国际趋势，包括建立预警和反馈系统、设立灵活的政策调整程序、鼓励创新和实验等。

（二）反馈收集与处理机制

在分布式光伏政策的实施过程中，建立有效的反馈收集与处理机制是关键，它有助于及时了解政策的实际效果和公众的反应，从而促进政策的持续优化。

1. 加强反馈信息的收集。政府需要建立一个全面且高效的机制来收集来自各方的反馈信息，包括从行业参与者、消费者、专家学者以及公众等多个渠道收集意见和建议。为此，可以利用在线调查、社交媒体、公开论坛、听证会等多种方式，确保广泛且多元的反馈收集。政府还应鼓励和促进行业内部的自我评估和反馈。例如，可以建立行业协会或专业团体，定期收集行业内部的意见和建议，反映行业的真实需求和挑战。同时，政府应定期发布反馈收集的结果和分析，增加过程的透明度。

2. 有效处理反馈意见。收集到的反馈信息需要得到有效的处理和回应。政府应设立专门的团队来分析反馈信息，识别其中的关键问题和建议，评估其对现行政策的影响。对于合理且可行的建议，政府应考虑在政策调整和优化中予以采纳。对于公众和行业提出的关切，政府应及时作出回应，解释政策的目的和逻辑，阐明政策调整的方向和原因。这不仅有助于提高政策的接受度，也能增强政府与公众之间的互信。

3. 促进政策的持续优化。反馈机制的最终目的是促进政策的持续优化。政府应将反馈信息作为政策评估和调整的重要依据，不断优化政策内容和实施方式，包括调整不适应市场和技术发展的政策措施、引入新的政策以应对新出现的挑战、调整政策重点和方向等。政府还应建立一个动态的政策优化机制，定期评估政策的效果，根据反馈信息和市场变化进行调整。通过这种机制，政府可以确保政策始终保持与时俱进，有效支持行业的健康和可持续发展。

（三）政策透明度与公众信任

在分布式光伏政策的实施中，提高政策制定的透明度、增强公众的信任感以及促进政府与民众的良性互动是建立有效治理体系的关键，需要通过以下措施来实现：

1. 提高政策制定的透明度。政府在制定分布式光伏政策时，应确保整个过程的透明度。这意味着政策制定的每个阶段，包括研究、讨论、草案制定和最终决策，都应对公众开放。政府可以通过官方网站、新闻发布会、社交媒体等渠道，及时发布政策相关的信息和进展。透明度的提高还包括公开政策制定的依据和目标，以及预期的影响和效果。此外，政府应鼓励公众、专家和行业参与者在政策制定过程中提供意见和建议，确保政策的全面性和合理性。

2. 增强公众的信任感。增强公众对政府政策的信任感，需要政府在政策制定和执行过程中保持一致性和可靠性，包括遵守承诺、保持政策的稳定性和连续性，以及在必要时对政策进行适当的调整和解释。政府还应通过有效的沟通和宣传，向公众解释政策的目的和益处，以及政策对个人和社会的潜在影响。通过教育和信息传播，政府可以帮助公众更好地理解政策，减少误解和疑虑。

3. 促进政府与民众的良性互动。政府与民众之间的良性互动对于建立和维护公众信任至关重要。政府应定期组织公开论坛、听证会和研讨会，邀请公众、行业代表和专家学者参与，共同讨论政策问题和行业发展。政府还应建立有效的反馈机制，鼓励公众就政策实施提出意见和建议。通过及时回应公众关切、解决实际问题，增强公众的参与感和满意度。此外，政府应积极采纳公众的合理建议，将其融入政策调整和优化中，形成政府与民众共同参与的治理模式。

第三章　我国天然气产业监管法律问题研究

第一节　我国天然气产业概况

一、天然气概况

(一)天然气及其分类

天然气是存在于地下岩石储集层中的烃类和非烃类的混合气体的统称,是一种主要由甲烷组成的气态化石燃料,其甲烷含量约占总量的85%～95%。除甲烷外,天然气中还含有乙烷、丙烷和丁烷。天然气不等同于城市燃气,常见的城市燃气包括液化石油气、人工煤气和天然气三大类,并不是所有的城市燃气都是天然气。天然气是一种不可再生的、优质清洁资源,由于它的不可再生性、稀缺性以及在各国经济发展中的不可替代性,使得天然气成为涉及国家安全的重要战略能源。

按照不同的标准划分,天然气可以划分为不同种类。

1. 常规天然气和非常规天然气。常规天然气是指常规油气藏开发出的天然气。非常规天然气包括煤层气、页岩气、天然气水合物等。

常规天然气与非常规天然气的区别主要表现在两个方面:一方面,前者存在于单个的天然气藏中,圈闭界限很明显;而后者是存在于大面积连续分布的储层中,圈闭界限不明显。另一方面,前者可以通过传统技术获得有经济价值的自然工业产量;而后者必须用新技术改善储层渗透率等才能实现经济开采。目前我国全面重视开发常规与非常规天然气,近几年页岩气开发利用也已成为我国天然气开采的重点之一。

2. 伴生气和非伴生气。伴生气与石油共生,存在于我们常说的油气田之中,通常是原油的挥发性部分,以气的形式存在于含油层以上。非伴生气包括纯气田天然气和凝析气田天然气两种,在地层中均以气体的形态存在,常见的有煤层气(俗称“瓦斯”)。

(二)天然气用途

目前,天然气主要用于城镇燃气、工业燃料、发电、交通运输和化工 5 大领域。根据《中国天然气发展报告(2023)》中显示的天然气消费数据,在各种用途中,工业燃料的消费量最高,达到 42%,城市燃气消费紧随其后,约占消费量的 33%。天然气发电和化工用气的占比分别为 17%、8%。

1. 城镇燃气。根据《城镇燃气管理条例》的规定,城镇燃气由各级政府的建设主管部门管理。目前,城镇燃气的经营范围已经覆盖了居民生活、城市供暖、工商业、交通运输、燃气发电和分布式能源等不同领域,并负责辖区内城市管网的投资、建设和维护。2003 年城镇燃气管理体制改革后,伴随着市场化的不断推进,大量非国有资本进入城镇燃气行业,形成了以 5 大跨区域燃气企业(华润燃气、港华燃气、新奥能源、中国燃气和昆仑燃气)、部分区域型燃气企业(如北京燃气、上海燃气等)为主体,其他中小国企和民营燃气企业为补充的市场格局。

2. 工业燃料。作为工业燃料,天然气主要被用于工业锅炉、窑炉,常被用于代替煤炭等其他能源。虽然目前中国工业燃料用能仍然以煤炭为主,但伴随着“蓝天保卫战”、城市高污染燃料禁燃区和碳减排等政策的推进,从 2017 年开始,燃煤锅炉、工业窑炉的天然气替代步伐加快,工业燃料用气大幅上升。玻璃、陶瓷、建材、机电和轻纺等重点工业领域的天然气替代也在进一步推进。

3. 天然气发电。由于燃气机组具备运行灵活、启停迅速、污染物和碳排放少等优势,在电力系统调峰、城市供热、分布式能源项目中被广泛应用。目前,国内的天然气发电厂主要分布在环渤海、长江三角洲和珠江三角洲等经济发达地区。市场主体主要分为 3 类,分别是 5 大电力央企(中国华能集团有限公司、中国大唐集团有限公司、中国华电集团有限公司、国家电力投资集团有限公司和国家能源集团)、地方国资背景的电力投资集团和能源集团(浙能集团、申能集团)和“三桶油”下属的天然气发电企业(中海石油气电集团)。

4. 交通运输。天然气在交通运输中的应用主要集中在汽车和船舶领域。与燃油汽车相比,天然气汽车对环境的污染程度较低,且具备一定的经济性。目前较多适用于城市公共交通、长途货运和港口货运领域,另外天然气汽车的发展也面临电动汽车和其他替代能源汽车的激烈竞争。在船舶运输领域,天然气船舶现处于示范阶段，主要用于对环保要求较高的内陆河运，未来将会朝着运输节能化、清洁化、大型化方向发展。

5. 天然气化工。天然气化工主要指利用天然气主要成分（甲烷）、天然气凝液（乙烷、丙烷、丁烷）和利用副产物（硫黄）为原料的化工生产过程。当前，中国已经在 10 多个省市建立了天然气化工产业，形成了云天化集团有限公司、榆林天然气化工有限公司、中国石化集团重庆川维化工有限公司等代表性企业，主要生产合成氨（尿素）、甲醇（二甲醚）、合成油、氢气等产品。

（三）天然气的衍生产品

天然气燃料是各种替代燃料中最早广泛使用的一种，它分为压缩天然气（CNG）和液化天然气（LNG）两种。

CNG 是指天然气加压并以气态储存在容器中，它不仅可以用气田中的天然气，还可以将人工制造的生物沼气进行压缩。

LNG 是指开采出来的天然气经过特殊工艺，在常压下将其冷却至约 -162 摄氏度使其由气态转变为液态。液化天然气的主要成分为甲烷，纯度高，几乎不含二氧化碳和硫化物，且无色、无味、无毒，燃烧后对环境污染较小且燃烧产生的热量更大。由于 LNG 体积小、易存储、运输成本低，且又安全又环保，液化天然气在我国发展迅猛、使用广泛。

（四）我国天然气分布概况

我国疆域辽阔，地形复杂多样，沉积岩分布面积广，非常有利于天然气的储藏。我国陆上天然气主要分布在中西部地区，以中小型为主，大多数气田的地质构造比较复杂，勘探开发难度大。目前，我国可探明的天然气资源主要集中在十大盆地，包括：渤海湾盆地、四川盆地、松辽盆地、准噶尔盆地、柴达木盆地、吐哈盆地、塔里木盆地、东海盆地、莺歌海—琼东南盆地、鄂尔多斯盆地。

二、天然气产业体系

天然气产业是指进行天然气勘探、开发、生产、贸易、运输、存储、液化、气化、压缩、销售和使用等不同企业所构成的产业。根据天然气产业链的特点，可以将其分为上游勘探生产业、中游运输业和下游分销业三部分（见图 3-1）。

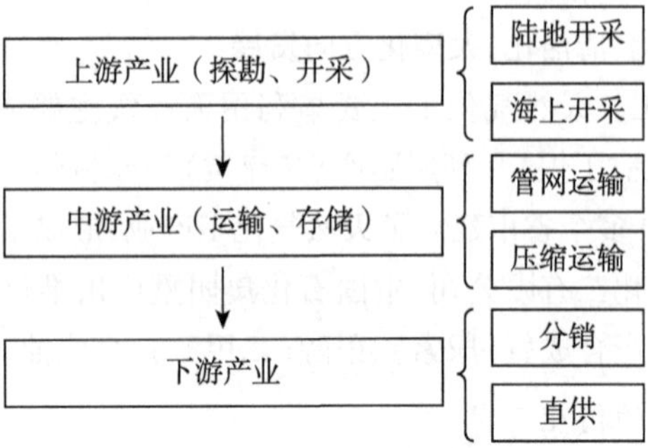

图 3-1　天然气产业体系

（一）上游勘探生产业

上游产业链主要包括勘探生产和进口。我国天然气格局从新中国成立初期到现在经历了从“重油轻气”态势到“油气并重”格局的转变。现如今，我国国内天然气上游产业主要由国有企业承包，包括中石油、中石化、中海油、延长石油。中石油天然气开采量多年占据首位，中海油和中石化生产天然气产量相当；延长石油天然气产量较小。

（二）中游运输业

中游产业链主要包括天然气运输、存储、气化和液化等。其中，天然气运输分为管道运输和非管道运输，其中管道运输在中游运输中占绝对主体。由于天然气管道的铺设需要协调的因素有很多，例如土地使用权、跨行政区划审批、资金等，因此我国天然气中游产业多由国企主导。天然气管道建设对必要资本量的要求因管道建设途经地区、管道管径、压力、长度等因素的不同而不同。投资数额与管道管径、压力、距离、地区复杂程度、人口稠密程度、征地拆迁补偿费用、穿跨越工程数量等因素成正相关关系。

我国天然气管道建设发展迅速。第一阶段完成了局部天然气管网的建设，即陕甘宁气田的陕京线、涩宁线和四川盆地天然气输送管线工程。第二阶段完成了我国东西方向天然气输送管道的建设。第二阶段，我国天然气管网初步形成了以西气东输一线、西气东输二线、西气东输三线以及陕京线等管道为主干，以兰银线、淮武线、冀宁线为联络线的国家级天然气基干管网。同时，川渝、华北、长江三角洲等地区已经形成了相对完善的区域管网。[1] 第

---

〔1〕《2018 年国内外天然气管道输送行业发展现状及预测分析》，载观研报告网 2018 年 9 月 18 日，https://tuozi.chinabaogao.com/nengyuan/091SBM52018.html。

三阶段建设“全国一张网”和全国储气能力建设快速推进,全国长输天然气管道目前总里程数 12.4 万公里,在新疆西气东输四线已完成吐鲁番至中卫段主体管道建设,除此之外,川气东送二线虎林到长春天然气管道工程建设也在加快推进。[1]

跨境天然气管道方面,中亚天然气管道是我国第一条引进境外天然气气源的陆上天然气管道,包括 A 线(土库曼斯坦至霍尔果斯)、B 线(乌兹别克斯坦至霍尔果斯)、C 线、D 线(乌兹别克斯坦至新疆)和哈萨克斯坦境内管线。

天然气管道按照用途划分主要分国家级管线和省级管线两种(见图 3-2)。

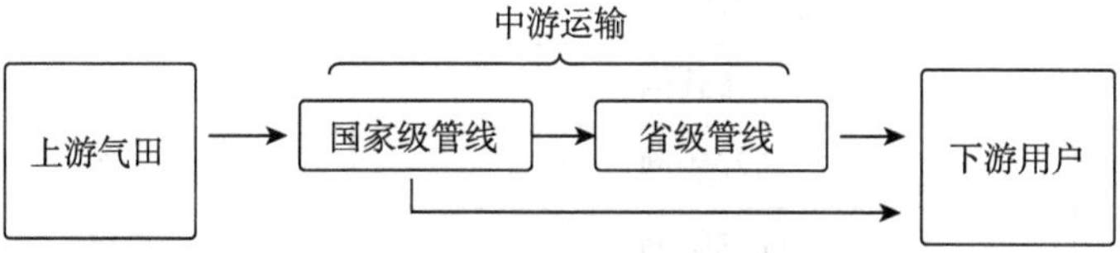

图 3-2　天然气管道运输示意

1. 国家级管线。目前,我国已初步形成西气东输系统、陕京系统、川气东送、西南管道等为骨架的横跨东西、纵贯南北、连通海外的全国性供气网络,形成了“西气东输、海气登陆、就近外供”的格局。国家发展改革委印发的《“十四五”现代能源体系规划》中提出,“十四五”期间,加快天然气长输管道及区域天然气管网建设,推进管网互联互通,完善 LNG 储运体系。到 2025 年,全国油气管网规模达到 21 万公里左右。从市场结构看,表现为寡头垄断,国家级管线与上游勘探生产于一体,全部集中于中石油、中石化和中海油三大石油公司手中,其中,中石油天然气管道里程 51,734 公里,约占全国的 70%。

2. 省级管线。由于天然气管道的自然垄断属性,省级管线基本局限在各省级行政区划范围之内,以地方独资或控股为主。目前,我国 32 个省级行政单位中(不含港、澳、台),共有 14 个省份存在省级管网公司,绝大部分按照“一省一公司”的模式设置,但也存在例外,如福建、江西等省份同时存在多家公司。从全国范围来看,下游燃气公司直接与上游生产商购气是主流。目前,只有浙江省管网(浙江省天然气公司)实行统购统销,严格禁止下游城市

[1] 《中国天然气报告(2024)》。

燃气公司与上游生产商直接购气(见表3-1)。

表3-1 省级天然气管网公司统计

单位:公里

序号	省网名称	管道里程
1	广东管网	690
2	湖北管网	628
3	福建管网(2家)	1750
4	广西管网	221
5	湖南管网(2家)	477
6	江西管网(3家)	1610
7	安徽管网	1232
8	浙江管网	1779
9	江苏管网	215
10	河北管网	958
11	内蒙古管网	1379
12	贵州管网(2家)	401
13	山西管网	3192
14	陕西管网	2944
总计(14个省,19家管网公司)		17,261

注:未包含无真正管网,仅成立公司的省级管网公司。

(三)下游分销业

下游销售包括批发商、中间商和零售商。其中,批发商以三大石油公司为绝对主体,具体表现为天然气门站销售;中间商以省级天然气管网公司为主;零售商大多是城市燃气公司(见图3-3);零售领域高度市场化,现有城市燃气运营企业超过800家,行业主体可分为大型央企(中石油、中石化、中海油)、地方国企(上海燃气、广州燃气等)、上市公司(民企或港资,如新奥燃气、港华燃气、华润燃气等)、中小企业(新华联燃气、中裕燃气等)。

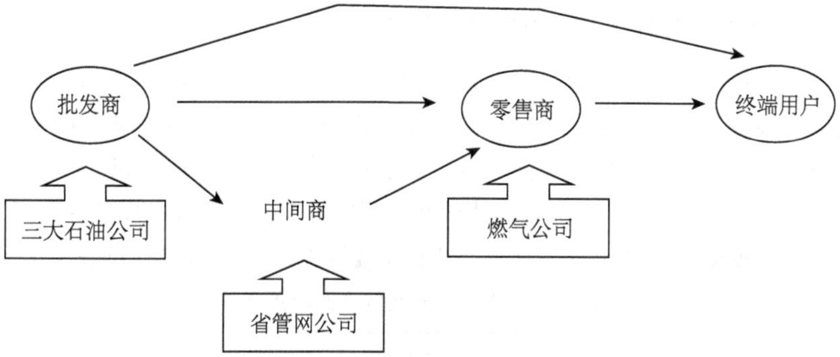

图 3-3　我国天然气销售环节

三、我国天然气产业政策导向

(一)我国天然气产业政策发展概况

天然气属于低碳能源,发展潜力巨大,在我国能源发展中发挥着至关重要的作用。在新中国成立后,我国天然气工业逐步发展,在我国境内发现了多处气田,随着探明储量的增加以及输气管线的建设,天然气工业发展步入正轨,各类工业化运用活动逐步开展。

一直以来,我国十分重视天然气产业发展,自"六五"规划起国家把天然气相关行业作为国家战略性行业纳入我国国民经济规划当中,给予天然气行业发展支持。在发展初期,中国天然气产业政策强调以四川地区为发展重点,结合全国天然气发展加强天然气的勘探和开发。在"十五"规划后,我国的天然气政策开始重视国家间合作开发,提出要引进国外天然气。进入"十二五"规划时期,我国天然气发展将基础建设作为发展重点,不断完善天然气基础建设。在"十四五"规划中明确提出,我国要加快建设天然气主干管道,不仅要解决天然气运输问题,还要实现油气互联互通,提高油气资源产量,保证原油和天然气稳定生产、供应,完善我国原油、天然气等能源战略基地规划布局(见图 3-4)。

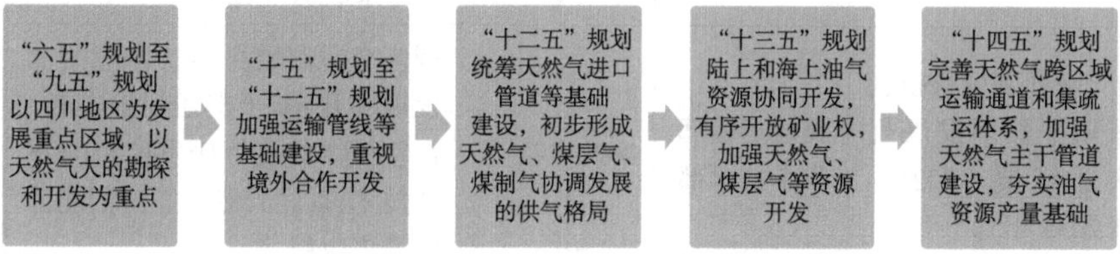

图 3-4　我国天然气产业政策发展示意

（二）我国天然气产业国家政策解读

为推进天然气产业的发展，切实保障我国能源安全，国家出台了一系列政策以推动天然气产业发展，不仅为天然气的勘探、开发创设了良好环境，也实现了天然气市场的持续性健康发展，完善了我国能源结构，为我国天然气市场化改革以及天然气基础设施建设奠定了坚实基础。为进一步了解我国天然气产业政策，将对近几年天然气产业相关政策进行列举和解读（见表 3-2）。

表 3-2 我国国家天然气产业政策文件

政策名称	发布机关	发布日期	主要内容
《2023 年能源工作指导意见》	国家能源局	2023 年 4 月	加快促进天然气上下游技术智能化趋势，提高开采量，放开采矿权，加大海上油气田产量比例。以地方重点项目为抓手，落实天然气增产目标。积极参与国际油气田开发，提高天然气进口话语权
《加快油气勘探开发与新能源融合发展行动方案（2023—2025 年）》	国家能源局	2023 年 2 月	加快推动油气产业制度配套完善，降低审批制度成本。进一步顺畅油气产业开发运营全流程。落实新能源与油气产业的融合，做到就地消化产量
《“十四五”应急管理标准化发展计划》	应急管理部	2022 年 4 月	加强“十四五”发展期间应急管理标准化体系建设，完善应急管理标准，提出加快修订海洋天然气开采安全、陆上天然气开采安全等方面的安全标准
《2022 年能源工作指导意见》	国家能源局	2022 年 3 月	对 2022 年能源工作提出指导意见，明确了 2022 年全国能源生产总量，其中天然气产量应达到 2140 亿立方米左右
《交通领域科技创新中长期发展规划纲要（2021—2035 年）》	交通运输部、科学技术部	2022 年 1 月	围绕交通领域科学技术应用和发展展开，基于交通运输能耗、温室气体排放等研发监测与评估技术，加强天然气等清洁能源的推广应用

续表

政策名称	发布机关	发布日期	主要内容
《“十四五”现代能源体系规划》	国家发展改革委、国家能源局	2022年1月	再次明确能源发展的重要性，提出到2035年国内能源年综合生产力达到46亿吨煤以上，天然气年产量达到2300亿立方米以上
《关于完善能源绿色低碳转型体制机制和政策措施的意见》	国家发展改革委、国家能源局	2022年1月	提出推行清洁能源交通工具，建设“双调峰”电站以满足电力调峰需要并调节天然气消费季节差
《“十四五”现代综合交通运输体系发展规划》	国务院	2021年12月	加快建设全国天然气管道线，不断完善原油布局，对东北、西北、西南地区等地区老旧管道进行治理
《“十四五”节能减排综合工作方案》	国务院	2021年12月	有序推进大气污染重点防治区域燃料类减量，实施清洁电力和天然气取代
《2030年前碳达峰行动方案》	国务院	2021年10月	将碳达峰贯穿于经济发展全过程，有序开展能源绿色低碳转型、节能增效等活动，大力发展新能源，合理调控油气消费
《2021年能源工作指导意见》	国务院	2021年4月	立足新发展阶段，切实加强能源安全，着力推进能源低碳转型和能源科技创新，明确全年发展主要预期目标
《国民经济和社会发展第十四个五年规划和2035年远景目标纲要》	全国人民代表大会	2021年3月	“十四五”时期推动高质量发展，完善煤炭跨区域运输道和集疏运体系，加快建设天然气主干管道，实现油气互联互通，确保油气稳产增产
《关于加快建立健全绿色低碳循环发展经济体系的指导意见》	国务院	2021年2月	有序推进绿色低碳转型，进一步放开石油、天然气等节能环保竞争性业务，鼓励发展能源代管服务，加快天然气基础设施建设

续表

政策名称	发布机关	发布日期	主要内容
《关于加强天然气输配价格监管的通知》	国家发展改革委、市场监管总局	2020 年 7 月	对天然气输配价格机制进行规范,减少供气层级,不得强制增设供气环节进行收费,应按照“准许成本+合理收益”原则确定天然气输配价格
《关于加快推进天然气储备能力建设的实施意见》	国家发展改革委、财政部、自然资源部等	2020 年 4 月	推进天然气管网、接收站等基础设施建设,实现互联互通,不断提高天然气储备水平
《关于促进生物天然气产业化发展的指导意见》	国家发展改革委、国家能源局、财政部等部门	2019 年 12 月	精简管理,提高效率,全力推进天然气产业化发展,到 2025 年,生物天然气具备一定规模,形成绿色低碳清洁可再生新兴产业

在习近平生态文明思想的指引下,我国把生态文明建设纳入“五位一体”总体布局,持续推进生态文明建设,着力打赢蓝天保卫战。能源转型是生态文明建设的重点工程,实现绿色低碳能源发展对于建设美丽中国至关重要。天然气具有清洁、低碳等优势,在我国能源发展以及经济提高方面占有重要地位,为我国大气污染治理和生态文明建设作出了重要贡献。为有序推进天然气产业发展,我国结合发展实际出台了一系列政策,推动天然气产业迈上新台阶。近几年来,国家出台一系列政策推动天然气快速发展,开展天然气管道建设、天然气技术创新、天然气置换煤炭工程等多项行动,不断优化我国能源结构,同时通过完善天然气价格机制以及规范能源竞争市场,天然气市场化改革取得突破性进展,天然气消费实现稳步增长。通过天然气基础设施的完善,天然气产量持续性提高,天然气供储销体系不断完善。在天然气产业发展中,我国逐步重视国际合作,加快天然气资源引进步伐,建设天然气进口管道,管道天然气进口量不断增长,形成多元进口格局。

(三)我国天然气产业部分省份政策解读

为响应国家政策,各省根据省内实际情况出台了天然气产业相关政策以支持和推进省内天然气产业发展(见表 3-3)。

表 3-3　我国部分省份天然气产业政策文件

省份	政策名称	发布时间	主要内容
山西省	《山西省“十四五”未来产业发展规划》	2021 年 4 月	“十四五”期间在海洋矿产资源、天然气水合物等领域实现有效突破
	《山西省“十四五”新基建规划》	2021 年 4 月	实现电网、热力管网、天然气管网等管网的互联互通，构建智慧能源综合服务平台
	《山西省“十四五”“两山七河一流域”生态保护和生态文明建设、生态经济发展规划》	2021 年 9 月	规划中提出到 2025 年进一步降低煤炭消费比重，在能源消费结构中提升天然气等非化石能源消费比例
	《山西省与京津冀地区加强协作实现联动发展工作计划》	2021 年 12 月	加强与京津冀地区合作，加快建设非常规天然气基地
	《山西省加强中原城市群内城市间合作工作计划》	2021 年 12 月	发挥晋城、长治煤层气资源优势，提升城市群天然气保障能力，加快建设输气管网，有序推进平陆三门峡天然气管道项目建设
	《省能源局 2022 年油气行业管理工作要点》	2022 年 4 月	巩固非常规天然气增储上产发展趋势，重点推进晋城、吕梁等主要生产地市产量快速增长，持续推进油气行业发展
	《山西省燃气管理条例》	2022 年 3 月	保障燃气供应和使用，维护燃气用户和经营单位合法权益，促进燃气事业健康发展
	《山西省天然气发展形势月报第七期》	2023 年 1 月	山西煤层气资源丰富，能做到自给自足，在对外供应协议上也依然要寻找好的合作机会。规划用气需求，开展资源统筹

续表

省份	政策名称	发布时间	主要内容
河南省	《河南省乡村建设行动实施方案》	2021 年 5 月	明确 2021 年在乡村配电台区域升级改造,增加天然气使用户数,新增生物质发电装机
	《河南省大气污染防治条例》(2024 年修正)	2024 年 4 月	在禁燃区内,禁止销售、燃用高污染燃料,应当在规定的期限内改用天然气、液化石油气等清洁能源
	《河南省人民政府关于加快建立健全绿色低碳循环发展经济体系的实施意见》	2021 年 8 月	逐步放开石油、化工、天然气等领域节能环保竞争性业务,鼓励公共机构推行能源托管业务,加快天然气基础设施建设和互联互通
	《河南省 2022 年国民经济和社会发展计划》	2022 年 3 月	推进供水、天然气管道运输等价格管理机制,规范重点领域收费管理
	《河南省新能源和可再生能源发展"十四五"规划》	2023 年 4 月	加大可再生生物质天然气利用,发展生物质液体燃料。保障农村能源供给和环保利用
安徽省	《关于开展绿色能源示范村镇建设工作的通知》	2021 年 5 月	着力发展沼气和天然气。以农业农村有机废弃物为原料,营造良好建设条件,积极推进沼气工程以及生物天然气工程建设
	《安徽省电力供应保障三年行动方案(2022—2024)》	2021 年 6 月	在电力供应方面,加快建设天然气网络,进一步提高天然气等清洁能源利用比重和效率
	《安徽省"十四五"时期深化价格机制改革实施方案》	2021 年 10 月	"十四五"时期加强价格监管,不断完善天然气上下游价格联动机制,进行价格市场化改革
	《安徽省综合立体交通网规划纲要》	2021 年 10 月	规划提出到 2035 年天然气管道建设达 6500 公里,扩大天然气管道覆盖区域
	《安徽省有效投资攻坚行动方案(2022)》	2022 年 1 月	开工建设滁州发电厂、合肥和滁州天然气调峰发电站等项目,通过发展新能源产业推动省内经济发展

续表

省份	政策名称	发布时间	主要内容
四川省	《关于做好天然气分布式能源发展有关事项的通知》	2021 年 1 月	支持各类市场主体建设并经营天然气分布式能源项目,推进省内天然气产业有序发展
	《四川省国民经济和社会发展第十四个五年规划和二〇三五年远景目标纲要》	2021 年 3 月	推动天然气"直供化"改革,加强天然气产供销体系建设,建成全国最大天然气生产基地
	《关于全面实施乡村振兴战略开启农业农村现代化建设新征程的意见》	2021 年 3 月	意见中提出要持续推动天然气设施向农村延伸
	《四川省人民政府办公厅关于抢抓重大机遇推动轨道交通产业高质量发展的实施意见》	2021 年 7 月	扩大电力市场化交易规模,加大天然气运行调节力度,为轨道交通产业提供能源支撑
	《四川省发展和改革委员会等 7 部门关于进一步规范天然气汽车改装有关事项的通知》	2022 年 2 月	明确符合相关要求的汽车维修经营企业可从事天然气改装业务
	《四川省"十四五"能源发展规划》	2022 年 3 月	稳步增强能源保障能力,持续推进清洁低碳转型,安全高效利用能源,不断推进能源改革创新
	《关于天然气发电上网电价有关事项的通知》	2022 年 9 月	对新投产的天然气调峰发电机组实行两部制电价;建立气电价格联动机制;鼓励天然气发电机组进入电力市场

续表

省份	政策名称	发布时间	主要内容
山东省	《山东省发展和改革委员会关于进一步完善天然气价格上下游联动机制的通知》	2021 年 10 月	天然气价格上下游联动要灵活适应市场价格变化，根据实际情况确定联动范围、联动方式等
	《山东省人民政府关于印发 2022 年“稳中求进”高质量发展政策清单（第一批）的通知》	2021 年 12 月	全省支持天然气储气能力建设加强财政支持，全力完成储气任务
	《山东省供热条例》（2021 修正）	2021 年 12 月	鼓励省内利用天然气等清洁能源、太阳能、生物质能等可再生能源实现供热
	《建设高标准市场体系行动方案》	2022 年 1 月	着力加强煤炭储备能力，强化电气供应保障，协调推进天然气供储销体系建设
	《关于加快节能环保产业高质量发展的实施意见》	2022 年 3 月	积极推进液化天然气、混合动力船舶等船舶制造发展，实现节能环保产业高质量发展
	《山东省碳达峰实施方案》	2022 年 12 月	方案提出完善价格调控机制，建立完善差别化的资源要素形成机制和动态调整机制，完善可再生能源应用及农村地区清洁取暖用气、用电等价格优惠政策
江苏省	《江苏省“十四五”生态环境保护规划》	2021 年 9 月	实施气化工程，提出到 2025 年天然气消费量占能源消费比重达到 14%以上，加大外电入苏
	《江苏省节约能源条例》（2021 修正）	2021 年 9 月	不断优化能源消费结构，鼓励利用天然气、沼气等清洁能源和太阳能、风能等可再生能源

续表

省份	政策名称	发布时间	主要内容
江苏省	《关于江苏省“十四五”全社会节能的实施意见》	2021年12月	扩大天然气、氢能等清洁能源在社会各领域的应用,实现全社会节能发展
	《江苏省政府关于加快建立健全绿色低碳循环发展经济体系的实施意见》	2022年1月	推进沿海天然气管网和沿海LNG接收站建设,完善发展绿色低碳循环经济基础设施
	《江苏省发展改革委关于明确2022年天然气发电上网电价有关事项的通知》	2023年1月	为保持天然气发电平稳运行,保障电力供应安全稳定,对电价相关事项进行说明,敦促各单位做好天然气电价结算工作
浙江省	《浙江省应对气候变化“十四五”规划》	2021年5月	持续推进煤改气工程,提高天然气覆盖率和气化率,推进天然气分布式能源发展,优化天然气利用,减少大气污染
	《浙江省煤炭石油天然气发展“十四五”规划》	2021年6月	增加全省用气比重,从多个角度共同出发提升农村和城市天然气气化率和储气能力
	《浙江省人民政府关于加快建立健全绿色低碳循环发展经济体系的实施意见》	2021年11月	扩大天然气利用规模,提升电力运行和天然气调节能力,加强能源风险防控管理
	《浙江省人民政府办公厅关于开展未来乡村建设的指导意见》	2022年1月	做好农业农村领域节能减排工作,提倡利用太阳能、天然气等可再生能源,优化电网等基础设施,提高乡村生产生活电气化、清洁化水平

续表

省份	政策名称	发布时间	主要内容
河北省	《河北省人民政府关于建立健全绿色低碳循环发展经济体系的实施意见》	2021年4月	加速建设全省输气管网等基础设施建设，提高天然气储备能力，以供应急时使用
	《河北省综合立体交通网规划纲要》	2021年8月	加快建设液化天然气、油品等专业化深水泊位建设，推动区域专业化改造
	《支持中国（河北）自贸试验区创新发展若干措施》	2022年1月	支持天然气输运管道建设，保障天然气稳定供应
	《河北省城市燃气等老旧管网更新改造实施方案（2023—2025年）》	2023年1月	完成城市燃气等老旧管网更新改造任务。为城市燃气管网运行提供更新保障
北京市	《北京市"十四五"时期重大基础设施发展规划》	2022年2月	对"十四五"时期北京市基础设施建设进行规划，其中提出增强燃气供应能力，建成陕京四线"一干三支"北京段工程，北京市内十六个区全部连接管道天然气
	《北京市"十四五"时期燃气发展规划》	2022年12月	规划指出"十四五"时期北京市将划定非居民用户禁用液化石油气区域，加快替代工作，在2023年底前完成禁用区域替代
	《关于加强极端天气风险防范应对工作的若干措施》	2021年12月	完善排水、供电、供气等管网交通基础设施防寒防冻工作，积极协调域外电力和天然气供应，确保能源供应安全稳定

在"十四五"期间，各省积极响应国家生态文明建设的政策，结合省内实际提出天然气发展目标，提高天然气在能源结构中的比重，逐步提升城乡居民天然气气化率，最终实现省内能源转型；各省立足于相关国家政策，加强省

内天然气基础设施建设,优化天然气管网系统,同时建立健全天然气价格机制,优化天然气发展市场环境,提高天然气消费量,保证天然气市场实现稳步扩产,进一步满足我国各地日益增长的天然气需求。

此外,各省还通过出台相关政策积极推进能源转型,实施一系列措施充分发挥当地优势,深入推进能源革命。天然气具有替代煤炭的现实基础和优势,是不可再生能源体系的重要组成,也是我国实现"双碳"目标的重要抓手。各省将天然气产业发展置于重要地位,致力于推动基础设施建设,为政策落实建立良好的社会环境,充分发挥天然气的积极作用,不断增强天然气、沼气等能源的供应保障能力,加强供气安全,助力实现"双碳"目标,为我国生态文明建设提供助力。

第二节　我国天然气产业发展历史及现状

一、我国天然气产业发展的历史沿革

(一)1949~1978年:计划管理

中国近代天然气工业从新中国成立之初就开始了,但受制于我国经济发展水平、天然气开采工艺、市场发展不充分等多种原因,一直处于石油行业的从属地位。要回顾我国这一阶段的天然气工业,就必须把油气产业看作一个整体来研究。

在此阶段中,由于我国实行的是计划经济,因此石油、天然气产业的发展具有鲜明的时代性。在国家层面,我国实行的是一个全民所有的石油天然气管理制度,其中石油工业部(已撤销)作为燃气行业的中央管理部门,管理天然气资源和基础设施,制定并管理天然气产业政策,并做好天然气行业的运营。而作为行政管理部门的石油管理总局(已撤销)是连接中央和地方之间的桥梁,集中管理各油气产区下属的有关机构,对有关生产、勘探等工作的各种经营活动进行组织、指导。并贯彻执行石油工业部(已撤销)及其他部门制定、发布的计划要求,起到上传下达的作用。

在行业层面,国家确立了燃气资源所有权、生产权和经营权三权高度统一的矿权制度,并确立了相关行政主管单位统一制定和执行相关计划的方法,进而形成油气行业严苛的垄断经营状况。

在企业层面,油气田企业的运营和生产主要依赖于上级的规划,很少能独立经营,同时,在企业的内部,同样采取了全国统一的劳动、人事和分配方

案。在新中国百废待兴、急需建设的时期,这种由政府垄断的、高度计划性的行业发展方式发挥了极大的优势作用。首先,在该方式下,国家承担一切的投入与产出,对天然气产业进行统一的领导和调度,对天然气资源进行统一支配和掌控,使得天然气的生产、运输等计划更加的周密科学,为我国的经济建设提供了坚实的后盾。其次,在该模式下,可以将有限的人力物力合理地投入资源的勘探开发工作中,能较快地取得更为突出的成果,在当时生产力水平较低的情况下,有效地促进了我国石油天然气产量的快速增长,并推动了石油天然气工业体系的初步建立。

然而,随着天然气产业的不断发展,其问题也逐渐暴露出来:首先,在该模式下,企业的生产管理从以效率为中心转变为以产量为中心,导致部分企业难以维持,出现了大量亏损的状况。其次,“油为主,气为辅”的思想根深蒂固,致使天然气产业的技术发展缓慢,且远落后于世界其他各国。再次,生产设施的落后以及管网建设的滞后导致了资源生产以及供应受到地域的制约。最后,计划供应政策的实施、国家计划委员会(已撤销)在分配额度时的偏向,导致大部分的资源被供给以化肥、冶金、发电等为代表的大型工业用户,而非城市用户,使城市燃气产业得不到有效发展,进而使得下游资源利用市场发展相对落后,同时,在资源定价方面,其定价主体是国家物价局,也缺少相应的市场调控机制。

(二)1979~2010年:发展阶段

十一届三中全会以来,我国不断深化改革开放,为我国燃气行业发展提供了千载难逢的契机。改革开放以来,我国改变了原有的经济体制,建立了适应当时生产力发展水平的社会主义市场经济体制,中国石油天然气产业原有的管理体制、运作方式和组织结构也都随之发生巨大的变化。

1992年,国家撤销能源部,中国天然气行业的主管部门随之不复存在,政府也开始放权,即仅对天然气产业进行宏观管理,而微观的管理职能则由中石油、中石化、中海油三公司共同行使,由此使企业获得了在石油天然气行业的部分自主权,加强了企业的职能。此后,各企业在对燃气的经营制度和运作方式上都做出了较大的改变。[1] 比如:健全燃气经营管理体系;制定天然气行业发展计划,制定天然气行业发展战略布局;加大对天然气资源开发的投资;解决油气企业“小而全”的问题;启动LNG和非常规天然气开发工作等。

此外,因为中石油侧重于上游采矿,中石化侧重于下游炼化,中海油则主

---

〔1〕 董晓波:《关于全面提升中国石油天然气集团公司执行力的思考》,载《国际石油经济》2010年第12期。

要从事海上石油和天然气的勘探和开发、石油和天然气海外项目的合作以及石油天然气市场在沿海地区的开发。三个公司之间明确合理且无冲突重叠的分工使得一些国营石油天然气企业在各自的业务范畴内积累了经验,学习了专业技术和专业知识,并且将它们发展成了一种可以继续进行创新和转换的力量。2003年,国家经济与贸易委员会被撤销,其承担的职能均由国家发展改革委、国务院国资委来负责。至此,中国石油和石化行业的重组已经基本完成,形成了"政企分开、上下游一体化、产销一体化"的新模式。2003年6月,国土资源部(已撤销)还出台印发了《探矿权采矿权招标拍卖挂牌管理办法(试行)》,明确严格规范率是矿业权的出让市场,使得矿业权制度逐渐走向市场,同步采纳政企分开行业管理模式。

这二十多年来,各项改革措施的出台及实施,使我国天然气行业形成了一种新的发展模式,即上下游一体化发展,也就是上游和下游环节紧密结合、协同发展,在该模式下,燃气资源的利用率得到提高,天然气行业持续健康发展。1995年至2008年,中国油气生产经过短暂时间的停滞后,开始出现逐年增长,并对下游行业产生了积极的推动作用,形成了一个油气产业集群。

(三)2011~2015年:市场化阶段

自新中国成立至2011年,中国燃气工业已经历经60余载,在各方面都成绩斐然,如输气管道、加压站等基础设施建设,煤层气、天然气田等气源的多样化开发建设以及在居民生活、交通运输等终端市场的健康发展,为天然气的市场化发展奠定了良好的工业基础。此外,日益严峻的环境问题使得国家不得不开始重视新能源产业的发展,扩大清洁能源比重。受多种因素的综合影响,我国天然气行业进入改革深化阶段,开始进入全面市场化阶段,2012年年末,我国发布了《天然气发展"十二五"规划》,从而确定了我国"十二五"期间天然气产业发展的方向:强化上游的勘探和开发力度,提高天然气资源的供给能力,推动中游管道和储气库等基础设施的建设,促进下游燃气定价机制的优化,使燃气定价机制实现市场化,进而推动天然气行业不断释放其产能,为能源安全保驾护航。

在基础设施和气源多样化方面,《能源发展"十二五"规划》明确要求,"构建安全、稳定、经济、清洁的现代能源产业体系",以《能源发展"十二五"规划》为指导,进一步加强天然气储备体系建设,保证天然气的稳定供应,四大油气战略全面建成并同国内管网连通,极大提高我国天然气的保供能力。[1]

---

〔1〕 雷培莉、余志宇:《"十二五"期间中国天然气能源发展策略探究》,载《山西财经大学学报》2011年第S1期。

在产业投资主体方面,《关于鼓励和引导民间资本进一步扩大能源领域投资的实施意见》扩大了民间资本可以投资的范围,对民间资本进行了进一步的规范,为民间资本进行了进入能源领域提供了行动指南。《天然气发展"十二五"规划》和《能源发展"十二五"规划》均明确指出境外资本也是我国天然气行业中不可缺少的投资主体,除了引进外资,引进国外的先进技术也是推动我国天然气行业发展的重要因素。《天然气基础设施建设与运营管理办法》则表明各类资本都可以参与到输气管道、储气库等天然气基础设施建设中来。每一次政策的出台,都体现了国家对于天然气产业发展的重视。另外,党的十八大以后,在能源生产变革的推动下,天然气产量得到了迅猛发展,同时,对天然气行业发展过程中所涉及的环保、健康、环境以及安全等方面的监督和管理也逐渐严格,基本形成了一套完整的天然气生产安全方面的法律法规体系,在行业监管上,通过对国家能源局进行重组,成立石油天然气司,赋予原国家电力监管委员会地方监管机构管理天然气行业的职能等一系列措施,我国基本建立起全国天然气工业监督体系。

(四)2016~2020年:产业改革

2016年12月,国家发展和改革委员会发布了《天然气发展"十三五"规划》;5月,中共中央、国务院印发了《关于深化石油天然气体制改革的若干意见》,为我国"十三五"和今后天然气行业的发展指明了方向。经过长期改革,到目前为止,我国天然气产业发展状况呈现以下情形:

1. 上游领域:提高勘探技术,加强国际合作,促使能源保供能力稳步提升。"十三五"期间,国产和进口天然气都对我国天然气稳定供应起到重要作用。自2018年7月起,中央有关部门认真学习贯彻落实习近平总书记关于保障我国能源安全的重要指示,并在此基础上,召开了多次石油天然气勘探和开发工作的推进会,深入多个区域进行调查,制定切实可行的工作安排;中石油、中石化等主要大型石油企业把"加投资、扩资源、增产量"的要求贯彻到石油天然气勘探和开发全过程,并收获了多项重大勘探成果,探明储量增长保持高峰。中石化通过深层页岩气勘探理论技术攻关,在四川盆地东南缘复杂构造区收获一个超千亿立方米大型页岩气田,该页岩气田有希望成为涪陵页岩气田之后第二个万亿立方米页岩气的资源阵地。根据四川省能源局的数据,2022年四川省全年累计生产512.4亿立方米天然气(包括页岩气)、同比增长6.1%。此外随着勘探技术的不断发展,海洋油气的勘探潜力也被不断挖掘,例如,中海油经过多年的技术攻关,形成了针对渤海湾盆地的深层大型整装凝析气田勘探的先进理论技术,从而在BZ19-6-1井取得重大突破，发现了中国东部规模最大、产量最大的整装高产凝析气优质矿藏。[1]

2. 中游领域：统一管网运营机制改革初见成效，资源利用率显著提高。国家积极推进国有大型油气企业的管输与销售业务分离，改变天然气此前的垄断状态，完善油气管道等基础设施建设，推进油气管道相互联通，促进我国石油天然气市场发展，最终形成了一个上游领域多个主体多方面渠道共同供应，中游领域高效利用管网进行统一运输，下游领域销售市场充分自由公平竞争的油气市场。由于天然气管道属于自然垄断行业，因此在推动"网销分离"的基础上，改变天然气管网的垄断状况，完善天然气技术设施建设，实现天然气管网互联互通，同时吸纳天然气竞争对手，是当前我国天然气管网运行机制改革的三个重要支点。[2] 完善石油天然气管网的接入机制，主动推进管网的社会开放进程，提升管网的利用率，促进公平服务的实现，消除运营主体间的管网壁垒，确保运营主体间的管网系统能够高效、安全、顺利地运行，从而提升天然气运营效率和资源利用率，确保能源供给和使用安全，实现燃气行业高质量高速发展。

从 2019 年开始，为了进一步深化石油天然气行业内的体制改革，中央全面深化改革委员会第七次会议审议通过了《石油天然气管网运营机制改革实施意见》，明确提出要分步推进国有大型油气企业干线管道独立，剥离各国有大型石油天然气企业管道运输业务，组建国有资本控股、投资主体多元化的石油天然气管网公司。[3] 国家石油天然气管网集团有限公司（以下简称国家管网集团）应运而生，这使得原本属于不同企业干线的天然气管网，在经过整合之后，确立了燃气资源调度、运行、管理集中管理的新态势，运营效率猛增，达到了 30%左右。在"十三五"时期，我国持续优化 4 大进口渠道，加快建设互联互通管道，对重要的主干线管道、跨省输配气管网体系进行优化，使得主干管输能力得到进一步提高。到 2019 年年底，我国主要的天然气管道网络总里程达到了大约 8.1 万公里，每年的天然气运输量超过了 3500 亿立方米。随着中俄东线天然气管道（北段）的逐渐通气，我国东北、西北、西南、海洋四条重要输气通道被相继打通，构成了一套完善的输气网络，使得国家石油天然气管道公司输气管道沿线的各省的商业交往更加密集，沿线经济呈现持续增长态势，从而有力地带动了经济发展，并对沿线贫困地区的脱贫致富

---

〔1〕 谢玉洪、高阳东：《中国海油近期国内勘探进展与勘探方向》，载《中国石油勘探》2020 年第 1 期。

〔2〕 济民：《天然气管网改革三大支点》，载《能源》2018 年第 3 期。

〔3〕 祝传林、李旭东：《石油天然气管网运营机制改革实践与思考》，载《当代石油石化》2022 年第 8 期。

产生了一定的促进作用。如此一来,燃气行业的上游、下游企业均不具备市场的主导权,进而形成了一个自由竞争、公平竞争的市场环境,从而营造良好的天然气销售市场氛围,这也是继全国油气输送管道体系部署后,天然气销售发展中的一个重大机遇。再加上西气东输工程的推动,目前我国天然气管网间互联互通取得了实质性进展,南海海气、进口 LNG、西气等多气源实现了一定程度的联通,从而实现了“西气东输、北气南下、海气登陆、就近外供”的供气模式,提高了全国范围内的保供能力。2022 年,国家管网集团加快推进并提前完工了一系列重点工程和输气冲锋项目,不断提高“全国一张网”的输供、储气调峰以及互联互通调配能力。自冬季供气保障开始以来,国家管网集团的日输气量突破 8.4×10^8 立方米,创主干天然气管网输气量历史新高。[1]

此外,随着我国持续地推进油气体制改革,将各省纳入统一规划中,目前,已有湖北、福建、江苏、黑龙江、湖南、陕西、江西和山东等省份发布了对该本省天然气管道的内销运输价格管理办法,与此同时,随着国家对天然气调峰出台相应的政策以及分级储备调峰机制的建立,越来越多的市场主体将会参与到天然气的中游产业中来。

如此一来,通过全国范围内的统一布局,实现了油气管道运输的独立运营。通过天然气管道进行科学地规划,不仅可以有效降低重复投资率,避免不公平竞争状况的出现;还可以将管道公用基础服务设施的功能充分地发挥出来,促进管道资源的市场化配置,打破管网接入机制的政府垄断,使第三方也可以使用管网接入,实现接入机制的公平、公开、公正,让更加多元的资本可以进入下游市场,从而减少销售成本,扩大销售范围和用气规模。[2]

3. 下游领域:定价机制逐步成熟,油气市场竞争更加公平。随着党的十九大顶层设计的落实,国家发展改革委于 2017 年 11 月发布《关于全面深化价格机制改革的意见》,该意见以“加快价格市场化改革,完善价格形成机制,强化价格监管,维护公平竞争,打破行政性垄断,防止市场垄断,有权发挥价格机制的激励约束作用,引导资源在实体经济特别是生态环保、公共服务等领域高效配置,促进经济高质量发展,更好适应人民日益增长的美好生活需要”为指导思想,以“五大坚持”为基本原则,对进一步深化天然气行业定

---

〔1〕 高芸、王怡平等:《2022 年中国天然气发展述评及 2023 年展望》,载《天然气技术与经济》2023 年第 1 期。

〔2〕 李俊杰:《天然气产业改革综述及国家油气管网公司成立后的影响》,载《天然气技术与经济》2020 年第 3 期。

价机制改革作出重要部署,要求“深化非居民用天然气价格市场化改革,适时放开气源价格和销售价格,完善居民用气价格机制,加快上海、重庆天然气交易中心建设”。

“强化网络型自然垄断环节价格监管。建立健全以‘准许成本+合理收益’为核心、约束与激励相结合的网络型自然垄断环节定价制度,准确核定成本,科学确定利润,严格进行监管,促进垄断企业技术创新、改进管理、降低成本、提高效率,维护消费者、经营者合法权益。加快制定出台分行业定价办法、成本监审办法,强化成本约束,完善价格形成机制。对输配电、天然气管道运输、铁路普通旅客列车运输等重点领域,实行严格监管,全面开展定价成本监审,科学合理制定价格。积极借助第三方力量参与成本监审。逐步建立健全垄断行业定价成本信息公开制度”。推进定价机制朝着科学化、市场化方向前行,这将有利于释放市场活力,在确保天然气稳定、健康、持续和安全供应的同时,兼顾社会公平。

当前,政府按照“准许成本+合理收益”的原则,建立和逐步完善长输管网以及省内管网的天然气管道运输价格管理机制,合理设置城镇燃气管网的天然气价格,加速推动天然气现货交易市场的发展,让上下游市场的竞争逐渐多元化,并逐步减少对天然气气源和非居民用气价格的限制,使用气价格更加科学合理。一方面,逐步放松对非居民用户燃气价格的限定,鼓励符合条件的多样市场主体参加,以公平的市场化的调控机制来实现天然气终端价格的有效下调;另一方面,通过建立合理的居民用户用气定价机制,逐步实现用气成本的公开化,保证燃气资源的合理配置,减少了需要交叉补贴的情形,有利于提前防范供气企业发生重大亏损。除此之外,通过建立并优化上游、中游、下游的天然气价格联动机制,不但可以减少下游公司在价格调整中所承受的成本压力,还能防止过度的经济损失,从而有助于形成一个有序的终端市场竞争环境。此后,天然气产业管网运营机制改革不断深入,在 2019 年 3 月 19 日,中央全面深化改革委员会第七次会议上,全体审议通过了《石油天然气管网运营机制改革实施意见》,会议强调,推动石油天然气管网运营机制改革,要坚持深化市场化改革、扩大高水平开放,组建国有资本控股、投资主体多元化的石油天然气管网公司,推动形成上游油气资源多主体多渠道供应、中间统一管网高效集输、下游销售市场充分竞争的油气市场体系,提高油气资源配置效率,保障油气安全稳定供应。在保护性开发的前提下,对油气管网的运营机制进行改革,提高集约输送和公平服务的能力,为我国决胜全面建成小康社会发挥了重要的作用。尽管 2020 年突如其来的新冠疫情给天然气产业造成极大的冲击,但是,国家管网集团公司的成立为天然气管网的独立运行创造了条件,增强了天然气产业应对风险的能力,我国成为了当时全球为数不多的能源消费总量正增长的国家。

二、"十四五"规划时期我国天然气产业发展现状

(一)2020~2022 年:绿色重任

在全球共同应对气候变化的背景下,全球发展清洁低碳能源已经成为大势所趋。2020 年 9 月 22 日,在联合国大会一般性辩论上,习近平主席郑重宣布中国"双碳"目标——到 2030 年实现碳达峰,到 2060 年实现碳中和。这一庄严承诺具有十分深远的意义,在其引导下,我国能源供应结构将迎来重大变革。天然气作为一种清洁高效的低碳化石能源,将承担能源生产结构从碳污染向低碳绿色转型的重要使命。随后,中央各部委及各地方省市逐步制定出台了"双碳"目标的行动方案,针对天然气供储销体系建设,制定并优化了有关的跟进政策,为"十四五"时期天然气的较快发展提供千载难逢的机会。

1. 保障天然气资源稳定供应

在 2020 年 12 月中央经济工作会议上,将碳达峰和碳中和确定为年度八大主要工作目标之一,并要求尽快抓紧制定在 2030 年前实现碳达峰的行动方案,支持条件适宜的地方率先完成碳达峰目标。相关部门要尽快落实关于"十四五"时期的能源、生态环保、应对气候变化等专项规划方案,以及落实出台碳达峰行动方案和相应的配套政策措施,并将具体的指标任务分解到各省市地方和并细化到大型耗能企业。

相关情况如下:以川渝地区地方政府为代表,2020 年 7 月 14 日,川渝两地共同推进成渝地区双城经济圈能源一体化高质量发展,提出统筹解决能源保障问题,推进天然气资源勘探开发,建设川渝天然气千亿立方米产能基地,并要在西南地区打造百亿立方米级储气调峰基地,共同推进以电力和燃气替代为重点的能源消费方式转变和消费模式优化。此外,为了加强天然气产供储运体系建设,建成全国最大的页岩气生产基地,四川将打造中国"气大庆"作为"十四五"规划纲要的一个重要任务。重庆的"十四五"规划纲要也要求充分发挥好涪陵国家级页岩气示范基地作用,加快推进川渝千亿立方米产能天然气基地建设。"十四五"时期,重庆将进一步扩大天然气消费利用,如加大天然气勘探开发力度,支持 LNG 替代车用汽柴油、鼓励以天然气代替煤做燃料、稳步推进天然气分布式能源建设等。2021 年 9 月,成都市提出到 2025 年,力争天然气终端能源消费比重达到 18%,清洁能源占全市能源消费总量

的比重提高到 68.5%以上。[1] 在国内资源方面，预计到 2025 年，我国的国内天然气产量将达到(2200~2400)×10^8 立方米。届时，各类资源产量将大致呈现：常规气 1250×10^8 立方米、致密气 500×10^8 立方米、页岩气 350×10^8 立方米、煤层气 100×10^8 立方米。[2]

从官方数据分析，据国家统计局统计的国内天然气产量，截至 2022 年，全国国内天然气的产量已达到 2178 亿立方米，同比增长 6.4%，并且已经连续 6 年增产超过 100 亿立方米。

此外，我国天然气上游领域逐步开放天然气进口市场，进口的天然气主要来自土库曼斯坦、乌兹别克斯坦、哈萨克斯坦、缅甸、俄罗斯；进口的 LNG 主要来自澳大利亚、卡塔尔等国。[3] 根据国家统计局、海关总署的数据，2022 年我国天然气进口量约 10,925 万吨，虽然较上一年同期进口量下降 9.9%。但是总的来说，从 2018 年至 2022 年，我国天然气进口量总体呈上升趋势。

2. 加快推进天然气储运体系建设

由于我国国内天然气资源分布不均，供需失衡，因此，建立一套适合我国国情的天然气储运系统显得尤为重要。天然气季节性调峰和事故应急供气可以通过统一天然气管网储运体系建设来解决，为国家能源战略和清洁能源的供应提供重要保障。中俄东线中段吉林长岭—河北永清段在 2020 年 12 月上旬竣工投产并与陕京线系统、辽河储气库、华北储气库等实现联通，俄罗斯将天然气资源从东西伯利亚逐渐向环渤海地区开始输送，截至 2021 年 1 月上旬进气量已经能够达到 3000×10^4 立方米/天，为我国北方冬季天然气供应提供了有力保障。青宁管道的正式投入运营，打通了川气东送管道、江苏和山东省管网、青岛及天津两个 LNG 接收站，对环渤海和长三角两大经济圈内的天然气资源保障和供应提供了有力保障。截至 2021 年，中俄东线南段沿线各省线路工程全部进入建设阶段，山东管网南干线、蒙西管道项目一期工程、中俄东线天然气管道工程（费县段）、粤东天然气主干管网惠州—海丰干线项目工程等工程正式进入投产使用，安徽宣城—黄山天然气干线工程、陕京四线天然气管道宣化易森管线等正式建成通气。

---

[1] 何晋越、冉航等：《川渝地区天然气产业发展现状与“十四五”展望》，载《天然气与石油》2022 年第 3 期。

[2] 周淑慧、王军、梁严：《碳中和背景下中国“十四五”天然气行业发展》，载《天然气工业》2021 年第 2 期。

[3] 王震、孔盈皓、李伟：《“碳中和”背景下中国天然气产业发展综述》，载《天然气工业》2021 年第 8 期。

在“十四五”时期,国家对建设天然气输送网络的主要任务有:首先,加快国家级干线管道建设,加强区域性管网建设,实现“全国一张网”;其次,要强化责任,补足天然气储存量不足;最后,在主干管线建设方面,以塔里木盆地和川渝地区的页岩气增产为主要目标,加速推进“西气东输”三线中段、四线和川气出川第二通道;总之,要重点关注中俄东线的长期增供和俄远东等地区的能源供应,打通南北中通道,并充分发挥天然气存储设备的功能,提高南北互通水平,为俄气输入提供战略保障。[1]

3. 进一步深化天然气产业定价改革

2020 年 3 月新版《中央定价目录》取消了天然气门站定价,仅保留了对管道运输价格的管制,这标志着天然气下游的市场化定价迈出了关键的一步。2020 年 4 月,国家发展改革委等五部委联合印发了《关于加快推进天然气储备能力建设的实施意见》,提出了统筹储气设施规划建设布局、建立完善标准体系、建立健全运营模式、优化相关审批政策、健全考核制度切实落实相关主体责任等一系列具有建设性的意见,并强调了对于自主、独立经营的储气设施,储气服务的价格以及天然气购进和销售价格都通过市场形成。2020 年 6 月,财政部发布《清洁能源发展专项资金管理暂行办法》,明确页岩气、致密气等非常规气补贴政策将持续到 2024 年。2020 年 7 月,国家发展改革委印发《关于加强天然气输配价格监管的通知》要求进一步治理供气环节过多、加价水平过高、收费行为不规范等突出问题。

在各方面的政策鼓励之下,上游的增储上产、中游的公平开放、下游的直供直销、市场化定价的格局已经逐渐成形,天然气行业迎来了“主体多元、统一开放、充分竞争、有效监管”的新时代。

4. 增加天然气的消费量

在碳达峰、碳中和目标及大气污染防治等政策的驱动下,天然气作为低碳转型最有效的清洁能源,消费量必将显著提升。截至 2021 年,我国天然气消费量已经达到了 3726×10^8 立方米,天然气消费量同比增加了 420×10^8 立方米,创历史新高。预计到 2030 年,中国天然气消费量将达到 $(5800\sim7500)\times10^8$ 立方米,而 2050 年天然气消费量将会呈现下降趋势,预计总消费量降低至 4400×10^8 立方米。即使在 2030 年前后达到峰值后有所降低,但预计到 2050 年,天然气在国家能源体系中的比重依然将达到 27.5%左右,成为最大的一

---

〔1〕 周淑慧、王军、梁严:《碳中和背景下中国“十四五”天然气行业发展》,载《天然气工业》2021 年第 2 期。

次能源品种，仍然是一种重要的清洁能源。[1] 随着一些国内主要气田增储上产，天然气产量加速增长，同时进口气继续保持较快增长速度，我国天然气产业持续稳步发展的总基调不变。

（二）2022 年至今：后疫情时代

党的二十大对我国能源产业的发展状况进行了回顾与展望。一方面，新冠疫情作为全球性卫生事件，对我国经济建设、民众生活产生巨大影响，能源行业莫能例外，其产业建设与预定进程不可避免出现一定错位。另一方面，在后疫情时代，如何弥补落后进程、应对新指标、新任务，需要中央进行统一部署来做出顶层规划，统一思想，砥砺建设。党的二十大报告指出，我国能源产业同时面临国内改革压力和国际能源市场波动的影响，必须"深入推进能源革命"；"加强能源产供储销体系建设，确保能源安全"；"加强重点领域安全能力建设，确保粮食、能源资源、重要产业链供应链安全"，发展多元化能源供应体系，确保国家战略能源储备，顺利度过新旧能源更替尴尬期，为完成碳中和目标踏下坚实一步。国际能源署 2022 年 10 月发布的《2022 年世界能源展望》报告指出，当今世界，全球能源系统在疫情和战争之下的脆弱性和不可持续性凸显，化石能源消费有望在 2030 年迎来峰值，化石燃料投资增长期结束，投资额将呈现相对下降趋势。对我国而言，一方面要持续推动旧的以煤炭为主的能源供应体系向煤炭、石油和天然气等多元供应体系迈进；另一方面要积极探索新的可再生、可持续能源供应，为如期实现碳达峰、碳中和目标奠定坚实的新能源发展基础。

第三节　天然气产业发展及法律监管存在的主要问题

一、天然气气源对外依赖度较高

（一）天然气供需不平衡

我国产业结构的调整和能源结构的转型急待升级发展。目前，我国已成为天然气第一进口国，随着大气污染防治行动和碳减排目标的持续推进，天然气在我国一次能源结构中的地位逐渐提升。自然资源部发布的《中国矿产资源报告 2023》中，天然气的消费占一次能源消费总量的 8.4%，达到了预先

---

[1] 刘恒阳：《"双碳"背景下天然气地下储气库机遇与挑战》，载《石油与天然气化工》2022 年第 6 期。

设定的目标范围;虽然其消费量与之前相比下降了1.2%,但天然气产业正迎来新的发展机遇。从2017年起,我国天然气消耗量显著提升,表现为“淡季不淡,旺季更旺”的格局。2020年,习近平总书记明确提出碳达峰、碳中和的“双碳”目标,自此天然气在我国能源转型中具有关键性作用。根据《“十四五”现代能源体系规划》,我国的天然气需求在2015年到2020年以年均11%的速度快速增长,预计2021年到2025年将以年均6.3%的速度缓慢增长;2025年的天然气需求量为4500亿立方米,但预计2025年我国天然气年产量至少达到2300亿立方米。这意味着我国将进口2200亿立方米的国外天然气,近一半的天然气来自国外进口。因此,我国目前在发展天然气行业方面最大的挑战就是气源。天然气市场供需紧张,持续处于供不应求状态,“西气东输”工程、“增储上产七年行动计划”等工程只是暂时解决了天然气供给不足的问题。2020年新冠疫情的全面暴发导致全球能源消费下降,天然气需求迎来了历史最大降幅,下降了2.5%。自2018年起,我国天然气进口比例均为40%以上,虽然2020年因新冠疫情天然气进口比例有所下降,但未跌破40%,2022年全年进口占比为40.9%。国家统计局公布的数据显示,虽然我国天然气的产量呈现上升趋势,但自2019年起,我国天然气产量增长速度呈现下降趋势:2020年的增长速度为9.49%,截至2022年年末,我国天然气产量为2201.1亿立方米,较上年度仅增长了6.04%;2021年是我国天然气进口量的转折点,该年天然气进口量为1674.7亿立方米,较2020年的进口量增加了19.9%,而2022年我国天然气进口量呈现下降趋势,下降了9.9%,但对外依存度仍有40.5%。根据《“十四五”现代能源体系规划》,预计2025年我国仍有46%左右的天然气依赖于国外进口,我国天然气对外依存度不降反升。

(二)天然气进口优势明显

当前我国天然气产业在供给端面临着勘探开采技术设备落后、资源开采难度大等诸多问题,相较于上述诸多问题,天然气进口则具有较为明显的优势。首先,我国天然气进口气源具有稳定、多样的优势。我国作为第一天然气进口国,主要来源国为澳大利亚、美国、卡塔尔等,遍及亚洲、欧洲、大洋洲等多个大洲。我国与上述主要来源国之间所达成的长期、稳定的合作关系,能够有效避免单一气源供应所可能面临的战争、自然灾害等影响稳定供给的风险因素。其次,页岩油气革命带来了宽松的油气资源供应环境,油气进口成本优势是近年来我国天然气对外进口依存度不断提升的一个重要因素。页岩油气革命推动了世界能源格局发生深刻变动,极大程度地增加了世界各主要天然气出口国的非常规天然气储备,其所带来的天然气供应端的快速增长不仅促使天然气进口价格成本更低、更稳定,同时为我国天然气进口规模的稳步扩大提供了坚实保障。

总之,随着能源低碳转型到了关键期,我国国内市场对天然气的需求量持续高速增长,但国内天然气的生产速度相对较低,进口气规模大幅增长,对外依存度持续升高。

二、天然气产业开发、储备环节发展薄弱

(一)国内技术开发有限

天然气与石油是伴生能源,我国国内常规油气勘探难度日益增大,勘探成本提高;非常规油气资源进行大规模商业性开采的条件尚不具备,面临技术性问题和经济成本的双重挑战。油气产业面临转型发展的挑战。我国石油、天然气的开采潜力巨大,且国家为了降低战略资源的对外依存度,保证能源安全,鼓励加大勘探开采力度。但是目前我国天然气行业的相关技术薄弱,不足以支撑我国天然气行业的发展需求。因此,技术问题是天然气行业亟待解决的另一大难题。我们要先攻克天然气产业链的关键技术,使其成为一条具有知识产权、设备完善的天然气产业链。具有中国自主知识产权的设备和技术将是支撑我国天然气行业蓬勃发展的重要动力,不仅能满足我国对天然气行业发展的需求,还能打破国际行业的技术垄断。

(二)天然气储备及管网等基础设施建设不完善

我国天然气基础设施建设不完善主要表现在以下 3 个方面。

1. 天然气管道方面

在当前“管住中间,放开两头”的政策形势下,我国天然气管道基础设施建设稳步发展,不断推进“全国一张网”的网状管道基础建设。根据《中国天然气发展报告 2023》,我国在天然气管道建设方面取得诸多喜人成果:我国目前最长的煤层气长输管道——神木—安平煤层气管道工程全线贯通,中俄东线天然气管道泰安—泰兴段正式投产,中俄东线天然气管道与西气东输管道系统在江苏泰兴正式联通,等等。首先,截至 2022 年,我国主干天然气管道总里程约 11.8 万公里,与过去相比取得了良好进展,但与发达国家之间仍具有较大差距,如美国天然气管道总里程早已超过 48 万公里,是我国天然气管道总里程的 4 余倍;我国天然气管道密度也仅是美国的 1/6、德国的 1/13[1],

---

[1] 徐博等:《推进我国天然气行业供给侧结构性改革的政策与建议研究》,载《世界石油工业》2019 年第 5 期。

显著低于世界平均水平。其次,我国地幅辽阔,《中国天然气发展报告 2023》显示我国主干天然气管道有所增长,但是天然气长输干线仍未覆盖西藏等省区市,还有部分地区没有接通管道气。再次,我国在 2019 年成立了国家管网集团,实现全部油气主干管网并网运行,各干线管道之间互联互通,基本形成"全国一张网"。但是在发展过程中也暴露出了管网协调性不足、对管网公司垄断行为的监管不严等问题,尤其是如何处理与各省、市管网公司之间的联系问题值得重视。我国有 30 余家省级天然气管网公司、百余家市级管网公司,管网公司根据区域划分天然气管网业务,相互之间具有排他性,甚至存在利益冲突,因此各类管网之间无法顺利输送,管道互联互通较弱、运行效率低,严重影响管网运行协调性。优化天然气市场资源配置,实现安全供气的路径之一就是各管网之间互联互通。然而,我国天然气管道网络化程度仍然较低,与美国、俄罗斯等天然气大国相比,我国管网互联互通性不强,跨区域输气能力有限。最后,当前存在的部分天然气管道老化甚至损坏等问题也不容忽视。

2. 地下储气库设施方面

我国于 1975 年建成的喇嘛甸地下储气库是我国第一座气藏型储气库,地下储气库等调峰设施建设比较落后。[1] 到 2021 年我国共建成 28 座地下储气库,2024 年 4 月 3 日,我国中原油田文 24 储气库注气成功,中原储气库群增至 6 座。首先,虽然我国已基本实现"全国一张网",但天然气地下储气库的储气量仅是消费量的 4.4%,不足 5%,仅是国际平均水平的 1/3。其次,我国现存的储气库以油气藏型储气库和盐穴型储气库为主,尚未建成含水型储气库。[2] 我国东部沿海地区作为天然气消费的主力地区,由于地理条件的限制,还未建设一座大规模的地下储气库,该地区的天然气主要来源于进口。相反,我国天然气消费量较少的西北地区却拥有丰富的天然气资源和地下储气库,呈现出供需分离的现象。[3] 再次,地下储气库建设一般需要 3~5 年时间,投资较大,而且我国适应建设地下储气库的地理条件较少,投资建设的风险较大,投资者不愿投资。最后,我国目前缺乏关于地下储气库的产权界定、市场化运营体制等相关的配套政策,商业运营模式尚未成熟。因此,我国天然气地下储气库建设较为缓慢。

---

〔1〕 蒲明:《中国油气管道发展现状及展望》,载《国际石油经济》2009 年第 3 期。

〔2〕 李建君:《中国地下储气库发展现状及展望》,载《油气储运》2022 年第 7 期。

〔3〕 张福强等:《国内外地下储气库研究现状与应用展望》,载《中国煤炭地质》2021 年第 10 期。

3. 天然气进口基础设施建设(见表 3-4)

表 3-4 我国七大天然气进口管道

气源	天然气管道	管道长度/公里	设计运量/亿立方米/年	管径/毫米	境内对接管线
中亚	中亚 A 线	1833	150	1067	西气东输二线
	中亚 B 线	1833	150	1067	西气东输二线
	中亚 C 线	1830	250	1219	西气东输三线
	中亚 D 线	1000	300	1219	西气东输五线
缅甸	中缅天然气	2520	120	1016	中贵线、西气东输线
俄罗斯	中俄东线	4000	380	1420	在建
	中俄西线	—	300	—	在建

我国天然气进口主要依靠中亚天然气管道、中缅油气管道、中俄东线天然气管道和海上通道,其中海上通道是运输 LNG 的主要方式。2021 年我国 LNG 进口量为 7878.9 万吨,占全国天然气进口量的 65%,我国超越日本,成为 LNG 第一进口国;2022 年我国进口 LNG 为 6344.2 万吨,占全国天然气进口总量的 58%,系 2015 年以来首次下滑,但 LNG 仍在我国进口天然气总量占据较高比重。对于境外天然气资源,LNG 贸易形式[1]是除陆上管道运输外的主要运输方式,依赖于沿海地区的液化天然气接收站。截至 2023 年,我国累计投产 LNG 接收站 23 座,其中嘉兴 LNG 接收站是唯一一个浙北地区的对接设施;预计 2030 年接收能力为 2.35 亿吨/年,负荷率为 45%;[2]预计接收站设施的利用率从 2023 年开始下降,[3]我国 LNG 接收站利用率可能不足以顺应我国天然气消费速度。我国已投产 LNG 接收站项目如下(见表 3-5)。

---

〔1〕 罗佐县:《中石化专家撰文:我国天然气基础设施不足》,载新浪财经网,http://finance.sina.com.cn/chanjing/yjsy/20140120/121418013405.shtml,最后访问日期 2019 年 10 月 28 日。

〔2〕 赵广明:《中国 LNG 接收站建设与未来发展》,载《石油化工安全环保技术》2020 年第 5 期。

〔3〕 程民贵:《中国液化天然气接收站发展趋势思考》,载《国际石油经济》2022 年第 5 期。

表 3–5 我国已投产 LNG 接收站项目

建设企业	项目地址	接收能力/万吨/年	投产时间	资源供应方
中国碧辟石油集团	深圳大鹏	680	2006 年	澳大利亚 ALNG 集团
中海油	福建莆田	630	2008 年	印尼东固项目
中海油、申能集团	上海洋山	300	2008 年	马来西亚
中石油	江苏如东	650	2011 年	卡塔尔、澳大利亚等
中石油	辽宁大连 LNG 接收站	600	2011 年	卡塔尔、澳大利亚等
中海油	浙江宁波	300	2012 年	澳大利亚、卡塔尔
九丰集团	东莞九丰	150	2012 年	马来西亚、菲律宾
中石油	唐山曹妃甸	650	2013 年	澳大利亚、卡塔尔等
中海油、粤电集团	珠海金湾	350	2013 年	澳大利亚
中海油	海南洋口	300	2014 年	澳大利亚、卡塔尔
中石化	青岛董家口	300	2014 年	澳大利亚、马来西亚
中海油	天津浮式 LNG 接受终端	220	2016 年	未知
中石化	广西北海 LNG 接收站	300	2016 年	澳大利亚、尼日利亚
广汇能源	江苏启东	500	2017 年	卡塔尔
中海油	粤东惠来 LNG 接收站	200	2017 年	澳大利亚、阿曼等
中海油	深圳迭福	400	2018 年	澳大利亚、比利时、巴布亚新几内亚
中石化	天津开发区石化 LNG 接收站	600	2018 年	马来西亚、俄罗斯、卡塔尔、美国

续表

建设企业	项目地址	接收能力/万吨/年	投产时间	资源供应方
新奥集团	浙江舟山	300	2018 年	澳大利亚、印度尼西亚
中天能源	江苏江阴	200	2018 年	加拿大
中海油	广西防城港 LNG	60	2018 年	我国国内其他港口
中天能源	潮州华瀛 LNG 接收站	200	2019 年	未知
杭燃集团、嘉燃集团	浙江嘉兴独山港 LNG 接收站	300	2020 年	马来西亚、新加坡
中海油	福建漳州 LNG 接收站	300	2023 年	未知

三、天然气产业立法及司法困境

(一)天然气产业法律法规不健全

我国涉及天然气领域的现行法律主要有《矿产资源法》《石油天然气管道保护法》《安全生产法》《环境影响评价法》等,有关天然气领域的规定散落在各个法律中,并未涉及天然气价格、输送等方面,且《矿产资源法》已经不能匹配当前的矿产法律关系。我国天然气法律法规不健全。首先,我国目前缺乏对天然气领域的专门立法,关于天然气领域的法律规定不足以构成一个完备的天然气法律体系。其次,我国现行行政法规也较少涉及天然气领域,主要由国家能源局、国家发展改革委等部门就天然气管理发展作出规定,我国各省市政府也因地制宜地发布了天然气相关地方性法规与规章。总体来看,我国没有综合性的有关天然气产业的法律法规,现行的法律法规和行业规范较少且级别不高,又存在一地一法的现象,难以适应东西南北贯通的天然气管道大网络,不利于相关规定的施行。[1]

1. 天然气管网法律监管制度缺位。目前我国规制天然气行业的相关规定包括法律法规、行业相关政策,其中法律规定包括全国人大常委会制定的

〔1〕 周跃忠等:《推进我国天然气行业监管制度发展与完善的思考》,载《石油科技论坛》2012 年第 5 期。

《石油天然气管道保护法》和国务院出台的《城镇燃气管理条例》(2016年修订),现存有效的法律法规中没有关于天然气管网监管的专门立法。首先,关于天然气勘探开采、进口的上游领域,我国现行有效的法律法规有《矿产资源法》《深海海底区域资源勘探开发法》《安全生产法》《资源税法》等。其次,关于天然气的加工、管道运输和销售等中游领域,我国以《石油天然气管道保护法》《油气管网设施公平开放监管办法》《水上液化天然气加注作业安全监督管理办法》等相关法律法规为主。再次,关于天然气消费使用的下游领域,我国主要由各部门出台相关规定,如《城镇燃气管理条例》《关于促进天然气协调稳定发展的若干意见》《天然气管网和LNG接收站公平开放专项监管工作方案》《天然气管道运输价格管理办法(暂行)》《全国城镇燃气安全排查整治工作方案》等。最后,我国各地省市政府也出台了天然气管理配套政策,如《广东省加快推进城市天然气事业高质量发展实施方案》《北京市燃气管理条例》。可见,我国政府对天然气产业属于分散式管理,没有形成一套完整法律规范的体系。

另外,我国现行法律规范并未涉及天然气产业的全部领域,天然气市场准入等领域仍存在法律空白;天然气行业的上中下游也都采用传统管理方式,各领域的监管力度并不统一;并且缺乏单独设立的专业监管部门。我国制定"石油天然气法"的任务迫在眉睫。

2. 天然气法律法规级别低、内容空白多。我国现今主要以《矿产资源法》为基础,出台相关的条例、部门规章、办法等法律文件来调整天然气产业的法律规范。但是,现行的法律规范尚不足以调整天然气产业发展现状。此外,《矿产资源法》《石油天然气管道保护法》两部法律,一个规定了天然气资源的开发管理和保护,一个规定了天然气长输管道的安全,两部法律并未涵盖所有天然气产业领域,而且未能突出天然气产业的特殊性。除两部法律以外的其他行政法规、部门规章和地方性法规、规章等,具有非常强烈的行政色彩,都从行政角度来管理规范天然气资源,而且规范的法律效力等级较低,不具有权威性和稳定性。此外,各规范制定的主体不同、颁布的时间不同、适用的地域不同,从而导致各规范之间不具有系统性、协调性,缺乏整体规划。

我国现行法律缺乏对天然气领域的监管规定,没有专门的法律条款,因此对天然气产业的监管缺乏法律依据。另外,我国虽然没有天然气专门立法,但出台了许多行政法规、部门规章等填补法律缺失,其中不乏涉及天然气产业监管的内容。但值得注意的是,相关政策规定的执行者亦是政策制定部门,监管部门并未独立出来,缺乏公开透明度。因此,容易出现"国家利益部门化,部门利益法规化"的情况。总之,我国目前专门性、系统性的天然气法律法规缺位，各法律法规、政策规范之间交叉重叠，尚未形成一套科学合理、公开透明、程序完善的天然气行业管理体系，这在一定程度上限制了天然气产业的发展。[1]

3. 特许经营制度存在漏洞。特许经营制度源于《市政公用事业特许经营管理办法》，我国于 2024 年 5 月 1 日开始实施《基础设施和公用事业特许经营管理办法》。由于特许经营直接关系到天然气公司的生存基础，各公司极为重视。然而近年来在政府与天然气公司之间，以及同区域内不同的天然气公司之间，存在关于特许经营的不少问题，如特许经营的范围是否只限于公共管网、特许经营权如何估价、政府违约情况下特许经营者如何救济等均未有相应的法律规范指导，等等。“独家供应天然气”和“管道输送形式”构成特许经营权的两大边界，从法律上讲，点供本身并不直接侵犯燃气特许经营权。这一系列问题均不利于我国天然气下游行业的健康发展。

《城镇燃气管理条例》第三章“燃气经营与服务”条款内，规定了企业从事燃气经营活动的条件，并规定了燃气经营者的安全检查、维修改造等义务，以及部分禁止性行为。但在申请燃气经营活动的企业条件中，该条例并未就企业的资产作出限制，因此，国家部门在审核时容易忽视该问题，在燃气经营者无法正常履行供气职责等正常服务时，受损人能否顺利追责将成为一个难题。此外，特许经营制度赋予燃气经营者燃气特许经营权，该权利在有限期内的区域具有垄断性和排他性。由此，各地燃气公司滥用市场支配地位、一家独大、拒绝外来投资、肆意涨价的行为屡见不鲜，虽然实践中市场监管部门作出了许多行政处罚书，起到了一定警示作用，但效果不大。

（二）天然气产业司法适用困境

综合中国裁判文书网上有关天然气采购、运输、出售等判决可以得出，当前我国天然气产业的司法适用困境表现在以下两个方面。

1. 司法审判面临“无法可依”困境

我国天然气立法领域存在法律法规不健全、体系不完备等诸多问题，进而导致在司法审判实践中部分天然气产业相关案件出现了通常所说的“无法可依”的尴尬窘境。一方面，这会导致司法审判工作效率降低，久拖不决的法律纠纷甚至可能影响我国天然气产业的健康快速发展；另一方面，“无法可依”的问题将使得最终形成的司法裁判公信力降低，长此以往不利于法律权威的树立和天然气产业法律体系的完善。

---

[1] 唐芬、杨莉：《省级天然气产业发展法规体系建设研究——以四川省为例》，载《河南科技大学学报（社会科学版）》2011 年第 3 期。

2. 现有法律法规具体适用困难

天然气产业由于自身所具备的特殊属性,在天然气勘测、开发、生产、运送的过程中,容易受到政治形势、国家政策、自然条件等多种外界因素以及战争、自然灾害等意外情况的影响。因此,我国已经较为完善的民事、行政、刑事等方面的法律法规体系中的具体规定难以直接适用于复杂多样的天然气产业法律纠纷之中。例如,我国《民法典》合同编的"情势变更"原则,在适用于一般合同纠纷案件时,法官结合案件情况比较容易判定是否属于法定的"情势变更";而在天然气买卖相关的合同纠纷中,当天然气市场基于政策变动、上游供应不足、市场价格变化等原因发生重大变化时,界定能否适用"情势变更"原则就成了一个难题。在这一难题上多个类似案件的判决结果不尽相同,甚至大相径庭,当然这也与法律体系不健全、缺乏指导性案例分不开关系。现有法律法规在天然气产业司法实践中的适用必须更加灵活、准确。这既是对不断完善天然气产业相关法律体系的要求,也是对我国法官、检察官、律师等法律相关从业者能力素质的要求。

四、天然气产业法律监管体系不完善

(一)监管体系存在诸多漏洞

我国天然气产业主要监管职能由不同政府部门负责,多头管理,体系不明晰,难以统筹、协调,具体表现为以下三点。

1. 多头监管

我国《石油天然气管道保护法》第 4 条、第 5 条规定了主管管道保护工作的主体是能源主管部门以及县级以上政府指定部门。《城镇燃气管理条例》第 7 条规定了燃气安全监督管理的主体是县级以上人民政府。《天然气基础设施建设与运营管理办法》第 6 条第 2 款规定监督天然气销售企业、基础设施运营企业、用户的主体是国家能源局和县级以上地方人民政府天然气主管部门。据此分析而知,我国关于天然气行业的监管因规范制定主体的不同,所确定的监督管理机构不同,监督管理机构的职责也不一致,缺乏统一的天然气行业监督管理体系。现存多个天然气监管部门,且各个监管部门之间较为分散,监管部门的职责重叠,从而使得天然气行业领域出现多个监管者,各监管部门之间缺乏协调性。抑或相关政策并未涵盖天然气行业的所有领域,仍存在法律规范的空白。

目前天然气行业监管主体包括行政机关、社会组织等。比如负责制定天然气产业相关标准、天然气价格改革等的国家发展和改革委员会;负责天然气资源管理和勘探开采的自然资源部;负责监管燃气运输的住房和城乡建设部;负责天然气企业税收的财政部;等等。此外,在天然气行业的上中下游领域,国务院、自然资源部、商务部、国家安全监管总局等负责对不同环节进行监督。因此在多个监管部门的监督下,容易出现重叠监管、懈怠监管职责、监管职责难以落实等情况。此外,监管部门之间存在的上下级关系以及各监管部门之间缺乏有效沟通等问题,严重影响了天然气行业的监管力度。

2. 权责交叉重叠

我国法律规定赋予了国家发展和改革委员会许多天然气行业监管职责,一是负责起草天然气行业发展、价格和收费等方面的法律法规;二是制定天然气行业的发展规划;三是健全天然气价格配套机制;四是审批天然气长输管道建设;五是就天然气的勘探投资、油气定价、管道投资及定价等问题;六是就我国压缩天然气和LNG业务等进行监管;等等。其中,关于天然气勘探投资的监管除国家发展和改革委员会外,还有我国国务院、商务部和自然资源部,这四个部门联合对天然气勘探投资领域进行监管。自然资源部除监管天然气勘探投资外,还对天然气资源的勘探与开采、生产许可进行监管。

在城镇燃气管网领域,根据《城镇燃气管理条例》的规定,住房和城乡建设部就全国燃气管理进行监管,燃气企业的燃气经营许可须取得县级以上住建部门的批准;县级以上人民政府燃气管理部门及城建、安监、公安(消防监督)等部门按照规定各司其职,负责本行政区域的城市燃气安全监督管理工作。通过对燃气公司的实地调研,我们了解到下游的天然气公司不定期受综合行政执法局、应急管理局(公安、消防)、公安局反恐大队、气象局、市场监督管理局等的安全监管;虽然看似部门繁多,监管部门密布,但是在安全方面这样的多头监管导致了监管责任的分化,各个监管部门之间权责交叉重叠,一旦出现问题,部门之间互相推诿时有发生。

3. 落实困难

天然气产业法律规范体系尚不完备,但已有的规定较为详细,然而由于相关部门公务人员缺乏燃气知识、监管权力分工不明确等种种原因导致规定落实不到位。比如《城镇燃气管理条例》第8条至第11条较为详细地规定了县级以上地方各级人民政府燃气管理部门组织编制、各行政区域内的燃气发展规划的职责和流程。该规划需要结合国民经济和社会发展规划、上一级燃气发展规划等,就燃气气源、种类及供应方式等进行规划,加大燃气基础设施建设的投入力度,并鼓励社会投资,促进天然气行业持续发展。此外,安检、质检、建设、卫生、环保、公安消防等各个行政主管部门,也根据人民政府的规定,负责各自领域内的城镇天然气行业监管工作。然而现实问题是政府部门负责该项工作的领导人员缺乏相关燃气知识，未按规定作出规划或作出的规划存在较大问题；各个部门之间燃气监管权力分工的不明确，导致监管工作无法有序进行。我国的天然气相关规定着实缺乏对规划、执行等人员的素质保障及对执行效果保障的内容，不利于规范的有效落实。

（二）监管模式缺乏独立性

我国目前对天然气行业采取的是多元监管模式，并就政府监管范围、主体、方式和程序等进行规定。然而，一套良好的天然气行业监管体系应当有明确的监管主体、监管主体职责清晰、各主体之间权责合理，有一套灵活高效的监管方式、规范透明的监管程序以及严格的监管责任等，能够有效保障天然气行业的开采发展。首先，我国现行的法律规范的确就天然气的开采、运输及销售等各个环节明确了监管主体及职责，然而该政策依赖于行政机关对石油的监管，没有对天然气行业的单独规定。其次，政策制定者和规定的监管者系同一主体，即所谓的“政监合一”，从而导致天然气监管行政化严重。该体制容易导致政策制定部门强化监管职权，弱化监管职责，从而影响天然气市场秩序。目前各部门对天然气行业的监管不仅缺乏独立性，而且缺乏法律依据。再次，我国关于天然气行业的产业监管依据主要源于行政法规、地方性法规和部门规章等，监管部门的职责来源效力层次较弱，对监管对象不具有威慑力，缺乏具有权威的监管部门及监管依据。复次，现行天然气行业监管部门的职责存在交叉重叠部分，容易导致出现相互推诿或过度监管的现象。最后，天然气领域专业性较强，若监管主体仅限于行政机关，不吸收专家等较强的第三方，将增加行政监管部门的监管难度，会使监管主体无法进行科学高效的监管。

我国政府采用的是监管机构多元体制，未形成独立、高效的产业监管体制，缺乏独立性的政监合一的监管模式。此外，监管体系行政性较强也蕴含着上级行政机关施加压力、行政机关懈怠或滥用职权、行政机关缺乏监督的风险，没有中立的第三方监管容易导致监管不公、监管不透明等有违客观性的行为产生。多元化的监管模式也影响着社会监督，无法就不作为等错误行为进行追责；市场消费者也无法轻易获得天然气行业的相关资料，严重阻碍了市场主体的投资发展，从而影响天然气行业的发展与改革。

1. 天然气输送管网方面

目前，我国有 10 个以上的政府部门对天然气行业进行监管，部门内设立不同的司局就天然气生产、投资等进行监管，天然气一体化的运营模式产生了积极的垄断规模效应。但是，随着天然气市场的快速发展，一体化的运营模式也逐渐暴露出了弱点，管网基本设施之间的协调性较差，不能很好地实现管网互联互通。2019 年发布的《油气管网设施公平开放监管办法》规定了国家能源局、派出机构和各省级人民政府发展改革、能源等部门的监管职责。前者负责监管全国、海域及跨区域的油气管网设施，保障其公平开放；后者负责监管本行政区域内的油气管网设施。此外，该办法还对管网的信息公开、服务申请与受理等公平开放规则进行了规定，但是相关规定较为笼统，各主体之间权利义务模糊。

但是，在数十个监管部门中没有部门就天然气长输管网进行监管，各监管部门之间相互独立但又混淆，在实行协商准入制度下，天然气管网的中立性并不能得到有效保证。此外，现行的市场调节无法实现天然气管网的公平开放，而出台的《油气管网设施公平开放监管办法》《城镇燃气管理条例》的权威性不及法律。因此，我国还需要出台专门的天然气法律，就长输管网的监管、第三方准入原则、管网公平开放规则等进行规定，完善法律空白。

2. 气源监管方面

首先，天然气上游市场结构不利于管网专营和政府监管。我国国内天然气主要源于中石油、中石化和中海油等供应商，形成了以中石油为首的竞争梯队。截至 2024 年，中石油的天然气产量占我国天然气总产量的 70%左右，中石化仅为 27%左右。中石油、中石化、中海油作为我国天然气行业的三大龙头企业，拥有我国大部分的天然气勘探面积，使得其他中小型燃气企业难以挤入天然气上游勘探领域，天然气市场由此出现产业垄断。因此，无法形成统一开放的天然气市场。其次，现行法规并未就天然气勘探开发的监管范围、监管程序等进行明确规范，缺乏对气源主体的监管，从而无法实现上游主体多元化。基于此种气源现状，我国的冬季和夏季会出现严重不均的用气高峰。这对企业和用户都会造成极大影响。在天然气应急储备方面，国家发文鼓励地方政府建立储备站以保证需求，这一点在各地落实得并不完善。

3. 天然气设施规划方面

要使作为清洁能源的天然气在我国达到广泛应用程度就要有较为完备的基础设施和管网运输体系，而国家发展和改革委员会及地方负责规划的政府部门对于这一方面的规划较为欠缺。

4. 价格监管方面

我国通过国家发展和改革委员会价格司和县级以上地方人民政府价格主管部门对天然气价格进行监管。在调研中，我们了解到上游天然气气价的一部分是固定的，而另一部分则是由市场决定的，即下游企业对于当年所采天然气量进行预测,若预定较多而提取量少则浪费了气,若预定较少而实际需求过多则气价飙升,最终成交价格为上海石油天然气交易中心的成交价格。这不利于天然气市场的良好发展,尤其是在气量紧缺的冬季会出现较多问题。

5. 安全监管方面

监管部门应对城镇天然气运营企业的安全管理进行监管,而我国的监管人员系政府行政主管部门指定,因此大部门监督管理人员并非天然气产业科班出身,在未引入专家学者等第三人监管机制的前提下,现存监管人员可能面临专业知识匮乏、缺乏相关监管能力等问题。对于安全知识宣传的责任,我国法律规定由政府和企业承担,然而现实中并没有探索出极为有效的宣传手段,欲达到广泛宣传这一社会效果需要政府与企业的合作和努力。对于出现的安全问题,天然气企业也是怨声载道,因为除了政府和企业之外并没有一个独立的机构承担安全责任,是否可以引进保险机制也是安全监管面临的重要问题。

综上所述,随着天然气行业的快速发展,我国现行欠缺的是独立监管的模式,即监管部门可以独立于政府作出决策。首先,监管部门与政府保持相对独立,可以隶属于政府,但拥有单独的监管权,即实行政监分离。该监管部门不同于证监部门、金融监督管理部门等,而是真正意义上的独立。该监管部门独立于政府,下级监管部门直接向上一级监管部门报告工作,具有独立履行监管职责的决策权和执行权。同时,应避免监管部门干预政策制定,从而影响监管部门公平、公正地对天然气行业进行监管。其次,天然气行业具有特殊性,其准入门槛高,因此从事天然气监管的人员应当是专业人才,使用专门检测仪器,按照特定的程序进行严格监管,以确保天然气行业监管工作的严格高效。最后,监管部门的独立性还要求监管部门拥有专门的经费。设立单独的监管机构不仅可以缓解行政部门的压力,而且有利于弱化天然气行业的行政垄断。

第四节　天然气法律治理的域外实践

一、英国天然气法律治理概述

英国是世界上较早进行天然气行业市场化改革和监管改革的国家,并产生了一系列与之相配套的法律规范。英国的天然气研究往往与石油研究结合在一起,并以石油法律研究为主,广泛地包含了石油法、石油开发项目中的法律法规、海上油气开发平台移除的法律规范等内容。因此英国的天然气立法和治理逐步形成了与石油开发法律法规密不可分的特点,需要大量结合英国一般能源成文法和石油领域成文法进行研究。

(一)英国天然气立法体系

英国的天然气立法体系并非由专门针对天然气的成文法构成。该体系由大量的一般性能源成文法、政府政策文件等组成,广泛地涵盖了英国天然气开发的上游、中游、下游等环节。

1. 一般立法

英国天然气领域的法律治理由来已久。英国早在 1934 年就颁布了《石油法》(Petroleum Act),包含了天然气能源开发的基础理论,奠定了英国天然气开发法律体系的基础。例如,其规定了英国天然气矿产资源的所有权归属于国王,〔1〕其中既包括英国领土内的天然气资源,也包括领土以外大陆架之内的天然气资源。1998 年的英国《石油法》中规定了天然气开发的基本规则和理念,同时也奠定了英国石油、天然气开发许可制度的基础。之后英国通过 2015 年《基础设施法》和 2016 年《能源法》等对 1998 年的《石油法》予以完善和补充,天然气开发的法律体系更加完善。2023 年 10 月,英国颁布史上最大规模的能源立法——《2023 年能源法》(Energy Act 2023),为英国能源生产、能源安全、能源监管建立完备制度,其内容涵盖天然气与电力、石油与天然气等多个领域。

2. 特定领域立法

在天然气规划方面,英国的《国家规划政策框架》按照可持续发展的模式,为包括天然气和土地在内的资源指出全国性的规划方向。英国 2004 年颁布的《规划与强制购买法》在天然气开发项目上设置了更为严格的规划审查。其高度细致的要求,使监管机构的后续监管有章可循。由此可见,英国

---

〔1〕 该法首先规定,英国国王拥有勘探、开采、获得石油资源的排他性权利;同时,该法规定英国贸易委员会代表英国国王,向其认为具备资质的主体颁发许可,从事石油资源的勘探、开发活动并获得石油资源。参见英国 1934 年《石油(生产)法》第 1 条(The property in petroleum existing in its natural condition in strata in Great Britain is hereby vested in His Majesty, and his Majesty shall have the exclusive right of searching and boring for and getting such petroleum。第 2 条:The Board of Trade, on behalf of His Majesty, shall have power to grant to such persons as they think fit licences to search and bore for and get petroleum)。土地以及附属天然气的所有权归属于英国国王的原则认定,根源于英国历史。早在 1066 年,在诺曼征服之后,英国就规定土地归属于国王。随着英国社会的发展,土地在交易中不断更换所有人,形成了现在的多元所有者局面。

天然气法律体系更加注重控制开发中的负面影响,并以此促进可持续的长期规划,从源头上提高了开发者的可持续发展意识,降低了无序开采的可能性。

在天然气开发的许可授予方面,英国的《石油法》赋予了特定政府部门或独立机构颁发许可证的权限。根据现行法律规定,英国能源署是授予天然气项目开发许可的权力机构。在许可申请的流程方面,英国通过《石油许可法规》[Petroleum Licensing (Applications) Regulations]予以规范。根据该法,所有项目的申请者必须注册在英国,并且可以以外国公司分公司或子公司的形式申请。这一规定体现出英国在天然气开发准入上的国籍门槛相对较低,其以注册地为标准的条件实质上将纳税情况作为开发主体筛选的依据。

英国天然气勘探与开发方面的环境法律体系非常健全,并由1974年《工作健康与安全法》奠定了基础。该法通过规定自然人与法人的无上限刑事责任,从而为天然气行业的健康与安全提供了较强的保障。该领域的成文法随后逐步完善,包括英国《温室气体排放交易计划规则》(Greenhouse Gas Emissions Trading Scheme Regulations 2012)、《海上燃烧设备污染防控法规》[1][Offshore Combustion Installations (Prevention and Control of Pollution) Regulations 2013]、《海上化学物质法规》(Offshore Chemicals Regulations 2002)、《海上设备紧急污染控制法规》[Offshore Installations (Emergency Pollution Control) Regulations 2002]、《获准行为准则》[2](Approved Codes of Practice)、健康与安全执行局(Health and Safety Executive)颁布的规章和文件等。在逐步的完善中,英国又于2015年颁布了《海上安全法》《控制重大事故危险物法》等,使天然气活动获得了明确的法律规范,既保护了该领域的从业人员,又降低了天然气企业发生安全事故的概率。

在天然气市场第三方准入方面,英国1986年《天然气法案》为供应方进入附近管道奠定了法律基础。1996年,英国政府发布了《近海基础设施实务守则》,规定了海上管道的自由化准入,并规定了供应商和管道公司商谈未果的情况下第三方准入的条款与条件。同年,英国政府颁布了《天然气统一管网准则》。英国1998年《石油法案》将第三方准入授权赋予了近海管道公

---

〔1〕 该法要求海上天然气企业在使用海上燃烧设备前,须获得事先的许可。由于该法涉及海上活动,所以涵盖了涡轮机、内燃机、用于加热任何介质的燃烧加热器燃烧,以及惰性气体发生器燃烧。

〔2〕《获准行为准则》在司法实践中可以起到认定行为是否违法的作用。一般情况下,被告主体如果被认定存在违反《获准行为准则》的行为,并且无法举证证明已采取符合法律要求的措施,那么在审判中就很有可能被认定违法。

司，第三方准入制度日益成熟。

（二）英国天然气监管主体与监管事项

英国的天然气监管机构多样，从层级上可划分为国家监管机构和地方监管机构。为避免不同监管机构之间的职能重叠，英国根据天然气监管的具体事项设立了各监管部门。在涉及同一领域的监管问题上，多部门的具体职权以成文法或政策文件的形式予以分割，以提高整个监管体系的效率。

1. 一般监管主体与监管事项

英国的天然气法律监管采取多元主体的监管模式，各主体可以通过不同角度进行划分：从主体设立的立法依据和权力来源上看，监管主体可以划分为部级监管机构、非部级监管机构；从权力的地域范围上看，监管主体根据不同地域予以归类；从监管范围上看，监管主体可以分为宏观事务监管主体、市场监管主体、环境保护监管主体、消费者保护监管主体等。因此，某一特定监管主体在进行类别划分时，会出现兼具多重身份的现象。

国家宏观层面的监管主体在英国分为两部分，分别服务于英国的北爱尔兰地区和北爱尔兰之外的英国本土地区。国家层级的监管主体为商业、能源与产业化战略部（Department for Business, Energy and Industrial Strategy）负责天然气领域的三大事务，即执法、政策制定与决策制定。该部门负责制定英国天然气开发的宏观政策、促进天然气供应安全、为天然气的基础设施建设提供支持并降低天然气开发中的污染和浪费。这一国家级监管机构实行部长负责制，部长对该部的内部事务负责，并根据英国 1998 年《石油法》等行使公权力。

2. 特定领域的监管主体与监管事项

在土地使用规划方面，英国的社区与地方政府部负责制定土地发展规划政策、规划各类资源的合理开发。该部门可以决定是否允许天然气项目的建立，位于天然气监管体系的前端监管环节。英国负责天然气规划的部门为各地市政厅（County Council）中的规划部门，其对按照许可进行的开发活动予以审核和监督。英国在 2013 年的《增长与基础设施法》（Growth and Infrastructure Act）中增设了另外一个颁发主体，即商业、能源与产业化战略部部长。因此，在天然气开发者向地方市政厅申请开发许可而迟迟无法得到批准的情况下，申请者可以向商业、能源与产业化战略部部长直接提出申请。这一规定体现了英国对于天然气供给安全的考虑，通过设立双重申请途径，为天然气的稳定持续供应提出方案。

在天然气勘探与开发方面，英国油气署（Oil & Gas Authority）负责石油和天然气资源开发许可、陆上石油与天然气设施以及管道铺设与更换等油气开发的上游事务。在司法层面,该机构可以基于环境污染、违规操作等事由,对天然气活动中的被许可人提起诉讼。此外,该部门还拥有发布制裁通知[1]的权力,作为对颁发的天然气开发许可执行情况的监督。北海过渡管理局前身为英国石油与天然气管理局,同样具有颁发开发许可证的权力。例如,其决定在2022年颁发新的北海油气开发许可证,来缓解天然气不足带来的压力,保障能源安全。

在天然气消费与市场运营的微观领域,英国设有气能与电能市场监管局(Gas and Electricity Markets Authority)这一国家级别的部门,负责天然气市场上的消费者利益保护。英国1986年《气能法》(Gas Act 1986)、1989年《电能法》(Electricity Act 1989)以及2011年《能源法》(Energy Act 2011)等皆赋予了气能与电能市场监管局以执法权。同时英国在实践中设置了负责执法的机构,从微观层面实现天然气法律监管。英国气能与电能办公室(Office of Gas and Electricity Markets)便属于气能与电能市场监管局设立的非部级政府机构,其监管内容包括运输价格标准制定与销售价格制定,即对天然气实行价格监管,专门负责保护气能与电能市场上的消费者利益。

在天然气勘探与开发活动的安全规制方面,英国健康与安全执行局(Health and Safety Executive)负责天然气开发中的安全与健康执法。该部门内部设有能源执法处,专门负责对天然气开发行为中的安全与健康问题进行监督。在英国的苏格兰地区之外,健康与安全执行局承担了公诉机关的部分职能,可以直接决定是否对天然气企业和个人起诉,并启动诉讼程序。

在天然气相关的环境保护方面,英国设有环境署(Environment Agency),旨在确保石油、天然气、页岩气、煤层气等在勘探、开发、生产、运输、使用等方面的环境保护与可持续发展。英国威尔士地区在2013年专门设立了威尔士自然资源署(Natural Resources Wales),其成为上述事务在威尔士地区的监管机构。《2023年能源法》赋予国务大臣要求海上油气基础设施负责人制定应急计划的权力,要求该计划列明应对引致或可能引致海上油类污染事故的措施,以减少海上油气开采活动对环境的影响,并对国务大臣的权力下放持续

---

[1] 制裁通知一般包括要求执行通知、经济制裁通知、许可终止通知、撤销操作方通知。要求执行的通知一般针对比较轻微的不合规行为,要求行为主体在一定条件下按照法律规范操作;金融制裁一般情况下与要求执行相伴,行为主体需要额外支付罚金;许可终止一般针对比较严重的违反天然气法律规范和违反许可条款的行为;撤销操作方的通知主要针对产生了违法或违规行为的被许可方的操作者(个人或法人),此类通知针对的是操作者而并非被许可方。

作出详细规定。

在天然气与电力方面，依据《2023 年能源法》的规定，英国将引入新的独立机构——未来系统运营商(Future System Operator)，旨在为消费者提供安全、低碳/脱碳的能源供应，平衡电力系统，确保天然气和电力网络有效发展。

二、美国天然气法律治理概述

(一)美国天然气立法体系

美国的油气天然气立法体系是了解特定油气开发项目法律适用的前提，原因在于美国存在联邦法律和地方各州法律两个体系。油气开发项目的法律适用一方面取决于油气资源所在地的所有权归属，[1]另一方面取决于油气资源属于陆上还是海上天然气。

1. 联邦天然气立法

油气天然气开发的前提是区域选定，而美国的《矿产土地转让法》(Mineral Lands Leasing Act)和《大陆架土地法》(Outer Continental Shelf Lands Act)则在土地产权及权利转让方面为石油和天然气的开发提供了权利基础。就油气资源开发本身而言，美国早在 1872 年就颁布了《一般矿业法》(General Mining Act)，1920 年颁布的《矿产租赁法》(Mineral Leasing Act)奠定了美国天然气法律体系的基础，该法律将公共用地租赁用于油、气、煤以外的矿产资源开发正式确定下来。

在所有权认定上，美国法律规定油气资源的所有权属于土地所有者，所以美国油气资源的所有者广泛地包括了自然人、企业、州政府、联邦政府等。油气资源具有流动性，其在蕴藏状态下的地理位置与开采后的地理位置可能发生差异，从而导致分别位于不同地表所有者权利范围内的情况。在以“蕴藏标准”还是“开采标准”界定权属关系的问题上，美国将选择权赋予地方立法，而地方政府一般倾向于后者。因此，美国诸多地方州的法律将地表所有权与地下油气资源所有权的权利产生时间进行分割，并且规定地下天然气资源在油气资源从地下产出以后方可界定所有权属关系。[2]

在油气资源消费领域，诸如《汽油营销法》等联邦立法规范了天然气市

---

[1] 在美国的所有权主体可能是联邦政府、州政府以及私人主体。

[2] 此种立法模式在美国被称为“捕获规则”(the rule of capture)，会导致地下油气资源在蕴藏阶段的所有权人与开采之后的所有权人发生变化的问题。基于这一问题，美国各州一般采取“关联权利原则”(the doctrine of correlative rights)。根据该原则，在蕴藏阶段享有油气资源所有权的主体，在开采阶段失去了所有权之后，可以就出产的油气资源按比例分享利益。同时，各州政府严格限制某一区间内的油气井数量，降低利益划分中的争端。

场上的行为,对油气资源的批发商、分销商之间的合同进行了规范。

在运输监管方面,美国 1938 年颁布了《天然气法案》(the Natural Gas Act)。该法案赋予联邦动力委员会即现在的联邦能源管理委员会(Federal Energy Regulatory Commission)监管跨州交易中天然气运输和销售的权力。

在价格监管方面,美国 1978 年制定了《天然气政策法案》(National Gas Policy Act),逐步放松对天然气的管制,希望通过市场激励机制增加天然气产量,缓解天然气短缺的压力。1989 年,美国颁布了《天然气井口价格取消管制法案》(National Gas Wellhead Decontrol Act),解除了对各州间天然气井口价格的管制,取消了联邦能源管理委员会对跨州天然气交易价格的管制权。

在管道安全问题上,美国 2019 年发布了关于天然气管道安全法的修订案《天然气管道安全:再确认最大允许操作压力、扩大评价要求和其他事项》,为避免天然气管道断裂着火事故、维护管道安全提供了法律保障。

2. 各州天然气立法

联邦立法以外,美国的地方州如阿拉斯加州、加利福尼亚州、新墨西哥州也颁布了各自天然气方面的立法。实践中,各州会结合当地实际情况推进不同内容的天然气立法。例如,加利福尼亚州针对本州能源消费量大的问题,设立《加利福尼亚州能源规章》(California Energy Code),旨在高效利用包括天然气在内的能源,节约能源、降低能源消耗。

(二)美国资源监管主体与监管事项

美国的油气开发分为上游勘探与开采、中游加工与运输、下游提炼与消费三个主要阶段,美国天然气的监管体系也主要围绕这三个阶段展开。与此同时,美国 66%以上的地方州都蕴藏油气资源。因此在油气法律监管的主体上,出现了地方监管与联邦监管两个体系。美国联邦与地方政府在上述诸多事项中的监管权限划分,主要依据天然气资源所在土地的所有权以及联邦法律和地方法律的适用情况。

1. 联邦监管主体

实践中,油气资源开发的选址和生产一般由联邦政府作为监管主体,[1]联邦政府对联邦属地、沿海各州大陆架以外且属美国领海以内的海域、墨西

[1] 油气资源的区位选择也有可能由地方州政府决定,典型的情况如油气井涉及噪声污染、交通问题、有害物质等而影响到相邻居民。

哥湾内的大陆架区域[1]的天然气开发活动拥有监管权力，并对全国范围内天然气开发中的空气保护、水资源保护、从业人员安全保护等事项予以监管。具体而言，联邦内陆部（Department of the Interior）监管天然气的开采，土地管理局（The Bureau of Land Management）则监管天然气的勘探、开发、生产活动，能源部（Department of Energy）负责美国天然气资源的战略规划、产业信息收集、天然气科研项目等。

在联邦监管主体方面，美国于 1977 年成立了联邦能源监管委员会（Federal Energy Regulatory Commission），专门负责监督包括天然气在内的能源市场，保护天然气开发与交易市场中的经济利益、环境利益与国家安全利益。美国核能管理委员会（Nuclear Regulatory Commission）则专门负责监管核能利用。

在天然气资源开发中的土地资源监管方面，美国联邦政府设立了土地管理局（Bureau of Land Management），专门负责联邦土地和原始居民地上的天然气资源勘探、开发、生产和权属转移的监管。与陆地相对应，联邦政府负责范围内的海上天然气开发监管，由海洋能源管理局（Bureau of Ocean Energy Management）、安全与环境执行局（Bureau of Safety and Environmental Enforcement）和国家资源局（Office of Natural Resources Revenue）等执行。

在天然气开发环境监管方面，美国联邦政府设立了安全与环境执行局（Bureau of Safety and Environmental Enforcement），负责向墨西哥湾内的天然气开发主体颁发环境许可。同时，各州政府在天然气开发中涉及道路利用、空气中有害物体排放、濒危物种保护等问题时，也会根据本州情况设立环境许可。同时，美国环境保护署要求天然气开发主体将天然气生产准备阶段可能产出的或溢出的资源统一收集，防止此阶段中的天然气泄漏造成环境污染。由此可见，美国环境保护署的监管事项十分具体和细化。

在天然气开发的下游，美国的监管体系广泛地涵盖了诸如天然气输送、天然气提炼和加工、天然气消费等方面。在天然气输送领域，管道的规划、铺设一般由各州政府负责监管。但是美国联邦交通局设立了管道和危险物质安全管理处（Pipeline and Hazardous Materials Safety Administration），专门监管天然气的长途输送管道、天然气终端输送管道以及地下天然气储存。美国联邦能源监管委员会（Federal Energy Regulatory Commission）则负责跨州的

---

〔1〕 美国各州在处理本州范围内的大陆架油气开发时，一般仍然由州政府予以监管，而联邦政府对于美国大陆架内油气开发的监管权限，通常限定在墨西哥湾内。

天然气运输管道监管,并决定管道设施的选址和建设。[1] 美国联邦铁路管理处(Federal Railroad Administration)负责对液态天然气铁路运输安全问题进行监管。由于对铁路运输石油的安全性的要求很高,该部门还为铁路承运人颁发许可,将不具备资质的主体排除在外,降低天然气运输过程中的安全隐患。此外,美国环境保护署监管天然气资源在生产提炼中和在通过各种方式运输的过程中产生的环境污染问题。

在天然气的管道运输中,由于存在开采管道[2]、运输管道[3]与分销管道[4]的区分,所以联邦能源监管委员会作为国家层面的机构,对这些领域进行统一监管。该机构的监管职能不局限于油气天然气运输本身,还会通过运输协调各州天然气的调配政策,确保市场价格的公平。在天然气稀缺州的油气资源的供应中,美国采取了竞标方式,并将联邦能源监管委员会设立的费率限制作为得标条件。该委员会由此实现了天然气价格监管的职能。

2. 地方监管主体

在地方监管方面,美国油气资源由各州根据本州情况设立监管主体,例如加利福尼亚州的能源部门、阿拉斯加州的自然资源部门等。各州监管机构的设置并不完全相同,监管机构的设置注重本州的实际需求。

3. 美国天然气监管体系特点分析

在天然气资源开发的税务监管方面,美国的实践呈现出相对简化的特点。美国对于天然气开发中涉及的税收问题,按照针对一般企业的税收模式执行。作为所有权人,政府与私人主体同样基于开发合同享有权利、承担义务。因此从权利来源上看,政府在经济上的收益源于天然气开发合同,而非源于其监管职权。

美国的油气天然气监管体系另一个特点是弱化监管在市场机制中发挥的作用。易言之,在天然气开发的三个阶段中,可以由市场机制自行调节的领域,往往弱化公权力监管的角色。例如在天然气开发方面,联邦主体不会直接参与对开发主体的监管。在天然气资源的消费市场领域,监管机构的角

---

[1] 联邦天然气监管委员会在对管道项目的公共影响、环境影响进行合规评估后,向运营主体颁发管道铺设许可。但需要注意的是,拥有许可的管道运营主体并不一定可以建设管道。联邦天然气监管委员会的审查不涉及市场审查,只在法律监管的合规、环境、公共利益等方面评估管道项目。实践中项目的运营需要通过市场机制来决定,而在特定地区市场上的管道铺设项目,有可能因为现有管道充足等而实际上无法建设新的管道项目。

[2] 开采管道负责将原油和从油气井开采出来的原始气资源运输到油气处理工厂。

[3] 运输管道是整个管道系统中规模最大的一个环节,负责将加工处理之后的油气资源运至美国各州的存储设备中,或者直接运往各州的中转站。

[4] 分销管道将加工处理之后的油气资源运送至终端用户。

色也主要限定在合理价格的稳定、消费者权益保护等方面，而市场可以调节的价格波动、天然气企业竞争等，监管部门不予过多干预。

三、域外主要国家天然气治理特点

虽然英美等国家的天然气法律治理体系比较健全，但是借鉴其先行经验时就具体的法律制度和规范尚需甄别对待。一方面，英美所属普通法系土地私有制度对产业发展有较大影响；另一方面，英美天然气所有权多重主体并存。上述英美天然气法律治理的分析可以为我国天然气的法律治理路径的完善提供借鉴。

（一）立法与监管的长远性与可操作性

天然气治理的立法体系应该既考虑长远规划，也考虑法律规范的具体性和可操作性。在天然气立法方面，世界上大多数国家将重心放在天然气开发许可、所有权转移、税收等方面，但是英国早些年就考虑到了天然气开发设备在油气资源开发枯竭之后的法律问题，并且通过成文法律规范设置了油气开发设施拆弃（decommissioning）的具体措施。首先，在法律位阶上，英国将油气开发设备弃置问题纳入《石油法》这一层级较高的成文法。英国《石油法》要求天然气资源的被许可人应该为天然气开发设备的“完全移除”承担费用，并且由英国商业、能源与产业化战略部予以监督执行。根据英国《石油法》，该部门要求天然气项目的开发者在与英国油气署充分沟通后，[1]提供具体的设备拆弃日期，以及具体的拆弃方案。在具体的执行层面，该部门将权力委托于英国海上石油环境与拆弃管理局（Petroleum Regulator for Environment and Decommissioning），由其负责海上油气开发设备拆弃的监督。其次，英国在该问题的立法上不仅仅体现在“先判性”与立法的“层级性”这两个方面。根据英国《石油法》，一旦商业、能源与产业化战略部批准了油气项目方的拆弃方案，那么该项目方有义务执行方案。如果方案没有得到执行，那么商业、能源与产业化战略部会代为执行，并向该项目主体发出付款通知书，要求其支付费用。

美国的法律监管涵盖了上游、中游、下游三个阶段，其监管范围广泛，同时在天然气资源开发选址、天然气资源生产、天然气开采浪费问题、天然气开

---

〔1〕 英国《天然气法》将油气署引入油气设施的拆弃流程，旨在要求油气署在油气项目的拆弃前，提供诸如循环利用设备等的替代方案。一旦替代方案的综合效果优于拆弃方案，那么油气设备有可能不会面临拆弃的结果。一旦拆弃不可避免，那么美国《石油法》还要求油气署充分考虑该方案，并确保方案的成本是最低的。

采中的环境污染问题、天然气开发中的健康安全问题、税收、天然气开发中的文化资源保护以及资源浪费等方面都作出了详细具体的规定。例如,在天然气开发土地监管方面,尽管监管主体多样,但是各机构监管的内容侧重不同。美国海洋能源管理局负责天然气开发执照、产权交易、油气蕴藏评估、勘探调查等与天然气开发直接相关的事务,美国安全与环境执行局则负责监管陆上及海上所有天然气开发活动中的安全与环境事务。美国通过具体明确的职能安排,将天然气开发监管落到实处。

(二)立法与监管理念中社会效益考量

提高天然气开发效率、可持续且最大化开发可采天然气,已成为部分国家天然气法律治理中的重点。就上述英国的法律实践而言,“从英国水域以下的地层中回收经济可采石油的最大值”已被英国《基础设施法》纳入法律规范,并且政府已经在天然气发展政策中明确其为发展目标之一。尽管英国确立“开发最大价值理念”受到其地处大西洋岛屿、油气资源有限等客观情况的影响,但是天然气开发中的“开发最大价值”理念,是任何能源开采活动都应该关注的长远目标。这一立法价值的意义不仅仅在于通过法律实现对天然气开发主体的监管,其更长远的意义在于利用法律手段倒逼、激励该领域的研发机构等不断开发挖掘天然气的最大价值。这不仅能够缓解俄乌冲突等国际背景下天然气短缺的压力,稳定天然气价格,改善天然气进口增加的现状,降低对进口天然气的依赖度,保障能源安全,而且将促进英国社会整体的创新,带动相关多行业的发展。长此以往,该国的自主创新技术将位于世界前列,而完全依靠传统方式开采的国家将不得不依赖于技术进口。这样的立法理念同样体现在英国《综合征费规范》等成文法律中,天然气行业相关法律规范所体现的立法理念的实际的社会效果超越了天然气开发行业本身。新技术一方面解决了天然气开发中资源开采不完全、不充分的问题,另一方面确保了开发主体在法律规则框架下运行,同时促进了不同领域的技术革新。

就美国的法律实践而言,在联邦与地方两个层面,美国的天然气资源监管呈现出明显的以可持续发展为核心的特点。尽管以地方各州监管为主体的美国天然气监管广泛地涵盖了地质勘探、资源权属转让、开采、生产、闭井、天然气储备修复等领域,但监管中的重要事项为天然气浪费问题、土地所有者对于天然气资源的开发问题以及天然气开发中的可持续问题。例如,美国环境保护署根据《清洁空气法》(Clean Air Act)、《安全饮用水法》(Safe Drinking Water Act)等制定饮用水和空气质量标准,确保天然气开发不会降低该地区的饮用水和空气安全标准。

第五节　我国天然气产业监管法治的完善路径

天然气行业由于其本身的特殊性，在很多方面无法适用现有法律，或现有法律规定存在不清晰的情形。目前，我国指导该行业的法规为《城镇燃气管理条例》，性质为行政法规，位阶和效力都较为低下。我国的天然气工业亟须建立完备的、与天然气产业特点和市场经济改革方向相适应的法律、法规体系。

一、完善天然气产业上中下游法律规则体系

天然气行业上游的勘探开发、中游的管道运输及配套基础设施建设、下游的管网输配系统和供气设施建设三位一体，同属天然气产业链不可或缺的重要部分。但由于基础性法律的长期缺失，上中下游产业之间缺乏统筹协调，追求单方利益而损害他方利益的情况屡见不鲜。与之并存的还有天然气国有垄断程度高、市场化程度低、监管机构与天然气企业地位不平等问题。

（一）天然气行业上游所需的法律规制

在天然气行业上游，勘探开发的准入权限、进出口审批和建设职权、价格制定和调整、重大项目投资职权分属自然资源部、商务部、国家发展和改革委员会的价格司和投资部门，存在的问题为多头管理和监管分散，法律层面除已有的《矿产资源法》《对外合作开采陆上石油资源条例》《对外合作开采海洋石油资源条例》外还需要一部统领行业的“天然气法”，将上中下游统于一体，同时从法律层面对管理和监管存在的问题作出规制。

（二）天然气行业中游所需的法律规制

天然气主干管网、省级管网和液化天然气接收站等中游基础设施尚未向第三方公平开放，形成行业“中梗阻”。究其原因主要是存在垄断利益、信息不够公开以及缺乏权威监管，因此需要通过细化法律规范，加快中游基础设施的第三方准入。具体来说，目前第三方准入基于协商，管网运能有剩余时才有对第三方开放的义务，因此需要实现实施细则清晰化和信息公开健全化，优化剩余能力的界定。

（三）天然气行业下游所需的法律规制

天然气下游存在的主要问题集中于特许经营制度，目前这一制度的法律

依据主要是《市政公用事业特许经营管理办法》和《基础设施和公用事业特许经营管理办法》,但这两部办法作为部门规章,法律位阶不高,对实践中许多问题并未明确规定,存在法律空白。上述不足直接导致各地方政府留有很大自主空间,实践中围绕特许经营存在的纠纷也层出不穷,具体来说可分为三类:(1)管道气公司之间产生的特许经营争议;(2)上游企业直供工业大用户侵犯管道气公司特许经营权;(3)LNG 气化站直供工业用户侵犯管道气公司特许经营权。

二、建立完备的天然气法律规范位阶体系

我国法律层级分为法律、行政法规、部门规章、地方性法规及规章、司法解释和其他规范性文件。下面以各个法律层级为视角分析天然气法律完善的逻辑。

(一)法律层面

目前涉及天然气的法律以上游勘探开发和中游管道运输领域为主,如针对资源开发管理和保护的《矿产资源法》和涉及天然气长输管道安全保护问题的《石油天然气管道保护法》以及《民法典》物权编、《环境保护法》和《反垄断法》中关于天然气的零散规定。随着天然气行业的发展,其呈现出和石油产业的诸多差异,如天然气储存和运输成本远高于石油且投资需要有潜在的长约。如果思维还停留在计划经济时期,将天然气列为石油产业的附属项目进行管理,显然不利于天然气产业的长远健康发展。此外,我国法律对天然气泄漏造成的人身损害适用过错原则或无过错原则没有明确规定,各地法院判决不一,需要进一步明确相关规定。可见,天然气行业缺乏一部单行且能统领发展全局的"天然气法",来对上中下游三个层次的社会关系进行调整,并且需要体现几个核心功能:(1)对多头管理现象进行治理,通过法律强制力整合天然气管理,并强调其独立性。(2)对现行法律法规中有关天然气的规定进行整合,提纲挈领,确保法律内容完备、内部协调、科学合理。(3)法律规范应着眼天然气行业中下游,着重治理目前中下游存在的诸多问题。(4)对 LNG 引起足够重视并体现在相关条文中。

(二)行政法规

上中游领域缺乏直接涉及天然气产业的行政法规,主要有《对外合作开采陆上石油资源条例》《对外合作开采海洋石油资源条例》《海洋石油勘探开发环境保护管理条例》;下游领域的《城镇燃气管理条例》在燃气发展规划与应急保障、燃气经营与服务、燃气使用、燃气设施保护、燃气安全事故预防与

处理以及法律责任等方面作了详细规定，也是各省城镇燃气管理条例的模板。上中游领域还需完善行政法规的制定，可先行代替“天然气法”完成部分职能，整合天然气管理。

（三）部门规章

涉及天然气的部门规章主要由四部分构成：天然气设施建设与运营管理、特许经营和行业准入、价格管理和反垄断行为、天然气产业发展政策。目前的部门规章较为完备，主要问题仍集中于多头管理，在天然气成立统一管理机构之前应由各部门规章继续规范天然气行业。

需要注意的是部门规章间切忌有重复、交叉规定，同时也要弥补相关规章制度的缺位，须进一步完善部门规章，确保部门间权责分明，构建健康监管生态。

（四）地方性法规和规章

各地方政府对天然气的管理制度可分为燃气管理条例和办法、各地的特许经营和行业准入制度、天然气价格管理办法。例如，石家庄以《河北省燃气管理条例》和《石家庄市燃气管理办法》为主要指导法规，但在具体实践中存在诸多问题，如两部法规涉及天然气计量的内容存在矛盾：《河北省燃气管理条例》规定燃气装置使用到规定年限后，由管道燃气经营者负责更换，所需费用计入企业成本；而《石家庄市燃气管理办法》则规定经检验测试计量失准需维修或更换燃气计量装置的，由燃气经营企业负责维修或更换，费用由燃气用户承担。上述两办法的规定存在冲突。

（五）司法解释

司法解释同样是天然气法律体系的重要渊源，我国对天然气的上中下游领域均作出了一系列司法解释。此外，上海市还出台了由公、检、法、司多部门联合制定的《关于办理盗窃燃气及相关案件法律适用的若干规定》。在实务中窃气行为定罪存在一定问题，由于天然气物理性质的特殊，难以准确计算出被盗窃的天然气数量，因此干扰了司法机关处罚的力度。在缺乏相应的科学计算方法时，应当对窃气行为进行具体分析，进一步作出合理的司法解释以保护天然气企业的合法权益。

三、加强对天然气产业的法律监管

（一）单行法律的制定

天然气是一种不可再生的稀缺资源，其本身具有巨大的经济价值，与之共存的是极大的安全风险,无论是合理开发还是有效保护,均需要专门的单行法律发挥作用。天然气产业发展成熟的国家如英国、美国均在各自法律制度中以单行成文法的形式对天然气产业进行了规范且取得了良好的效果。我国目前“天然气法”缺位,法律制度严重滞后于实践,导致产业发展的上中下游都存在各自的问题。随着产业的进一步发展,我国迫切需要一部单行且能统领上中下游环节的“天然气法”来统一各行政规章、条例、通知及意见,形成科学完备有效的油气资源法律规范体系,改变各种制度效力不一、条款规定纷繁重复的现状,使得政府有法可依,市场竞争有法可守,独立监管有法可循。

(二)已有法律法规的完善

我国目前天然气产业实践中存在法律空白、法律法规内部冲突或政策与法律法规相冲突的情况,制度的缺陷会给实务带来阻碍,同时对法律的权威、政府的公信力都产生一定负面影响。因此,应当加快法律法规的完善,使现行法律内部和谐、内容完备,以弥补法律空白、协调法律冲突,使制度更好地服务、规范、促进实践的发展。

(三)监管机构的集中

当前,我国已初步构建了油气资源监管机构体系,油气的勘探开采、价格的制定与监督、体制改革与市场运行、油气安全和油气环保等各环节由不同的部门进行监管。然而,我国多年的实践证明,这种多监督主体的分散监管并不适合我国目前的国情,基于油气资源市场监管事物繁杂的特点,同一产业内各个环节的多头管理会极大地提高运行成本,导致工作效率低下、权责不明晰、多监管部门衔接不畅等问题。多部门联合监管时,时常会发生以政绩或经济利益为导向的选择性监管,一旦监管失职往往又会因为监督职能边界模糊而产生追责障碍。我国应在总结多年发展经验教训的基础之上探索符合我国国情、具有中国特色的监管模式。对监管工作进行整体布局,可以采用分级管理的方式,由自然资源部进行整体政策制定、监管目标确定,并对各省级监管部门的工作成效进行定期考核和指导,建构起以“精干大部+专业监管机构”为主体的中央政府架构,实现综合管理服务与专业监管相统一。[1] 在单行立法的制度基础之上应配合集中的监管机构,以单一的管理机构统领天然气产业发展全局;各省市设立专门的监督机构,由该独立的监

---

〔1〕 王湘军、邱倩:《大部制视野下美国独立监管机构的设置及其镜鉴》,载《中国行政管理》2016年第6期。

管部门对同级或下级的工作情况进行监督,能够统筹兼顾,协调推进各个环节的运行。

(四)监管模式的创新

除整合监管机构以外,促进监管模式的现代化同样是当务之急。目前我国对天然气产业的监管既存在缺位,也存在越位,导致效率低下。对此应当对监管模式进行创新,缺位处加强管理,扼不当竞争于萌芽阶段;越位处简政放权,强化服务职能。以特许经营制度为例,政府与燃气公司签订特许经营合同,就应当限制其他公司的市场准入以保护燃气公司的合法权益。

同时,可以进行合作监管试点。合作监管摒弃了政府单一监管主体模式,借助企业、协会的专业知识,引入多元主体共同参与监管和治理,建立政府主导、公众参与的综合评价机制,形成集公众满意指标、行业发展指标、经济效益指标于一体的公共服务指标体系。[1] 一方面,政府监管部门要加强政务公开、信息公开,多途径、全方位向社会、群众公开天然气监管的各项事务;另一方面,增加社会公众检举途径,扩大投诉建议渠道,广泛收集公众意见要求,优化服务热线、办事窗口等平台的管理,积极回应群众的急难愁盼,提升公众参与度。由监管机构、企业、协会共同参与经济活动的干预和控制,各主体多管齐下,能够在维护秩序的同时创造更多效益,提升监管水平,实现合作监管的理想效果。

四、优化天然气产业的发展环境

(一)法律先行,健全行业法规

健全天然气领域基础性大法。天然气监管措施依法得到落实以完备的油气资源法律规范为前提,天然气产业庞大复杂,涉及众多利益主体。虽然我国已有《能源法》《矿产资源法》《石油天然气管道保护法》,以及若干部门规章、政策等规范性文件来规范天然气行业,但是法律条款数量有限,而且大部分法规规范难以迎合天然气行业的发展变化,缺乏一部专门法律进行科学指导。目前,油气领域的规制文件多以部委规章或者行政指导为主,法律效力较低且稳定性不足,难以消解其效力层级以上的文件规定的滞后性。[2] 目前我国天然气立法工作的重点在于设计天然气行业大法——“石油与天然气法”的法律框架和基本制度。其应该对天然气基础设施、天然气价格、天然

---

〔1〕 汪天凯等:《政府对天然气产业发展的影响及启示——以美国、英国为例》,载《石油科技论坛》2017年第6期。

〔2〕 傅晶晶:《中美石油资源法律制度比较研究》,载《资源开发与市场》2012年第11期。

气供应安全、天然气价格监管等各方面作出明确的规定,法律监管应涵盖勘查、开采、运输、存储、交易等各个环节,以实现科学、合理、高效、安全、公平的目标。“石油与天然气法”作为油气行业基本法,应当与天然气相关的行政规章、行政条例、通知及意见整合起来,并上升到法律层面,形成完备的油气资源市场法律规范体系,成为政府执法、市场竞争、行业高效率发展的科学法律指南。

健全管道安全保护法律。管道安全至关重要,美国2010年、2012年两起管道断裂着火事故给我国管道安全带来深刻警醒。我国在2010年颁布实施了《石油天然气管道保护法》,其历史性意义不言而喻;但是不可否认的是天然气管道安全管理制度、管道保护法律法规仍有待完善,尤其是在确定最大允许运行压力、事故后恢复设计运行压力等方面,国家法规和相关标准没有明确的程序和技术要求规定。设计一套科学有效的评估程序和方法应作为下一步立法工作的重点,同时也是提升管道安全管理水平的关键所在。

(二)政监分离,建立独立的监管机构

独立监管的一个显著的特点是要求政策的制定与监管相分离,这是现代监管制度的一项基本原则。我国一直采取的是政监合一的监管模式,其并不能确保监管的独立与专业;仅依靠部门内部管理将导致监管不全面,各部门职责界限不清,监管效果不尽如人意。建立独立的监管机构对于提高监管工作的独立性、全面性、高效性、专业化具有决定性的意义,能够减轻行政部门的监管压力,同时避免造成行政垄断的后果;能够提高管理效率,同时确保监管部门遵循公平公正的原则,使得监管政策得以落实。

确保监管机构的独立性,需要监管权力具有独立性。根据这一要求,我国所设立的监管机构不应隶属于各级人民政府,而应拥有垂直的上级部门,直接对该上级部门负责,向上级部门报告工作,确保履行监管职责的决策权和执行权不受各级人民政府及其职能部门的干涉。

确保监管机构的独立性,需要提升监管机构和管理人员的专业性。专业的事情应交给专业的人来干。油气资源具有很强的特殊性,需要专门的监管技术和监管措施,需要有针对性的、规范化的监管规则对行业主体和专业人才进行规范指引。由于监管人员的专业性匮乏,我国目前尚不能实现全方位、多环节、全覆盖的监管,为此,我国要加强天然气领域人才的选拔培养,加大对天然气领域科技人才的支持力度,加强人才队伍建设。具体而言,要推动产学研各方加强人才培养,支持产业联合科研单位培养专业人才,鼓励高校推动天然气领域相关学科建设和高层次人才培养,实现对天然气行业的独立监管。

(三)激发活力,积极引入竞争机制

目前,我国天然气行业市场主体相对较为单一,市场结构不利于形成公平竞争的市场环境,与形成全国统一开放的天然气市场的目标不能契合。鉴于我国天然气行业仍处于发展初期,全面放开竞争不符合现实情况,暂时没有实现的土壤;但是不可否认的是促进市场竞争应是日后天然气立法的一项基本原则,公平竞争的市场机制是天然气行业立法的基本理念,积极引入竞争机制是天然气行业立法的方向。我国应循序渐进放松政府管制,发挥市场的调节作用。加强市场化竞争,是全面深化改革的要求,也体现了我国油气领域全方位开放的决心。在具体措施方面,首先,开放天然气勘探开发市场,设计第三方准入制度,允许私有企业进入天然气行业;油气勘探开采向外资开放,支持天然气进口业务的发展,鼓励进口,形成具有竞争性的市场格局。其次,天然气勘探开采准入应合理设限,允许更多的社会资本进入天然气勘探开采领域;同时对要求从事油气勘探开采的企业进行考察,保证其具备相应的资金实力以及抗风险能力,核实其油气勘查开采技术能力,以相关规定为政策依据,对其安全、环保等资质进行审查。再次,需建立油气区块的竞争性出让、流转退出机制,使得相关企业有序进入或退出天然气市场有据可依。复次,相关企业要提高风险防范意识,积极采取风险控制措施,来应对可能出现的投资风险。最后,削弱政府绝对的定价权,逐步放开对关口价格的管制,保留政府在价格异常波动时的调控权,限制政府对价格的过度干预,形成以市场为主的价格形成机制。天然气市场竞争机制的完善,有利于激活市场潜力,激发主体活力,畅通开发资金的筹集渠道,加大天然气开采强度,提升油气质量与产量。

五、解决天然气产业的发展问题

(一)降低天然气对外依存度

在我国,能源资源禀赋特点为“富煤贫油少气”。在油气资源缺少的背景下,天然气对外依存度相对较高,在国家战略引领下,天然气业务发展水平得以提高。长久以来,我国致力于持续提高能源自主供给能力,补齐油气产能短板;大力发展天然气业务,推动天然气增储上产。有专家学者认为,到2025年,我国天然气对外依存度能够降到40%。[1]

---

〔1〕 李永昌:《天然气对外依存度可控》,载《中国石油和化工产业观察》2023年第1期。

1. 应提高我国天然气产量和储量。重点发展天然气业务，加大页岩气等非常规油气资源的开发规模。我国含有丰富的天然气资源，目前非常规气资源探明率不到2%，应努力提升天然气开采水平，加大开发力度，力争非常规天然气勘探开发全面发展。全力打造天然气主产区、海上天然气生产基地，深化天然气行业的供给侧结构性改革，加大对天然气的勘探开发。研究破解天然气开发过程中面对的技术瓶颈，以扩大国内天然气供应渠道。同时，应不断建设天然气地下储气库，以提高我国天然气储气量，提升油气储备能力。

2. 深度调整我国能源结构，探索发展油气循环经济，有序推进清洁绿色低碳能源消费结构优化。目前能源消费显著增长，为实现能源供需总体平衡，优化能源消费结构势在必行。既要夯实传统一次性能源兜底保障的基础性作用，也要发挥可再生能源的补充作用，并逐步提升其保供能力。首先，制定非化石能源发展目标，充分发挥可再生能源的资源优势，激活可再生能源的开发潜力，放大可再生能源的技术优势，精进可再生能源的开发技术。其次，因地制宜发展分布式能源，大力发展风电光伏等可再生能源，助力可再生能源实现跃升发展。最后，安全有序发展核电，发挥其独特作用，将其作为重点任务持续推进。目前核能供暖技术已取得新突破，我国核能供暖工程“暖核一号”首次实现跨地级市核能供暖，步入核能“双城”供暖新阶段，满足了冬季清洁取暖需求。可再生能源快速发展，其将可能代替天然气等化石能源，为天然气发展提供新的发展机遇和空间。能源转型具有长期性、复杂性，需要平衡稳定性、经济性、清洁性等各项要求，要科学部署，立足国情，遵循“先立后破”、稳中求进的原则，确保新能源在安全可靠的基础上取代传统能源，推进传统能源逐步退出，实现能源安全稳定可靠供应。

3. 从源头着手，合理控制天然气需求。如今市场资源浪费问题较为普遍，面对不合理的天然气需求予以合理控制与引导，形成供给和需求双向制约的观念。在能源需求持续增长的新发展阶段，必须实现重点领域能源资源可持续发展。首先，贯彻能源安全战略，推动能源消费革命，坚持节能优先方针，加强天然气消费总量管理，控制天然气能耗强度。其次，厉行节约，理念先行。应培育节约能源资源意识，营造全民崇尚节约的氛围；将勤俭节约的能源消费观贯穿经济社会的全过程和各方面，呼吁公众践行节约能源、使用绿色能源的生产生活方式，抑制不合理的天然气消费需求，实现天然气资源的高效利用。

（二）加强天然气技术开发

目前，我国油气资源供应短板突出，主力油田步入开发瓶颈，高含水、高采出难关急需科技攻破,资源品质不佳、作业环境复杂给天然气开发带来巨大挑战,唯有关键核心技术方能打破当前困境。应推进能源技术革命,推动能源科技创新,提高天然气开发技术水平,以科技之手端牢能源饭碗。

首先,确定天然气开发技术的目标。在天然气勘探开发之前,为了避免对社会资源的浪费,技术人员需要提前对天然气开发地区的环境、天然气含量及预计存储量等进行调查,从而制定出合理有效的实施计划。其次,在天然气技术开发计划实施过程中,要提前构建相应天然气开发技术的管理体制,以协调处理勘探时面临的问题。在天然气开发技术的过程中,要加强对开发技术的管理,不断完善管理体系。

天然气行业的技术开发专业性高,因此需要大量的专业的技术开发人员。尽管当前我国科技人才结构不断优化,人才素质得到提升,但是高精尖人才存在较大缺口,仍需加强培养引进。打破天然气领域关键核心技术瓶颈,需要战略领军人才。我们要落实人才强企战略,开展专项培养计划,培育一批高层次复合型人才,加快培养、吸引和凝聚更多运筹帷幄的科技领军人才。实现天然气领域关键核心技术新突破,需要培养创新中坚人才。我们要深挖储备人才的“蓄水池”,造就一支重大科技攻关的青年英才生力军,加强培养青年科技人才,迸发科技创新的青春力量。打赢天然气领域关键核心技术攻坚战,需要一线骨干人才。他们是人才金字塔的塔基,是进行技术革新的生力军,需要充分释放其创新潜能。我们需要大力营造崇尚知识、尊重人才的浓厚氛围,要多措并举,鼓励、支持油气开发领域专家学者不断产出具有基础性、前瞻性和战略性的科技学术著作,为天然气开发新方法的践行提供先进性、系统性、综合性的理论支撑。同时,应搭建天然气开发领域交流平台,开展高水平学术会议,为从事天然气开发领域相关专家学者提供分享新成果、探讨新观点与新方法的机会。企业在日常工作中,要加强对在职人员的技术及理论培训;政府也应当鼓励各企业联合高校共同培养天然气行业专业人才,不断扩大专业人才队伍,致力于保障国家能源安全,如期实现“双碳”目标。

(三)完善天然气基础设施建设

基础设施是天然气市场发展的重要支撑,是天然气经济运行不可或缺的条件。天然气基础设施跨越式提升是市场有序竞争的要求,是市场化改革持续深化的要求。在加大重点领域基建的政策指引下,我国以国家管网公司为中心,不断完善天然气基础设施建设,致力于形成互联互通、高效安全的管网系统。首先,在宏观方面,完善重点区域的天然气干线管道建设、推进西气东输等支线管道建设,并推动干线管道与支线管道的互联互通,加强输送环节速度,增强运输能力。在微观层面,优化管网布局,综合考虑城市基本情况,如地理位置、交通、环境等条件,以保证管网布局的合理性;加强管网管理,加强对管线的维护,定期检修管线,重点关注存在较大安全隐患的管线,以确保天然气运输存储过程中的安全性和可靠性。其次,我国 LNG 进口量占天然气进口总量的较大比重,因此需要加大对 LNG 接收站建设的投入,以提高我国进口 LNG 的储转能力,为高峰时段充足供应发挥保障作用。LNG 接收站的建设有助于形成进口 LNG 和国内天然气资源协调互存的格局,优化供气格局,提升天然气供应保障能力。最后,在地下储气库方面。由于天然气消费具有明显淡旺季之分,在平衡上下游之间的供给与需求方面,地下储气库发挥了保障天然气安全供应、解决调峰问题的"压舱石"作用。随着天然气消费需求的不断攀升,地下储气库的地位越发不可撼动。西北地区拥有丰富的气源,而且地理环境适合构建大规模的气藏型储气库,因此我国天然气战略储备可以西北地区储气库为主。西南地区和中西部地区的储气库设立后所需天然气管线短,可以利用南北时间差,打造天然气工业的枢纽区。中南地区和长三角地区因地理位置适宜,可进一步建设地下储气库以扩大我国天然气储备能力。总而言之,我国各地区应因地制宜,加快地下储气库基础设施建设,提高天然气储备量;加快天然气基础设施建设,保障天然气安全稳定供应,促进经济社会发展,惠及人民。

第四章　我国氢能产业发展法律政策问题研究

第一节　我国氢能产业链应用及政策基础

一、氢能产业链梳理及发展模式

氢能产业链条包括氢能和燃料电池领域，我国已初步形成从基础研发到应用转化、示范到集成的综合格局，形成了完整的氢能产业链条。与锂电池产业链相比，氢能源与燃料电池产业链更长，复杂度更高，理论经济价值含量更大。

（一）氢能产业端发展模式

氢能端指氢气从生产到下游应用的过程，包括制氢、储氢、运氢、加氢等核心环节。

1. 制氢环节

目前制取氢气的原料主要有化石燃料、化工原料、工业尾气和电解水等。常规的制氢技术路线主要是传统化石能源制氢，目前全球氢能每年总产量约5500万吨，其50%来自天然气重组，30%来自重油重整，18%来自煤气化。[1]我国煤炭资源比较丰富，因此主要使用煤制氢技术路线，占全国制氢技术的60%以上；制氢路线上将由化石能源制氢逐步过渡至可再生能源制氢。大规模低成本制氢是关键，路线由"灰氢"向"绿氢"发展。"可再生能源水电解制氢"被认为是未来最具发展潜力的制氢模式。

三大工业巨头依托的空分技术储备以及资源调配能力向国内产业辐射发展，有望推动全国氢能产业的发展。例如，我国制氢设备的代表性企业苏

---

〔1〕 J. Romm, *The Hype about Hydrogen: Fact and Fiction in the Race to Save the Climate*, Island Press, 2004, p. 67-88.

州竞立制氢设备有限公司，现已成为国内最大的水电解制氢设备专业生产厂家和具有“高、新、快、强、活”特色的高新技术企业。

2. 储氢环节

不同于化学储能电池，氢气具有可大规模存储和运输的重要特性。假设在资源总量充足、制备成本可控的前提下，氢能发展的主要难题之一在于氢能的运输和储存。当前，氢的存储形式主要有气体存储、液体存储和固体存储，其中，高压气体存储已被广泛应用，低温液体存储技术在航空航天领域表现突出，而有机液体存储和固体存储还处在开发、研发、示范阶段。

在储氢环节，国内企业主要包括四川蜀道装备科技股份有限公司（原成都深冷液化设备股份有限公司），其主要生产深冷股液氢装置、液氢储罐、储氢系统；张家港富瑞特种装备股份有限公司，其主要生产车载高压供氢系统和加气设备；北京京城机电股份有限公司，其主要生产车载储气瓶、钢质无缝气瓶，钢质焊接气瓶，焊接绝热气瓶，碳纤维全缠绕碳复合气瓶；中材科技股份有限公司，其主要生产粗纱、细砂、短切纤维、耐碱纤维、缝编织物等玻璃纤维制品。

3. 运氢环节

氢燃料电池技术想要大规模商用化，就必须具备网络化分布的加氢站，而加氢站网络化分布的关键是解决氢气运输问题。氢气是一种可燃气体，是一种不可燃性物质，与空气混合后会产生爆炸性的混合物，遇到高温就会爆炸，所以对其运输的安全性提出了更高的要求。现有的氢传输方法有三种：气体传输、液体传输和固体传输。目前，我国氢气的示范应用主要集中在工业制氢及新能源制氢场地（200 平方米以内），氢气的储存与运输多采用高压气体。目前，致力于叶青储罐装备制造的主要有四川空分设备（集团）有限公司和南京晨光集团有限责任公司，致力于液化装置制造的主要有航天科技六院 101 所和中科富海科技股份有限公司。

4. 加氢环节

加氢站和氢气作为燃料电池汽车产业的关键原材料和基础设施，是氢能领域制氢与下游用户之间的纽带，代表着燃料电池汽车大规模商业化的发展已产生重大突破。加氢站的数量和普及程度在很大程度上决定了氢燃料电池汽车的产业化进程。此外，更低廉的制氢成本和运输成本决定了燃料电池汽车的经济性与否。

自 1999 年 5 月德国慕尼黑机场建成全球第一座加氢站以来，各国相继推动加氢站建设。据 H2Stations 的统计，截至 2023 年上半年，全球范围内在运的加氢站数量已达到 1089 个。我国加氢站建设进度也在逐步加快，至

2023年年底,加氢站建成351座。此外,中石油、中石化、国家能源集团等20余家大型央企纷纷跨界发展氢能产业。

(二)氢能储能端发展模式

氢燃料电池汽车是氢能高效利用的最有效途径,当前我国已布局了较为完整的氢能产业链。氢能燃料电池产业是一项在电池产业中极具前瞻性的绿色储能技术,是未来新能源的重要发展方向,将成为推动中国在这一领域实现弯道超车的关键力量。燃料电池的能量密度高,特别适合重载车。电堆与氢罐相分开,提高了发动机的安全性,不易产生爆炸。氢燃料电池车在续驶里程、加氢时间、驾驶舒适性上均可与燃油车接近。目前,氢能源的发展已初步形成,燃料电池的性能也达到了商用要求,但经济和实用性这两大方面仍然是限制其大规模商业应用的瓶颈。燃料电池端包括其上游核心材料,如双极板、膜电极及密封层等;中游主要为燃料电池系统集成,包括电堆及供气系统等;下游主要为燃料电池的应用场景,目前重点应用方向为交通领域的燃料电池汽车。

1. 燃料电池上游

目前在燃料电池系统、电堆环节,国产企业已经实现产品批量供应,随着膜电极国产化的逐步深入,燃料电池产业链已经基本实现国产化,但产业链中质子交换膜、碳纸等材料环节仍处于研发或小批量试制阶段。持续引导国产化推进,实现技术独立可控对成本下降意义重大。

催化剂:催化剂是膜电极的关键材料之一,在降低催化剂成本的方面,目前有两条路径,一条是降低铂的使用量,另一条则是研发非铂催化剂,两者都已有所进展。在工业化生产方面,日本、英国、比利时等国外供应商的催化剂制备技术处于绝对的领先地位,已经能够实现批量化生产,且性能稳定,可靠性高。国内参与催化剂制造的企业主要有贵研铂业股份有限公司、上海济平新能源科技有限公司、广东中科科创创业投资管理有限责任公司,但未实现催化剂产业化制造,且催化剂产品也比较单一。

质子交换膜:质子交换膜是一种固态电解质膜,具有隔离燃料与氧化剂、传递质子的功能。我国质子交换膜长期处于空白状态,近年来成功实现了国产化技术突破和批量生产,代表企业有东岳集团、东材科技、汉丞新材料、中科氢能等。

气体扩散层:气体扩散层位于流场和催化层之间,具有支撑催化层、稳定电极结构、质/热/电传导的功能。国外大多数制造厂商都已实现气体扩散层的规模化生产,且都有多款适应不同应用场景的产品销售,包括日本东丽、德国 SGL 和加拿大 AVCarb 等。国内气体扩散层还处于初级碳微孔层的制备阶段。

双极板:双极板是燃料电池的阳极板和阴极板,具有传导电子、分配反应气并带走生成水的功能。燃料电池常采用的双极板材料包括石墨碳板、复合双极板、金属双极板三大类,由于车辆空间的限制,内在地要求燃料电池须具有较高的功率密度。金属双极板越薄,功率密度越高,因此相对较薄的金属双极板有更好的应用前景。目前国内薄碳板开发方面,国鸿有来自加拿大巴拉德公司的授权技术,纯国产复合膜压碳板处于研制开发阶段。安泰科技股份有限公司对气体扩散层和双极板这两个环节均有涉及。

与国外燃料电池电堆相比,国内电堆核心材料尚未取得突破,关键技术仍较落后,使得燃料电池电堆尚未取得完全发展。其中膜电极层的三大关键材料仍然依赖进口,国产材料依旧无法用于高性能燃料电池电堆。集流体双极板方面,虽然石墨双极板经过多年研究已达到国际通用水平,但低成本、轻薄的金属双板的开发仍然处于空白阶段。

2. 燃料电池中游

从成本端来看,系统中最核心的部分是燃料电池电堆和空压机,电堆占据了约燃料电池系统的一半成本,被誉为燃料电池的心脏,而空压机的成本占比超过系统成本的 1/4,这两部分被看作降低燃料电池系统综合成本的关键。

燃料电池电堆主要企业包括北京亿华通科技股份有限公司、常州腾龙汽车零部件股份有限公司、中山大洋电机股份有限公司、深圳市雄韬电源科技股份有限公司、潍柴动力股份有限公司。氢气循环系统企业方面,雪人股份是空压机的主要供应商、汉钟精机自主研发螺杆空气压缩机。但由于产业规模尚小,同时膜电极等部件国产化时点较晚,故目前除了系统、电堆龙头企业外,大部分国产化产品尚未能形成大规模、长周期应用,政策扶持期将提供国产部件的规模化应用及技术提升的空间。

(三)氢能消费端发展模式

《中国氢能源及燃料电池产业白皮书》指出,交通领域将是氢能消费的重要突破口,在商用车领域,2030 年燃料电池商用车销量将达到 36 万辆,占商用车总销量的 7%(乐观情境下将达到 72 万辆,占商用车总销量 13%);2050 年销量有望达到 160 万辆,占比 37%(乐观情境下销量 300 万辆,占比 70%以上)。当前我国燃料电池汽车已进入商业化初期,截至 2022 年年底,我国燃料电池汽车保有量 12,682 辆。2020 年 9 月,财政部、工业和信息化部、科学技术部等5部门联合下发《关于开展燃料电池汽车示范应用的通知》,明确提出:在试点阶段,按照任务完成度,对入选的城市群进行"以奖代补"。经过4年的补贴政策,燃料电池车将会达到和燃油车一样的水平,这将会极大地促进整个行业的发展。

氢燃料电池车辆的推广应用前景除了取决于整车技术的先进性、成熟度与成本外,也和包含制氢、储氢、运氢和加氢站在内的氢能源链发展的完备程度及发展潜力密切相关。若要实现无补贴的商业开发,需要大幅降低燃料电池发动机及运载氢的生产成本,以及其建造成本。从目前燃料电池的购车和使用成本来看,除了燃料电池系统等车辆相关部件成本有较大下降空间外,制氢储氢环节的技术进步和基础设施的推广也是推广燃料电池汽车的重要把手。因此,产业发展初期的政策扶持显得尤为重要,政策扶持下产业可进入规模化—降本—开拓市场的良性内循环。此外,持续的技术进步也将反哺解决各环节核心技术的成本制约,进一步提升商业化竞争力。

二、氢能产业的理论基础和政策导向

(一)氢能的能源供应基础

氢是一种在地球上广泛存在的元素,在整个宇宙中都非常普遍。氢能主要以化合态形式存在,以氢元素为主。氢是一种重要的化工原料,也是一种重要的能量载体。氢气是氢气经物理化学转化而产生的一种能源,可用于发电、储存、运输或用作家庭燃料等。氢气作为一种非常出色的可再生能源,可以和电能进行有效的相互转化,被认为是最有发展潜力的一种新能源。同时,氢气具有能量密度高于化石能源、发电成本最低、利用工业尾气制氢或弃电产氢等三大优点,对节能减排具有重要意义。氢具有的下列特性,使得其成为实现"双碳"目标的最佳新能源。

1. 较高的热值和能量利用率

氢是最轻的一种金属,其密度只有0.0899克/升,因此,氢被用作燃料,能够减轻运载工具自身重量,增加运载工具的有效载荷,并能有效地降低运输费用。在同等质量的燃油中,氢气具有最高的热值,是常规汽油的3~4倍。氢气的燃烧值也非常高。

2. 蕴藏量大

氢气占整个宇宙质量的75%,除了可从煤炭、石油、天然气等化石能源中提取,还能从焦化、钢铁等副产物中提取,以及通过水电解、生物质热解等方式制取。

3. 环境友好

氢气是无毒的，在氢气的燃烧过程中，它的电化学反应生成的都是水，不会造成污染，也不会产生二氧化碳。另外，水可以再次生产氢气，从而可以进行回收。氢气是一种新型的清洁二次能源，在应对气候变化和环境保护等领域有着非常显著的优势，同时通过“绿色”的氢源制备，可以实现零碳利用和低碳生产，从而促进最终能源消费领域的深度脱碳。

4. 能量连接的理想介质

氢能作为一种介质，能够将电能、热能和液态燃料等其他能源相互转换，是实现多能互补电网协调优化的唯一途径。目前的能源系统主要由电网、供热管网、油气管网等组成。利用燃料电池技术，氢能在多个能源网间相互转换，既能实现可再生能源与化石能源的相互转换，又能通过逆向反应生成氢气来代替矿物燃料或储存能量，达到多能互补。氢气作为一种新型的储能方式，具有较低的成本，是解决弃光弃水、弃风弃光等问题的一种有效手段，对于保证新能源系统的安全稳定运行具有重要意义。

5. 用途广泛

氢能在工业、建筑、交通等领域具有广泛的应用前景，它可以有效地促进工业、建筑、交通等领域的低碳化；在交通领域中，它可以作为一种存储介质，支撑大量新能源的接入与发电，也可以通过分布式发电、热电联产等方式为建筑提供电能，为工业领域提供清洁的能源。

（二）氢能的本质属性

1. 能源属性

能源是国家经济发展的关键基础，在新时期，能源开发将成为推进社会生产、生活方式转型、建设现代化经济体系的有力支持与动力。氢气是自然界中含量最高的一种元素，主要以水、碳氢化合物及各种有机物的化合状态存在，在自然界中普遍存在。就其自然分布而言，氢气的分布主要集中于大洋，并以海水为载体；根据其资源的赋存状态，氢气可分为气体、液体和固体三种。氢能作为一种二次能源，因存在形式多样、密度小等特点，无法实现高效开发，只能通过加工制备转化为具有更高能量密度的二次能源。

2. 法律属性

《能源法》第 2 条规定本法所称能源是指直接或通过加工、转换而取得有用能的各种资源，包括煤炭、石油、天然气、核能、水能、风能、太阳能、生物质能、地热能、海洋能以及电力、热力、氢能等。按照该法律解释，氢能尚不属于非化石能源，但蓝氢和绿氢属于清洁能源，制氢活动属于能源加工转换活动，而以氢为原料的生产活动只能算作上游能源(煤炭、油气)的开发利用活动。基于此可见,氢能已属能源范畴,这是我国第一次赋予氢能法律上的认可,氢能的法律属性即氢能属于合法能源范畴对于推动其运用和拓展大有裨益。

3. 经济属性

氢能逐渐由能源属性向制造业属性转变。氢能源不像石油、天然气等化石能源一样通过开采和简单加工后便可直接使用,而需要依靠先进装备和技术制氢与储氢。氢气要想大规模高效利用,不得不关注氢气的制备技术和存储,二者作为限制氢能大规模产业化发展的关键,是目前氢能产业化发展的重点和难点。因此,氢能能源属性逐渐向制造业属性转变,越来越注重氢能技术研发、产品应用,以及打造完善的氢能技术创新链、产业链和跨界协同创新生态系统。

(三)氢能产业发展的理论基础

1. 可持续发展理论

我国于 1987 年制定的《大气污染防治法》、2005 年制定的《可再生能源法》等都明确了可持续发展为其立法核心理念。氢能作为一种可再生能源,是替代不可再生能源的选择,其因绿色、可再生而成为实现可持续发展的必由之路。因此,未来针对氢能源相关问题,无论是制定法律法规,还是制定政策,都必须将可持续发展作为核心理论。

2. 能源安全理论

《可再生能源法》第 1 条规定了能源安全,这体现了能源安全在可再生能源利用和发展中不可动摇的地位。当下,能源安全问题是我国乃至全世界亟待解决的问题。目前,我国的解决方式主要是加大可再生能源的开发与利用以降低对国际油气的依赖程度、推动能源转型升级,这也是未来我国提高能源自给率的重点方向。氢能源作为新兴能源,能够助力解决国家能源安全问题,因此在讨论氢能的法律制度时应当将能源安全作为重要理论。

3. 清洁低碳理论

党的十八大明确指出,“着力推进绿色发展、循环发展、低碳发展,形成节约资源和保护环境的空间格局、产业结构、生产方式、生活方式”。这是清洁低碳发展的理论概念首次出现在党代会的政治报告中,清洁低碳发展既是我国积极应对全球气候变暖的庄严承诺,也是协调推进“四个全面”战略布局,主动适应新发展要求的战略选择。氢能,即氢和氧进行化学反应释放出的化学能,是一种二次清洁能源,被誉为“21 世纪终极能源”,也是在碳达峰、碳中和的大背景下加速开发利用的一种清洁能源。

（四）氢能应用领域现状

目前氢能产业已经开始形成“制、储、运、用”四大环节，氢能的利用方式逐渐多元化。上游制取环节，目前主要有化石能源制氢、工业副产氢和电解水制氢等方式；中游储运环节存在气态、液态、固态等方式，加氢站等基础设施建设也是重要部分；下游应用环节，当前氢能主要应用在工业领域，未来有望扩展至交通、工业、建筑、储能等多领域。

燃料电池汽车是氢能应用的重要领域。与纯电动汽车相比，氢能汽车具有诸多优势，主要包括：第一，补能时间短，氢能汽车充满燃料的时间不超过5分钟；第二，续航里程长，氢能汽车续航里程通常可达650～700公里，甚至部分车型能实现1000公里，超过目前大部分纯电动汽车；第三，就车辆本身而言，氢能汽车环保性强，在行驶过程中不排放任何有害物质，燃料电池也不存在回收利用问题；第四，与电动汽车不同，氢燃料电池环境适应性强，不受外界温度的显著影响，并且不会在寒冷天气中减少里程。燃料电池汽车的发展离不开加氢站的建设。截至2023年7月初全球加氢站累计建成数量1089座，其中我国加氢站数量为351座，占比达32.2%；此外，我国的加氢站建设增速更为可观，由2016年的10座到2023年7月的351座，增速迅猛。

（五）氢能产业发展的政策导向

近年来，国家机构逐步发布多项政策鼓励支持氢能源行业发展。2014年，我国正式确立了“氢和燃料电池”这一国家能源技术创新的战略方向；2015年，我国提出要建立1000台以上的燃料电池车市场，并强调不对其进行补贴；2016年，我国第一次发布了氢能源发展路径图，明确了“氢能源及燃料电池技术的创新”；2019年，氢能源第一次被写入政府工作报告，报告明确提出要加快推进充电、加氢等基础设施建设；2020年我国出台一系列氢能相关政策，推动氢能行业发展。

“十四五”规划中，氢能作为前沿科技和产业变革领域，首次在“五年规划”中被提及。该规划指出，“十四五”期间要组织实施氢能产业孵化与加速计划，谋划布局一批氢能产业。在产业发展迅速、科技教育发达的地区，布局一批国家级氢能产业技术研究院，加强前沿技术的开发探索、交叉融合和颠覆性技术供给；实施产业跨界融合示范工程，打造氢能技术应用场景，加速产业形成。同时，《新时代的中国能源发展》白皮书中提到要加速发展绿氢制取、储运和应用等氢能产业链技术装备，促进氢能燃料电池技术链、氢燃料电池汽车产业链发展，这对氢能产业的发展具有重大导向作用。

三、氢能地方利用应用现状

氢能作为清洁、高效、无污染的绿色能源，不但可以在电力行业中使用，还可以用于不同类型的汽车，如轻型汽车、公共汽车等，并且可以利用不同的燃料电池技术实现分布式发电、小规模家用热电联产。另外，氢能被作为二次能源载体，在消纳可再生能源的同时，被广泛用于化工等行业。因此，氢能源的应用体系可归纳为三类：以燃料电池为核心的电力应用、作为能源载体的氢能应用、在化工生产中的应用。

（一）氢燃料电池电力应用

氢燃料电池是目前最常用也是最佳的氢能利用技术。氢燃料电池是以氢为燃料，通过氧化还原，实现氢——电转换的装置，具备绿色环保、转化效率高等多种优点。根据电解质的不同，氢燃料电池可分为固体氧化物燃料电池（SOFC）、质子交换膜燃料电池（PEMFC）、碱性燃料电池（AFC）和熔融碳酸盐燃料电池（MCFC）等，而目前应用最多的是质子交换膜燃料电池技术和固体氧化物燃料电池技术。质子交换膜燃料电池具有低温、快速启动等特点，目前已被广泛应用用于交通运输、家庭热电联产等场合，如日本丰田的Mirai 氢燃料电池车和国内第一辆国产氢燃料电池车——AionLXFuel Cell，均采用了该技术。由于具有较高的能量转换效率，固体氧化物燃料电池被广泛应用于大规模的集中电源和分布式电源。目前，存在以氢能为基础的氢燃料电池汽车、家庭热电联产、移动/应急能源和分布式能源等四大类能源利用方向。

1. 氢燃电池汽车应用

“十四五”纲要和“双碳”目标的实施，都预示着发展清洁可再生能源是必然趋势。机动车尾气排放一直是全球气候变暖的一个重要原因，而氢燃料电池作为一种可完全替代传统燃油车辆的新能源，是一种高效的氢能利用方式。

为实现我国提出的“双碳”目标，近年来，我国发布多项政策给予氢燃料电池汽车大力支持，如 2020 年出台的《新能源汽车产业发展规划（2021—2035）》等文件明确提出要大力发展氢燃料电池汽车，并提出到 2030 年我国要实现氢燃料电池汽车保有量 200 万辆的目标。在国家政策的不断支持下，我国氢燃料电池汽车发展速度很快，市场也不断扩大。我国 2016~2021 年第一季度氢燃料电池车产销情况显示，我国氢燃料电池汽车产量与销量在逐年上升，即使在 2020 年疫情期间，总体上氢燃料电池汽车的产销仍然呈现上升的趋势。

2. 氢燃料电池分布式发电

分布式电源一般是将 30 兆瓦以下的发电机组布置在客户侧或附近。氢气燃料电池是一种以氢气为动力的分布式发电技术,它可以取代传统的火电和水电机组,从而最大限度地减少二氧化碳的排放。以下所述的三种氢气燃料电池,即质子交换膜燃料电池、固体氧化物燃料电池和磷酸燃料电池均可应用于分散式发电。首先,磷酸燃料电池和固体氧化物燃料电池都能够应用于大型分布式发电系统,其中磷酸燃料电池技术在一些特定的领域,如汽车、船舶等交通工具中得到了广泛应用,但由于其效率和材料要求的问题,其应用范围可能受到一定限制。其次,固体氧化物燃料电池技术以其对燃料的广泛适应性,正在大型电站建设和氢燃料电池分布式发电领域取得突破,有望成为未来可持续能源的重要支柱。最后,质子交换膜燃料电池技术在小型家用分布式发电领域表现出色,尤其在电力需求不大的地区,其高效、环保的特点使其成为理想的选择,该技术应用于电网调频可有效帮助电网调频,削峰填谷。

3. 家用热电联产系统

氢燃料电池家用热电联产系统将制造氢、家用供热、发电有机地结合在一起,利用制氢与发电预热,不仅能提高能源利用率,而且会产生巨大的经济效益。此外,该系统与传统能源系统相比还具有更高的环境效益。由于该系统只需要以氢为动力来源,因此其产生的污染物很少,热能也比较高。氢燃料电池技术是一种利用氢气和氧气反应产生电力的发电方式。在氢燃料电池家用热电联产系统中,制氢过程产生的余热可以用于供热水,进一步提高能源利用率。此外,这种系统还可以将部分电力储存起来,以备不时之需。数据显示,小型的家用热电联产系统可以有效地节能减排。随着人们对环保和能源效率的重视程度不断提高,氢燃料电池家用热电联产系统有望成为未来家庭能源解决方案的理想选择。总的来说,氢燃料电池家用热电联产系统是一种出色的新型解决方法,有效地便利了家用生活,且降低了能耗和污染排放。这种系统有望在未来帮助家庭和企业实现更高效、更环保的能源利用,为可持续发展作出贡献。[1] 近年来,日本大量地投入该方面的研究和应用,已经实现了商业化,应用于千瓦级家用质子交换膜燃料电池热电联产电站。

---

〔1〕 Romdhane, Jaouher & Louahlia, *Dynamicmodeling of an Eco-neighborhood Integrated Micro-CHP Based on PEMFC: Performance and Economic Analyses*, Energy and Buildings, 2018, p. 93-108.

“十四五”规划和氢能相关政策大力出台的大背景下，我国应当大力研发和应用氢燃料电池系统热电联产的技术，实现技术国产化、自主化，完全把握该项技术以应对环境变化、能源需求等问题。

（二）氢作为能源载体的应用

氢能作为一种二次能源载体，氢储能技术与可再生能源发电技术和氢燃料电池技术的有机结合，可以实现高比例的可再生能源消纳。天然气掺氢技术也为氢能储运提供了新思路。

首先，实现高比例的可再生能源消纳。伴随着我国可再生能源装机容量增加带来的多地出现的弃风、弃光和弃水资源的操作，可将可再生能源作为氢气及含氢的能源载体，降低制氢的成本，从而再度提高我国可再生能源利用率，实现节能减排。

其次，利用天然气掺氢技术。该技术是将天然气和氢气混合，通过加氢工艺制备为家用天然气，利用氢气的火焰快速传播的特点，能极大地降低碳的排放，并且研究发现，当这种加氢的天然气用于发动机时，还可以提高发动机的热效率。至于氢能运输的难题，运用现成的天然气管道即可解决。

最后，研究表明，混氢天然气（HCNG）作为发动机燃料时相比纯天然气燃料具有不可比拟的优势，能够有效提高发动机效率及有效燃油耗率。[1]探索混氢天然气对预燃室式天然气发动机燃烧和碳排放影响的研究表明，采用10%的掺氢比对发动机性能和排放更为有利。[2] 除此之外，研究显示，混氢天然气可以替代纯天然气作为发动机的环保燃料，这不仅对于减少发动机的排放和污染有所帮助，更是提高发动机性能的一种新型思路，因此研究该项技术具有广阔的前景。

（三）氢能在传统化工领域的应用

目前，我国氢气的主要应用领域仍然是化工领域。氢不仅可以作为众多化学反应的原料、还可作为特殊的催化剂、还原剂。

首先，在石油精炼领域，氢气可以在石油生产过程中提高油品的质量，作用于催化重整和加氢精制的这两个环节。由于对于氢的利用越来越广泛，在石油生产过程中氢气已然成为仅次于原油的第二高成本，因此开发一种新型的制氢工艺具有十分强的必要性，可再生能源制氢有望成为未来的主要制氢工艺。

---

〔1〕 罗佩石：《天然气掺氢（HCNG）发动机性能及掺混 CO 的燃烧特性》，清华大学 2019 年博士学位论文，第 14-16 页。

〔2〕 冷先银等：《预燃室式天然气掺氢发动机燃烧及排放模拟》，载《内燃机学报》2021 年第 1 期。

其次,在氢能冶金领域,氢气作为一种清洁属性的还原剂,其可用于替换冶金过程中的碳还原剂,使得还原产物成为水而不是二氧化碳,实现冶金工艺的绿色化。2019年德国宣布"以氢代煤"炼铁,将氢气作为高炉还原剂以减少炼铁过程中的碳排放。[1] 同年中国宝武集团、中核集团及清华大学签订核制氢与氢炼铁耦合项目,助力我国工业低碳转型;韩国政府亦将氢还原炼铁法指定为国家核心技术,采取成熟的氢还原炼铁工艺将使韩国碳排放降低15%以上。在我国"十四五"规划提出加速推动绿色低碳发展的背景下,对于污染十分严重的冶金行业开展绿色改革显得尤为关键。

(四)氢能的应用前景展望

当下氢能越来越受到各界的关注,是目前最有希望替代化石能源的终端能源以及二次能源载体。推动氢能发展,不仅可以有效保障我国的能源安全,加快能源生态绿色化发展,还能体现我国作为一个大国对于世界绿色发展的担当。对于氢能的绿色应用,我们应当重点关注氢能燃料电池的研发应用,以及氢能储能系统的配套发展问题,兼顾氢能在冶金、化工等传统碳排放重点行业的应用。因此,今后氢能法律法规以及政策的修改制定应当注重以下3点。

首先,加强顶层设计和规划。"十四五"规划明确指出了氢能发展在我国未来产业发展中的战略性地位,指出相关法律法规政策应当为氢能的高效发展保驾护航,给予充足的财政补贴,推进氢能产业的高效快速发展。

其次,转变能源消费结构。要降低传统能源的消费比重,大力研发应用可再生能源制氢的技术,推动清洁消费能源体系的建成,加快化石能源消费到绿色清洁能源消费的转变。

最后,加强应用技术开发。我国氢能领域的理论研究十分迅猛。作为全球氢能领域的倡导者、领跑者,我国对于氢能的应用显得较为落后。我国应当加大对企业开发、应用氢能技术的鼓励和支持力度,将理论成功转化为实践,成为全球氢能领域的佼佼者、领头羊。

四、国家氢能产业规划及政策概览

(一)氢能产业发展规划

1. 国家层面:顶层设计使氢能发展路径更为清晰

回顾氢能政策的历史沿革,从中央到地方政策不断细化,政策框架不断

---

[1] 《德国正式宣布"以氢代煤"炼铁》,载《铸造工程》2020年第1期。

完善,体系渐趋丰富。目前的政策框架大致可分为三个维度:中央的产业顶层设计、正在推行的燃料电池示范应用补贴政策、各地方的氢能产业政策规划。

国家发展和改革委员会、国家能源局 2022 年 3 月 23 日发布《氢能产业发展中长期规划(2021—2035)》,体现出国家对未来氢能产业的发展定位,也明确了政策鼓励的应用场景和领域,勾勒出氢能中长期蓝图,有助于强化投资者对氢能产业的发展信心,提振产业参与者的长期预期。

该规划对投资而言主要有三大核心要点,包括氢能的产业定位、未来发展目标以及应用方向。在产业定位中,氢能被正式确定为能源,且是能源体系的重要组成部分,氢能产业链相关环节也被纳入国家战略性新兴产业的范畴。相关的量化发展目标主要对应 2025 年的目标,一大目标是氢能车保有量达到 5 万辆,另一目标是可再生能源制氢量在 10 万~20 万吨。对于未来的应用方向,该规划包括交通、储能、分布式能源以及工业领域的减碳四大领域。

在交通领域,该规划提到燃料电池车在商用车型上的优势,也提出氢能车是对锂电车的互补;在储能领域,氢能储能的优势主要在长周期、大规模场景中;分布式能源的应用可以看作储能领域的拓展,主要是利用氢能在不同能源间灵活转换的特性;氢能在工业领域中的减碳主要是替代传统的化石能源作为燃料或者化工原料,预计在碳中和的阶段会得到普遍的推广。

2. 地方层面:各地政策陆续推出

示范城市群方面,上海城市群 2021 年率先落实了 2025 年推广规划与补贴细则;2022 年 8 月,广东省的推广规划与补贴细则出台,至此第一批入选的上海、京津冀、广东城市群对应规划和补贴细则已经全部出台。第二批入选示范城市群的河北、河南分别于 2021 年 8 月和 2022 年 9 月明确了省级推广规划。第三批入选示范城市群的重庆、内蒙古、四川在 2025 年政府报告中提出加快建设氢走廊。

2022 年是非示范城市群政策“井喷”的一年,而 2024 年地方氢能政策呈现“多点开花”态势。山东、山西、陕西、内蒙古、川渝、湖北等在当时为非示范城市群,但其都在 2022 年出台了中长期推广规划。非示范城市群中,政策的完善程度有所不同,山东、内蒙古、湖北等地的部分地级市还出台了补贴政策;但这并不意味着没有推出补贴的省份就会更差,如山西、四川等地可以依靠自身较为廉价的氢气实现燃料电池的低成本运营;市场机制的推动作用也不可小觑,2022 年四川、山西的良好的上险量表现就说明了这一点。而 2024 年青海、湖北、湖南多地出台了有关项目政策补助政策,其他多地政策重心逐步向工业、储能等多元化场景延伸。

当前氢能各领域产业化的领头羊在于燃料电池，燃料电池增长空间在于各地规划的推广数量，补贴政策的落地速度与基础设施完善程度则是决定增长速度的两个核心因素。

（二）宏观产业政策

国家层面政策内容的出台及演变，体现了氢能产业在宏观规划上的如下变化。

首先，氢能产业的地位不断提升。2016 年《国家创新驱动发展战略纲要》提出开发氢能等新一代能源技术。2021 年，氢能被写入“十四五”规划，规划提出要在氢能与储能等前沿科技和产业变革领域，谋划布局一批未来产业。2022 年《氢能产业发展中长期规划（2021—2035 年）》明确氢能作为未来国家能源体系的重要组成部分、用能终端实现绿色低碳转型的重要载体的地位。

其次，氢能产业的相关政策具体化，覆盖氢能全产业链。2020 年，国务院新闻办公室发布的白皮书《新时代的中国能源发展》提出从制、储、用等各环节推动绿氢产业链绿氢制取、储运和应用等氢能产业链技术装备的研发，促进氢能燃料电池技术链、氢燃料电池汽车产业链发展。氢能产业相关政策梳理如表 4-1 所示。

表 4-1　氢能产业相关政策文件

发布时间	文件名	相关内容
2016 年	《国家创新驱动发展战略纲要》	提出开发氢能、燃料电池等新一代能源技术
2020 年	《新时代的中国能源发展》	要加快发展绿色氢气制取、储存、运输等产业链以配套氢燃料电池汽车产业链发展
2020 年	《关于加快建立绿色生产和消费法规政策体系的意见》	2021 年将完成研究制定氢能、海洋能等新能源发展的标准规范和支持政策
2020 年	《2020 年能源工作指导意见》	从改革创新和推动新技术产业化发展角度推动氢能产业发展
2021 年	《2021 年能源工作指导意见》	开展氢能产业试点示范，探索多种技术发展路线和应用路径

续表

发布时间	文件名	相关内容
2021年	《国民经济和社会发展第十四个五年规划和2035年远景目标纲要》	在氢能与储能领域，组织孵化一批未来产业
2021年	《关于组织开展“十四五”第一批国家能源研发创新平台认定工作的通知》	国家能源局决定近期聚焦能源安全，碳达峰、碳中和目标等重大需求，围绕以新能源为主体的新型电力系统、新型储能、氢能与燃料电池、碳捕集利用与封存(CCUS)、能源系统数字化智能化、能源系统安全等重点领域，开展国家能源研发创新平台（包括国家能源研发中心和国家能源重点实验室）的认定工作
2021年	《“十四五”现代能源体系规划》	强化储能、氢能等前沿科技攻关。攻关新型储能关键技术集中，实现储能核心技术自主化，降低储能成本，扩大应用规模，完善储能技术标准和管理体系，提升安全运行水平。有计划地部署一批氢能项目，作出试验研究，着力攻克氢能制取、储运等技术。加强前沿技术研究，加快推广应用减污降碳技术
2021年	《关于推进中央企业高质量发展做好碳达峰碳中和工作的指导意见》	稳步构建氢能产业体系，完善氢能制、储、输、用一体化布局，结合工业、交通等领域典型用能场景，积极部署产业链示范项目
2021年	《加快建立健全绿色低碳循环发展经济体系的指导意见》	提升可再生能源利用率，推动能源体系绿色低碳转型，大力发展氢能、太阳能、潮汐能、地热能等绿色能源
2021年	《关于完整准确全面贯彻新发展理念做好碳达峰碳中和工作的意见》	统筹推进氢能“制—储—输—用”全链条发展

续表

发布时间	文件名	相关内容
2022 年	《2022 年能源工作指导意见》	因地制宜开展可再生能源制氢示范,探索氢能技术发展路线和商业化应用路径。加快新型储能、氢能等低碳零碳负碳重大关键技术研究。围绕新型电力系统、新型储能、氢能和燃料电池、碳捕集利用与封存、能源系统数字化智能化、能源系统安全等 6 大重点领域,增设若干创新平台
2022 年	《氢产业发展中长期规划(2021—2035 年)》	到 2025 年,形成较为完善的氢能产业发展制度政策环境,显著提高创新能力,基本掌握核心技术和制造工艺,建立较为完整的供应链和产业体系。再经过 5 年的发展,到 2030 年,形成较为完备的氢能产业技术创新体系、清洁能源制氢及供应体系,产业布局合理有序,可再生能源制氢广泛应用,有力支撑碳达峰目标实现。到 2035 年形成氢能产业体系,构建涵盖交通、储能、工业等领域的多元氢能应用生态①
2022 年	《关于促进新时代新能源高质量发展的实施方案》	加快构建清洁低碳、安全高效的能源体系,积极参与风电、光伏、海洋能、储能,智慧能源及电动汽车等领域国际标准、合格评定程序的制定和修订,提高计量和合格评定结果互认水平,提升我国标准和检测认证机构的国际认可度和影响力
2023 年	《新型电力系统发展蓝皮书》	提及了氢燃料电池车、氢储能等应用环节的推广;长期实现电能与氢能等二次能源深度融合利用

续表

发布时间	文件名	相关内容
2023年	《氢能产业标准体系建设指南(2023版)》	系统构建了氢能制、储、输、用全产业链标准体系,涵盖基础与安全、氢制备、氢存储和输送、氢加注、氢能应用5个子体系。按照技术、设备、系统、安全、检测等进一步分解,形成了20个二级子体系、69个三级子体系

①陈向国:《我国氢能产业发展将进入快车道》,载《节能与环保》2022年第7期。

(三)国家层面针对产业链具体环节的产业政策

1. 制氢、储氢环节

国家在制氢、储氢环节的优惠政策主要表现为将相关领域列入鼓励类产业,从而可获得鼓励类产业的政策支持,在制氢、储氢环节相关政策梳理如表4-2所示。

表4-2　国家制氢、储氢环节鼓励政策文件

发布时间	文件名	相关内容
2019年	《产业结构调整指导目录(2019年本)》	"氢能、风电与光伏发电互补系统技术开发与应用""高效制氢、运氢及高密度储氢技术开发应用及设备制造,加氢站及车用清洁替代燃料加注站"被列为"鼓励类"
2020年	《新能源汽车产业发展规划(2021—2035)》	攻克氢能储运、加氢站、车载储氢等氢燃料电池汽车应用支撑技术。提高氢燃料制储运经济性

2. 用氢环节

在用氢环节,氢能行业与工业、交通、建筑等领域密切结合。针对氢能在不同行业领域的运用,国家出台了相应的鼓励措施。以使用氢燃料的新能源电池车这一应用场景为例,产业政策主要从以下几方面提供支持。

(1)补助与奖励。主要包括购车一次性定额补助、对电池汽车加氢站的补贴、对示范城市的奖励、对燃料电池汽车相关产品和技术的奖励等。

(2)税收优惠。包括对购置的新能源汽车免征车辆购置税等。

(3)科技研发。主要包括对先进燃料电池、燃料电池分布式发电、氢的制取储运及加氢站等方面研发和人才的鼓励与支持。例如对关键核心技术配套的燃料电池汽车给予额外奖励，提出加快燃料电池电动汽车、车载氢系统的标准建设，推动建设氢能专业人才队伍等。

国家用氢环节相应鼓励政策梳理如表4-3所示。

表4-3 国家用氢环节支持政策文件

类别	发布时间	文件名	相关内容
补贴与奖励	2020年	《关于开展燃料电池汽车示范应用的通知》	重点支持电堆、膜电极、质子交换膜、碳纸、催化剂、双极板、氢气循环系统、空气压缩机等关键核心技术研发突破。在示范城市群配套与该技术相关的燃料电池汽车不少于500辆，经第三方机构验证行驶超过两万公里由专家委员会评审后可获得额外奖励
	2020年	《关于完善新能源汽车推广应用财政补贴政策的通知》	平缓补贴退坡力度和节奏，原则上2020~2022年补贴标准分别在上一年基础上退坡10%、20%、30%。为加快公共交通等领域汽车电动化，城市公交、道路客运、出租(含网约车)、环卫、城市物流配送、邮政快递、民航机场以及党政机关公务领域符合要求的车辆，2020年补贴标准不退坡，2021~2022年补贴标准分别在上一年基础上退坡10%、20%。原则上每年补贴规模上限约200万辆。将当前对燃料电池汽车的购置补贴，调整为选择有基础、有积极性、有特色的城市或区域，采取“以奖代补”方式对示范城市给予奖励
	2020年	《关于进一步完善新能源汽车推广应用财政补贴政策的通知》	2021年，新能源汽车补贴标准在2020年基础上退坡20%；为推动公共交通等领域车辆电动化，城市公交、道路客运、出租(含网约车)、环卫、城市物流配送、邮政快递、民航机场以及党政机关公务领域符合要求的车辆，补贴标准在2020年基础上退坡10%

续表

类别	发布时间	文件名	相关内容
补贴与奖励	2021 年	《关于 2022 年新能源汽车推广应用财政补贴政策的通知》	2022 年,新能源汽车补贴标准在 2021 年基础上退坡 30%;城市公交、道路客运、出租(含网约车)、环卫城市物流配送、邮政快递、民航机场以及党政机关公务领域符合要求的车辆,补贴标准在 2021 年基础上退坡 20%。2022 年新能源汽车购置补贴政策于 2022 年 12 月 31 日终止,2022 年 12 月 31 日之后上牌的车辆不再给予补贴
税收优惠	2021 年	《关于 2022 年关税调整方案的通知》	将对 954 项商品实施低于最惠国税率的进口暂定税率其中,包含增压器、循环泵、膜电极组件、双极板、碳电极片等 5 种燃料电池关键零部件
	2022 年	《关于延续新能源汽车免征车辆购置税政策的公告》	对购置日期在 2023 年 1 月 1 日至 12 月 31 日的新能源汽车,免征车辆购置税
	2022 年	《2022 年汽车标准化工作要点》	大力研究突破燃料电池车的续航、能耗、低温启动性能以及整车制造等技术,出台燃料电池汽车性能试验办法,关键系统部件的标准以支撑燃料电池车的规范发展
	2023 年	《新型电力系统发展蓝皮书》	提及了氢燃料电池车、氢储能等应用环节的推广;长期实现电能与氢能等二次能源深度融合利用

第二节　我国氢能产业国家及地方政策及其现状

一、氢能产业地方代表性企业及规划

(一)华北地区氢能以氢燃料电池为主

1. 以北京市为例,代表性的企业如国家电投集团氢能科技发展有限公

司,其落实国家能源战略,依托国家电投产业资源和创新优势,在国家电投整体氢能产业战略布局框架下,高起点、快节奏开展氢能产业关键核心科技创新。创新是引领发展的第一动力,该公司致力于通过持续不断的市场化检验的改革和发展,打造核心技术自主化、研发与高端制造一体化、高度市场化的氢能行业的领军者,配合支持国家氢能产业高质量发展。锋源新创科技(北京)有限公司是集全自主知识产权氢燃料电池以及核心零部件研发、生产、销售为一体,为汽车、无人机、应急电源等平台提供能源解决方案的企业,是国内氢燃料电池电堆国产化的领导者、技术及产品性能的领跑者、成本下降的推动者。

2. 以山西为例,山西省大同市汇集了新研氢能源科技有限公司、氢雄燃料电池有限公司(以下简称雄韬氢雄)、首航节能光热技术股份有限公司(以下简称首航节能)、中国中车集团有限公司(以下简称中车集团)、陕西汽车控股集团有限公司等具备氢能技术优势的企业。其中,多处新研氢能自用加氢站已完工并投入使用,年产上万套氢燃料电池项目也已经投产,多台搭载大同氢动力系统的物流车正在运行。雄韬氢雄建成山西首条氢燃料电池发动机系统自动化生产线,投建的全国首座制氢加氢一体站已投入运营,累计制氢加氢 7 万多公斤,目前 50 辆氢燃料公交车已运营 170 多万公里,规划建设 5 万套氢燃料动力系统。首航节能规划 5 年内建设 3 座世界一流制氢工厂、10~20 座加氢站、3~5 座分布式氢能源电站项目。中车集团大同机车厂和陕汽新能源重卡研发基地,均发力大功率车辆氢燃料电池及车辆生产。

3. 以河北省为例,中能源工程集团氢能科技有限公司是一家氢燃料电池技术研发商,主要从事氢燃料电池及配套系统集成的技术研发及生产制造、加氢站的运行,为用户提供液冷金属板、石墨板燃料电池、系统集成系列产品,适用于乘用车、越野车、大巴、物流车、重卡等。

(二)华东地区氢能利用突出产业区块链

1. 以上海汽车集团股份有限公司为例。上汽集团氢能利用主要业务是整车如乘用车、商用车的研发、生产和销售,计划在 4 年内将 410 辆氢燃料电池汽车(FCV)投入商业化运营,推进互联网汽车、新能源汽车的商业化发展,展开智能驾驶等技术研究和产业化发展工作;对于零部件的开发生产、销售也在紧锣密鼓的筹划研究当中,同时包括物流、汽车电商、网约车、汽车金融服务、投资等有关业务,并在人工智能领域布局。2020 年 9 月 13 日,上汽集团正式发布全球首款燃料电池多用途汽车(MPV)上汽大通 EUNIQ 7,并同时宣布中国汽车行业首个“氢战略”:在 2025 年之前,推出至少 10 款燃料电池整车产品,上汽捷氢科技股份有限公司(为行业提供燃料电池产品及工程服务的高科技企业)达到百亿级市值,建立起千人以上燃料电池研发运营团队，形成万辆级燃料电池整车产销规模，市场占有率在10%以上。上氢能源计划2022年实现上万套燃料电池发动机产能，并建成氢燃料电池发电系统测试中心。我国近年来燃料电池系统电堆等核心零部件已经获得长足进步，其中上汽集团旗下的最新一代燃料电池电堆核心指标足以媲美国际巨头。[1]

2. 以苏州竞立制氢设备有限公司为例，该公司是一家集研发、生产水电解制氢设备及气体后处理设备于一体的高科技企业，为江苏省高新技术企业。经过10多年的发展，该公司现已成为国内最大的水电解制氢设备专业生产厂家和具有“高、新、快、强、活”特色的高新技术企业；于2005年研制成功了当时国内最大的375立方米/时微机控制制氢设备，填补了国内空白；于2008年联合北京飞驰科技有限公司在北京投资建设了中国第一座制氢加氢站，为氢燃料汽车提供清洁能源，以氢气为能源的燃料电池汽车已经为2008年北京奥运会提供了全方位服务。2019年8月，公司与大连化物所合作开发的“新一代电解水催化技术”取得初步成果，制氢能耗将有望在原来基础上下降10%以上，为“绿氢”降电耗打下坚实基础。

氢能产业链国内外代表性企业梳理如表4-4所示。

表4-4 氢能产业链国内外代表性企业

产业链环节		国内	国外
制氢	制氢	国家能源集团、中石化、中石油、宝武、河钢、浦江气体、京辉气体	林德、法液空、空气产品公司（AP）
	制氢装备（电解水）	中船718所、苏州竞立、天津大陆、淳华氢能	挪威NEL、西门子、Hydrogenics
储运氢	高压气态储运装备（含车载）	中材科技、中集安瑞科、斯林达、巨化、富瑞氢能、北京科泰克、天海工业	美国Lincoln、挪威Hexagon、韩国ILJIN、日本JFE
	液氢储运装备	液氢储罐：四川空分、南京晨光 液化装置：航天101所、中科富海	液氢储罐：俄罗斯JSC深冷机械制造、美国chart公司、日本岩谷 液化装置：林德、法液空、空气产品公司
	固态储运装备	有研集团	法国麦克菲

---

〔1〕鲁网：《上汽集团助力鄂尔多斯打造“北疆绿氢城”将建成全球首个万辆级氢能重卡产业化应用基地》，载有驾网2021年7月22日，https://www.yoojia.com/article/9570097621261561500.html。

续表

产业链环节		国内	国外
加氢站	加氢站项目	中石化、国家能源集团、河钢、舜华、氢枫、安泰科技	林德、法液空、空气产品公司
	加氢站装备	加氢机：国家能源集团、舜华、海德利森、华气厚普、正星 压缩机：北京京城、北京天高、江苏恒久机械	加氢机：空气产品公司、林德 压缩机：美国 PDC、Hydro-pac、德国 hofer 液氢泵：林德、美国（ACD）
燃料电池汽车	整车	上汽大通、北汽福田、中通客车、宇通、上海申龙、飞驰	丰田、现代、通用、USHy-brid、Kenworth、尼古拉
	燃料电池系统	重塑、亿华通、捷氢科技、新源动力、清能股份、东方氢能、国电投氢能公司、新源动力	丰田、现代、UTC、Pover、Intelligent Energy
	燃料电池电堆	广东国鸿、上海神力、捷氢科技、新源动力、清能股份、爱德曼、上海氢晨、未势能源、氢璞、学业股份、锋源新创、骥翀氢能	丰田、现代、巴拉德、水吉能公司（hydrogenics）、瑞典（Power Cell）
	空压机	石家庄金士顿、海德韦尔、伯肯节能、势加透博、雪人股份、德燃动力、潍坊富源	瑞典欧波同（OPTON）、美国 UQM、美国盖瑞特
	氢气循环泵	山东东德	美国 park
	膜电极	广东国鸿、鸿基创能、擎动科技、武汉理工、上海唐峰、亿氢科技	美国明尼苏达矿业和制造公司（3M）、英国庄信万丰、Gore、日本东丽、Kolon、巴拉德

续表

产业链环节		国内	国外
燃料电池汽车	碳纸	通用氢能	德国 SGL、日本东丽、日本 JSR、巴拉德
	质子交换膜	东岳、东材科技、汉丞新材料、中科氢能	戈尔公司(Gore)、科慕
	催化剂	济平新能源、贵研铂业、中科科创、中自环保	日本田中,英国庄信万丰、比利时优美科
发电	固体氢化物燃料电池系统	国家能源集团、新奥股份	美国布卢姆能源公司(Bloom Energy)
氢燃料有轨电车		中车青岛四方机车	法国阿尔斯通

资料来源:中国氢能联盟研究院,国泰君安证券研究。

（三）西南地区氢能利用重在设施设备

1. 以四川能源投资集团有限责任公司(以下简称四川能投)为例。2018年,四川能投建造的西南首个加氢站正式投用,此次建成投用的撬装式加氢站由能投天然气公司和四川金星联合建设,为西南首个加氢站,该站的最大加注能力可达每天400千克氢气,可连续为5~10辆燃料电池公交车加注氢气。该站的投用打通了氢气的制、运、储、加等各环节。

2. 以东方电气集团东方锅炉股份有限公司(以下简称东方电气)为例。东方电气是中国发电设备研发设计制造和电站工程承包特大型企业,是中央确定的涉及国家安全和国民经济命脉的国有重要骨干企业、国务院国资委监管企业。东方锅炉德阳分公司厂区的氢能源示范园区现场已建成100千瓦等级氢燃料电池供能系统、撬装式加氢系统,可为搭载东方电气氢燃料电池的城际客车(试验车)提供加氢服务。该系统最大连续加氢能力可达每天200千克。根据此前测验,城际试验车加注15千克左右高压氢气,可以行驶约450公里。氢燃料电池分布式发电是电网调峰的新模式,是能源综合利用的新途径,对氢能产业和能源互联网的融合发展意义重大。

（四）东北地区氢能利用集中于制备和储运

1. 以辽宁省大连市为例,在氢燃料电池电堆及部件方面,有新源动力、大连天能等企业;在氢燃料电池系统及零部件方面,有洺源科技、大连宇科、大连擎研等企业;在氢燃料电池整车整机方面,聚集了一汽大客、华晨等汽车企业,中车大连、大连齐车等轨道交通企业以及大连船舶重工、中远船务等船舶制造企业。此外,大连市有大连岩谷等多个专业从事氢气制备的企业,在氢气储运方面拥有丰富经验;在氢检测方面,大连锅炉压力容器检验检测研究院有限公司是国家市场监督管理总局核准的气瓶和瓶阀等特种设备的型式试验机构,也是我国唯一一家综合性国家气瓶质量监督检验中心。另外,大连市具有雄厚的装备制造业基础,能够为氢能产业中压力容器、泵、阀等配套设备制造提供支撑。[1]

2. 以吉林省长春市为例,长春市在新能源、新动力、新材料方面有着创新研究,拥有自主核心技术和知识产权;在新型水力发电、新型太阳能发电、新型电池、高效储能及氢能、发电设备等多方面取得了重大突破,技术已经走在了国际行业的前端。2016 年,吉林省博莱特威能源设备制造有限公司的"氢能源设备""扩能增效技术"研发成功,并获得国家专利和生产批准。历经 27 年艰苦奋斗,该公司终于突破了核心难题,通过物理分离的方法从水中分离氢气,使用氢气时打开开关仅需 0.08 秒就可以从水中分离出纯度为 99.99% 的氢气,并且分别用不同的管道出氢气和氧气,防止二者反应发生爆炸。这不仅降低了制氢成本,并且有效地保障了使用的安全性。

二、以低碳环保为特点的国家制度

(一)氢能利用立法尚处在萌芽阶段

由于氢能资源是一项新兴能源,我国对其的立法存在滞后性,现有的《大气污染防治法》《环境保护法》《环境影响评价法》中并未针对这一新型能源进行直接的规定。《可再生能源法》和《循环经济促进法》在可再生能源定义中并未列明氢能资源的发展地位。

2024 年 11 月 8 日,第十四届全国人民代表大会常务委员会第十二次会议通过的《能源法》,将氢能列入能源范畴,这意味着氢能从此开启作为能源管理的道路。除此以外,目前我国在法律或行政法规层面对氢能产业还没有专门的立法,其发展的依据主要以国家层面的产业发展规划、政策和各地地方性法规、指导性文件为主。

(二)氢能产业制氢领域重视行业规范

我国目前在氢能产业多个环节出台了 80 多项国家、行业标准,针对该产业具体的一些要求、方法等方面发布了一系列的监管和规范文件。

---

[1] 《大连市氢能产业发展规划(2020—2035 年)》,载大连市人民政府网,https://www.dl.gov.cn/art/2020/11/5/art_854_443290.html。

制氢领域的行业规范，如2019年6月4日国家市场监督管理总局、国家标准化管理委员会发布的《压力型水电解制氢系统技术条件》。该文件规定了压力型碱性水电解制氢系统和质子交换膜水电解制氢系统的术语和定义、分类与命名、技术要求、试验与检测、标志、包装。该文件适用于工作压力大于或等于0.3兆帕且小于或等于5.0兆帕的压力型碱性水电解和压力型质子交换膜水电解制氢系统。

液氢储运领域的行业规范，如2021年4月国家市场监督管理总局发布的《液氢贮存和运输安全技术要求》。该文件规定了液氢贮存和运输过程中液氢贮罐的设置、贯彻和罐式集装箱的运输、吹扫与置换、安全与防护、事故处理的要求，该文件适用于液氢贮罐、液氢运输车和罐装式集装箱的贮存和运输的技术要求。

加氢站领域的行业规范，如2017年10月原国家质量监督检验检疫总局和中国国家标准化管理委员会联合发布的《加氢站安全技术规范》。该文件规定了氢能车辆加氢站的氢气输送、站内制氢，氢气存储、压缩、加注以及安全与消防等方面的安全技术要求。

（三）氢能产业加氢领域突出标准评价

2020年6月，住房和城乡建设部与国家市场监督管理总局联合发布《汽车加油加气加氢站技术标准（征求意见稿）》，用于新建、扩建和改建的汽车加油站、加气站、加油加气合建站、加油加氢合建站和加气加氢合建站工程的设计和施工。

2020年12月29日，中国产学研合作促进会发布《低碳氢、清洁氢与可再生能源氢的标准与评价》。该文件给出了低碳氢、清洁氢与可再生氢的要求及评价方法，为判断氢气的碳排放属性提供依据，引导高碳排放制氢工艺向绿色清洁制氢工艺转变，并鼓励开发新的低碳氢、清洁氢和可再生氢的制备工艺。

综上所述，我国对于氢能的法律规定尚处于初级阶段，相关法律、行政法规还不完善，未形成系统性的法律体系，氢能产业的发展主要以国家和地方出台的政策文件来进行指导、规范，这些政策文件等将为氢能立法的完善提供探索进程。

（四）氢能产业以加氢为主的指导政策

1. 从初步推广到大力支持的国家政策

“十三五”之前属于推广阶段，尚未制定具体的计划，而2014年至2022年一系列相关政策出台，推动了行业的发展，加速了氢能产业的布局。我国实施氢能产业孵化与加速计划,谋划布局一批氢能产业。

早期氢能源的政策相对较少,多为鼓励支持、技术创新政策等。2019 年两会期间,氢能首次写入政府工作报告。之后国务院、国家发展和改革委员会、国家能源局等多部门都陆续印发了支持、规范氢能源行业的发展政策,内容涉及氢能源发展技术路线及氢能生产、储存、输送、加注、使用全产业链,安全生产监督内容也在逐步跟进,并包括加氢站等基础设施建设、燃料电池车发展等内容。

2. 氢能产业的战略发展方向及重点任务

氢能产业发展的主要战略方向有三个:一是燃料电池汽车,特别是物流重卡领域车辆;二是绿色供氢,氢气的制取、储运及加氢站;三是氢能多元化利用。

氢能产业发展重点任务有以下两个:一是先进燃料电池技术及其引导的产业链建设,二是基于与可再生能源耦合的绿色制氢技术及其相关内容。产业促进政策的重点是加强基础设施建设和鼓励氢燃料电池汽车应用,通过财政补贴、以奖代补等方式鼓励建设加氢站和使用氢燃料电池汽车。氢能产业在乘用车和商用车领域均有推进,在重卡及物流车等细分领域更受关注。

3. 燃料汽车国家级产业规划指导性意见

第一,国家级产业规划具体目标规划。

2014 年 6 月 7 日,国务院出台《能源发展战略行动计划(2014—2020 年)》(国办发〔2014〕31 号),把发展清洁低碳能源作为调整能源结构的主攻方向,将氢能与燃料电池确立为 20 个能源科技重点创新方向。

2016 年 4 月,国家发展和改革委员会、国家能源局发布的《能源技术革命创新行动计划(2016—2030 年)》(发改能源〔2016〕513 号)把氢能源与燃料电池技术创新研究列为 15 项重点任务之一,并指明了氢能与燃料电池的具体创新目标、行动措施以及战略方向。

2016 年 11 月 29 日,国务院印发《"十三五"国家战略性新兴产业发展规划》(国发〔2016〕67 号),提出系统推进燃料电池汽车研发与产业化,到 2020 年实现燃料电池汽车批量生产和规模化示范应用的目标。

2019 年 3 月 5 日,国务院发布《政府工作报告》,提出稳定汽车消费,继续执行新能源汽车购置优惠政策,推动充电、加氢等设施建设。

2020 年 6 月 5 日,国家能源局印发《2020 年能源工作指导意见》,要求各能源部门稳妥有序推进能源关键技术攻关,推动氢能技术进步与产业发展;制定实施氢能产业发展规划,积极推动应用示范。

2020 年 10 月 20 日,国务院办公厅印发《新能源汽车产业发展规划

(2021—2035 年)》(国办发〔2020〕39 号),提出到 2025 年实现燃料电池汽车商业化应用、氢燃料供给体系建设稳步推进的发展愿景;决定继续深化“三纵三横”研发布局,其中燃料电池汽车为“三纵”研发布局之一。

第二,指导性意见配套法规体系建设。

2018 年 12 月 30 日,生态环境部、国家发展和改革委员会、工业和信息化部等联合印发《柴油货车污染治理攻坚战行动计划》(环大气〔2018〕179 号),鼓励各地组织开展燃料电池货车示范运营,建成一批加氢示范站。

2019 年 5 月,工业和信息化部颁布《2019 年新能源汽车标准化工作要点》,明确将发展氢燃料电池作为重点工作,要求加快燃料电池电动汽车标准体系建设。

2019 年 6 月 30 日,国家发展和改革委员会、商务部发布《鼓励外商投资产业目录(2019 年版)》(已失效),将氢燃料生产,氢能制备与储运设备制造,新能源汽车关键零部件制造,加氢站建设、经营等产业列入全国鼓励外商投资产业目录。

2019 年 11 月 10 日,国家发展和改革委员会、工业和信息化部等联合印发《关于推动先进制造业和现代服务业深度融合发展的实施意见》(发改产业〔2019〕1762 号),特别提出要推动氢能产业创新、集聚发展,完善氢能制备、储运、加注等设施和服务。

2020 年 3 月 11 日,国家发展和改革委员会和司法部联合发布《关于加快建立绿色生产和消费法规政策体系的意见》(发改环资〔2020〕379 号),将研究制定氢能发展的标准规范和支持政策作为 2021 年的重点任务之一。

第三,财政补贴及优惠措施支持对新能源车应用与推广。

2009 年 1 月 23 日,财政部与科学技术部出台《关于开展节能与新能源汽车示范推广试点工作的通知》(财建〔2009〕6 号,已失效),规定对符合有关标准的公共服务用乘用车和轻型商用车每辆补贴 25 万元,对符合有关标准的城市公交客车每辆补贴 60 万元。

2014 年 11 月 18 日,财政部等 4 部委出台《关于新能源汽车充电设施建设奖励的通知》(财建〔2014〕692 号,已失效),规定对符合有关标准的新建燃料电池汽车加氢站每个奖励 400 万元。

2015 年 4 月,财政部等 4 部委出台《关于 2016—2020 年新能源汽车推广应用财政支持政策的通知》(财建〔2015〕134 号),规定燃料电池乘用车补助标准为 20 万元/辆,轻型客车、货车补助标准为 30 万元/辆,大中型客车、中重型货车补助标准为 50 万元/辆。

2016 年 12 月 29 日,财政部等 4 部委发布《关于调整新能源汽车推广应用财政补贴政策的通知》(财建〔2016〕958 号),规定除燃料电池汽车外,各类车型 2019~2020 年中央及地方补贴标准和上限在上述现行标准基础上下降 20%。

2018 年 2 月 12 日,财政部等 4 部委发布《关于调整完善新能源汽车推广应用财政补贴政策的通知》(财建〔2018〕18 号),规定燃料电池汽车补贴基本保持不变。

2019 年 3 月 26 日,财政部等 4 部委发布《关于进一步完善新能源汽车推广应用财政补贴政策的通知》(财建〔2019〕138 号),规定 2019 年 3 月 26 日至 2019 年 6 月 25 日为过渡期,过渡期内燃料电池汽车补贴下降 20%,正式期补贴政策将另行公布,并明确给予加氢站建设和运营补贴支持。

2020 年 4 月 23 日,财政部等 4 部委联合印发《关于完善新能源汽车推广应用财政补贴政策的通知》(财建〔2020〕86 号),将当前对燃料电池汽车的购置补贴,调整为选择有基础、有积极性、有特色的城市或区域,重点围绕关键零部件的技术攻关和产业化应用开展示范,中央财政将采取"以奖代补"方式对示范城市给予奖励。

2020 年 9 月 16 日,财政部、国家能源局等联合发布《关于开展燃料电池汽车示范应用的通知》(财建〔2020〕394 号),明确提出通过"以奖代补"政策鼓励燃料电池汽车关键核心技术产业化,促进燃料电池汽车产业的发展。

2020 年 12 月 31 日,财政部等 4 部委发布《关于进一步完善新能源汽车推广应用财政补贴政策的通知》(财建〔2020〕593 号),规定 2021 年保持现行购置补贴技术指标体系框架及门槛要求不变,新能源汽车补贴标准在 2020 年基础上下降 20%。

2021 年 12 月 31 日,财政部等 4 部委发布《关于 2022 年新能源汽车推广应用财政补贴政策的通知》(财建〔2021〕466 号),规定 2022 年保持购置补贴技术指标体系框架及门槛要求不变。根据《关于完善新能源汽车推广应用财政补贴政策的通知》(财建〔2020〕86 号)要求,2022 年新能源汽车补贴标准在 2021 年基础上下降 30%;城市公交、道路客运、出租(含网约车)、环卫、城市物流配送、邮政快递、民航机场以及党政机关公务领域符合要求的车辆,补贴标准在 2021 年基础上下降 20%。

2022 年 9 月 18 日,财政部、国家税务总局、工业和信息化部发布《关于延续新能源汽车免征车辆购置税政策的公告》(2022 年第 27 号),规定对购置日期在 2023 年 1 月 1 日至 2023 年 12 月 31 日的新能源汽车免征车辆购置税等相关事宜。

2023 年 6 月 19 日,财政部、国家税务总局、工业和信息化部发布《关于延续和优化新能源汽车车辆购置税减免政策的公告》(2023 年第 10 号),为支持新能源汽车产业发展、促进汽车消费,就延续和优化新能源汽车车辆购置税减免政策有关事项进行公告。

三、引导扶持性地方产业政策现状

我国氢能产业在地方的发展政策依据主要是发展规划、指导文件等。我国各地就总体的氢能产业发展及加氢站、燃料电池车领域分别出台了规划、实施意见等。

(一)氢能产业地方规划推动法治进程

在氢能产业总体发展方面,一线城市多地出台了规划。例如北京、上海、广州等分别出台了《北京市氢能产业发展实施方案(2021—2025 年)》《上海市氢能产业发展中长期规划(2022—2035 年)》《广州市氢能产业发展规划(2019—2030 年)》。

以广州市为例,《广州市氢能产业发展规划(2019—2030 年)》提出其氢能产业发展阶段性规划:到 2030 年,建设绿色氢能电综合调峰电站不低于 10 座,建成加氢站 100 座以上。氢能产业预计实现产值 2000 亿元以上。到 2025 年,形成大湾区氢能运营中心,培育广州氢能及燃料电池相关企业 100 家,其中年营业收入突破 50 亿元的 1~2 家。公交、环卫领域燃料电池汽车占比不低于 30%。建设绿色氢能电综合调峰电站 4 座,建成加氢站不少于 50 座。氢能产业实现产值预计 600 亿元以上。

其他省市如山东省、河北省、浙江省、天津市、武汉市、成都市等也分别出台了其各自的氢能产业发展实施意见、发展规划、指导意见等。

(二)氢能产业地方利用配套产业循环

加氢站的建设运营是我国氢能产业的重要部分,我国部分地区已针对加氢站的建设、经营等出台了管理办法。通过调研,全国各地区情况如下。

1. 北部地区,北京市出台《北京市加氢站建设和运营补贴实施细则》;辽宁省大连市出台《大连市加氢站管理暂行办法》;吉林省长春市出台《长春市汽车加氢站管理暂行办法》;等等。

2. 南部地区,福州市出台了《关于福州市加氢站建设及经营管理暂行办法的通知》,其中经营类登记及许可有危险化学品经营许可证、气瓶充装许可证;佛山市出台了《佛山市南海区促进加氢站建设运营及氢能源车辆运行扶持办法》;等等。

3. 东部地区,上海市出台了《上海市燃料电池汽车加氢站建设运营管理办法》,其中经营类登记及许可有燃气经营许可证、燃气供气站点许可证;山东省济南市出台了《关于推进我市汽车加氢站规划建设运营管理工作的实施意见》、济宁市出台了《济宁市加氢站建设管理暂行办法》、青岛市出台了《青岛西海岸新区汽车加氢站运营管理暂行办法》、潍坊市出台了《关于做好全市汽车加氢站规划建设运营管理工作的意见》等。

4. 中部地区,湖北省武汉市出台了《武汉经济技术开发区(汉南区)加氢站审批及管理暂行办法》,其中经营类登记许可有气瓶充装资质许可、参照《城镇燃气管理条例》核发经营许可;湖南省岳阳市出台了《岳阳市加氢站建设管理暂行办法》,其中经营类登记及许可有燃气经营许可证。

5. 西部地区,四川省成都市出台了《成都市加氢站建设运营管理办法(试行)》,其中经营类登记许可有危险化学品经营许可证、气瓶充装许可证。

(三)氢能产业地方终端利用发展现状

当前,全球氢燃料电池汽车产业呈现爆发式增长,氢能已成为国家新能源发展的战略产业,燃料电池车也是我国氢能产业重要的发展方向之一。近些年我国一些地区诸如北京市、上海市、重庆市、佛山市、内蒙古自治区、江苏省、广东省等陆续出台了关于氢燃料电池车的规划、实施方案、指导意见等。以北京市和上海市为例,具体如下。

北京市出台了《北京市氢燃料电池汽车产业发展规划(2020—2025年)》。该规划分两个阶段提出发展目标:一是到2023年,培育3~5个在世界上有一定影响的领先企业,争取在全国推广3000台氢燃料电池,产业累计产值突破85亿元,目前已经实现这一阶段目标;二是到2025年前,企业数量增加到5~10家,累计汽车销售超过1万台,工业产值超过230亿元。

上海市发布《上海市燃料电池汽车产业创新发展实施计划》,提出到2025年,上海将建成70多个加氢站,实现燃料电池汽车在全国范围内的推广应用。以"一环"为中心,构建"外环",加快发展整个产业链,包括:汽车整车制造、电池系统、关键零部件的研发、测试、应用等;加快推进"产品、科技、应用、环境"四位一体的高质量发展;以嘉定、青浦、金山、临港新片区、浦东、宝山为核心的"六带"开发格局不断拓展。

(四)全国各地方主要代表性氢能政策

总体观之,各地氢能产业相关政策方向主要包括培育核心技术类、区域协同发展类、打造产业集群及产业链类等。本书以部分地方为例,分层分类汇总了各地氢能政策如表4-5所示。

表 4-5　全国各地主要代表性氢能政策

类别	序号	地区政策	核心	主要内容
培育核心技术类	1	《北京市氢能产业发展实施方案(2021—2025年)》	重点关注氢气生产,储存,加注,燃料电池等产业链的核心部分; 推进我国自主研究、开发重大基础、共性核心技术; 兼顾氢能产业的相关技术; 以创新为先导,推动技术多样化和一体化发展	1. 制氢领域 产业长期低碳化绿色发展以可再生能源绿电制氢为重点研究对象,以低成本、高效率、长寿命为目标,发展质子交换膜电解制氢和高温固体氧化物电解制氢工艺,研究开发制作高效率大功率的碱水电解槽设施的重要技术。 2. 储存与运输领域 降低氢气成本,要将重心放在储运环节上。应主要在高压气态、高密度液态、高安全固态的储供氢技术和装备、纯氢与掺氢管道输送技术领域实现重大突破。 3. 填装领域 加氢系统是氢能开发与应用的重要环节,国内对氢压缩机、注氢机等关键装备及核心部件依赖较大,急需攻克70兆帕级加氢站增压加氢关键装备。 4. 燃料电池领域 主要在膜、炭纸、催化剂、双极板、膜电极、氢气再循环泵、空压机等质子交换膜燃料电池的重要材料上实现重大突破,对部件批量生产技术、车用燃料电池安全监管保障技术、固体氧化物燃料电池热电联供系统技术等领域进行进一步研究与创新。 5. 关联技术领域 主要在电解制氢—低温低压合成氨、电解制氢加二氧化碳制甲醇技术领域实现重大突破。在此基础上,开展对电氢智能内燃机、大规模燃氢燃气轮机、固体氧化物燃气轮机联合循环等前沿技术与装备的研究。

续表

类别	序号	地区政策	核心	主要内容
培育核心技术类	2	《上海氢能产业发展中长期规划(2022—2035年)》	实现核心技术自主化	加强对关键核心技术的研究,形成一套完整的燃料电池产业链的核心技术体系。以上海汽车产业为基础,以提高催化剂、质子交换膜、碳纸等作为核心材料的可靠性、稳定性及耐久性为目标,通过对电堆设计、系统集成等过程的研究,提高电堆设计、系统集成等技术水平,形成一条完整的产业链的自主与产业化体系,使其成为一支在全球范围内拥有全面竞争能力的燃料电池整车品牌。在产业链上、下游的重要原料及零件方面取得突破。开发清洁、高效、低廉的工业副产氢提纯制氢技术,进一步提高质子交换膜和固体氧化物电解池的技术水平。在此基础上,重点研究利用太阳光解水制氢、热化学循环分解水制氢和低热值含碳材料制氢等新工艺。重点攻克高压气氢、低温液氢、长距离输氢、储氢材料等在储运过程中的关键材料与设备,不断降低氢在储运中的成本。研究开发氢冶金和氢能动力等领域的尖端技术。开展对高炉富氢、竖炉全氢冶炼过程与装备的研究,以及对钢铁工业废热资源的低电耗高温固体氧化物制氢技术与装备的研发。开展氢混燃气轮机、掺氢航空发动机、纯氢辅助动力电池、氢锂—超电容复合材料航空动力系统等前沿科技的研究。在前期的研究基础上,对分布式氢燃料电池热电联供电堆长寿命技术进行突破,降低电堆衰减和腐蚀速率,实现对氢气燃料电池的高效利用。

续表

类别	序号	地区政策	核心	主要内容
培育核心技术类	3	《山东省氢能产业中长期发展规划(2020—2030年)》	突破核心技术,重点围绕氢能源产业链的建设,重点把关键共性技术和前沿技术的研究与开发,列入省级科技规划中	重点研究四大领域: 1. 重点攻克兆瓦级电解制氢技术、氢气纯化及质量检验技术,开发利用固态氧化物制备氢气的技术; 2. 着力攻克70兆帕高压气态储氢容器的研制,加强金属储氢、有机液体储氢、液氢等相关技术的研究开发; 3. 研制成本低、寿命长、功率密度高的车用燃料电池电堆,在双极板批量生产工艺上取得突破,开发出低成本、高效率的催化剂; 4. 在燃料电池整车的氢电混联技术上取得突破,提高整车的经济性和安全性。
	4	《浙江省加快培育氢能产业发展的指导意见(征求意见稿)》	加速解决关键核心技术	积极推进氢燃料电池整车的一体化和高效率的燃料电池驱动系统的技术创新。每年组织开展一批重点科研计划,重点对高功率车用氢燃料电池电堆、质子交换膜和集电器等关键部件的核心技术进行突破。 积极开展高效低成本制氢、安全可靠的氢储运技术和装备开发,争取在高电压贮氢设备轻量化、液氢高效制备、金属氢化物储氢、高容量固态储运氢、氢能安全利用、氢电站及分布式能源的利用等关键技术上有所突破。

续表

类别	序号	地区政策	核心	主要内容
培育核心技术类	5	《武汉市发布氢能产业突破发展行动方案》	努力创建我国氢能产业创新、研发、生产、示范应用的先导区域,为武汉建成世界级氢能产业基地奠定坚实的基础	1. 能源链。在工业副产氢、常温常压液态储氢、超高温垃圾转化制氢、电解水制氢等技术应用等方面取得重大进展; 2. 技术链。强化氢能产业基础研发,在燃料电池膜电极、燃料电池电堆、燃料电池发动机系统、整车系统集成与控制、常温常压有机液态储氢等重要环节进行突破,在氢能产业领域形成国内领先的关键核心技术。争取使燃料电池系统的额定功率达到120千瓦,燃料电池堆功率密度达到4.5千瓦/升,燃料电池汽车纯氢续驶里程达到500公里,集聚一批国家、省、市级氢能与燃料电池研发和检测、认证机构。
	6	《河北省推进氢能产业发展实施意见》	核心技术不断突破,到2022年,基本形成涵盖产业全链条的技术研发、检验检测体系	1. 着力突破制氢新技术。重点研发可再生能源发电与电解水制氢一体化技术,突破适应可再生能源高效低成本电解水制氢技术; 2. 着力解决储运加难题。重点研发加氢设备以及加氢站控制集成系统等核心技术、高压阀体和管件等核心关键部件,提高国产化率,降低加氢站的建设成本; 3. 着力加快燃料电池升级。重点研发金属双极板材料技术、车用膜电极及批量制备技术、质子交换膜燃料电池发动机技术、燃料电池车整车可靠性提升和成本控制技术。

续表

类别	序号	地区政策	核心	主要内容
培育核心技术类	7	《广州市氢能产业发展规划（2019—2030年）》	构建“一核一枢纽三基地”产业布局	“一核”是黄埔氢能产业发展的核心区域。 大力推动氢能项目和人才集聚，建设氢能创新研发中心，集中布局氢能关键技术、核心材料及关键零部件产业化项目、检验检测项目。 加快建设国家新能源综合利用示范区、广东省燃料电池运营示范区，强化氢能应用示范，将黄埔区、广州开发区建设成为氢能产业创新核，构建世界上一流的氢能产业聚集区。 选址广州石化相邻地块设立新能源汽车产业基地，打造广州国际氢能产业集聚区。同时，穗港科技特别合作园飞鹅岭地块打造湾区氢谷，建设氢能创新创业中心。
区域协同发展类	1	《北京市氢能产业发展实施方案（2021—2025年）》	北京市带头，辐射京津冀地区协同发展	以产业技术创新与示范应用为纽带，创新区域协同发展模式，统筹京津冀三地的氢能源产业链，构建三地氢能产业协调发展的协调机制，促进形成优势互补、错位发展、互利共赢的产业发展格局。 力争将北京市建设成为具有国际影响力的氢能产业城市与科技创新中心，推动京津冀氢能产业共同发展，合力构建氢能和燃料电池全产业链，形成氢能低碳化、规模化生产与应用，着力打造“区域协同、辐射发展、国内领先、世界一流”的氢能和燃料电池产业创新高地，推动氢能产业的可持续发展。

续表

类别	序号	地区政策	核心	主要内容
区域协同发展类	2	《广州市氢能产业发展规划(2019—2030年)》	打造我国南部地区氢能中心	建成大湾区氢能研发设计中心、装备制造中心、检验检测中心、市场运营中心、国际交流中心,形成一条完整的氢能产业链。
	3	《上海市燃料电池汽车产业创新发展实施计划》	共同建设长三角氢走廊	加强长三角地区燃料电池汽车协同发展,通过地区联动推动氢能的广泛应用,共同建设长三角氢走廊;以上海为重点和起点,构建氢能走廊的核心节点,与长三角各个主要城市共同发展,启动建设城际快速G15(沈海高速)、G42(沪蓉高速)、G50(沪渝高速)、G60(沪昆高速)4条氢高速示范线路,加快完善沿线氢能源的供给设施,实现燃料电池汽车的路径互通,重点推进燃料电池客运包车和城际物流的示范应用,努力建设长三角地区燃料电池汽车示范区。
	4	《成都市氢能产业发展规划(2019—2023年)》	促进跨地区产业协作	加大与凉山、阿坝、甘孜、雅安、乐山、宜宾、泸州等地富余水电制氢和工业副产氢的消纳协作; 加强与攀枝花、西昌等地钒钛矿产资源在氢能材料领域的应用,并与绵阳共同在多个领域进行氢能源方面的重大科技成果转化合作; 在德阳、绵阳、眉山等地开展城际燃料电池客车和物流车的示范运营,推动成渝两地区氢能源经济示范区的建设; 与长三角、京津冀、粤港澳大湾区等地在技术研发、企业合作、平台共享及人才培养等领域达成积极互动; 与欧、美、日、韩等国家开展高层次、高规格的技术合作、标准合作和项目合作,为区域经济发展作出贡献。

续表

类别	序号	地区政策	核心	主要内容
打造产业集群、产业链	1	《山东省氢能产业中长期发展规划(2020—2030年)》	以交通领域应用为引领，培育、打造氢能全产业链	强化军民技术融合，以交通领域的应用为先导，以10、100、1000辆为各个阶段，将城市公交、城际物流车、中重型商用车作为突破重点，逐步推广到船舶、无人机、分布式发电等行业，实现3000辆以上燃料电池汽车的示范运营。培育和引进50家以上整车生产、船舶制造、膜电极、电堆、关键材料和动力系统集成等氢能行业领军企业，氢能全产业链年产值规模位居国内城市前列。
	2	《浙江省加快培育氢能产业发展的指导意见(征求意见稿)》	拓展延伸氢能产业链	1. 大力开发以氢气为动力的船舶。依托全省造船企业，发展以氢燃料电池为动力的海洋及内河运输船舶和渔船，并在沿海地区进行试点示范运营。 2. 创新开发用于发电和供热的氢燃料电池设备。面向电力供给和储能调峰、通信基站、应急救灾以及城市大型综合、未来社区等重大需求领域，研究开发出相应的氢燃料电池发电设备，促进燃料电池热电联供系统在消费端的推广应用。 3. 加快制、储、运加氢装备的开发。积极引进国内外著名的氢气生产企业，加速加氢机、控制阀组装置、氢气压缩机、液(气)氢贮罐等氢能配套产业的发展。支持巨化集团加强与浙江大学的产学研合作，提高70兆帕以上高压储氢容器的研制和生产技术。

续表

类别	序号	地区政策	核心	主要内容
打造产业集群、产业链	3	《河北省推进氢能产业发展实施意见》	推动氢能产业集聚发展	引导氢能产业实现空间分布的集中化、功能的聚集化、定位的互补化,避免低层次的重复建设。 支持邯郸、张家口、保定等地根据氢能产业的基础和自身的发展特色优势,围绕"制取、储运、加注、应用"4个环节补链强链,建设氢能产业研发、生产、示范中心,打造国内一流的氢能产业集群和装备制造基地。把重心放在引进先进企业、引进技术上。 围绕技术研发、产品设计、标准制定、核心部件制造、控制软件开发等关键环节,支持龙头企业加快实施一批重点项目,强化行业优势地位,合理延伸产业链条。
	4	《广州市氢能产业发展规划(2019—2030年)》	一核、一枢纽、三基地	"一枢纽"为南沙氢能产业枢纽,将探索氢能交易平台建设,推动氢能交易商品化,率先打造全国"氢能价格交易指数"。拓展氢能产业应用场景。结合南沙国际科技创新区域优势,为氢能产业注入人工智能、大数据等高科技基因,激发氢能全产业链的要素活力。 三大生产基地包括番禺乘用车制造及分布式发电研发基地、从化商用车生产基地和白云专用车生产基地。各区、各产业园区因地制宜,利用各自优势发展氢能产业,推动示范应用。

资料来源:各地方政府网站信息。

从调研的企业情况来看,地处区域协同发展程度较高地区的氢能企业,发展势头较为旺盛。

在京津冀地区，以《北京市氢能产业发展实施方案（2021—2025年）》为例，该实施方案明确提出“以产业技术创新和示范应用为纽带，创新区域合作发展模式，统筹京津冀地区氢能全产业链布局，建立三地氢能产业发展统筹机制，推动形成优势互补、错位发展、互利共赢的产业发展布局”。北京市国家电投集团氢能科技发展有限公司致力将氢能公司打造成为具有自主核心技术、研发与高端制造一体化、高度市场化的氢能行业中的一流企业。河北省中能源工程集团氢能科技有限公司是一家氢燃料电池技术研发商，主要从事氢燃料电池及配套系统集成的技术研发及生产制造、加氢站的运行。北京市的氢能企业起到了良好的带头作用，利用自身区位、资源优势加大关键技术的研发力度，带动整个京津冀地区氢能产业的发展。北京市该实施方案一方面顺应了地区氢能发展大势，另一方面明确了区域协同发展的方向，对该区域内氢能产业的发展有着积极的推动作用。

在长三角地区，以《上海市氢能产业发展中长期规划（2022—2035年）》为例，该规划明确提出两个发展目标：到2025年，产业创新能力总体达到国内领先水平，制储输用产业链关键技术取得突破性进展，具有自主知识产权的核心技术和工艺水平大幅提升，氢能在交通领域的示范应用取得显著成效。在全国范围内建立70个左右不同类型的加氢站，培育5~10个具有国际影响力和竞争力的“独角兽”企业，建成3~5家具备世界一流水平的创新和研发平台，实现燃料电池汽车保有量达到1万辆以上，氢能产业链产业规模达到1000亿元以上，在交通领域带动二氧化碳减排5万~10万吨/年。到2035年，产业发展总体达到国际领先水平，成功建造出能够引导全国氢能产业发展的研发创新中心、重要的核心装备与零部件制造检测中心，在交通、能源、工业等领域形成丰富多元的应用生态，建设海外氢能进口输运码头，在东亚地区建设氢能贸易和交易中心，与长三角地区共同形成创新生态，基本建成世界上具有一流国际影响力的氢能科技创新高地、产业发展高地、多元示范应用高地。

再看东北地区，东北地区氢能产业发展起步较早，但是相较华北地区如北京市，华东地区如上海市、浙江省的发展的势头来讲仍显不足，氢能相关企业数量较少，也尚未形成初步氢能供给全产业链，其氢能产业主要集中在制氢、储运方面。

如此看来，东北地区的氢能产业需要相关政策法规的强势助力，在核心技术培养方面，需有相关政策法规予以引导和鼓励，对于氢气的制取、燃料电池的研发等方面建议出台专项政策法规，以提高东北地区氢能产业发展的核心竞争力。在区域资源整合方面，建议参考京津冀、粤港澳、长三角等地区的协同发展策略，将东北地区的氢能产业加以合理的整合，起到总体大于部分的效果。建议东北地区各省份加强区域联动，在推动、规制氢能及相关产业发展方面加强立法合作，出台区域性氢能产业发展协同规划，以某一省牵头（鉴于辽宁省在东北地区氢能产业发展方面相对靠前，可考虑以辽宁省为引领），共同建设东北地区氢能产业基地。

第三节　我国地方氢能发展存在的法律问题及成因

一、我国地方氢能立法存在的主要问题

（一）地方缺少氢能专门法律体系

从我国现有的氢能产业法律体系来看，地方缺少氢能相关法律法规、政策等多个级别的规范性法律文件作参考。现有数据表明，国内大多数地方都没有完备的法律法规，虽然有部分地方政府根据国家发展的方向制定了氢能政府规章，但该这些规范性法律文件效力层次较低，还未形成一定的国家强制力。目前，氢能的商业化利用程度还不高，但是国内外对氢能开发的研究已经达到一个很高的层次，这为氢能发展成为21世纪“终极能源”提供了极大的可能性。为了更好地推动氢能产业发展，形成一套专门氢能立法体系需提上日程。

1. 现存的法律体系对氢能发展不具有针对性。现行法律规范中，明确关于氢能发展的法律条文无法在任何一部单行法中找到。从严格意义上讲，地方氢能产业的发展目前无法严格依据任何一部法律进行规制，而只能通过扩大解释、类比解释等方法进行引申适用，这就从立法角度说明立法者对于氢能产业发展的不重视。这种情况延伸到了社会发展的各行各业，氢能产业的发展从中央到地方、从政府到个人，均未对氢能产业的发展形成应有的重视。部分地方政府制定的针对氢能产业发展的地方政府法规，也都是在生产和使用规模较小的情况下形成的，具有明显的地方倾向性，相关政府法规要实现全国推广还需较大调整。因此，目前地方氢能产业的发展受到了不健全的法律体系的严重制约，这将大大延缓我国氢能产业发展的步伐。

2. 氢能发展需要一部单行法作为依据。各类可再生能源发展缺少有针对性的法律依据是我国可再生能源发展的一个显著弊端，这对我国各类可再生能源的发展有着较大负面影响。对于氢能产业的发展来说，其在生产、运输、储存、应用等各个环节都需要适合的独特的环境条件，这并非是其与其他

各类可再生能源通用同一部单行法就可以解决的，它需要针对氢能发展的单行法，配套各类具体的细则和制度规范来进行规制。形成一部专门的单行法将从多方面拓宽氢能开发环境，多层次深化氢能开发激励条件，解决氢能产业从业者的后顾之忧，为氢能产业的发展注入一股强劲动力。

（二）现有法律滞后性严重

我国目前地方氢能产业发展可以参考的法律体系不仅不具有在氢能产业细分领域的针对性，而且未能随着产业的发展进行革新，仅有的法律规定已明显不适应氢能产业发展的现状。例如，氢能在现有的法律体系下没有相关的具体规定，这与其所具有的发展潜力和在未来能源体系下所扮演的角色的重要程度完全不符。我国于 2009 年颁布《循环经济促进法》，此时氢能产业的发展稍显势头，因其受技术条件的较大限制，距离大规模商业开发仍有较大距离，所以并未受到重视，因而氢能在《循环经济促进法》中并没有体现。2018 年对《循环经济促进法》的修正，仅调整了部分主管部门的称谓，不涉及实质内容的修改，所以此次修正并未对氢能发展带来直接的相关变化。2005 年颁布的《可再生能源法》仅规定了可再生能源的整体发展方向，未对可再生能源具体类型细致划分和规定，也未单独为氢能设置条款，缺乏对氢能发展的具体细化内容以及配套支持措施，且 2009 年修正亦未明确将氢能纳入可再生能源的范畴，而 2009 年修正至今已近 16 年，在此期间氢能产业已发生了翻天覆地的变化。

在这些年里，各类可再生能源的研究都取得了阶段性的成果。受益于技术条件的不断进步，氢能的开发手段更是得到了极大的改善，但是其仍未能在《可再生能源法》中具有明确法律地位，而只能通过针对性条款的扩大性解释或者一般性条款的普遍适用进行调整，相关法律的滞后性问题已尤为突出。所以，一部综合性的"能源法"是目前各类可再生能源快速发展急需的。为缓和法律滞后性对氢能发展的制约，为产业快速发展提供有力保障，应当将这部单行法的修订工作早日提上日程。

（三）地方氢能发展缺少配套政策制度措施

地方政府想要推动本行政区域内氢能产业的快速发展，除了需要一套完善的法律体系，还需要一整套能够推动产业快速发展的政策制度措施。

首先，想要快速推动氢能的大规模商业开发，必须充分利用市场经济的优势，不仅需要以政府财政为主导的氢能研究开发体系，还需要引入市场经济主体，借助市场经济的优势推动氢能的开发。因此，要完善创新氢能开发激励机制。2022 年 3 月，《氢能产业发展中长期规划（2021—2035 年）》出台，规划中明确了氢能的地位，即氢能是国家能源体系的重要组成部分，不仅可以实现氢能终端绿色低碳转型，而且氢能产业也是战略性新兴产业和未来产业发展的重点方向。2021年10月，《"十四五"可再生能源发展规划》[1]出台，提出要全力推动可再生能源规模化制氢利用，在具备条件的地区开展规模化可再生能源制氢示范，推进可再生能源发电制氢产业化发展，打造规模化的绿氢生产基地。理论和实践相结合才能事半功倍，进行地区试点后才能因地制宜地促进地方氢能产业发展。

其次，地方氢能发展仍缺少强有力的监督机制。任何一项合理、有效且能长久持续落实的制度，都离不开一套行之有效的监督机制。美国从整体上由能源部全权负责氢能开发的具体工作，从指导到落实，从标准到运用，最终都由该部门具体负责，这样就可以保证法令的从一而终。我国一方面缺乏一个部门对氢能产业相关工作进行统一领导，氢能产业发展的相关工作目前仍由多个相关部门的分别指导，不同属性的工作分属于不同的领导部门；另一方面，从监督管理来看，相关工作更是面临多头监管与监管真空并存的问题，责任划分不明确，监管措施落实不到位，这将为我国氢能发展埋下较大的隐患。

二、我国地方氢能开发与利用法治建设滞后成因

（一）缺乏坚实的经济基础

我国氢能产业整体发展路径体现出较大的不稳定性与不确定性，一方面缺乏统一的氢能产业路线图，另一方面未能实现较大的经济收益，受制于技术条件而缺乏市场前景，因而未能得到多方面足够的重视。我国氢能产业的发展绝非一个领域、一个行业内部的事情，也绝非可以凭借行业内部消化就能妥善解决的。它需要多部门、多层次、多人士的共同参与，而目前我国缺乏统一的氢能产业发展体系，这就使得整个氢能产业协同组织的能力较弱。

各地政府关于本行政区域内的氢能研发促进政策的定位不清晰，缺乏系统性制度保障，各项工作推行起来都比较困难。这就大大延缓了氢能产业的发展效率，也使得整个氢能产业的发展迟迟未能兑现其应有的经济效益，最终导致了氢能产业立法的迟滞。

（二）氢能产业的特殊性

科技创新是我国氢能产业发展的主要驱动力。我国各级政府也在大力

[1] 程文姬等：《"十四五"规划下氢能政策与电解水制氢研究》，载《热力发电》2022年第11期。

推行企业创新,将创新能力作为推动企业发展的第一要素以及我国推动氢能产业快速发展、增强全球竞争力的第一要素。但是,氢能产业作为我国未来所依仗的国家能源体系的重要组成部分,其本身就具有其所属行业的特殊性。

1. 我国氢能产业的长远发展依赖于科学技术突破,科学技术的进步能在一定程度上表明我国氢能产业发展的现状,而有效地快速推动科学技术的进步不单是依靠氢能产业专门立法可以解决的,而需要协同《民法典》和《专利法》来从科学技术进步的各方面提供法治保障。

2. 氢能产业的特殊性使得整个行业极度依赖大量资金的投入以促进整个行业的快速发展,企业作为市场经济主体,在综合考量投入产出效益后,往往难以维持长期高成本投入。

对比国际一流的研发中心,我国氢能企业创新能力不足、资金投入不足、人才数量不足,这些关键要素的不足制约着氢能产业的发展。国家电投集团氢能科技发展有限公司作为我国地方氢能产业发展的头部企业,虽汇集了地区内的行业优势资源,但因氢能产业的发展需要长期的实践发展才能显现效果,目前仍然面临着人才资源匮乏、产业化路径较长和产业发展自主性较差等问题。所以,在整个行业面临系统性问题的情况下,贸然进行立法只会使这项立法脱离产业发展实际,最终造成立法资源的浪费,对氢能产业的快速发展也无任何益处。

(三)地方政府对于氢能产业认识不一

我国各级政府对于新能源产业的发展保持着足够的重视,各项财政补贴力度也在不断加强,针对氢能产业的发展也出台了多项扶持政策,充分体现了政府对促进氢能产业发展的政策支持力度。但是,政府出台的各项政策也存在多项问题。例如,财政政策对于新能源产业发展的扶持不够均衡。

目前,我国政府的各项新能源扶持政策重点普遍投向了太阳能、风能等新能源产业,氢能产业所获得的重视与其在我国未来能源体系中可能扮演的重要角色并不匹配,这间接导致了获得大量政府补贴的企业产能过剩,而氢能源的发展还面临着资金不足的困难。因此,政府应当根据目前新能源产业发展格局,及时调整对于各项新能源产业的扶持政策,以求能够均衡地推动整个新能源产业的快速发展。此外,对于氢能产业的财政补贴出现了整个产业链内财政投入的不均衡,上下游不同企业获得政府重视的程度不同。

我国目前氢能企业补贴政策集中体现在生产执照环节,即生产准入环节,研发生产等产生实际经济价值的产业发展的根本环节未受到真正的重视。政府的财政补贴并非体现为直接性的优惠,氢能企业大多都是发展到了一定的规模后才获得了大量的财政补贴，而这就造成了本就具有资金、技术、人才等各项优势的头部企业资源饱和，所给予的政策优惠并未形成实际意义，而处于创业初期的企业则面临着更多的困难。

三、我国地方氢能产业政策法治化实现途径

（一）建立健全地方氢能立法体系

1. 制定氢能专门法

省级地方政府要根据本省的实际情况，建立省一级氢能专项规划，完善相关政策，打破氢能安全发展的政策瓶颈，保证氢能安全发展有法可依。[1] 目前，我国可再生能源产业发展可以参考的规范性法律文件仅有一部《可再生能源法》，而《可再生能源法》存在涵盖性不足、滞后性严重等问题，并且以概括指导性条款为主，无法对氢能产业发展形成明确而具体的导向，已经无法满足促进氢能产业发展的要求。

因此，我国应当针对 2009 年修正的《可再生能源法》中可再生能源的类型进行进一步的细分，然后选取如氢能、太阳能、风能等具有较大潜力、较强大规模开发可能性的可再生能源进行专项立法。目前，我国学界对于风能单行法的讨论已经很深入，而氢能单行法的制定就可以借鉴学界对于风能单行法的探讨，将其内容重点集中于氢能的制取、运输、设备储存、加氢站的建设、环境保护等方面的强制性规定以及指导监督机构，强调氢能发展中的环境保护责任以及环境测评义务，完善配套制度。

2. 修改完善现有法律

我国目前地方氢能产业发展可以参考的法律体系不仅不具有在氢能产业细分领域的针对性，而且未能随着产业的发展进行革新，仅有的法律规定已明显不适应氢能产业发展的现状。因此上至全国，下至地方，都应对相关法律法规进行修改完善。例如，可以在《可再生能源法》第 2 条关于可再生能源的定义中体现氢能，修改后的法律条文可为：本法所称可再生能源，是指风能、太阳能、水能、生物质能、地热能、海洋能、氢能等非化石能源。

（二）制定地方氢能发展配套制度

1. 设立氢能开发激励机制

想要快速推动氢能的大规模商业开发，必须充分利用市场经济的优势，

---

[1] 侯巍巍、陈奕秀：《能源革命视域下氢能安全法律规制问题探析》，载《南方论刊》2022 年第 12 期。

不仅需要完善以政府财政为主导的氢能研究开发体系，还需要引入市场经济主体，借助市场经济的优势推动氢能的开发。中央应当加强顶层设计，鼓励创新，激励创新，以创新驱动氢能产业又好又快地发展。[1] 可综合运用简化审批流程、集中氢能产业事务办理、针对性税收优惠政策以及专项基金扶持等多种手段形成对氢能开发的激励机制，以形成全社会对氢能产业的关注，实质性地推动氢能产业发展，进一步提升氢能大规模商业开发的可能性。

2. 设立氢能环境影响评价制度

氢能环境影响评价制度是指以法律、法规或者行政法规的形式确定环境影响评价制度，将该评价制度作为公民必须遵守的制度。设立环境影响评价制度的意义在于有效地调查清楚环境的保护状况，有助于专家对环境影响作出准确的判断和评价，从而有针对性地采取措施。2014 年《环境保护法》第 19 条规定"编制有关开发利用规划，建设对环境有影响的项目，应当依法进行环境影响评价"，以基本法的方式确立了环境影响评价制度，因此，应当将该项规定落到实处。

《环境影响评价法》对环评流程、环境影响报告书内容及相关法律责任作出了具体说明。氢能与其他能源不同的是，在开发利用过程中，氢能的环境风险较为独特；在各项资源的开发利用过程中，加氢站的环评建设应当得到重视和加强。在推进落实氢能环评制度的同时，相关内容应当与《环境保护法》和《环境影响评价法》相适应，避免与基本法律法规的冲突。

3. 完善氢能开发技术创新推广制度

成熟且低成本的开发技术对于氢能开发以及整个氢能产业的发展来说具有决定性影响，这对于世界各国来说都是普遍认可的。因此，不断地加强技术创新，完善创新配套措施及技术推广渠道，对于世界各国而言都属于必须争取的重要关口，对于完善我国能源供给、保障我国能源体系安全稳定具有重要意义。现阶段，氢能制取的技术手段已经取得显著的进步，各国都在不断提高氢能研发在国内研究的地位，但是技术的进步仍未解决氢能资源制取的经济性问题。各国氢能产业发展依然受困于氢能制取的高成本问题，这仍将阻碍氢能大规模商业开发，将氢能资源的利用局限于部分条件下及局部环境中。西方各国通过不断提升财政资金的投入、引导鼓励市场经济主体参与等多种方式多层次地进行氢能开发，极大地推动了本国氢能产业的快速发展。我国可以立足于基本国情，合理借鉴西方氢能产业发展经验，将重点放在氢能开发技术创新和推广上，鼓励各类主体进行自主创新；财政方面不断

---

[1] 孙旭东等：《我国地方性氢能发展政策的文本量化分析》，载《化工进展》2023 年第 7 期。

加大研发资金投入,并在我国氢能产业开发中发挥主导性作用;根据不同主体的特殊性,制定适合各类经济市场主体参与氢能开发的财政和税收优惠政策,构建产、学、研三位一体协作平台;积极加强国际交流合作,逐步推动国内氢能产业发展并进入全球先进行列。

(三)完善氢能发展政策和制度保障体系

1. 健全氢能政策体系

制定并完善管理氢能的有关政策,规范氢能制、储、运、加注等环节的管理程序,将安全监管责任落实到具体负责人,加强产业发展并引导投资,推动氢能应用发展的规模化,刺激氢能消费,为绿色发展提供支撑。完善配套相关规定,在建设要求、审批流程和运营等方面加强管理,提升运营的安全水平,完善氢能市场化机制,健全覆盖氢能储能价格机制。

2. 建立完善氢能产业标准体系

完善氢能制备、储存、运输、使用的标准,围绕氢能使用安全,氢能质量,制氢、储氢装置等重点建立相关标准。鼓励领头羊企业加强对于氢能等的研发投入,在政策制定、政府采购、招投标活动中严格执行强制性标准。推进建设国家层面的氢能产品检验检测和认证平台,加强氢能产品质量认证体系建设。

3. 加强全链条安全监管

强化对于氢能安全的监管,建立完整的氢能全产业安全标准规范,落实企业安全生产主体责任和部门的监管责任,加强地方政府对于当地氢能企业的管理责任,提高地方的安全管理水平。推动氢能产业的核心技术和安全技术同步发展,加强氢气泄漏检测报警装备及相关特种装备的检验。配套互联网、大数据、人工智能等先进技术手段,有效提升应急处理能力,研究制定好相关氢能突发事件处理预案,有效降低氢能的安全风险。

第四节　域外主要国家氢能利用比较

一、美国氢能使用主要制度

(一)美国以立法支持及激励措施为主的氢能产业政策

1. 技术战略投资政策支持稳定性较差

美国是全球较早提出氢能发展规划的国家,历任政府在推动氢能发展的政策法规上也都在努力。美国的氢能发展一直处于领先地位。虽然美国十分重视能源领域的技术变革以确保其在该领域技术的相对领先，但是各种各样的外部利益不断影响着美国的氢能与燃料电池相关政策的制定，长期以来对于氢能的计划发展不具有连贯性，随着时代发展而不断有所侧重。

克林顿政府把政策重心放到了发展氢能源和燃料电池科技等方面，并制定了《1990年氢研究、开发及示范法案》《能源前景法案》，实施了有关措施。该政府尽管一如既往地重视技术上的创新，但是由于财政发放的经费相对较低，并没有建立健全的内部经营和技术制度来开发氢能产品，因此氢能无法很好地与技术结合。

布什政府采取措施和政策支持逐渐地将氢能源纳入全国的能源发展体系，提出了《国家能源政策报告》《美国向氢经济过渡的2030年远景展望》等政策性报告，并进一步提出《国家氢能发展路线图》，并系统实施了全国氢能源计划。2004~2008年，美国能源部通过先后实施《氢能技术研究、开发与示范行动计划》《先进能源倡议》《氢立场计划》等政策，推动了氢能科技项目在美国能源发展的政策法案中的地位的逐步增强，而用于氢能和其他科技项目的国家财政每年支出也从2004年的约1.5亿美元，增加到了2008年的约2.76亿美元。[1]

奥巴马政府并没有大力推崇相关政策，当时氢能与燃料电池的发展速度减缓。2008年金融危机给各行各业都造成了不同程度的影响，氢能产业也不例外。受到金融危机的深刻影响，美国能源部曾一度计划减少电池研究的投资，但在全美氢能学会、电池联合会等多方组织的争取下拿到了部分研究经费，为氢能工业开发和电池的普及应用做出了努力。在氢能开发与电池商业化应用的示范领域，政府部门与企业联合资助实施"氢能美国""国家替代燃料与充电网络规划"等重大工程，帮助电动汽车生产厂商建立加氢电站，以促进氢能行业发展。

特朗普政府对发展氢能和燃料电池的态度可以概括为中立。2017年，美国总统特朗普政府相继退出了《巴黎协定》和《清洁能源计划》，虽未发布过任何的替代能源声明，但仍把研究中国氢能和燃料电池技术列为美国的第一大能源战略，并进行大量前沿技术研发工作。由此可见美国并没有把氢能发展抛之脑后，仅在2018年，美国能源部就投入了近5000万美元用以加大对中国氢能与燃料电池的研究工作，美国始终都在考察中国氢能技术的发展

---

[1] United States Department of Energy, *Hydrogen Posture Plan: An Integrated Research, Development, and Demonstration Plan*, United States Department of Energy, (2006).

动态状况与未来前景。

拜登政府执政期间，美国不断加强清洁能源领域相关布局，新政府在成立之初就公布了10余项氢能相关提案，内容涉及氢能及燃料基础设施的税收减免、贷款担保、政府投资及补助政策等重要政策内容。2022年9月27日，美国公布了备受期待的氢能战略草案，这份草案概述了4年内分配95亿美元拨款的优先顺序，同时也指出氢能及其相关技术面临的关键技术挑战是成本、耐久性、可靠性、性能以及氢能基础设施的缺乏。

从对历届美国政府出台的关于氢能发展产业政策的梳理总结来看，美国氢能产业发展的主要方向为加快科技创新并占有关键的核心技术，同时逐步推进市场化进程。近年来，相关政策的数量随着政府支持程度在不断变化，但发展目标保持不变，仍然对氢能和燃料电池技术的研发予以支持。

2. 注重消费市场培育补贴推动市场发展

加利福尼亚州作为燃料电池的重点普及地区，是世界上燃料电池汽车发展最成熟的领域。该州政府多次从各种领域采取政府规定等方式为燃料电池消费市场提供更完善的政策条件。2013年，该州省长杰里·布朗坚持不间断地投入加氢站的建设，建设了不少于100座加氢站。该州政府在消费市场方面采取了一系列创新的措施，其中“清洁汽车返利项目”（CVRP）尤为引人注目。该项目不仅对新购置燃料或电池车辆的消费者提供5000美元的购车补助，而且还对低收入家庭给予额外的2000美元补助。除了购车补助，燃料电池车辆还享受无条件使用拼车专用道、免租车税、免过桥费的权益。

近些年来，美国其他州也以加利福尼亚州为示范开始扶持本地区氢能产业发展。得益于美国在政府方面的支持，能源部替代能源信息中心的资料表明，美国加利福尼亚州政府已经对替代能源与降低污染汽车两个领域进行了相关方面的支持，截至2019年4月，美国出售燃料电池车辆累计6315台，建设加氢站累计30多处。截至2023年10月，美国出售燃料电池汽车累计销量超过17,700辆；截至2022年年底，美国在营加氢站累计54座。

（二）美国氢能法律及政策

与国际上的其他国家相比，美国对氢能的研究较早，相关法律法规及政策也陆续出台。其相关法律政策见表4-6。

表4-6　美国氢能法律政策

法律及政策	相关规定
1974年国际氢能协会	国际氢能协会在迈阿密成立，召开首次国际氢能会议

续表

法律及政策	相关规定
1976 年《电动和混合动力汽车的研究、开发和示范法》	授权国家基金委管理“氢项目”
1990 年《氢研究、开发及示范法案》	颁布“氢研发五年管理计划”，授权能源部秘书长指导氢能项目建设。计划在最短时间内采用低成本方法，突破氢生产、分配、利用过程中的核心技术研发
1994 年《氢能源计划》	氢能源计划是能源部项目活动规划与预算的有机结合，这有助于将以氢能源为基础的经济理念转为现实
1995 年《氢未来法》	授权 1996—1998 财政拨款，用于美国能源部关于储存、运输和使用氢燃料的研发和示范项目
1996 年《氢能前景法案》	明确了氢能发展方向，开始商业化推广
1996 年《氢能前景法案》	确立使私营部门展示将氢能用于工业、住宅、运输的技术可行性的目标
2001 年《氢能法案 2001》	涉及氢的生产、储运和应用研究
2001 年《为美国未来提供可靠、可负担得起、环境友好型能源》	氢能被确立为“未来能源的供给源”
2001 年《美国向氢能经济过渡的 2030 年远景展望》	对促进美国发展氢的动力要素进行了分析
2002 年《国家氢能发展路线图》	对美国氢能发展的环节、要素、路径做了全面规划，标志美国氢经济理念由设想转入行动。第一阶段称为技术、政策和市场开发阶段；第二阶段称为向市场过渡阶段；第三阶段被称为市场和基础设施扩张阶段；第四阶段是走进氢能经济时代，实现氢能最终取代化石能源
2003 年“布什总统氢燃料倡议”	投入 12 亿美元研发氢能技术、氢燃料汽车和基础设施建设，计划 2015 年前实现商业化
2004 年《氢能技术研究、开发与示范行动计划》	确立美国氢能计划技术研发阶段的具体内容和目标

续表

法律及政策	相关规定
2004 年《氢经济的基础研究需求》	分析了氢能发展的基础性挑战能够给出了优先发展领域
2005 年《能源政策法案》	将氢能作为专题进行单独规划，开展氢能示范性及商业性应用，力争满足运输、应用、工业、商业及住宅等方面需求
2006 年《氢立场计划》	列明商业化、各方主体角色，标志美国氢能计划走向深化
2011 年"奥巴马氢燃料电池项目计划"	表明继续支持氢能研发，增大财政投入
2014 年《全面能源战略》	确定了氢能在交通转型中的作用
2016 年《州零排放车辆项目谅解备忘录》	计划到 2025 年发展 330 万辆包括氢燃料电池汽车的新能源车
2018 年《加利福尼亚州 2030 年燃料电池革命愿景》	目标到 2030 年达到 1000 座加氢站和 100 万辆燃料电池汽车
2020 年《氢能计划发展规划》	基于近年来氢能关键技术的成熟度和预期需求，提出了近、中、长期的技术开发选项
2021 年拜登签署《基础设施投资及就业法案》	提供 95 亿美元氢能专款，用于清洁氢能中心建设、电解质氢研究开发以及清洁氢制造利用
2022 年《国家清洁氢能战略和路线图(草案)》	明确清洁氢能的战略性地位及高影响力用途；降低清洁氢能成本；专注于区域清洁氢能网络建设
2022 年 3 月，清洁氢能的研发和前端工程设计(FEED)项目	旨在开发创新的下一代制氢技术，利用城市固废、残留煤炭废物、废塑料和生物质原料低成本生产清洁氢，推进实现"氢能攻关计划"
2023 年 6 月《美国国家清洁氢能战略和路线图》	旨在加快清洁氢的生产、加工、输送、储存和使用

(三)美国氢能法律制度主要特点

为实现美国在新兴科技方面的世界领先地位，美国重视在氢能产业链上下游的关键科技研发，包括了储氢材料的制造、储存、电池生产、燃料电池汽车和加氢电站基础设施建设等，并逐步建立起国家政策导向，其政策导向由能源部倡导的科技发展战略以及诸邦市因地制宜推动的现代工业发展格局构成。

1. 以丰富全面的法律及政策作为保障

美国各届政府历来十分重视氢能的发展。在政策上,美国政府结合各州实际情况,大力发展可再生能源,政府领导人陆续制定出了健全的氢能发展计划和发展目标来支持氢能的发展,并在资金上加以扶持。2022 年 9 月 22 日,由美国能源部颁布的《国家清洁氢能战略和路线图(草案)》全面阐述了美国国家储氢能源制造、输送、贮存与利用方面的重大发展,美国目前进行国家清洁氢能发展的主要问题,以及世界各国促进氢能发展的重要策略等,为美国国家氢能发展战略作出了整体规划;同时,促进氢能深化改革形成了完整的发展路线图,美国最终进入了国家氢能发展新时期。2023 年 6 月 5 日,美国颁布了《国家清洁氢能战略和路线图》,旨在促进美国国家储氢能源制造、输送、贮存与利用方面的重大发展,确定了三项关键战略:首先,确保清洁氢的战略性用途是至关重要的。清洁氢作为一种高效、环保的能源形式,在工业部门、重型运输以及长期储能等领域具有巨大的应用潜力。推动清洁氢在这些领域的广泛应用,可以最大限度地发挥其效益,助力实现能源结构的优化和环境的改善。其次,加强创新和扩大发展规模、刺激投资以及降低清洁制氢成本也是关键战略之一。清洁氢技术的研发和创新是推动其发展的关键,加大科研投入、鼓励技术创新,可以不断提升清洁氢的生产效率和降低成本。同时,扩大发展规模、刺激投资是促进清洁氢产业发展的重要手段,可以吸引更多的资本和人才投入这一领域,推动清洁氢产业的快速发展。最后,建设大规模清洁氢生产和终端使用的区域网络是提升清洁氢市场价值的关键。构建完善的生产和使用网络,可以实现清洁氢的规模化生产和广泛应用,进一步降低其成本并提高市场竞争力。在立法方面,美国制定专门的氢能法案,旨在通过法律手段确立氢能的主体地位,明确相关机构和参与主体的职责和权利,为清洁氢的生产、储运和应用提供法律保障。

2. 技术资金投入大政府补贴到位

氢能是近年来国际社会重点关注的新型能源,与传统能源相比有着绝对的优势,氢能最终将投入市场并逐渐出现在大众生活中。单纯通过在实验室做实验或者个别企业的研发,无法使氢能迅速发展,并且市场情况总是复杂多变的,因此为了促进氢能顺利走向市场并且成功实现氢能商业化,美国政府通过各种途径全力主导氢能发展,通过一系列扶持措施,为氢能技术以及氢燃料电池汽车的发展提供了有力保障,并成为可再生能源迅速发展的推力。另外,美国政府不惜花费重金聘请专家组成专业的团队进行氢能技术的研发,力图构建一个科研系统形成合力攻克技术难题,使美国的氢能发展水平始终处于世界前列。例如,在储运氢方面,高压气态储运装备以美国 Lincoln 公司为代表,液氢储运装备以美国 chart 公司为代表;在加氢站的建设上,加氢站装备以美国 PDC 制造的压缩机为代表;在燃料电池方面,空压机以美国 UQM 公司和美国盖瑞特公司为代表,氢气循环泵以美国 park 公司为代表。

3. 注重各管理体系间的沟通及协调

美国政府十分重视管理机构之间的沟通与协调对氢能产业发展的影响,各个机构开展专业合作与相关的内容共享有利于促进行业的积极发展。氢能核心发展部门之一的能源部,一方面对相关法律性文件进行起草,另一方面对相关部门的权力权限进行相关的划分,相关的 15 亿美元由该部门提供,其目的在于促进美国氢能发展。同时,在氢能发展方面,各政府部门与能源部开展了深度而广泛的合作,对相关重点突出问题进行协调,颁布了相关的法律或者政策性文件。美国将 2018 年 10 月 8 日设立为全国氢能与燃料电池日,美国能源部、国家能源研究所、高等院校和有关公司,会共同在全美多地开展各种形式不同的交流会、宣讲会,一方面让美国普通市民对氢能和燃料电池技术有所认识,另一方面能够促进氢能行业和社会企业的结合。

4. 评估机制完善

美国从 1990 年开始出台各种优惠政策以促进氢能源工业开发,不断探寻新型的开发途径,逐步建立起从政策制定、商业前景分析、计划制定、工艺研究再到示范推广的完整工业开发思路。美国政府同样重视评估机制,并形成了完善的内部评估和外部评估机制。2005 年《能源政策法案》明确指出了美国科学院国家研究委员会对美国能源部氢能项目每隔 4 年评估的必要性。这项法案非常注重评估方法的科学性,确保了通过增加专家数量等手段得到的氢能项目都是具备科学性的,并进一步推动了氢能项目的规范性运营,保证其实施等标准。

二、日本氢能使用主要制度

(一)建设多元化应用的“氢能社会”的氢能产业政策

1. 政府致力于建设“氢能源社会”

日本能源面临着对外依存度较大、核能重启的困难较大、可再生能源的开发进度较慢的问题。因此,2003 年 10 月,日本政府在其《第一次能源基本计划》中首次明确提出要构建日本未来“氢能源时代”。其策略包括从国外进口氢气、利用燃料电池进行能源使用的技术革新,这些都是为了转变日本的能源供需模式和消费习惯。日本政府视氢能为国内的主要二次能源之一,为了能源的安全,必须推动氢能的快速发展,并进一步推动了氢能与可再生能源之间的协同进步,在建设"氢能源社会"的基础下构建零碳世界;对外拓展氢能源领域发展,力争推动世界氢能源和电池领域的全面开发。

2. 政策导向内容明确细节完善

众所周知,日本的资金与能源短缺是其发展的最大障碍,但日本政府为此将氢能源提高至国家政策层面并明确了氢能源开发途径,大力发展氢能源的科技,已在国家领域中进行了多个氢能源的试验,使其在氢能电池的商品化使用方面世界领先。

2014 年,日本公布了其关于氢能以及燃料电池的战略发展蓝图;2016 年,日本更新了《氢能/燃料电池战略发展蓝图》并向公众宣布了燃料电池汽车的普及策略。日本希望到 2025 年,供应加氢车的站点数量能达到 320 个。2018 年,日本公布了名为《第四期能源基本计划》的文件,其中以氢能理念为核心,进一步指出要打造一个以氢能为基石的二次资源社会。在第五次发布的《能源基本计划》文档中,日本对于燃料电池技术的关注程度一直维持在一个稳定的水平。然而,文档中关于"氢"的提及次数从 2003 年的 20 次上升到了 2018 年的 138 次;同时,对于"氢能源社会"的描述也从最初的"实现"逐渐转向了"加速实现",并在《第五次能源基本计划》中强调了"从根本上加强实现"的重要性。

日本政府大力发展氢能,在保护自身能源安全和振兴经济社会发展要求上,不断制定各种优惠政策鼓励氢能生产和燃料电池新能源汽车行业发展。

3. 持续出台财税激励政策促进产业化推广

在国家详细的政策引导和明确计划的指导下,日本政府积极制定了促进日本氢能发展的相关财税优惠政策,使得日本氢能发展取得了显著的进步。目前,日本政府氢能和燃料电池技术的发明专利拥有量为世界首位,在对这一成果的应用研究中,日本政府先后投资了 46 亿日元进行氢能和燃料电池关键技术的研究与发展。2002~2015 年,其研究投资在对日本、美国和欧洲国家的总投资中,占比达 56%[1]。同时,日本政府各大石油公司为服务日本本国的能源政策,积极拓展氢能事业,为了氢能和燃料电池技术的研究,已经投入了相当于日本政府总投资数倍的资金。

---

〔1〕 Behling N., Williams M. C. & Managi S., *Fuel Cells and the Hydrogen Revolution: Analysis of a Strategic Plan in Japan*, Economic Analysis & Policy, Vol. 48, p. 204-221 (2015).

伴随着燃料电池技术的飞速进步，日本政府已经启动了对汽车、家庭、商业和工业用途的燃料电池车辆及其加氢设备项目的全方位资金援助，并为此设立了"清洁能源汽车补助金"以及"燃料电池汽车加氢站建设补助金"。这些政策将直接或间接地刺激燃料电池车产业的蓬勃发展。[1] 燃料电池轿车可以享受免缴汽车质量增值税和购置税。在政府财政补贴和税收优惠政策的带动下，日本家用燃料电池和燃料电池汽车技术的研发效果更加显著。

(二)日本氢能法律及政策

日本氢能在各类财政政策激励下得到了快速发展，政策导向明确完善。日本多元化应用"氢能社会"的氢能产业政策梳理如表 4-7 所示。

表 4-7 日本氢能法律政策

法律及政策	相关规定
1997 年《促进新能源利用特别措施法》	规定推进风能、太阳能、燃料电池发电等新能源和可再生能源的大力发展
2002 年修改的《促进新能源利用特别措施法施行令》	大力发展新能源，新能源概念包括清洁能源汽车
2010 年《能源基本计划》	将氢能的有效利用定位为构建中长期社会系统的重要一环；降低成本，加大开发；为燃料电池车大量投入市场整备环境
2013 年安倍政府《日本再复兴战略》	将氢能纳入国策，启动加氢站建设；明确"氢能源社会"建设；大力普及家庭和工业用燃料电池；2015 年开始提速燃料电池汽车发展；放宽燃料电池汽车和氢基础设施建设条件
2014 年《氢能源白皮书》	提出以氢为燃气轮机燃料的氢发电技术有望成为家用燃料电池和燃料电池车之后的第三大支柱；阐述了氢的特点、作为能源利用的意义、政策动向、与制造/运输/储藏/利用相关的技术动向以及当前的课题和今后的发展方向
2014 年《氢和燃料电池战略路线图》	就日本氢能源政策、技术和发展方向等方面进行全面阐述；详细描述日本氢能发展的三个阶段

[1] Trencher G. & van der Heijden J. , *Contradictory but also Complementary: National and Local Imaginaries in Japan and Fukushima Around Transitions to Hydrogen and Renewables*, Energy Research & Social Science, Vol. 49, p. 209-218, (2019).

续表

法律及政策	相关规定
2014 年《第四次能源基本计划》	加速“氢能社会”建设
2017 年《基本氢战略》	确立了到 2030 年普及氢能源的行动计划和具体数量目标，目前日本正稳步推进氢能技术研发，尝试打造全球化氢能供应链，探索构筑氢能社会，力图在氢能源领域占得技术与市场先机
2019 年《氢燃料电池战略路线图》	设立新的加氢站标准，将“加氢站必须与公共设施相距 6 米以上”这一距离规定取消
2019 年《氢能利用进度表》	到 2025 年，使氢燃料电池汽车降至与混合动力汽车持平；到 2030 年，建成 900 座加氢站，实现氢能发电商业化，并持续降低氢气供应成本，使其不高于传统能源
2021 年《绿色增长计划》	确定了日本到 2050 年实现碳中和目标，构建“零碳社会”，以此来促进日本经济的持续复苏，预计到 2050 年该战略每年将为日本创造近 2 万亿美元的经济增长
2023 年 2 月，《固定用燃料电池技术开发路线图》	到 2040 年左右普及使用零碳氢的独立分布式能源系统，明确其技术路线和性能参数
2023 年 4 月《氢能基本战略（草案）》	制定氢供应量目标、“氢安全战略”和“氢产业战略”

（三）日本氢能法律制度的主要特点

日本“氢能社会”的战略正逐渐转变为国家意识。日本氢能战略目标宏大，战略路线图体系详实，氢能产业链日益健全，已成为世界上氢能领域的顶尖竞争力。

1. 较为完善的立法保障确立优先地位

随着新能源汽车产业发展规划纲要出台以及国家政策的大力扶持，日本未来几年燃料电池车市场有望实现快速发展。这主要表现在以下四个方面。

第一，重视立法规范。日本是一个相当注重法律发展的国家，对于日本氢能和燃料电池汽车的发展也不例外。日本通过加强能源法律制度建设，对氢能发展和燃料电池汽车发展提供相关指导。

第二,法律应在适当的时机进行修订。1997 年出台的《促进新能源利用特别措施法施行令》,在 1999 年、2000 年、2001 年和 2002 年因全球和各国政府对新资源政策的调整而进行了多次修订。这些修订旨在推动现代化的目标,并通过立法手段促进了氢资源的开发。

第三,制订一个全面而详细的发展策略和实施路径。氢能是未来能源体系中重要的组成部分。为了更有效地推动氢能产业的进步,日本政府为氢能的各个发展阶段设定了全方位和系统性的目标,并明确了每个阶段的发展焦点,逐步推进氢能社会的建设。

第四,赋予氢能发展至最高法律认可的地位。日本在其《能源基本计划》、《日本再复兴战略》和《氢和燃料电池战略路线图》中,将氢能的发展视为首要任务,并将其整合到国家的战略规划中,对氢能的发展给予了高度的关注和强有力的支持。

2. 及时制定氢能行业市场标准

氢具有易燃和容易爆炸的性质,因此在运输过程中,如果输氢管损坏,这和其他环境风险就会构成巨大的安全隐患,这就需要加强顶层设计和配套措施,制定相关安全使用规范和应急措施。例如,2002 年的《日本电力事业者新能源利用特别措施法》、2003 年的《日本电力事业者新能源利用特别措施法实施细则》以及 2006 年的《国家可再生能源发展战略》,都明确列出了氢能、氢燃料和电池发展的相关条款和规定。在储运氢方面,高压气态储运装备以日本钢铁工程控股公司为代表,液氢储运装备以日本岩谷为代表;在燃料电池汽车方面,整车、燃料电池系统以及燃料电池电堆都以丰田公司为代表,膜电极和碳纸以日本东丽公司和日本 JSR 公司为代表,催化剂以日本田中公司为代表。

3. 加大对技术基础设施建设的资金支持

在国家氢能的发展方面,日本承担了所有的费用,而政府则通过提供经费来确保氢能的稳定发展。在日本政府大力扶持下,日本的氢能研究取得长足进展,并形成完整的产业链。此外,为了推动燃料电池的广泛使用,政府为燃料电池汽车的购买、家用电池设备以及加氢电站的建设等项目提供了特殊的财政支持。这一政策不仅刺激了日本国内企业的发展,还直接推动了日本对氢燃料电池汽车的研发和普及。目前,日本拥有世界上最先进的氢燃料电池技术研发中心——东京大学研究机构。此外,日本在加氢站的建设上投入了大量的资金。由于燃料电池技术本身的特点决定了其推广难度大,因此日本政府一直致力于推进加氢站建设,并将之作为推动氢能发展的重要举措之一。根据 2013 年的数据资料,日本经济产业省(METI)已经推出了一项针对商业化加氢站投资的补贴方案,每一个加氢站的投资都有资格获得相当于其总投资成本50%的政府财政补助。

4. 注重开展全球化国际合作

在全球经济一体化的大环境中,日本高度重视与其他国家和企业之间的国际合作关系,这对于推动技术全球化的进程也产生了显著影响。其中,氢能产业就是日本利用其丰富的资源和先进技术而取得的成果之一。在2014年,日本发布了《第四次能源基本计划》,其中将2030年定位为“氢燃料发电的起始年”,并明确了三个核心的发展策略:首先,推动建立国外的氢能供应体系;其次,利用国外的廉价褐炭资源来实现低成本的氢气生产;最后,通过燃料电池实现电力自给和清洁化。此外,采用国外的新型能源电解水来生产氢气。

三、欧盟氢能使用主要制度

(一)欧盟政府与社会联盟合力推动以示范项目为代表的氢能建设产业政策

1. 利用氢能助力低碳能源转型

欧盟政府采取的方式是利用氢能技术大规模消纳可再生能源。氢能是理想的低碳替代能源,在交通等领域可以实现替换能源等作用。事实已经证明,氢能在欧盟长期脱碳过程中发挥了重要的作用。欧盟正在大力推进氢能的发展,通过欧洲的可再生能源大规模发展计划和健全的天然气管道基础设施,以积极促进欧洲氢能的发展,实现氢能在多个领域的应用,并有效地支持欧洲绿色能源的转型。

2. 发展可再生能源形成制度合力

欧盟委员会认为氢能是欧洲发展可再生能源的关键组成部分,并在其发布的可再生能源文档中提及了氢能和燃料电池的重要性。该组织还发布了一系列相关政策文件以支持氢能技术及应用研究工作。关于能源战略,其已经公布了如《2005欧洲氢能研发与示范战略》、《2020气候和能源一揽子计划》、《2030气候和能源框架》以及《2050低碳经济战略》等多份重要文件;在能源转型的过程中,已经发布了如《可再生能源指令》、《新电力市场设计指令和规范》、《气候行动和可再生能源》以及《所有欧盟人的清洁能源》等多篇文章。

欧洲的氢能开发组织间已经建立了共识,对欧洲氢能开发项目的具体保障工作也大多在标准架构设计(framework programme)下展开。在该架构下,欧洲的氢能开发工作得到了更加明晰的政策指导和相对宽松的政策空间,并形成了完善的氢能开发平台体系,为欧洲监管部门和企业建立明确、长期、务实、有效的脱碳渠道奠定了基础。在欧盟长期的氢能脱碳的发展道路上,应用氢能科技可以助力欧洲企业完成80%的深度降碳任务,还能为当地企业提供大批机会,在整个欧洲产业中创造出大量商机。

3. 开展示范项目激活氢能应用领域

欧洲燃料电池与氢能合作机构协调依托框架项目的资助,大力推动了欧洲氢能与燃料电池的科技发展和成功转移。欧洲早期就特别重视储氢材料的供应链开发,第六层技术架构设计阶段、第七层研发架构设计阶段和第八层技术架构计划阶段不断增加投入能力,为更好更快推进氢能开发创造保障,加快推动欧洲氢能与电池技术的商业发展。

欧洲正大力推动燃料电池技术在城市公共交通中的运用。在欧洲燃料电池技术与城市氢能技术合作机构的帮助下,通过执行欧盟清洁城市运输项目(CUTE)、欧盟城市清洁氢能源计划(CHIC)以及启动欧盟氢能源车辆联合计划(JIVE)等多项措施,欧盟成功地完成了大约255辆燃料电池公交车的建设。这些车大多是由德国研发出来的。欧洲各国在努力探索电池的应用方式,如今,氢燃料电池驱动的自行车和火车已在法国、德国等国家开始商业化运营。由于氢气是一种可再生绿色能源,所以各国都希望能够利用氢能来解决环境问题。为了最大限度地利用氢能进行脱碳和减少排放,欧洲政府高度重视氢能在除燃料电池之外的其他领域的应用,如用于建筑供暖发电、工业用原料、燃气轮机发电等。

(二)欧盟氢能法律及政策

欧盟氢能产业发展迅速,各成员国在氢气生产储存等环节依托欧盟法律政策支持,得到了丰硕成果。欧盟氢能法律及政策梳理如表4-8所示。

表4-8 欧盟氢能法律政策

法律及政策	相关规定
2001年《第五框架协议》	成立欧洲氢能主题网络,分为氢能路线图和加氢基础设施示范,总金额0.62亿欧元
2003年《氢能和燃料电池——我们未来的前景》	明确提出欧洲将于2050年过渡到氢经济,制定了近期、中期、长期三个阶段目标

续表

法律及政策	相关规定
2008 年“燃料电池与氢联合行动计划项目(FCH-JU)”	在 2008~2013 年至少投入 9.4 亿欧元用于氢能及燃料电池研究与发展,涉及项目包括氢气车队项目、ZERO-REGIO 项目和小型车辆氢气链项目公开实验。2010 年追加投资 7 亿欧元,调入 27 个项目。截至 2011 年,FCH-JU 运营基本正常,运营项目多达 44 个,涉及 250 位合作伙伴
2009 年《(EC) No. 79/2009》法案	规范了氢能源汽车的总则和测试方法,明确该法案对所有欧盟成员都有强制性法律效力
2012 年“Ene-field 项目”	项目包含了欧盟 12 个成员国,9 家燃料电池系统制造商和接近 1000 套微型 CHP 系统。项目将投资 5300 万欧元,至少持续 3 年
2013 年“Horizon2020 计划”	计划在氢能和燃料电池产业投入 220 亿欧元
2014 年《燃料电池和氢能实施计划》	主要目标是到 2020 年实现氢能和燃料电池在固定式能源供应和交通方面的应用
2016 年《可再生能源指令》	提出将能源作为能源系统的重要组成部分
2019 年《欧洲氢能路线图:欧洲能源转型的可持续发展路径》	实现欧盟能源转型将需要大规模的氢气,它可用于跨部门和区域的能源分配,并作为可再生能源的缓冲区,为电力、交通、建筑和工业部门提供了一种脱碳方法
2020 年《欧洲氢能战略》	提出了欧洲长期发展氢能的战略蓝图
2020 年《气候中性的欧洲氢能战略》	大力促进氢能以及可再生能源制氢产业的发展和广泛应用,不仅将氢能作为“碳中和”控制气候变化和发展新能源的目标,将其作为后疫情时代注入发展动能的重要路径,并通过这一产业增强竞争力,成为该领域的全球引领力量
2023 年《可再生能源指令》	详细定义了欧盟“绿氢”的构成

(三)欧盟氢能法律制度特点

依靠各自资源优势和根深蒂固的环境保护意识,欧盟成员在生产氢气、储存氢、氢气循环和电池技术方面都获得了丰硕成果,老牌企业纷纷打造氢燃料电池车,工业联盟积极打造加氢车,并建立起完善的生产线,目前正在积极开展商业化研究。

1. 基础性法律体系健全

首先,需要明确的是,尽管欧盟作为一个国际机构,其法律主要基于基本原则,但与氢能发展有关的法律体系主要是强制执行的。其次,由于缺乏统一协调机制和标准体系,欧盟各成员国间关于氢能的政策也存在很大差异。根据《85/337/EEC》法案,加氢站的建设必须接受环境影响的评估;德国和法国也分别制定了相应法规来促进加氢站的建设与运营。根据 2009 年的《(EC)No. 79/2009》法案,氢能源汽车的测试方式对所有会员国均具有强制性。再次,为了促进氢能和氢燃料汽车的标准化进程,部分国家专门制定了相关的法律规定。2009 年,为了促进燃料电池汽车的商业化,欧盟发布了《(EC)No. 79/2009》法案,并建立了氢动力车辆的准入审批制度。最后,为了促进氢能源技术的研发和产业化进程,欧盟在政策上给予了大力支持并设立一系列基金支持其研究开发工作。欧盟的相关法律条款内容详尽,其实施措施具有很强的操作性。

2. 制定氢能发展时间表分阶段实施

欧盟氢能立法和发展细节完整,合理有序。2003 年《氢能和燃料电池——我们未来的前景》报告提出了欧盟对氢能发展转型的第三阶段任务,以及主要的科技研究与示范的发展途径,并给出了相应意见。科学、合理的发展规划为欧盟的氢能源研发注入了持久力量。欧盟正在运营的加氢站点约 300 余个,在全球范围内,加氢站点的保有量位居首位;同时,大规模的氢能源公交车项目 CHIC 也预计成为氢资源实际应用的全球典范。

3. 大量的政府补贴和私营资本支持

从上述相关政策和氢能发展计划中,可以清晰地看到欧盟在资金方面对氢能发展的大力支持。与此同时,欧盟委员会与私营部门也在共同努力,为氢能和燃料电池的进一步发展提供资金支持,从而推动欧盟在氢能和燃料电池领域取得更快的进展。不同于美国和日本,将氢能的发展完全交由政府主导,欧盟更倾向于吸引私人资本。据了解,在欧洲的氢能发展体系中,公共资金和私营资本提供了巨大的支持,发挥了私营企业的作用,从而加速了氢能的发展。

4. 激发企业积极性,释放市场活力

与美国和日本政府主导的氢能建设策略不同,欧盟更注重多方的参与。除了利用私营资本,欧盟还鼓励和支持社会各界积极参与氢能技术的研发,并集结所有可用的社会资源。其中包括民间资本、私人投资以及政府资助等。举例来说,2008 年 10 月 8 日,欧盟委员会为液化空气集团提供了 6760

万欧元的资金，该集团主导了氢能源创新项目（H2E）的研发工作。此外，欧盟委员会还通过一系列文件、条例等来推动氢能源领域的研究开发工作。在氢能源汽车市场化的背景下，欧盟持续深化与各大汽车制造商的合作关系。例如，在德国，西门子、大众、博世等多家公司联合投资组建欧洲氢能联盟。政府和企业之间的合作不仅为氢能的发展贡献了更多的智慧，同时激发了企业对氢能发展的认可和积极性，为氢能的商业化奠定了基础。

四、其他经济体氢能布局及主要制度

（一）韩国助力打造全面氢能生态环境的氢能产业政策

为成为氢能源的大国，主导世界氢能源领域，韩国这几年频频推出了不少措施。

2018 年 8 月，韩国政府将氢能产业确定为国家三大重点建设产业之一。

2019 年 1 月，韩国发布“氢能经济发展路线图”，制定了《氢能经济发展及氢能安全管理法》，并成立了国际氢能经济委员会。在韩国近些年发展中，很多具有优势的韩国公司成立了氢能产业的组织，这些机构能够协助各种企业共同寻求合作契机，以此提升产业实力。

2020 年 2 月，韩国通过了《促进氢经济和氢安全管理法》，这是全世界第一个鼓励氢气经营和氢安全生产的政府管理法律。该法的实施将系统、高效地推动韩国政府对氢气产业的积极开发，为氢气能供给和氢气系统的安全管理提供保障，从而有效推动国民经济的稳定增长。

2021 年 10 月，韩国政府公布“氢能领先国家愿景”，力图到 2030 年构建总产能达 100 万吨的清洁氢能生产体系，并将清洁氢能的比重升至 50%。

2022 年进一步修改韩国《氢能法》。2022 年韩国的氢车保有量大约累计达到 3 万辆。韩国主要公司企业“现代”，其氢能燃料电池车 NEXO 于 2022 年的销量已经过万。

按照政府规划，韩国将形成覆盖生产、交易、使用的氢能再利用的生态环境。在物流方面，将提前完成氨动力船和液态氢运输船的商用化，为氢能进入国际市场构建良好的基础设施条件，同时扩大氢能转换电站的重点基建设施数量；在车辆使用方面，将把氢燃料车辆的关键技术应用在移动交通运输中，还将继续增加氢能发电站的数量。

（二）澳大利亚以氢能项目示范带动氢能发展的氢能产业政策

澳大利亚领土区域内具有充足的煤、天然气等化石燃料资源，具备发展氢能工业的重要资源，并具备完备的煤炭生产线和完备的气体制造、液化、储存的设施和相关技术。此外,澳大利亚同中、英、韩等发达国家有着良好的贸易往来,未来氢能的发展潜力很大。

现阶段,澳大利亚已经启动了多个氢能关键示范项目,其中包括 Jemena 悉尼绿色天然气项目和 Yara 绿色氢工厂项目等。这些项目都在探索如何让氢能真正融入人们的生活。Jemena 的悉尼绿色天然气项目采用可再生能源电解水来生产氢气,其中一部分氢气供应给用户,另一部分则用于发电并并入电网,而剩余的氢气则完全供应给制氢燃料厂和电池车等加氢设施。该项目还在研发一种新型燃料电池技术以解决其能量密度低以及对环境污染大的问题。Yara 的绿色制氢工厂项目选择使用可再生能源进行电解制氢,而水源厂则探索使用海水进行淡化处理。其所生产的氢气主要用于工业制氨过程,而生产出的农业肥料则主要供应给国内市场或出口至国外。

(三)俄罗斯由传统能源企业主导并主营供应的氢能产业政策

俄罗斯正致力成为世界上主要的氢能来源国。按照 2020 年 6 月由俄罗斯政府出台的《2035 年俄罗斯联邦能源战略》,氢经济将作为重要的发展目标之一,并规划到 2024 年在国内建成完整的氢能生产线,到 2035 年形成世界上主要的氢能来源国。俄罗斯的氢能生产线将完全采用燃气、核电等常规燃料制造氢气,采用改变既有燃气管网结构和向天然气掺氢的手段进行氢能输运,由传统石油公司负责实施。

(四)印度借助国家发展优势打造生产中心的氢能产业政策

印度计划打造全球绿氢生产中心。虽然 2006 年印度政府才首次将发展氢能技术纳入国家战略,但是随着国家对氢能发展的大力支持,印度当前已有大约 100 家公司正在从事氢能技术的开发。其主要原因在于,印度的氢能需求与经济增长潜力巨大,而伴随经济增长的未来将更多地由交通、电力等行业要素来驱动经济发展。尽管当前印度的可再生能源电价水平仍处于世界低位,但伴随着印度“绿色氢经济和政策路线图白皮书”的发布与地方政府资金投入的不断跟进,利用电解制氢和可再生电力的成本将进一步降低,因此绿氢经济也就成了印度氢能发展主要努力的方向。

五、域外国家治理地方氢能产业政策主要特点

(一)明确氢气的能源属性纳入国家体系

域外国家把氢列入全国能量管理系统中,减少公众将氢产品和设施用于安全领域的部署和非经济障碍,确保行业安全发展。

（二）明确氢能源定位完善顶层设计

氢能行业是新兴行业，日本、欧洲等氢能行业先发大国和区域均由政府部门领导牵头组织开发，有关公司与研发单位联合组建理事会及合作机构，制定详尽的氢能开发路线图，确定开发目标与方向，达到了较高目标。

第五节　地方氢能产业政策法规完善建议

一、进一步完善氢能战略规划，加强顶层设计

（一）明确战略目标，制定氢能产业路线图

首先，我国应该将氢能发展置于国家新能源发展的重要地位，加大对其重视程度和支持力度。其次，我国 2022 年 3 月发布了《氢能产业中长期发展规划（2021—2035 年）》，即我国的氢能的顶层设计正式发布。基于我国氢能产业起步晚、发展缓的现状，我国应尽可能进一步细化相关氢能产业发展时间表、路线图、施工图，其中包含针对氢能发展各个不同阶段的相应具体发展措施以及总体、全面目标。中央层面要制定并完善国家级氢能产业路线图，地方要在国家级氢能产业路线图的框架内专门制定本行政区域内的氢能产业路线图，自上而下、形成一体，以保障我国氢能产业长期、快速、稳定发展。

（二）统筹协调地方氢能产业发展，打造特色产业集群

国家应该统筹协调氢能产业链上、中、下游，避免地方和企业规划同质化，规避低水平重复建设；围绕氢能全产业链，发挥各地产业基础、资源禀赋和市场空间等优势，扩展制氢、用氢、储运、储能等业务，推进氢能的可持续发展，在各区域内打造氢能产业集群，辐射全国的氢能产业发展。

（三）谋划氢能产业整体系统布局，推进清洁氢能大规模生产应用

我国地理位置独特，东西部能源资源分布存在差异，导致上游氢能资源与下游应用市场的空间分布不匹配，出现大规模、长距离“西氢东送”的现象。另外，企业生产氢能核心部件的材料和技术还没有完全过关，批量化能力还没有形成，有些工艺技术应用时间比较短，技术迭代升级不够，这些问题都导致我国整个氢能产业仍然以示范为主，制约了氢能发展。

我国应对氢能全产业链创新能力建设进行部署，致力形成高效完备的产业链，实现清洁氢能的大规模商业利用。首先，要因地制宜选择制氢路径，逐步推进并稳步建立一个清洁、低碳、低成本的多元化制氢体系。其次，要开展

多种储运方式的探索和实践，逐步构建多元化氢能储运体系。最后，要协调整体地布局建设加氢站，构建氢能网络，探索新型的一体化模式。

二、完善氢能产业法律法规，强化政策支持力度

（一）挖掘并确认氢能的法律属性

氢能发展离不开制度的促进，尤其是法律制度的支撑，其中氢的法律属性是目前氢能法律制度构建和完善面临的首要问题。根据《“十四五”能源领域科技创新规划》，我国以国家社会全体福祉为导向，基于对我国氢能产业所面对的国内国际形势的全面深入研究，对我国氢能产业发展做了顶层设计和系统安排。这不仅确定了氢能的战略定位、总体要求，也明确了构建氢能科技创新网络、氢能基础设施建设、推进氢能多元化示范应用、完善政策和制度保障框架、执行等氢能各阶段多方面的详细工作内容以及发展目标。总之，我们可以将《“十四五”能源领域科技创新规划》视为氢能领域的“宪法”，以此为依据界定氢的法律属性的合理性。

（二）制定专门法律框架，建立跨区域氢能行业管理标准

我国地方氢能发展应完善相应立法。各省级地方政府要根据本省的实际情况，建立省一级氢能专项规划，完善相关政策，打破氢能安全发展的政策瓶颈，保证氢能安全发展有法可依；应完善诸如环境影响评价制度、环境监督管理等相应的配套法律制度，出台相应的规则、标准、规范，架构好我国地方氢能专门法律框架。另外，我国还需要设立跨领域和地区的行业管理规则和标准体系，以提高氢能发展的质量水平。

（三）对标国际制定严格的氢能技术及质量标准，对行业从业者严格规范

我国需要加速构建并完善氢能源标准框架，通过逐渐实施如氢能源领跑者的项目等方式来形成对关键重点设备与技术的计量、测试和认证的标准及其系统。同时，我国要积极地引领行业的技术革新和标准的制定，促进我国氢能源产业的高品质发展，并在全球范围内提升其技术水平和标准影响力。我国应顺应世界发展潮流，紧跟国际发展大方向，对新型氢能储能领域的各个环节进行相关技术测评，尽快搭建安全、完备的标准体系，避免出现国内标准滞后于市场的现象。

氢是一类易燃易爆的危险性化学物质，因此在其生产、储存、运输等环节的法规制定中，关注并落实针对氢领域从业人员的安全保障是必不可少的。

三、加大氢能领域补贴及研发投入，推动核心技术创新

（一）设立专项资金、提供税收优惠和研发补贴

设立氢能产业专项基金、发展基金，用于支持氢能产业链上下游企业发展，包括氢能制造、储运、加氢设施建设等。为了推动氢能源的进步，我国需要建立一套适应氢能源领域长期稳定发展所需的税收优惠体系，如可以给那些致力于氢能源科技研究与实践的企业提供减征企业所得税或者暂时免除增值税的支持，以此来激励其加大投资并激发创新活力；可以实施针对氢能源相关的设备及技术的进出口关税豁免策略，以便减少进口成本，进一步推进中国的氢能源行业的壮大。

政府可以提供额外的研发补贴以用于鼓励氢能企业加大研发投入，提高技术创新能力。

（二）完善知识产权保护机制，抢占技术领先地位

我国应加快氢能领域新业态知识产权保护规则完善，不断健全相关知识产权转移转化机制，引领氢能领域关键核心技术攻关，助推创新成果向现实生产力转化。

首先，针对氢能领域的技术创新需要建立有效的专利审查和授权制度，严格保护创新者的合法权益；可以设立专门的氢能技术转移交易平台，促进技术转移和技术合作，进一步鼓励技术创新。其次，针对氢能领域的创新者和企业，可以提供相关知识产权法律政策培训，增强其对知识产权保护的意识和能力；需加强知识产权培训和宣传，向社会普及知识产权的重要性，促进创新文化的形成。

四、加强国际交流与合作

（一）注重管理体系的沟通与协调

氢能领域各管理机构之间应注重信息共享与分工合作，可由我国国家能源局作为核心部门集中统一领导，负责划分各部门工作，还可与其他部门加强氢能合作，共同应对氢能领域的重点问题。

（二）重视国家间、企业间氢能发展的国际合作

在重视自身氢能技术研发的同时，应注重加强国际合作，通过共享科研成果、开展联合科研项目等资源整合和合作创新的方式实现技术创新的互补和协同，提高氢能技术的研发效率和质量，从而加速氢能产业全球化进程。

此外,我国还可建立相应的国际研讨会等合作机制和平台,为不同国家氢能产业合作提供资金支持机制,促进氢能合作项目的落实,还能促进氢能领域的专业人才的培养。

(三)激发企业积极性,助力氢能商业化

在推进氢能建设上加强政府与企业的合作,在政府主导的同时可吸引社会不同力量的支持,鼓励社会各种力量积极引导、积极参与氢能技术研发,强化企业对氢能发展的认可,助力氢能商业化的实现。我国地方应根据氢能发展的总体思路,进一步细化具体措施。

五、健全地方氢能法律法规体系

(一)完善地方氢能开发相关立法

首先,各省应基于自身情况制定省级层面的氢能源专门计划,并进一步优化相关的法律法规,消除制约氢能源安全发展的政策障碍,确保其发展有法可依。例如,山西省政府应该参照现有的涉及氢气的法律规定,同时考虑到山西省的特殊环境因素,强化对氢能源的立法构思,及时补充相应的氢气安全法规,提高其法律依据性。其次,需要避免法律条文过于零散或相互矛盾,保持外部的一致性和协调。最后,需要构建一套有效的氢能源法规执行系统,以便在实际操作中充分发挥氢能源的安全作用。

(二)架构氢能区域协同管理法律体系(黄河流域)

黄河流域具备发展氢能的综合条件,在资源禀赋、产业基础、应用场景、央企资源等方面具有很大优势,但黄河流域各省区缺乏统筹规划、缺乏集群协作效应。建立地区法规政策体系对于确保氢能安全并促进该地区的氢气均衡发展至关重要。第一,可以参照《长江三角洲氢走廊建设与发展计划》来拟定黄河流域氢能的战略规划,以达成共识并在各区之间消除障碍,实现资源共享。第二,可以在黄河流域能源保全架构及环境生态保护法规基础上,开发出一套关于氢能供应安全和使用安全的管理规制,从而使得氢气供给的安全性和使用的安全性得到同步提升。第三,可以推动签订跨地域协作组织的结构协约,完善氢气联合管理机制,明确管理领域及其联手防备、统一监管和责任分担的责任,以此维持该地区内氢能安全管理合作关系的稳定。第四,可以创建一个跨越不同区域的研究法律政策的平台,探索新的法律合作方式,以便为黄河流域的区域氢气安全控制提供高质量且高效率的优质的法律支持。

六、制定氢能相关配套制度

（一）建立氢能全产业链安全管理法律规制

从氢能全产业链过程分析，加氢站是连接的关键节点，它联结了上、中、下游各环节。产业链的任一环节的安全都是相互关联的，如果任一部分发生安全隐患，可能引发严重的安全事件或者导致生态环境的问题。

氢能安全有保障必须标准走在前。在推进氢能源发展的过程中，应高度重视标准化工作，持续优化科学的标准体系。以山西省为例，应该聚焦于安全问题关键点及其所在行业，并严格遵守如《标准化法》与《山西省标准化条例》等相关法律法规来逐渐强化标准化制度构建能力，同时完善覆盖整个产业链的一套完整且全面的标准体系；可以激励龙头企业主动参加标准制定工作，并且鼓励具备条件的社会团体及组织参与制定相关标准。除此之外，还需进一步增强各部门之间跨区域的重点标准化难题协调解决力度以提高其效率；加强对黄河流域地区各省的氢能标准化问题的沟通交流，致力于在氢能领域实现统一标准。

（二）完善氢能发展监管框架

首先，应该贯彻落实集中统一领导氢能开发具体工作。中央应由国家能源局全权负责氢能开发工作，从指导到落实，从标准到运用，最终都由该部门负责，再从上到下明确、落实责任划分，而细化到各个省份也应由统一部门全权负责省级氢能工作。要把地方的氢能工作落到实处，也应由地方能源部门统一集中负责，再从上而下进行分配任务，避免互相推诿。

其次，应构建并优化其自身及跨省市、跨地域的氢能发展的监督与协调体系；通过设立省级的安全标准来提升氢能管理的效率，同时借助科技、安全、环境保护等多种监管方式增强监管效力。我国可以借鉴天然气的管理模式以平衡氢能的产能规模及其涉及的所有环节，从而创建一套全面、有序且高效率的氢能宏观控制架构。此外，划分好各级能源主管部门及相关部门在应急管理、市场监管等方面的责任，各部门要协调配合，发挥好跨部门、跨地区监管协调机制的作用，统筹省内及相关氢能战略的实施。在此基础上，要充分发挥跨领域、跨地区的监督协调作用，确保全省的氢能策略得以顺利推行。对于氢能制造商、储存公司、运输方、加氢站和服务提供商等各个环节的企业，必须实行严谨的管理制度，要求其承担起自身的安全生产职责，并且不断改进产品的品质管理。最终，要加强对整个氢能供应链中的关键安全隐患的预防控制措施，提高全程的安全监管水平。与此同时，还要清晰界定安全责任追溯机制,严惩相关责任人。

（三）设立专门的氢能环境影响评估机制

环境影响评价制度是以法律法规或行政法规的方式,对于有可能对环境造成重大影响的规划或建设项目进行环境评价,以促进能源的清洁、高效、低碳利用。氢能作为可再生的清洁能源首先应当受到国家的支持和保护,鼓励氢能产业的发展。

地方政府应当采取一系列行动,推广氢能这种清洁能源的生产和应用;应当适用环境影响评价制度,根据法规条例或政策规定,提前对有风险的发展项目进行环境影响评价,预防和减轻其潜在的危害结果。氢能开发利用过程中注定会产生一定的二氧化碳等危害物质,因此有必要落实完善氢能领域的相关环评工作。

七、立足本地创新氢能发展

（一）设置基本遵循原则促进整体发展

要实现健康良性地发展氢能产业,应当遵循以下四个原则。

首先,以环保为基本点。发展氢能的目的就是替代化石能源,促进环境保护,在相关技术不成熟的情况下,应坚决不开展大规模的化石能源制氢。

其次,提高技术水平。当前我国很多企业着力于组装,不重视技术能力,这将为今后产业发展留下“卡脖子”隐患。因此,关键技术的国产化尤为重要。

再次,政府引导前期发展。任何一种能源想要被社会接受,离不开资源可获取、价格可承受、环境可持续的制约。液化天然气汽车的发展历程就是一个很好的例子,市场会自行选择使用成本较低的能源。氢燃料电池汽车作为一种新能源汽车,只有具备竞争力和独特的优势时,才会被市场所接受。

最后,因地制宜,鼓励不同区域、领域差异化发展。综合考量不同区域资源禀赋、产业链基础等,兼顾不同领域和行业发展特点,找寻刚需应用场景,探索如大规模储能、备用电源、热电联产等多种燃料电池及氢气应用产品和领域。鼓励试点先行、典型引路,引导可再生能源富集区、氢燃料电池产业链完善等不同地区,结合实际打造氢能及燃料电池产业发展样板区,探索形成各具特色的商业模式,为氢能、燃料电池产业发展探索路径、积累经验。

山西省在2017年发布了《山西省招商引资重点产业指导目录》,列出了当前山西省重点培育和引进的产业发展方向,其中目录第一项即为“战略性新兴产业培育工程”;关于氢能产业,该指导目录将山西省重点培育的技术进行了分类和布局。2019 年 4 月，山西省工业和信息化厅对外发布了《山西省新能源汽车产业 2019 年行动计划》，指出依托太原市、大同市、长治市等城市现有氢燃料电池汽车相关产业开展试点示范。

（二）发挥能源产业优势助力氢能产业发展

氢气虽然广泛存在，但是在合适的成本下以安全工艺将氢气提取、储运及应用并不容易，制氢、储氢和用氢的关键装备技术亟待突破。从氢气售价组成来看，氢气储运成本占总成本的 20%～30%；由于氢气产地与消费地存在差异，因此选择合适的氢源、提高储运装备的国产化水平、降低运营成本是提高效益的最好选择。[1]

焦炉煤气是一种大吨位氢能原料。以山西省为例，多年来山西经济发展的支柱产业之一的焦化行业，每吨焦炭能够产生 350～450 立方米的焦炉煤气，而在焦炉煤气中氢占比约 54%～59%。因此，在城市发电、煤气和化工生产外，剩余的焦炉煤气可被用来制取高纯氢。焦炉煤气组成部分如表 4-9 所示。

表 4-9　焦炉煤气组成成分

单位：%

项目	名称						
	H_2	CH_4	CO	N_2	CO_2	CMHN	O_2
组成	55-60	25-30	5-7	2.5-3.5	2-3	2-3	0.3-0.5

2020 年山西省焦炭产量 10,493.7 万吨，产生焦炉富余煤气约 209.86 亿立方米，这可以为山西省发展氢能源战略提供重要原料基础。从焦炉煤气中提取氢气较为成熟的技术目前主要是负压吸附（PSA），其原理是利用吸附剂的选择性，实现混合气体的分离和吸附剂的再次利用，通过对焦炉煤气变压吸附，可以获取较高纯度的氧气。

利用山西富余焦炉煤气制取氢可以建成千万吨级氢能基地。同时，山西具备一定的可燃气体管网运输优势：山西天然气股份有限公司已经建成省级天然气 7 条，1300 多千米的长输管线，具备 34 亿立方米的输气能力。这些管道不仅可以输送天然气，而且可以用来输送氢气和天然气的混合气，具有运输上的优势。

（三）建立省级氢能产业综合试验区进行试点

鼓励地方先行，拒绝重复的低水平发展；借鉴国际有关先进经验，进行综

---

[1] 邓彤：《氢能产业发展的挑战与机遇分析——以山西为例》，载《技术经济与管理研究》2019 年第 10 期。

合试验和示范。例如山西作为我国的一个内陆省份,东部与河北相邻,通向京津塘,同环渤海经济区相连;西部、南部隔黄河与陕西省、河南省相望,是我国东部与西北连接的大通道,南通中原和湖广;北部与内蒙古自治区相连,具有得天独厚的地理优势。山西省发展氢能源上游制氢产业,氢气运输、物流具有得天独厚的区位优势。

根据《山西省新能源汽车产业2019年行动计划》精神,应积极推动产业集聚发展。一是改造提升现有汽车产业集聚区,提高承接和接纳汽车产业转移的能力,发挥产业集聚的规模经济性,以产业集聚带动产业转型升级。二是优化产业链的发展布局,以整车企业需求为引导,鼓励新能源整车企业与零部件企业建立对接机制,促进新能源整车生产企业和汽车零部件生产企业建立紧密的协作关系,建设零部件产业配套园区,推进新能源整车生产产品配套本地化。

此外,可尝试建立跨省市试验区,建立一条上下产业配合的氢能产业示范区,探索建立跨省市物流车队、热电联供等,并在实践中不断完善有关政策和标准法规,促进示范项目落地落实。

(四)积极培育适合地方特点的氢能产业市场

地方政府在氢能源产业链中要不断地推动产业链向前发展,积极地与周边的城市共同推进氢能源产业上下游发展和合作。以山西省为例,氢能高效和清洁等优势,使得山西省应该在国家氢能源补贴的基础上实施更多的地方帮扶政策和财政支持,比如补贴氢能产业电费或提供场地等,为地方氢能产业提供帮助。

例如,通过建设新型的移动式储氢站和新能源储能电池,将相关能源和技术推广到公交车上。不仅如此,也应当规划城市的加氢站建设,利好未来氢能的发展,将氢能发展推上新的台阶。在氢能源发电系统中,应当积极与国家电网进行合作,建立无人值守的氢能源变电站系统,促进氢能源产业与电网供电相结合,与相关的企业开展紧密的合作。

八、加大政府引导支持力度

(一)增强政府支持优化配套政策体系

在全球范围内观察氢能产业的发展趋势,当下氢能产业处于以政策为主导的阶段,美国、日本、欧盟等在氢能产业发展速度方面领先的国家和地区,政府扮演着至关重要的角色,氢能产业属于典型的政策推动型产业。除此以外,这些国家和地区的关联企业与科研机构携手构建了委员会或合作组织,协同规划了氢能源发展规划,确立了发展愿景与路径。我国地方政府应充分借鉴这些良好的经验,由政府牵头,组织当地龙头企业成立委员会,编制地区氢能中长期发展规划,制定具有地方特色的氢能产业发展路线图;[1]构建符合地域特色且顺应自然条件的氢能产业体系及规范化标准平台,充分发挥标准在氢能产业发展中的导向功能;通过梳理和提炼地区氢能产业内具备特色而又普适的经验和做法,形成可推广的规范性文件及应用模式,以此为杠杆促进区域氢能产业的整体升级与发展。

除此以外,地方政府还应加强发展氢能发电、储能等产业的政策支持力度。各地要尽快出台相关的发展规划和政策扶持,持续性地对加氢站、大规模运氢、储氢等基础设施建设予以资助。

(二)加强氢能基础建设完善技术支撑体系

完善的质量安全保障体系乃氢能领域发展之要旨。我国在氢能标准化、计量检测与认证等质量基础设施方面尚存缺口,制约着产业的深度发展。因此,各地须审时度势,着力强化氢能行业的质量保障机制,加快构建与之配套的基础设施;尤应争先打造针对氢燃料电池汽车所用氢燃料的检测、计量及合格评定体系,并研发高效便捷的检测计量技术手段,构建加氢站氢燃料质量合格评定标准流程,为氢能产业营造一个稳健、安全与有序的成长环境。

地方政府应与省级高校、科研机构、检测机构等有关部门成立省级的氢能发展研究检测中心,支持地方氢能产业发展;加强氢能检测方法的研究、人才的引进以及开发相关的氢能产业设备,保证氢能产业链的产品质量,推动基础工程质量发展。

(三)加大产学研投入突破关键技术

《国民经济和社会发展第十四个五年规划和 2035 年远景目标纲要》明确指出,“坚持创新在我国现代化建设全局中的核心地位,把科技自立自强作为国家发展的战略支撑”。当前,可再生能源制取氢气技术、高效储运体系以及燃料电池相关技术尚处于发展阶段,仍需进一步优化升级。在氢能领域部分关键产品的国产化程度不高,仍需依赖部分进口,同时燃料电池等核心技术需持续深化研究,以期实现技术创新及产业升级。《新能源汽车产业发展规划(2021—2035 年)》由国务院办公厅正式发布,该规划明确提出必须突破涉及储存与运输氢能、加氢站建设以及车用储氢系统等关键技术领域,以实现氢燃料电池汽车应用的全面支撑。与此同时,产业链中涉及氢能的各相关企

---

[1] 翁帅、左梅:《山西省氢能源发展对策研究》,载《山西科技》2020 年第 1 期。

业应发挥其特有的竞争优势,共同推动我国氢能源产业的发展壮大;联合相关研究机构加快核心技术的突破,为我国氢能企业发展提供有力强劲的技术支撑。

目前,氢能作为一种清洁能源,其产业链还未完整建立。尽管氢燃料电池领域的研究与开发取得了一定进展,但是氢能源产业化过程中的关键环节——制氢、储氢与运输技术等方面尚显不足,要率先探索在加氢站建设方面的经验。

山西省作为国内重要的能源基地,其地方政府的积极作为对于核心技术的突破及产业高品质发展具有十分关键的推动作用。在氢能源与燃料电池产业发展过程中,应更加注重市场机制的导向作用,充分发挥企业在技术创新和产业推动中的主体作用。同时,应该强化产学研一体化的合作,通过与交通运输、信息通信等相关产业的深度融合与协同,促进综合创新和产业链的完善。对此,设置针对氢能源与燃料电池技术的重大科研专项计划显得尤为必要,其应以国家支持的中央企业为依托,深化核心材料和氢能发展机制的研究,同时为核心装备及关键零组件的技术研发提供扎实支持。除此之外,山西省还需要在电池系统、储能及终端应用系统的集成技术研发方面加大力度,以助力产业链的高度集成和技术升级,并全面拓展相关领域的研究探索。

氢能的发展离不开科学技术的研发和人才的培养。生产和研究要相互配合,理论终究要实际应用,结合各方优势,最大化地实现资源价值,联合高校、研究所、企业投入资金,加大对氢能产业的课题立项,努力实现核心技术国产化,抢占领先技术的制高点,实现从"跟跑"到"领跑"的跨越。

氢能源产业作为新兴产业,其发展不仅依赖资源条件的优越性,更对产业及技术基础提出了较高的要求。鉴于此,有关部门需对氢能产业进行系统的顶层设计,推动其沿着科学发展的路径前行,同时防止地方政府在推进过程中出现无序竞争、技术实质性空缺以及产能过剩等诸多风险。建议选取条件成熟的区域率先实施,并以此为契机,充分发挥示范效应与引领作用,以期实现氢能产业的高品质发展。

九、强化氢能产业发展政策支持

地方政府应统筹规划,提供多类政策支持;统筹氢能产业发展布局,制定具有科学性和长期效应的产业发展扶持与激励政策,通过提供财政和税收的鼓励,为氢能产业链开展发展和创新提供积极的支持。除针对制氢、加氢站建设及运营,燃料电池汽车购置,关键技术研发,新产品开发等产业环节制定对应的优惠政策和财政补贴政策外,还应研究燃料电池汽车使用方面的扶持政策，降低消费者使用成本，为推广氢能产业发展和应用提供强有力的支撑。

（一）强化氢能产业创新扶持政策力度

以山西省为例，其作为国内氢能领域的重要省份，其产业创新机制的构建应本着以地方氢能企业为核心动力的原则。鉴于此，地方政府需制定和实施一系列针对性的政策导向，促进氢能产业链的系统性发展。这不仅涉及加强与企业间的战略对接，更要在政产学研用协同创新的环境中，优化氢能行业的发展布局，从而为山西省氢能产业创新发展注入新动力，推动本地产业升级和可持续发展战略的深入实施。

山西省应建立的氢能产业发展基地，以氢能产业园为核心，以当地的重点高端企业为基础，完善氢能产业链；建立健全氢能研发基地，氢能产业的装备制造和新电池企业；利用高新技术企业的研发、技术、人才等优势，为氢能源下游应用进行开发和创新，攻克电池的容量、寿命、储存以及回收等各个关键技术，为氢能开发打通出路。

山西省在推进氢能利用方面，亟须与高等院校联合建设研究平台，该平台自筹建之日起便可依托政策倾斜等优惠措施，加快氢能科技进展和产业化步伐。这样的政策支撑将构建一个稳固的发展环境，为氢能相关企业吸纳高层次人才和先进技术奠定基础，进而促进人才和技术在氢能产业中的广泛应用。同时，山西省应当充分利用现有科研设施，积极引进国内外成熟的氢能技术和专利，将研发成果转化为本土产业竞争力，实现从科学理论到生产实践的快速转换。

山西省应当积极响应国家“十四五”规划中对氢能产业发展战略的明晰定位。具体而言，山西需致力于光伏发电技术与氢能源汽车关键技术的创新突破；同时深化氢能储存技术研究，为促进汽车、电池等装备产业向更清洁、更高效的技术转型提供坚实支撑。在此基础上，山西省应迅速将氢能源产业装备纳入发展战略核心，以在全国氢能装备领域确立竞争优势和占据重要地位。

（二）构建氢能产业发展金融政策

如今，以山西省为例，其氢能产业处于形成期，部分中小企业在融资方面存在困难。所以，山西省政府应该帮助企业融资、在税收方面给予一定的优惠或给企业贷款提供担保，帮助氢能产业领域的企业发展。

山西省应建立氢能产业的专项基金，为氢能产业关键技术研发、装备制造等氢能的各个领域进行精准帮助。为加速新能源汽车行业发展，山西省应当积极主导和促进金融机构与社会资金的深度参与；构建一个高效的银行与企业对接平台，鼓励金融机构加强对新能源汽车产业发展的信贷投入，探索和完善信用保证、政策性保证等多元化融资保障机制，从而显著降低新能源汽车产企业的资金成本。同时，山西省应充分利用资本市场的资源，支持企业在规范化的网络金融平台上进行融资活动，充分发挥公司债券、企业债券、私募债券等金融工具的融资作用，为新能源汽车产业的健康发展提供坚实的资金支持，支持新能源汽车生产企业上市、挂牌融资。

山西省大力发展氢能产业，除了政府，还需要依靠市场，通过金融模式为企业彻底解决融资困难的局面；要开发新的投资模式，从氢能产业的制造战略模式向氢能金融模式进行转变，积极与各个投资企业建立合作关系，推动氢能产业融资规模扩大并予以相应的奖励，帮助相关企业筹集足够的资金以促进其发展。

（三）制定氢能产业外部性政策

氢能源要想实现发展，一定要以创新为主。以山西省为例，为推动山西省氢能源产业的科学发展，当地政府应倾力构建人才支持体系，加强地方企业在人力资源战略上的实施，旨在通过精准引才和系统培养，引入国内外氢能技术领域的精英人才。此外，山西省应大力开展国际合作，吸纳全球范围内的技术和管理领域高端人力资源，为本地氢能产业注入新鲜血液。

山西省针对氢能源人才引进已实行了优惠政策，涉及创业资金支持、政府资助以及解决人才的居住和就业等生活问题，意在营造良好的人才成长和发展环境，将人才留在山西，从而把山西省氢能源产业推至更为先进的水平和更为宽广的发展舞台。

在引进国外的优秀技术人员时，要积极引进其培训的方法。地方政府在支持地方企业与其开展广泛合作的同时，应让地方企业的技术人员去往欧盟、日本等氢能源发展的先进地区和国家培训、学习，掌握先进的生产技术，完善地方企业在氢能源领域的技术装备、技术应用和理论应用，进而使地方的氢能企业发展得更加高效。

在氢能源产业用地政策制定方面，地方政府需出台专门针对氢能源扶持的用地政策，确保基础设施空间，并结合经济优惠措施，减轻创业企业的初期财政负担，促使投资集中聚焦于技术研发保障。对于达成一定生产规模的氢能源项目，地方政府应当考虑授予一次性经济奖励，以缩短企业建设周期，加快其投产运营步伐。此外，建议构建一个氢能源发展网络交流平台，促使地方产业园区企业积极融入，同时拓展与国内外院校、研发机构及关键企业的合作，将国内外高端氢能资源有效融合应用到地方企业发展之中，为地方氢能源产业创新奠基。

第五章　能源突发事件对能源产业的影响及应对

第一节　能源突发事件概述

一、能源突发事件的概念

能源突发事件是指在一定区域内突然发生的，对能源供应产生严重干扰，影响能源设施正常运行，造成能源供需失衡的事件。如2020年新冠疫情暴发之后，不仅社会的平稳运行受到阻碍，能源产业的发展和行业的平稳运行也受到影响，这对社会经济的稳定发展而言造成了极大的不利影响，需要采取紧急措施予以应对。在国家运转过程中，能源的作用不容小觑，是关系国计民生的命脉；但是能源突发事件极易引起能源生产停滞、运输中止，导致能源短缺的结果，进而引起能源市场异常，对企业、地区、国家乃至世界的能源安全造成威胁。近年来，随着中国经济社会的发展和人们日益增长的美好生活需求，我国能源消费激增，对外依赖程度只增不减，但是同时新冠疫情、国际上局部战争等因素导致的能源短缺事件在各国以及世界范围内频频发生，因此能源系统安全问题日益严重。"煤荒""油荒""气荒"破坏了人民生产和生活秩序，不利于国家经济的发展，同时对于国家的能源应急管理体系而言是一个巨大的挑战，使得政府不得不将能源安全问题置于社会治理的重要地位。在实践中，能源突发事件管理体系涉及能源安全、储备和应急管理三个方面。

（一）能源安全

首先，能源安全这一概念的产生，有其特定的时代背景。20世纪在中东地区发生的战争冲突，直接导致了世界主要的原油产出国无法正常进行石油的开采和供给，全球范围内爆发了石油危机，发达国家的石油需求得不到满足，石油价格急剧上升，严重影响了世界各主要经济体的发展。因此，能源安全最早产生于石油危机，但是随着时代的发展和多种类能源利用效率的提升，能源安全已经不局限于石油安全，而是成了一个包含国家安全、区域安全、经济与社会安全、能源安全等多个维度的综合性概念。由此可知，能源安全的内涵包括两个方面：一方面是能源的供应安全，另一方面是能源的使用安全。能源的供应安全是国家能源安全的基础，为能源安全的实现提供坚实的后盾，其主要考虑的是一个国家正常生存与发展所需要的能源及其供给的稳定程度，因此能源供应安全的要求是受到一定经济发展水平和技术发展水平影响的，是随着时代发展不断改变的。能源的使用安全则是国家能源安全的更高目标，是指能源应当在保证不威胁人类生存和发展环境的前提下被供应，而不能一味地用于满足人们的消费需求；它是"质"的概念，实质上涉及可持续发展问题。[1] 可见，能源安全要求在不威胁人类生产和发展、不严重破坏生态的基础上实现能源的持续供应，是在坚持可持续发展条件下的能源的持续供应。

（二）能源储备

能源储备主要包括煤炭、石油和天然气等化石能源储备，其中主要的是战略石油储备或通称的石油储备。1973 年，在第四次中东战争中，以沙特阿拉伯、卡塔尔、科威特为首的石油输出国组织在宣布石油减产的同时提高石油价格，并对美国、荷兰等国实施禁运，西方主要石油消费国出现了严重的供不应求，引发了第一次石油危机。1974 年 11 月，经济合作与发展组织决定成立国际能源署，国际能源署的宗旨之一就是要求成员建立石油储备。由此，石油储备开始出现在世界能源舞台，并在数次石油市场的动荡中起到了作用。

改革开放以来，我国化石能源消费增长迅速，且我国化石能源消费严重依赖国际市场。2010 年，我国的石油对外依存度达到了 56.7%，逐渐递增，甚至在 2020 年高达 73.6%。早在 2017 年，我国就已经超越美国，成为世界第一大石油进口国。在天然气方面，2014 年，我国的天然气需求对外依存度达到了 32.2%，2020 年虽较 2019 年有所降低，但是仍高达 43.2%。2018 年，在天然气进口量上，我国远超日本，成为世界第一，同时成为煤炭净进口国。因此，我国必须提高能源安全战略意识、重视能源供应安全，必须加强以石油、天然气为主的能源储备能力建设。

（三）能源应急管理

能源应急管理是公共危机管理在能源领域的延伸。它不是狭义地针对

---

[1] 廖建凯：《我国能源储备与应急法律制度及其完善》，载《西部法学评论》2010 年第 2 期。

能源突发事件的规划预警与应急，而是在能源严重短缺、无法供应以及价格浮动较大等能源紧急事件中，积极采取举措以保证经济平稳运行和社会稳定的一种制度。能源应急可以分为能源储备、能源突发事件应对和替代能源等不同方面。

根据国家统计局的官方统计数据，在受疫情影响的2020年第一季度，我国国内生产总值、全国能源消费、全国电力需求同比下降6.8%、2.8%、6.5%。2020年4月，全国电力需求同比增长0.7%，这说明国内经济运行水平已经开始见底反弹。由此，可以预见的是新冠疫情等能源突发事件的发生将对我国能源规划产生深远影响，基于新的能源供应形势和地缘政治影响，我国能源安全将面临极大挑战。另外，能源突发事件导致的能源需求的降低将使我国能源结构的改变比预计的更加困难。因此，在这种情况下，通过对能源的不同阶段进行划分，完善能源应急情况下的预警管理、响应和恢复等一系列管理过程，对于我国能源行业的发展极为重要。[1]

二、能源突发事件对我国能源供销的基本影响

(一)能源需求方面

从能源需求来看，受能源突发事件影响，能源价格升高，为配合各类应对能源突发事件的措施以及出于消费水平的考虑，第三产业如餐饮、文化娱乐、交通运输业等需求下降明显，其中居民短途出行以及长途出行需求均降至低点。化石能源消耗由此极大地降低，虽然这部分能源消耗所占比重较小，但在能源结构上十分重要，直接关系民生。第三产业中的中小型企业的数量远大于第一产业，其需求直线下降，对于能源领域而言体现为用电量的大幅下滑，进而导致采矿业、电力等生产和供应业等第二产业的生产量随之降低，能耗也逐渐减少。[2] 总体来看，疫情直接导致第二、第三产业能耗下降，并呈现出地区性、行业性差异。据统计，在疫情影响下，我国2020年国内石油消费量持续下滑，仅成品油消费量较疫情暴发前同期下降了6.7%。

(二)能源企业经营方面

从能源企业经营来看，煤炭等能源企业的能源需求大幅度下降，能源价格不断上涨以及库存成本暴涨等，导致能源企业难以维持正常的现金流，生

---

[1] 刘晓燕：《能源应急多主体协同机制及协同效应研究》，中国矿业大学2019年博士学位论文，第23页。

[2] 林伯强：《疫情过后中国能源结构如何实现低碳清洁转型|能源思考》，载第一财经网2020年8月19日，https://www.yicai.com/news/100740869.html。

产经营面临极大困难。同时,我国社会能源消费的急剧减少对国内化石能源企业的收益造成了不利影响,且我国作为世界第一大原油进口国,我国能源消费需求的减少,对于国际原油价格而言也是致命的打击。对于一批中小型石油炼化企业而言,其日常现金流本就较为紧张,在能源突发事件的影响下企业的库存压力进一步加剧,现金流更为紧张,如在疫情期间企业压力体现为以下两方面:一是由于疫情影响,企业无法正常开工,同时化石能源类产品价格持续下调且无销路,进而导致企业进账资金大幅度减少;二是企业的日常经营开销和工资开销、银行利息等刚性支出不变,资金压力和生存难度持续增加。据报道,疫情暴发后,由于市场需求量降低等,大部分化石能源上下游企业的能源类产品的出货量明显低于疫情暴发前,有的甚至仅有同期出货量的一成,但与此同时,库存成本不升反降,使得该部分企业的经营难度进一步增加。

(三)能源企业发展转型方面

从能源企业发展转型来看,由于能源突发事件因发生如疫情暴发,进一步凸显了控制社会用能成本的重要性,因此能源企业需要主动而为、因势而行、化危为机,通过充分利用技术创新、提供高品质能源服务等方式,加速推进企业转型和升级。从国家层面而言,国家将继续坚持推进"三去一降一补"政策的实施,进一步控制全社会尤其是中小企业的用能成本,使能源企业认识到传统模式已无法适应现代社会,为避免被淘汰而开始向绿色低碳型企业转型。[1]

除此之外,能源突发事件引发的资金链紧张问题存在于全社会各行各业中,包括能源行业、交通运输行业等,且对于这些行业中的中小微型企业以及个体工商户的影响尤为显著。因此,国家有关部门下发文件指导相关企业采取措施,缓解这些企业的经营压力,共度时艰:银行系统采取了定向展期、降息等措施;商服地产陆续施行了减免商户租金的办法;包括国家电网公司在内的大型能源供应商推出了欠费不断电、全力保障能源供应等举措。[2] 但这些措施都是一时的,并不能长期施行;只有降低其融资难度、降低用能等经营成本,这些企业才能看到希望,通过积极调整应对策略来推动自身恢复发

〔1〕 国网能源研究院专题研究小组:《新冠肺炎疫情对我国能源行业影响初探》,载微信公众号"中能传媒研究院"2020年2月12日,https://mp.weixin.qq.com/s/T6m0cskITg6E4taVDAbzOA。

〔2〕 国网能源研究院专题研究小组:《新冠肺炎疫情对我国能源行业影响初探》,载微信公众号"中能传媒研究院"2020年2月12日,https://mp.weixin.qq.com/s/T6m0cskITg6E4taVDAbzOA。

展。因此,应大力推行“三去一降一补”政策,进一步降低交易成本,降低电力价格,更好地推动第三产业的发展;这对于采用传统发展模式的能源企业而言是极大的挑战,但进行产业升级转型已成必然。

三、我国能源应急管理体系的现状〔1〕

我国能源应急管理体系表现为“一案三制”框架。以法律法规为主要依据,以应急预案为行动指南,我国实现了多层级的能源应急组织体制和涵盖能源突发事件全过程的应急机制,并建成石油和煤炭储备体系。

(一)组织体制

我国能源应急管理组织体制可以概括为中央和地方两个层面。在中央层面上,应急管理工作由国务院以及国务院安全生产委员会领导,应急管理部等单位进行协调和管理,国家能源局等部门负责具体的应急响应工作。在地方层面上,地方应急管理部门负责现场应急救援指挥工作,主要包括指挥与协调;若发生特大或跨区域突发事件,则通过国务院安全生产委员会或其他部门组建现场应急指挥部开展相关工作。

(二)法律体系和应急预案体系

在能源应急管理事业方面,我国主要制定了能源应急管理相关法律和应急预案等规范性文件。具体而言,应急管理综合性法律为该管理体系起到相应的支撑作用,而针对能源类型细化的管理规则由具有针对性的能源类特别法来规定。

除此之外,在国家层面上,与能源应急管理有关的应急预案包括:规定应急管理总体事项的总体性预案;保障突发事件的应急响应和救援工作应急预案;实现各类事件针对性响应和恢复的应急预案。在地方层面上,能源应急管理预案主要是指各省市制定的结合本区域特征的能源应急预案。

总而言之,我国的法律体系以及预案体系能够在地方和国家层面的能源应急管理方面实现全类型、全方位、全过程的覆盖。

(三)应急管理机制

我国能源应急管理机制包括信息报告、应急响应、处置与恢复、保障措施环节。以大面积停电事件为例,首先,由电力企业向地方人民政府或能源部门派出机构报告相关的预警信息或具体事件情况;其次,由地方人民政府或

---

〔1〕 李崇茂、陈泽长:《重大突发事件下的中国能源应急管理体系:国际比较与启示》,载《煤炭经济研究》2023 年第 7 期。

能源部门派出机构根据事件发展状况来确定响应的等级，并成立应急指挥部；再次，由相关政府及其工作部门、电力企业按照相关指示实施应急预案；最后，在响应结束后，地方人民政府和相关部门对于该事件进行处置评估工作和电力恢复工作。

（四）能源储备体系

在国家能源储备工作中相关部门职能相似。以石油储备为例，其储备工作由国家能源局天然气司负责；储存与定期轮换等工作由国家粮食和物资储备局负责；维护和释放工作则由国家石油储备中心负责；国家能源局对石油天然气进行监管的同时负责商业石油以及天然气的相关储备工作。

在我国，煤炭储备主要指政府可调度煤炭储备和商业储备。政府可调度煤炭储备由中央企业与各级政府及其有关部门共同负责：中央企业负责建设相关基地，用以具体实施煤炭储备工作；各级政府及其有关部门制定政府可调度煤炭储备最低库存制度以及应急预案，对煤炭储备工作进行管理和协调。商业煤炭储备主要由企业自主建设，能源主管部门监管最低库存制度的实施。

（五）其他能源应急管理措施

我国重视事前的能源应急管理能力建设，保障应急管理效率，数字化、智慧化能源应急管理系统建设就是典型措施之一。

通过"智慧能源""智慧应急"等智能化系统将智能化技术运用到能源产业发展和应急管理中能够提升对能源突发性事件的信息检测水平。例如，智慧电网通过能源供给和电力需求的灵活对接实现最优决策，[1]数字孪生技术通过传感设备实现能源突发事件的风险监测。[2]

党的二十大报告指出，要完善国家应急管理体系，提高防灾减灾救灾和急难险重突发公共事件的处置保障能力。国务院印发的《"十四五"国家应急体系规划》指出，我国是世界上自然灾害最为严重的国家之一，灾害种类多、分布地域广、发生频率高、造成损失重，安全生产仍处于爬坡过坎期，各类安全风险隐患交织叠加，生产安全事故仍然易发多发。随着全球气候变暖，我国自然灾害风险进一步加剧，极端天气趋强趋重趋频，台风登陆更加频繁、强度更大，降水分布不均衡、气温异常变化等因素导致发生洪涝、干旱、高温热浪、低温雨雪冰冻、森林草原火灾的可能性增大，重特大地震灾害风险形势

---

[1] Lund H. et al., *Smart Energy and Smart Energy Systems*, Energy, p. 556-565(2017).

[2] 李瑞昌、唐雲：《数字孪生体牵引应急管理过程整合：行进中的探索》，载《中国行政管理》2022年第10期。

严峻复杂，灾害的突发性和异常性越发明显。

因此，《“十四五”国家应急体系规划》提出了应急管理体系目标——到2025年，应急管理体系和能力现代化要取得重大进展，形成统一指挥、专常兼备、反应灵敏、上下联动的中国特色应急管理体制，建成统一领导、权责一致、权威高效的国家应急能力体系，安全生产、综合防灾减灾形势趋稳向好，自然灾害防御水平明显提升，全社会防范和应对处置灾害事故能力显著增强。到2035年，建立与基本实现现代化相适应的中国特色大国应急体系，全面实现依法应急、科学应急、智慧应急，形成共建共治共享的应急管理新格局。

第二节　能源突发事件对能源行业的重要影响

一、能源突发事件对能源行业产生的影响

本节以新冠疫情为例分析能源突发事件对能源行业重要影响。新冠疫情在世界范围内的扩张达到了意想不到的规模，被认为是新中国成立以来扩张速度最快、规模最广泛、最难以预防和控制的公共卫生事件。[1] 新冠疫情严重影响了国民经济的运行，特别是餐饮、零售、住房、旅游和电影等线下服务。相关调查表明，餐饮和零售业利润呈现大幅度下滑态势，与同期利润相比出现了负增长。复工复产难题首先出现在出口制造业中，制造业工厂在疫情的影响下无法开工生产，即便复工复产后也陷入了销售困境当中。像餐饮和零售行业一样，出口制造业也出现了一样的销售困境，2020年3月出口总额累计同比增长了-2.9%，进口累计同比增长竟仅为-13.3%，进出口总额累计同比增长-8.5%。除此之外，投资额也出现了负增长，到2020年4月我国的固定资产投资同比增长-10.3%。我国2020年第一季度的国内生产总值比去年下降了6.8%，处于经济顶端的资源型行业——煤炭行业也无法例外。[2]

新冠疫情期间，虽然能源企业采取了积极行动使能源供应尽可能满足人民生活生产需要，如在符合防控条件下的复工复产，但新冠疫情给能源行业造成的打击是无法消除的。新冠疫情使得煤炭、石油、天然气等能源资源在需求、产量、库存和价格等方面呈现劣势，导致能源产量供求关系矛盾，库存

---

〔1〕《补公卫体系短板保障人民生命安全》，载第一财经网2020年6月3日，https://www.yicai.com/news/100655178.html。

〔2〕张建民：《煤炭价格波动对经济影响的相关分析》，载《中外企业家》2019年第22期。

成本增加而能源价格降低,企业运营效率低下、利润明显下降、投资疲软。

（一）对能源企业的影响

新冠疫情肆虐,对能源产业的发展产生重大冲击,煤炭行业在2020年1月和2月严重衰退,产量以及销量急剧下滑。据统计,2020年1月国有煤矿原煤销量为13,423.62万吨,与2019年同期相比减少了5%;2020年2月原煤产量为48,915.78万吨,与2019年同期相比减少了7%。这种冲击直到2020年3月才有所缓和,煤炭行业产量与销量开始有所增加,并与2019年同期相比指数开始逐步提升。2020年3月煤炭行业销量与2019年同期相比增加了3%;煤炭产量增长较为缓慢,原煤产量与2019年同期相比并无明显增减,2020年4月开始显著增长,与2019年同期相比增加2%。观察煤炭行业发展情况,我们可以发现,虽然新冠疫情对各行各业发展产生重大冲击,但是对煤炭发展的冲击并不是最大的,此次冲击完全低于2015至2016年经济结构重大变化对煤炭行业的影响。经济调整时期,煤炭行业月均产量同比下降9%,销量同比下降6%。能源产销价格也受到了巨大冲击,下跌情况较为严重。

能源库存在新冠疫情的影响下出现了显著变化,生产、流通和消费领域的变化如下。相关数据表明,在生产环节,进入2020年2月以后,山西省重点煤矿库存量与2019年同期相比明显增加,2月到4月分别同比增加6.50%、20.15%、34.91%;[1]内蒙古除在3月出现显著变化,增加到81.359%外,2月和4月的产量不容乐观,都在下降;石油、天然气等能源因为海外环境的不稳定,进口能源库存浮动较大。在流通环节,秦皇岛港的煤炭库存在2020年2月到4月,库存量只增不减,但是4月有所好转;在消费环节,主要电厂的煤炭库存量激增,在3月同比增长超6%。主要煤矿企业1月到4月的煤炭库存量表明,中煤集团和国家能源集团两家重点能源企业在3月到4月的煤矿库存趋势产生了较大区别,中煤集团库存量持续增加,但是国家能源集团与去年同期相比一直在下降。

（二）对能源行业的影响

新冠疫情的暴发对能源行业的发展造成了严重的打击,扰乱了煤炭企业正常的经营秩序,对煤炭行业合同的实施以及劳动用工方面产生了负面影响。

1. 在合同实施方面,世界卫生组织于2020年1月31日说明,新冠疫情

---

[1] 刘满芝:《疫情对煤炭行业影响的传导机制和应对举措》,2020年,https://k.cnki.net/courseLearn/5473。

已构成国际关注的突发公共卫生事件(PHEIC)。同时,我国认为新冠疫情属于资深的医疗专家也无法预测和避免的疾病的暴发。根据《民法典》第180条的规定,不可抗力是不能预见、不能避免且不能克服的客观情况。新冠疫情符合不能预见、不能避免、不能克服的客观条件,可以将其视为不可抗力。依据我国法律规定,合同一方当事人可以以不可抗力为由行使法定解除权。若不可抗力导致合同目的不能实现,一方当事人可以行使法定解除权,要求解除合同,消灭既存的权利义务关系,同时受损害的一方当事人则可以根据合同约定或者法律规定要求另一方当事人承担损害赔偿等民事责任。但是由于该合同是基于不可抗力的客观原因而被解除的,因此,一般而言,会视实际情况在一定程度上被减轻或者免除双方当事人的法律责任。责任的全面免除不仅包括主给付义务的免除,还包括与该合同相关的附随义务、违约金请求等权利的消灭;责任的部分免除则指视当事人的实际履行情况以及不可抗力所导致的损害等因素,适当减少违约金或免除利息等。但是,不可抗力与合同履行之间应该具有因果关系,若出现非不可抗力事由影响合同的履行,则并不能适用不可抗力的免责条款。要适用不可抗力免责条款,首先在时间上要求,合同成立在新冠疫情暴发之前,且合同一方当事人是由于新冠疫情而无法履行合同义务。其次,在合同能否履行按照当地疫情情况来认定,因为根据各地疫情扩散程度不同对企业造成的影响也有区别。最后也是最重要的判断标准,即一方当事人无法依约完成合同规定的义务是基于新冠疫情的暴发而非其他原因,换言之,疫情与履行不能之间应当存在法律上的因果关系。若双方合同履行过程中,并不存在交通管制、人员不足等因素,那么到期未履行合同义务不能适用不可抗力条款。举例来说,虽然新型冠状病毒具有传染性,但是可以采取相应的预防措施来保障自己不受到感染,如果合同相对方仅因为内心恐惧而拒绝履行合同,则不能因为不可抗力而免责。

在违约责任承担上,不能因为不可抗力而全部免除企业的违约责任,应该考虑多方因素,根据不可抗力所造成的影响区分应该区分应当全部免责还是部分免责,视合同相对方是消极应对还是采取积极措施尽量避免损失的扩大情况来认定责任承担情况。企业在合同履行的过程中遭遇不可抗力后,结合自身实际情况,是希望继续履行合同还是希望变更合同或者解除合同,都要做出具体的表示,以便合同相对方明确自身责任;而且企业应该在能力范围内准备好积极的应对措施,如尽早复工复产,将所造成的损失最小化。合同双方可以采取友好协商的方式解决争议,也可以寻求法律的救济,维护自身合法权益。

根据《民法典》合同编中关于合同履行的规定,若当事人一方基于不可抗力造成合同履行不能等情形，应当及时通知对方，以减轻可能给对方造成的损失，并在合理期限内提供证明。从国际视角上来看，根据《国际商事合同通则》的相关规定，合同双方在不能履行义务时应当负担起必要信息告知的附随义务，将履行障碍的相关情况以及具体障碍告知对方当事人。

如果遭遇履行障碍而履行不能的一方未曾尽到相关的信息告知义务，从而使得另一方当事人在合理期间内依旧没有收到相关告知信息而遭受损失，则未履行主合同义务且未告知对方的当事人应就自身的过失向另一方当事人进行损害赔偿。

在新冠疫情期间，如果义务方不能够按期履行合同，要及时告知另一方当事人且提供相应资料和证据，让合同相对方有充分时间作出合理反应和应对措施，最大限度减少双方损失。因疫情冲击而难以履行合同义务的一方应当及时将为何无法履行以及无法履行的情形通知另一方当事人，这样既可以减少合同相对方的经济损失，同时可缩小因不可抗力所造成的履行不能给己方造成的赔偿责任。如果想要适用不可抗力条款，那么应当提交因新冠疫情暴发而无法履行合同的有关证据。若合同一方当事人想要解除或变更合同，须与合同相对人进行沟通协商，并在不违反法律法规等的前提下提出有效协商方案。同时，未受疫情影响一方当事人，也应当积极与受影响的一方协商沟通，共同制定出对双方都合情合理的解决方案。

当事人双方的约定、法律的强制性规定是处理民商事法律纠纷的主要依据，双方当事人在订立合同时应当及时对合同进行审查，评估可能面临的法律风险和潜在问题，尽快制定应对风险的举措方法。《民法典》合同编明确，若双方当事人对合同的法律后果、责任承担、变更条件等作出约定，以双方的合意优先；如果合同没有约定或约定不明，适用法律规定。由此可以看出，在此问题上法律强制性规定的适用是后置的。但不可抗力是《民法典》明确规定的法定免责事由，不需要约定优先便可援引。所以，即使双方当事人未就疫情等突发事件进行提前约定，也可以直接援引《民法典》中相应的不可抗力免责条款进行协商。如果双方已经就特殊事由进行了约定，则区分两种情况：若约定的事由范围大于法律规定的免责事由，超过法律规定的部分可视同双方就该特定情况达成的一致合意，适用约定；若约定的事由范围小于法律规定的范围，则可适用法律规定的免责事由。

合同双方当事人如受到疫情影响出现履行困难情形，应当在可能履行不能或认识到有产生履行不能的风险时，尽快采取相关法律手段，履行相关的附随义务以降低损失，减轻由履行不能造成的责任承担。在疫情等不可抗力事由消失后，若双方当事人认为合同还可继续履行，也应尽快恢复履行。合同双方当事人都应当增强法律意识,防患于未然,即使进入诉讼阶段也可以从容应对。具体要做到:首先,固定和收集证据和资料,证明己方因疫情影响产生履行不能的情况;同时,留意将双方当事人沟通协商内容留痕,例如邮件、聊天记录、转账记录,援引不可抗力等免责事由的沟通过程中发出的函件,对方给予的回复等证据。其次,如果一方请求变更合同,另一方认为明显不公,应收集体现变更后合同导致显失公平的证据;相应地,对方应收集固定变更后更为合理公平的证据。最后,停工停产场景等容易流失不易固定的证据,可以采取拍照、进行公证等的方式留存。

在疫情暴发过程中,企业若要订立新合同,要根据所在市场、交易时间、行业性质等因素进行实际情况考量,充分评估企业因疫情影响而产生的变化,进而将这些事项约定在双方新订立的合同中,如将新冠疫情等突发事件明确列为不可抗力的事由之一,对双方当事人的责任承担作出合理分配。

2. 在劳动用工方面,疫情可能造成企业无法复工复产,进而产生一些劳动关系纠纷。对劳动关系问题的分析,可以分为以下三个阶段。

第一阶段:劳动关系的建立。

一是建立劳动关系的法律规制。我国目前有三部法律对受疫情影响的劳动关系作出相关规定。《劳动法》规定了订立劳动合同的原则,即订立劳动合同应当遵循合法、公平、平等自愿、协商一致、诚实信用的原则。《就业促进法》明确了用人单位不得以传染病携带者为理由而拒绝雇用病原体携带者。《传染病防治法》中也规定对传染性疾病病人、病毒携带者以及疑似病人,任何单位和个人都不得歧视。

二是疫情下劳动关系建立纠纷的救济。新冠疫情不能成为求职就业者复工复职过程中的阻碍因素,劳动者曾经是新冠患者或者被确认为疑似患者的,或在高风险地区参加过工作的,在求职复工时,有权享有平等的就业权,也即用人单位不可对其有所歧视,不能以此为理由拒绝聘用。我国《就业促进法》明确规定,违反该法规定发生就业歧视的,劳动者可以向人民法院提起诉讼。在实务中,为切实维护劳动者的合法权利,最高人民法院将“平等就业权纠纷”作为一项新的民事纠纷类型的案由,更明确直接地保护了劳动者的诉讼权益。

第二阶段:劳动关系的解除。

一是疫情对用人单位劳动关系解除权的影响。人力资源和社会保障部办公厅《关于妥善处理新型冠状病毒感染的肺炎疫情防控期间劳动关系问题的通知》(人社厅明电〔2020〕5 号)规定,不得因为劳动者正处于被观察期间而与劳动者解除劳动合同,不得因劳动者被确诊感染等而直接解除与劳动者的劳动合同。该通知旨在防止企业援用《劳动合同法》中的规定,以无过失解雇等理由实质上侵害劳动者的合法权益。

二是疫情下劳动关系解除纠纷的救济。如果疫情导致企业经营生存困难,企业不应当立即采取裁员措施,可以先与员工进行沟通,看是否能够采取调整工资、岗位等避免裁员的临时性措施。若必须减少人员,企业须按照人社部门等下发的相关文件的要求,对因疫情被观察的劳动者不能进行歧视性的裁员;同时,具备工作条件的其他在职人员在被裁退后,企业必须给予其相应的经济补偿。

第三阶段:劳动关系的终止。

一是疫情对用人单位终止劳动关系的影响。根据人社厅明电〔2020〕5号文件的规定,劳动者在感染、疑似感染新冠进行治疗期间或作为密切接触者集中观察期间,劳动合同到期的,劳动合同顺延至医疗观察期满时。

二是应相应调整劳动合同到期日。对于以下三类劳动者采取不同的调整方法:患有新型冠状病毒感染的劳动者直接接受隔离治疗后,延长至医学观察期结束劳动合同关系;先采取医学观察措施,再经隔离治疗确诊为病人的劳动者,劳动关系延长至隔离期结束之日;劳动者并未通过医学观察或隔离治疗确诊为新型冠状病毒感染,而只是受到当地人民政府的限制,则劳动合同期限顺延至当地人民政府宣布解除禁止措施之日。

二、能源突发事件对我国能源应急体系的影响

我国能源应急管理体系的建设是指能源生产事故应急管理机制建设和能源应急保障机制建设。经过多年的发展建设,我国应急管理体系已经取得了很大进展。但是,社会突发事件对能源应急体系产生了重大影响。以新冠疫情为例,疫情集中暴发的地区如湖北、上海等,其地区的电力供应就受到了极大挑战。此外,突发事件对于我国的能源应急管理体系建设工作的进展而言是一个极其严峻的挑战,包括对于能源跨区运输、供需结构、能源系统转型、基础设施建设以及城市能源应急管理能力建设等各方面的挑战。

(一)对能源跨区运输的影响

在我国,由于石油、煤炭等能源分布不平衡,能源生产和能源供给在空间分布上有明显的错位情况,因此,我国城市能源供应保障主要依赖于能源跨区域运输,如北煤南送。但跨省市、跨国域的交通运输路线可能受到突发事件影响而被严格管控。我国煤炭的运输方式本就单一,因此,交通管制对于港口和外销渠道的限制可能使得煤炭运送通道受阻,进而可能使我国的煤炭

无法进行跨区域调度，部分地区基本煤炭需求根本无法保障。比如，新冠疫情期间，我国城市的能源战略和应急储备机制的建立尚未完成，诸多城市的能源供应量无法满足实际需求量，对能源跨区域运输提出了更严峻的挑战。

（二）对能源供需结构的影响

总体上来看，在三年疫情的影响下，国内整体能源的供给与需求两方面都受到了极大影响。[1] 从疫情暴发以来，国家能源局发布的 2020 年 1 月至 3 月全国电力工业统计数据显示，一季度我国全社会用电量累计同比下降 6.5%，其中第一产业用电量增长 4%，第二产业、第三产业用电量分别下降了 8.8%和 8.3%，城乡居民生活用电同比增长了 3.5%。[2] 此外，我国传统能源行业发展也受到了疫情的严重影响。以山西省煤炭市场为例，在新冠疫情出现初期，正值 2020 年 1 月至 3 月，当时煤炭需求增加但库存不足，在实施防控措施后又有生产不足、运输不及时的问题，短期内煤炭价格大幅上涨。然而，在疫情防控进入常态化后，全球能源市场对煤炭的需求开始逐渐降低，整个煤炭市场开始出现供过于求的现象，煤炭价格相较之前大幅下跌，大多数煤炭生产企业与运输行业受到了极大的影响。综上所述，疫情导致煤炭等能源的供需关系不平衡，扰乱了企业以及市场的正常经营秩序。

（三）对能源系统转型的影响

2020 年经济低迷导致能源消费需求骤减；2021 年，受到极端气候灾害和疫情的多重影响，全球关键能源的市场价格持续上涨，并一度在多国引发能源供应危机；在疫情防控进入常态化后，各国经济数据缓慢回升，全球能源需求增加。由此产生的后果即各国能源价格上升。为应对价格上升带来的能源供应不足，绝大多数国家将应对方法转向了提高传统能源煤炭的利用，增大产量，回归煤炭发电，这一趋势使得碳排放量快速增长，有悖于各国现提倡的绿色低碳的能源转型。我国也一直不断推进能源系统绿色低碳化转型，在各行各业不断探索新能源或可再生能源的研发，用以代替传统不可再生能源，减少碳排放量。然而，新冠疫情直接影响了我国整体工业生产。能源转型战略的推进，使我国成为可再生能源技术生产和应用大国，但疫情期间停工停产使得可再生能源发电项目的建设延误，许多项目工程建设难以按期完成，许多行业都面临供应链紧张、原材料短缺、产能过剩等问题。[3]

---

〔1〕 周德群：《我国能源应急管理体系与能力建设》，载《江淮论坛》2020 年第 6 期。

〔2〕 《国家能源局发布 1-3 月份全国电力工业统计数据》，载国家能源局官网，http://www.nea.gov.cn/2020-04/23/c_139002144.htm。

〔3〕 朱妍：《新能源竞价项目应否延期并网?》，载《中国能源报》2020 年 5 月 25 日，第 2 版。

(四)对能源基础设施的影响

受疫情影响,一些在建能源基础设施如在建管网、电站、电网等的进程整体暂缓甚至停滞,大量新能源项目的工程竣工日期、并网投产日期推迟。因此,为了解决疫情期间在输电线路、油气管网运行和维护过程中出现的问题,各级政府相关部门和企业均制定了应急预案,以有效保障城市能源供应系统的正常运行。因此,在新冠疫情期间,受影响较大的是在建能源基础设施与新能源项目设施,已经投入正常使用的能源设施受到的影响则相对较小。

(五)对城市能源应急管理能力建设的需求

能源突发事件对全国的城市能源应急管理与能源保障工作而言是个极大的挑战。面对疫情初期能源物资的短缺与社会秩序的混乱,各部门迅速做出反应,及时调度能源资源,确保高质量的供能服务。但仍然暴露了不少问题,前期供需宽松的表象下隐藏的真正问题是我国绝大多数城市应对突发事件的能源应急管理体系和能力现代化建设仍存在疏漏甚至空白,能源应急物资储备调用机制不完善,对于可调配资源和可运输通道没有准确掌握。[1]与此同时,基层管理人员作为距离具体应急管理事件最近的人员,对于事件的应急管理在掌握全局、降低民众恐慌等方面有着重要作用,是组织中的中流砥柱,因此需要具备较高的职业素养和较强的职业能力,能在突发性事件面前保持冷静,但是我国部分基层人员的能力在部分紧急情况下无法达到相应的水平。因此,城市应急管理不仅在于应急管理机制的建设,应急管理队伍的建设也不可忽视。

三、能源突发事件法律制度的发展现状

(一)能源应急组织机构

目前,我国已经建立并完善了煤电油气运多能源保障工作部际协调机制,主要由国家发展和改革委员会进行统筹。这一举措将有力地推进能源安全保障建设进度,加大国内外能源安全工作统筹力度,充分应对天灾人祸。

在具体的组织架构上,中央层面由国务院出面,由其建立能源应急工作组,负责国内外能源安全重点信息的排查和研讨工作并将其整合为常例报告作为工作参考,在外统筹协调跨部门、跨行业、跨地区的煤电油气运工作,保障国内外煤电油气运的正常工作,为宏观经济的良好运行奠基。地方政府跟

---

〔1〕 王义保:《服务战略需要加快人才培养——中国矿业大学应急管理教育事业发展纪实》,载《中国应急管理》2020年第5期。

随中央步伐,也相应地成立了煤电油气运应急领导小组,对于煤电油气运突发事件进行应急指挥和综合协调等。[1]

(二)能源应急预案

应对能源领域突发事件的紧急预案包括:《国家突发公共事件总体应急预案》《国家发展改革委煤电油气运综合协调应急预案》《国家石油供应中断预案》《陆上石油天然气储运事故灾难应急预案》《海上石油天然气作业事故灾难应急预案》。

海南省、河北省等也制定了当地煤电油气运综合协调应急预案。按能源种类不同可将能源应急预案分门别类,如天然气迎峰度冬应急预案、成品油供应应急预案等。此外,负责能源供应的国企对能源危机情况有着丰富的应对经验,并制定了企业应急方案,如中国石油天然气集团公司制定了石油天然气管道突发事件应急预案等。

(三)应急协同响应程序

地方能源安全的保障由各级政府负总责,其职能包括管理本区域内能源险情的应对工作,在内协调有关部门,对下级政府有关部门的能源应急工作进行评价。各级应急协调小组应根据上级政府及有关部门的指令,综合考虑本区域的煤电油气运状况,就地方关键部门、关键企业的信息协调提供帮助指导,参考并复盘各地能源突发事件的发展演化态势,将其对国民经济造成的影响进行定性定量分析,从而确定本地可能出现的能源险情级别,并找准穴位,制定针对性的应急措施,明确课责。

为防止地方借用应急预案肆意扩大管理职权,应该对关键措施的实施权力进行审查,地方应主动上报并获上级政府批准方可实施相关措施。涉及管辖问题的,若多地发生能源短缺,处在相同的行政区域序列的,应当由共同的上一级人民政府进行协调;若多地分属不同部门,则由各有关行政区域的上一级人民政府进行协商。当地政府将情况上报的同时,在突发状况发生初期就要立即采取措施防止事态进一步扩大化,有针对性地开展应急处置工作,如果上一级政府未回应可以越级上报。当能源突发事件超过地方能解决的范围时,地方政府在确定无法消除险情或危险情况已经超过能够有效控制的时间后,需要立即向上级人民政府报告;上级人民政府接手后,应组成级别更高的应急小组进行处理。有关主管部门在涉各自职责范围时不得以管辖不明、尚未申报等理由推脱,应当竭尽全力为下级部门的抢险工作提供人力、物

---

[1] 廖建凯:《我国能源储备与应急法律制度及其完善》,载《西部法学评论》2010年第2期。

力支持。

四、我国能源应急制度政策导向

（一）能源总体安全观的提出[1]

党的十八大报告提出了降低能源消耗、提高能效、推动能源生产和消费革命，调整能源结构，确保国家安全的具体要求。党的十九大报告强调，要构建清洁低碳、安全高效的能源体系。党的二十大报告提出，“确保粮食、能源资源、重要产业链供应链安全”，明确将确保能源安全作为维护国家安全能力的重要内容。

我国当前正处于改变传统能源结构、去除落后产能、走向绿色低碳转型的重要时期。在这个发展关键期，党在一系列会议上重点强调了现阶段能源安全观要以新发展理念为引领，在内以推动能源安全新战略向纵深发展为导向，在外顺应经济全球化，顺应尊重市场规律，在波谲云诡的国际能源资源市场上准确判断局势，维护我国关键利益点，确保能源供应线的安全。

（二）能源安全新战略的政策导向[2]

能源安全新战略的具体内涵是推动能源消费革命、能源供给革命、能源技术革命、能源体制革命，全方位加强能源国际合作。近年来，随着我国经济的快速发展，我国的能源生产量和消费量也在逐步增加，但是能源行业存在的问题依旧棘手，如能源对外依存度较高、运输方式单调、应急能力不足以及储备规模不大等。为了解决这些难题，党和政府把确保能源安全供应、经济安全运行、生态安全可持续作为未来政策制定的依据，明确了以“四个革命”“一个合作”为核心的能源安全新战略，在能源市场的进出口上加一把锁，既要管供给又要保需求，双管齐下，在全球能源开放背景下保障我国能源安全。

当今世界正经历百年未有之大变局，我国能源安全的政策应当转变思路，守住能源安全底线，将保障能源安全放在与经济健康稳定发展同等重要的位置，且不能将能源寄希望于国外供应，应当着眼于国内供应。

我国在诸项工作上应当分出轻重缓急，首先，通过能源储备管理机制和能源运营机制改革，进一步释放国内能源潜力，将能源价格水平稳定在一定的水平线上，确保民生供应；其次，坚定不移地走绿色清洁能源之路，淘汰落

---

[1] 马超林：《新中国成立以来我国能源安全观及能源安全政策的历史演进》，载《湖北社会科学》2023年第2期。

[2] 马超林：《新中国成立以来我国能源安全观及能源安全政策的历史演进》，载《湖北社会科学》2023年第2期。

后产能,加大节能减排力度,促进碳中和任务圆满完成。

全球性的气候问题愈演愈烈,已非单一国家能够协调解决。为维护人类共同未来和福祉,中国必须在气候变化加剧的背景下主动寻求国际合作及推动国际谈判,共同构建自由开放、竞争有序、监管有效的全球能源大市场,使国际能源治理原则完善化、高效化,推动形成能源消费国、生产国和过境国之间协同发展的合作新格局,在能源资源更加开放的国际背景下力求我国能源安全与稳定水平稳步提升。

(三)能源领域科技创新的政策导向

2021 年 4 月,国家能源局、科学技术部联合印发了《"十四五"能源领域科技创新规划》,提出"十四五"时期能源科技创新的总体目标,围绕先进可再生能源发电技术、绿色高效化石能源开发利用技术、能源数字化智能化技术等方面确定了具体的发展目标,并制定了技术路线图。[1] 能源关乎国家安全和经济发展。在目前,我国已成为世界范围内能源生产和消费大国,但是我国能源市场还存在保安全、转方式、调结构、补短板等问题,因此以科技创新推动我国能源产业的发展和升级转型至关重要。经过"十二五"规划、"十三五"规划,我国已经初步建成"四位一体"的能源科技创新体系,对重大能源工程建设起到支撑作用,既对能源安全起到了保障作用,也对产业转型升级起到了促进作用。进入新的五年规划时期,能源科技创新开启活跃高峰期,氢能等众多新兴能源技术进入加速发展期。[2] 当前,新旧动能转换成为新兴趋势,其中核心驱动力就是新兴能源技术,其推动国际能源产业由资源导向型、资本导向型转向技术导向型,对全球经济社会发展起到了重要促进作用。

然而,当前我国能源科技创新还存在部分能源技术存在外部依赖、绿色低碳技术发展缓慢且成本较高以及相关的激励政策缺失等问题。为此,我国制定了《"十四五"能源领域科技创新规划》,以能源科技创新为总体目标,制定了我国能源项目发展与项目布局的技术路线图。《"十四五"能源领域科技创新规划》围绕五大线路攻关前沿技术——先进可再生能源发电及综合利用技术、新型电力系统及其支撑技术、安全高效核能技术、绿色高效化石能源

---

〔1〕 国家能源局、科学技术部:《"十四五"能源领域科技创新规划》,2021 年 11 月 29 日印发,https://www.gov.cn/zhengce/zhengceku/2022-04/03/5683361/files/489a4522c1da4a7d88c4194c6b4a0933.pdf。

〔2〕《国家能源局、科技部就〈"十四五"能源领域科技创新规划〉答记者问》,载《财经界》2022 年第 11 期。

开发利用技术以及能源系统数字化智能化技术。为切实推进"十四五"期间能源科技创新工作,该规划提出健全能源科技创新协同机制、突出企业技术创新主体地位以及完善能源科技配套政策等八方面的保障措施,全方位保障能源科技创新工作稳步推进。

第三节　能源应急法律制度现状及立法模式

一、能源应急法律制度的历史沿革

(一)起步阶段

1949年至1978年,新中国成立初期至改革开放间,我国经济发展缓慢,政企不分,实行高度集中的计划经济,能源消费在我国消费结构中所占比例相对较小,没有真正意义上的能源立法,相关能源法律制度尚不完善。当时仅靠政府政策文件和指令来规范能源使用过程,[1]如《煤炭送货办法实施细则》(1966年实施)、国务院《批转煤炭工业部、铁道部修订的煤炭送货办法的通知》(1966年实施,已失效)等。

1978年至1999年,我国能源法律开始萌芽。这一时期,我国能源立法刚刚起步,奉行"急用先立"原则,前期立法中一些制度性规定的政令特色明显。我国能源领域第一个立法是国务院1982年制定颁布的《对外合作开采海洋石油资源条例》,该条例是为了适应我国海洋石油资源开发对外开放的需要而颁布的。[2] 改革开放以来,社会主义市场经济体制逐步确立,随着经济增长和社会发展对能源需求不断加大,我国逐渐成为能源消耗大国。党的十一届三中全会以后,我国加快能源法立法进程,先行颁布多部能源单行法律作为能源管理工作的依据。改革开放以来,我国相继颁布了《矿产资源法》《环境保护法》《矿山安全法》《电力法》《煤炭法》等。[3] 总的来说,这一阶段是我国经济体制的转型阶段,虽然法律颁布较之前阶段明显密集,但能源法律在不少地方仍有比较重的计划经济烙印,缺乏可持续发展的理念,以及能源市场经济竞争机制和可操作的财税支持。

---

[1] 马俊驹、龚向前:《论能源法的变革》,载《中国法学》2007年第3期。

[2] 叶荣泗:《回顾与展望:改革开放以来的我国能源法制建设》,载《郑州大学学报(哲学社会科学版)》2009年第3期。

[3] 车咚咚:《我国能源法律法规及标准体系简介》(上),载《中国水泥》2021年第5期。

（二）快速发展阶段

2000年至2007年，我国能源应急法律制度进入快速发展阶段。主要背景是当时能源问题开始凸显，同时我国加入世界贸易组织和科学发展观提出与落实的客观需求迫使我国加快能源应急法律的立法进程。

进入21世纪后，2002年颁布的《安全生产法》强调保障生产过程的安全问题，间接地保障了能源供应的安全。2003年非典疫情以来，我国快速推进应急管理工作，以《突发事件应对法》（2007年颁布）和《国家突发公共事件总体应急预案》（2006年颁布，已失效）等法规和预案为基础，初步建成了“一案三制”体系。上述一系列能源规范性文件构成了我国较早的能源应急法律体系，虽然不够完整，但为我国当时应对能源突发事件，稳定能源供给、优化能源结构起到了重要的引导作用。

（三）科学发展阶段

2007年是我国能源应急法律制度建立的关键一年。党的十七大报告第一次明确提出生态文明建设，能源应急法律制度的科学发展就此展开。这一年《中国的能源状况与政策》白皮书对外发布，我国开始制定能源发展规划。2008年南方雪灾凸显能源应急管理的重要性，同年《能源法》草案征集工作开始。2010年颁布的《石油天然气管道保护法》，目的是保障石油天然气管道运输安全。2022年《“十四五”现代能源体系规划》发布，强调加强能源治理制度建设，需要健全能源法律法规体系，重点建立以能源法为中心，以煤炭、电力、石油天然气、可再生能源等领域单项法律法规为支撑，以相关配套规章为补充的能源法律法规体系。核心法律方面，我国2009年修正了《可再生能源法》，2016年第一次、2018年第二次修正了《节约能源法》；等等。

虽然这一阶段的能源法律上体现了能源可持续利用的概念，但是在应对能源突发事件和应急管理方面的立法仍有不足。随着环境气候问题日益突出，国际形势日益严峻，掌握国际石油命脉的中东地区冲突不断以及化石能源的有限性和需求的不断增加，我国需要进一步革新能源法律以解决能源结构问题，保障在各种突发事件下的国家能源安全。

二、能源法律制度的现状和立法模式

（一）制度现状

1. 能源基本法出台

能源基本法是规定能源领域内基本事项的法律，是规定能源开发利用过程中的基本方法和规则的法律，为其他能源单行法律提供了基本的原则、规则,在能源法律体系中居于“基本法地位”,是能源法律体系的“宪法性文件”。能源基本法虽然如此重要,但是在我国能源法律体系中长期处于缺失状态。即使能源基本法立法早已投入实践,但是,历经10余年仍未出台:2007年原国家能源领导小组办公室正式公布《能源法(征求意见稿)》,标志着能源法立法进入起步阶段;2008年,《能源法(送审稿)》由原国务院法制办公室向各界征求意见;2016年国家能源局印发《能源立法规划(2016—2020年)》,确定“能源法”等“五法四条例”为能源立法重点推进项目,后形成《能源法(送审稿)》修改稿,但最终无对外公开版本。2020年4月,国家能源局发布了《关于〈中华人民共和国能源法(征求意见稿)〉公开征求意见的公告》。随着环境气候问题、新冠疫情期间等能源突发事件的频发,能源基本法的出台尤为紧要。[1] 为了推动能源高质量发展,保障国家能源安全,促进经济社会绿色低碳转型与可持续发展,积极稳步推进碳达峰碳中和,我国2024年11月8日颁布了《中华人民共和国能源法》。该法共九章,包括总则、能源规划、能源开发利用、能源市场体系、能源储备和应急、能源科技创新、监督管理、法律责任、附则等内容,弥补了长期以来我国能源基本法缺位的遗憾。

2. 能源应急单行法体系不健全

由于能源基本法的长期缺位,我国能源突发单行法发展进程缓慢,能源应急制度法律保障不够完善。2020年颁布的《能源法(征求意见稿)》对能源应急作出了规定,有关能源安全的规定设立在第六章,第77条为能源应急相关规定;但规定过于宏观且尚未实施,不能为具体的能源突发事件提供指导。《能源法》颁布后,相关规定安排在第五章第52条至第55条。但是,对能源突发事件没有其他单行法,仅有2007年制定的《突发事件应对法》。该法通过社会突发事件的预防与应急准备、监测与预警、应急处置与救援、事后恢复与重建等方面详细地规定如何应对突发事件。该法于2024年进行了修订。但是,从前几年的成品油供应不足、特大雪灾带来大面积停电事件,再到当前传播速度快、防控难度大的新冠疫情带来的常规能源短缺、传统能源供需失衡、新能源转型速度延后等问题,都反映出在缺乏有效详细的能源应急法律的情况下,我国现有能源应急法律的运转并不足以应对能源突发事件,不足以满足时代发展需要。

3. 重要能源单行法存在立法空白

当前我国在煤炭、电力等能源领域颁布了《电力法》保障电力使用安全、《煤炭法》保障煤炭资源安全。在追求经济快速发展的阶段,煤炭资源是我

---

[1] 周德群:《我国能源应急管理体系与能力建设》,载《江淮论坛》2020年第6期。

国主要的能源消费;但是,近年来能源系统绿色低碳转型战略不断推进,我国越发重视节约能源与保护环境,并寻求以可再生能源代替传统能源与不可再生能源,可再生能源和清洁能源在我国能源消费结构上的比重逐渐增加。因此,我国颁布了《节约能源法》《可再生能源法》以保障可持续发展。虽然我国在2010年颁布了《石油天然气管道保护法》以保障石油天然气管道的运输安全,但是仍然缺少石油、天然气、核能等重要能源的单行法,遑论风能、太阳能、生物质能等主要的清洁新能源的立法。这些重要能源在推动能源资源的可持续发展,促进经济发展与环境保护中都有举足轻重的作用,但是相关领域却缺乏专门立法或存在立法位阶低下等问题。

4. 能源国际合作法律制度不足

在经济全球化的背景下,任何国家都不能独善其身。我国的能源市场不仅包含国内,更与国际市场紧密接轨,能源的供应问题和保障问题也是牵一发而动全身。因此,谈及能源就不可避免涉及国际合作。当前,我国的能源法律合作既包含世界性的,也包含区域性的:在世界性能源合作方面,如我国签署了保障能源使用安全的《京都议定书》,保障能源使用安全以防止气候变暖的《联合国气候变化框架公约》等;在区域性能源国际合作方面,我国加入了多个涉及能源领域的合作组织,比如亚太经济合作组织、东盟、上海合作组织等,我国在其中发挥了重要的作用。但是我国能源国际合作法律制度还存在不足:一方面,进行合作的能源的种类以及能源合作的范围仍需进行扩展。例如在能源种类上,除了煤炭、石油等常规能源,还可以对光伏、氢能等非常规能源进行合作;在能源合作的范围上,可以借助“一带一路”倡议加强与中亚地区国家的能源合作。另一方面,能源国际合作主要以协商和对话展开,而上升到法律层面的合作近乎没有。

(二)立法模式

能源立法是一国能源战略与能源安全形势需要的法律表现形式。由于各国能源资源的自然赋存状况与所处的能源安全形势不同,因此各国对能源立法模式的选择会有很大的不同。[1] 从我国能源法立法现状可知,我国总体性的能源立法尚属首次,因此,关于立法模式的研究很有必要。

当前各国能源基本法立法模式主要有三种。

1.“政策式”立法模式

这种模式下,在能源基本法中只规定能源战略和规划的思想、目标、措

---

〔1〕 邓海峰、郑明珠:《能源法的立法模式与制度选择》,载《公民与法(法学版)》2009年第10期。

施、基本政策手段和程序，力图将政策上升到法律层面，为国家能源发展提供宏观指导，如日本的《能源政策基本法》。该立法模式下的能源基本法主要由政策性条款组成，具有一定的原则性和纲领性，起到相应的导向作用和规范作用，较少地涉及实质性的利益冲突，同时降低了出台法律的难度。但是该立法模式下基本法的内容过于宏观，导致其条文容易缺乏可操作性、无人应用，最终被束之高阁。

2."综合法"立法模式

"综合法"立法模式也叫"法律兼政策式"立法模式，即相关法律既包含能源战略和规划的思想、目标、措施、基本政策手段和程序，也包含部分相关的法律规范，如能源法律基本原则、制度和法律责任等内容，如美国的《能源政策法》。

3."单纯基本法"模式

能源基本法的主要内容是能源基本制度，包括市场准入制度、竞争与反垄断制度、能源开发利用的相关制度以及能源使用和节约制度等，如德国的《能源经济法》、韩国的《能源基本法》。

当前我国能源法律体系在《能源法》引领下，协调衔接《煤炭法》《电力法》《节约能源法》《可再生能源法》等单行法律，以结合《宪法》《环境保护法》《固体废物污染环境防治法》《大气污染防治法》《清洁生产促进法》等有关能源活动的法律规定。上述法律共同构成我国现行能源法律规范体系，为能源的开发利用等各个环节提供法律保障。我国此种立法模式为我国能源活动提供了基本的方向和依据，既规范了能源资源活动，还保障了我国经济发展环境。

能源除了直接开发利用的一次能源，如煤炭、石油、天然气等，还有经过一次能源转化的二次能源，如电力、氢能等。所以，能源基本法并非局限于单一行业，也不是为了解决某种层面具体问题的专门法律，而是高屋建瓴，为能源高质量发展建坐标、指方向的纲领性法律。我国"能源法"从 2007 年起草开始，已数易其稿，历时多年方能颁布正说明该法出台涉及利益协调、能源形势、管理体制、操作落实等多种因素，故多为能源单行法先行。但是，整体看来，能源法律体系不够健全，已经颁布的多部能源单行法都是为了调整某一方面特殊问题的特别法，不能解决能源领域各行业、各方面普遍存在的共性问题、基本问题，存在难以相互协调和衔接的问题。由此，能够综合涵盖能源基本制度以及基本原则的能源基本法的多年缺失，不仅使我国党和政府没有办法对于能源进行统一管理和规划，进而无法对能源进行整合以及最优利用，而且使能源安全等整体性问题分散在各个单行法中，增加了解决问题的难度。由2024年颁布,2025年1月1日起施行的《能源法》作为能源基本法,涵盖各领域的基本原则和制度,是现行相关单行法的统领。其侧重调整的是能源领域的宏观、中观法律关系,重点调整的是能源领域存在的根本性问题,同时并不排斥现有能源单行法和相关法的适用。不仅如此,对于当前处于立法空白的石油、天然气、原子能等能源单行法律,能源基本法还应作出导向性、衔接性的规定,给将来具体单行立法提供纲领性指导,而非具体性规定。因此,鉴于我国的立法传统以及当前我国立法的现状,我国采用"单纯基本法"立法模式,以能源基本法统筹我国能源法律体系,对我国能源资源的基本原则、基本制度和法律责任作出了明确规定以实现各单行法及法规的协调适用。

三、能源法规体系的立法变迁

(一)法律层面

1.《煤炭法》的修订草案

《煤炭法》于1996年颁布,自1996年12月1日起施行,于2009年、2011年、2013年以及2016年进行4次修正,对于煤炭资源的利用和管理,煤炭企业和市场的正常运作,以及煤炭行业的良性发展具有重大意义。但法律规制理念的进步,习近平生态文明思想的提出与百年未有之大变局带来的形势变幻,尤其是新冠疫情、俄乌冲突带来的新一轮能源紧张局势,推动了能源消费、能源供应、能源技术、能源体制革命,全方位加强了能源国际合作。在"四个革命、一个合作"为能源安全的新战略指导下,我国煤炭改革取得了重大成就,煤炭工业在实践中表现良好,煤炭行业持续稳定健康发展;但也面临着一些新的情况,导致现行的《煤炭法》部分规定不符合实际情况,具有滞后性。

2020年7月29日,根据国家发展和改革委员会官网,国家发展和改革委员会经过前期广泛的市场调研和相关专家论证,对《煤炭法(修订草案)》相关问题进行了深入研究,起草并完成《煤炭法(修订草案)》(征求意见稿),从规划、安全生产、清洁、高效使用、市场系统建设、生态修复和法律责任等各方面,增加并修订有关法律规定,完善了煤炭相关法律体系,强化了其适用和有效性,为煤炭产业的高质量发展提供了法治保障。

该征求意见稿删除了与社会主义市场经济体制不相符合的表述,如原有的煤炭矿务局是国有煤矿企业、具有独立法人资格,以及煤矿企业的安全生产管理,实行矿务局长、矿长负责制等相关条款。此外,该征求意见稿删除了不符合当前社会发展状况以及能源战略规划相关条款,如关于保障国有煤矿的健康发展,以及各种涉及支持扶持煤炭企业发展的条款。[1]

该征求意见稿进一步强化了煤矿安全生产,确立了煤矿安全国家监察、地方监管、企业负责的治理制度,建立了全员安全生产责任制,并衔接《安全生产法》,要求煤矿投保安全生产责任保险;还提倡远程监管监察方式以适应国务院关于推进"互联网+监管"的部署,促进负有煤矿安全监管职责的部门在监管方式方法上积极探索,加快多系统融合和信息化建设,推动煤矿安全"人机环管"四个环节感知数据矿端系统采集、传输和省市平台研判应用。[2] 目前该法律尚未得到最终修订。

2.《电力法》修订草案

《电力法》于1995年12月28日审议通过,于1996年4月1日施行,曾于2009年、2015年、2018年进行过3次修正。随着"碳中和"带来的新一轮能源革命与百年未有之大变局带来的能源局势动荡,电力作为其中的核心要素面临着天翻地覆的改革发展要求;近30年前颁布的《电力法》已经无法满足能源的发展要求,其内容与国务院发展新能源、分布式能源、电力市场交易、简政放权等多项重大政策文件不相符,阻碍了电力体制改革的顺利推进并且进一步影响到新能源、可再生能源和分布式能源的发展,急需修订。

2020年10月,《电力法(修订草案送审稿)》开始征求意见。该修订草案新增了有关国家推动建立统一开放、竞争有序的电力市场体系和规范电力交易行为、完善电力市场监督管理的条款。在具体的环节方面,该修订草案规定了电力交易价格应当通过协商或者市场竞价的方式产生,电力调度机构应该进行安全校验,电力市场建设应当以电力安全为基础。此外,该修订草案对分布式发电给予了法律上的支持,提出电网并网运行,电网企业应当公平无歧视开放电网;要求电力生产企业将合法生产的交易电量和优先保障的电量接入电网运行,符合电网安全要求的,电网企业应当接受。

对于新能源发电,该修订草案给予了格外的照顾,鼓励优化能源消费结构,加快提高新能源发电比重,集中力量发展水能、风能等可再生能源,提高可再生能源转化率,鼓励开展需求侧管理,加速构建新型电力系统。

---

[1] 白银市发展和改革委员会:《政策解读〈中华人民共和国煤炭法(修订草案)〉(征求意见稿)》,载白银市人民政府网2021年4月16日,https://www.baiyin.gov.cn/sfzggw/fdzdgknr/zcjd/art/2022/art_31388c13c4e74bedb5b2ed07828dd56b.html。

[2] 白银市发展和改革委员会:《政策解读〈中华人民共和国煤炭法(修订草案)〉(征求意见稿)》,载白银市人民政府网2021年4月16日,https://www.baiyin.gov.cn/sfzggw/fdzdgknr/zcjd/art/2022/art_31388c13c4e74bedb5b2ed07828dd56b.html。

（二）地方性法规层面

1.《内蒙古自治区煤炭管理条例》[1]

2022 年 11 月 23 日，《内蒙古自治区煤炭管理条例》颁布。该条例深刻地体现了时代的特点，围绕煤炭规划与煤矿建设、煤炭生产与煤矿安全、煤炭清洁高效利用、生态环境保护及监督管理、法律责任等分别作出规定，旨在合理开发利用和保护煤炭资源，规范煤炭生产、经营、清洁利用及相关活动，促进和保障煤炭工业高质量发展。

该条例重点突出生态优先发展理念，并强化了立法的规划引领作用，将坚持走高质量发展贯穿于煤炭开发、煤矿项目建设、煤炭生产的全过程。该条例第 9 条第 1 款规定："煤炭发展规划、煤炭矿区总体规划应当符合'三区三线'、'三线一单'、草原林地等用途管控要求，严格控制在管控区域内布局煤炭开发。"

同时，进一步强化企业的安全生产责任、监督管理职责。该条例围绕煤矿企业健全安全生产责任制监督考核和激励机制、建立安全风险监测预警系统等内容进行了规范，在监管职责方面明确了部门监督管理主要内容、监管力量配置以及执法检查等内容。按照该条例规定，需"建立煤矿企业信息综合管理平台"，"监督检查可以采取现场监督检查或者非现场监督检查"，"煤矿安全生产监督管理部门应当按照分类分级的原则编制煤矿年度监管执法计划"，"监督检查时应当编制现场检查工作方案"。

2.《节约能源法》的一系列地方性实施法规

《节约能源法》是为了树立全社会节约能源意识，倡导全社会节约能源，提升能源利用率，促进经济协调可持续发展而颁布出台的法律。主要有《江苏省节约能源条例》（2021 年 9 月 29 日公布）、《浙江省实施〈中华人民共和国节约能源法〉办法》（2021 年 3 月 26 日公布）、《安徽省节约能源条例》（2020 年 7 月 2 日公布）、《山西省节约能源条例》（2023 年 9 月 22 日公布）等一系列下位法。

以《安徽省节约能源条例》为例，该条例强化了节能工作的统筹领导，围绕促进生态文明建设、推动经济社会全面协调可持续发展的战略目标，根据国家关于节能工作的相关要求，强调县级以上人民政府应当加强对节能工作的领导，有关部门应当依法履职，履行节能监督管理职责不得向监督管理对象收取费用；明确实行节能规划报告制、节能目标责任制和节能考核评价制；

[1] 朱妍：《内蒙古进一步规范煤炭产业全链条管理》，载《中国能源报》2022 年 10 月 24 日，第 8 版。

要求县级以上人民政府将节能工作纳入国民经济和社会发展规划、年度计划，每年向上一级人民政府报告节能目标责任的履行情况、向本级人民代表大会或者其常务委员会报告节能工作。

3.《可再生能源法》的一系列地方性实施法规

《可再生能源法》是为了促进可再生能源的开发利用，增加能源供应，改善能源结构，保障能源安全，保护环境，实现经济社会的可持续发展而制定的一部法律。各地出台修订的一系列地方性法规，主要有《浙江省可再生能源开发利用促进条例》（2021 年 3 月 26 日公布）、《湖南省农村可再生能源条例》（2021 年 3 月 31 日公布）、《山东省农村可再生能源条例》（2020 年 7 月 24 日公布）等。

保障能源安全，必须弥补可再生能源发展的不足，将可再生能源的规模化发展放在首位并进行针对性研究。同时，应逐步将可再生能源发展作为能源供应的主力，此后中国便可以依靠可再生能源供给降低能源的对外依存度，牢牢掌握未来的国家能源供给的主动权，从源头解决能源安全的问题。但目前基于技术要求高、政府激励政策不完善等原因，中国的可再生能源发展速度较为缓慢，因此有必要在通过传统能源和可再生能源协同发展提升能源系统稳定性和韧性的前提下，多渠道推动可再生能源的规模化发展。以《浙江省可再生能源开发利用促进条例》为例，该条例主要内容如下。一是规定了可再生能源开发利用的管理体制，明确可再生能源开发利用由省发展和改革主管部门以及设区的市、县（市、区）人民政府确定的部门实行综合管理。二是规定了可再生能源开发利用规划以及风能、太阳能、水能等单项规划的编制、审批、公布等内容，并规定了规划确定的建设项目场址保护等问题。三是将水电纳入适用范围并针对浙江许多小型水电建造时间较早，大都位于贫困山区，急需更新改造、增效扩容等问题，规定了必要的财政和政策支持措施。四是对国家规定的发电企业可再生能源发电量配额制的问题，作了衔接性的规定。五是规定了电网公司全额保障性收购制度和生物液体燃料全额收购保障制度，扶持可再生能源的起步和成长。六是考虑到现阶段可再生能源开发利用的投资成本比较高，为加快技术开发和市场形成，需要各级政府给予必要的政策扶持和资金补贴，就可再生能源应用的财政补贴、相关专项资金整合使用、可再生能源开发利用项目和产业的金融信贷政策等扶持措施作了规定。

（三）中央政策层面

新冠疫情发生后，国家能源局联合相关部门进行了高度统筹协调推动，从四个角度出发应对新形势下的能源局面。

1. 提升能源供应链稳定性。改善能源供应链是保障能源安全的重要抓手，而能源安全事关能源行业的稳定健康发展。“十四五”时期，国家要求加快建设能源安全体系，从战略安全、运行安全、应急安全等多个维度，加强能源综合保障。为满足人民生产生活的日常用能所需，更好地促进经济社会发展，我国到2025年计划生产46亿吨标准煤以上。2020年8月25日，国家能源局发布了《电力企业应急能力建设评估管理办法（征求意见稿）》，对电力能源的安全性和稳定性做出了部署。相关的重大政策还有2020年8月27日公布的国家发展和改革委员会、国家能源局《关于开展“风光水火储一体化”“源网荷储一体化”的指导意见（征求意见稿）》，2021年6月22日发布的《新型储能项目管理规范（暂行）（征求意见稿）》。

2. 推进绿色、健康、低碳的能源生产消费方式。“十四五”时期是碳达峰的关键期和窗口期，关键是实现能源绿色低碳发展，重点是做好增加清洁能源供应能力的“加法”和减少能源产业链碳排放的“减法”，形成绿色低碳的能源消费模式，到2025年将非化石能源消费比重提高到20%左右。相关政策如2021年1月20日公布的水电、核电常规岛、海上风电、太阳能热发电、生物质发电、输变电（增补本）等电力建设工程质监大纲的征求意见稿，2020年9月15日公布的对风力发电场、小水电发电机组、光伏发电站并网安全条件及评价规范的修订征求意见稿。

3. 实现能源产业链现代化。科技创新是发展生产力的核心要素，为能源行业发展提供技术支持。“十四五”时期，科技创新成为能源发展的重中之重，应实施能源发展创新战略，提高科技创新水平，对能源企业的设备设施进行智慧升级以提升能源转化率，实现科技创新在能源领域的引领作用，提高能源产业链的现代化水平。相关政策如2020年11月2日公布的《智能化示范煤矿建设管理暂行办法》、《煤矿智能化专家库管理暂行办法》，2022年公布的工业和信息化部等6部门《关于推动能源电子产业发展的指导意见》。

4. 推动具体能源领域绿色、低碳转型。中央不仅对于能源行业提出了整体要求，还对于某些具体的领域提出了一些指导，具体如下。

（1）煤炭行业

一是优化煤炭产能结构。首先，中央要求有关部门强化以及严格落实安全、环保、能耗相关指标，对于不同的企业实行不同的管理和处置方法，如年产30万吨以下的大型煤矿，与资源环境敏感重点地区产能重叠的大型煤矿，以及长期连续停工的“僵尸企业”，加快落后的煤炭产能综合退出，达到安全生产、环境质量保护等指标要求，扩大安全环境保护容量，提供安全生产要素,促进优质煤炭产能的综合释放利用。其次,坚持“上大压小,优胜劣汰”的执行标准,持续优化我国煤炭工业生产和可开发资源布局,实现产能过剩结构优化,扩大优质煤和增量煤炭供给,实现煤炭需求结构的动态平衡。科学统筹规划下游煤炭行业整体发展,如上游煤炭、煤电和煤化工等统筹规划对下游煤炭的就地资源转换,对煤炭跨产业区域的供应进行保证,确保煤炭产业链的高度协同性和稳定性。持续深入推进我国煤矿生产机械化、自动化、信息化和工业智能化的建设,进一步强化安全、绿色资源开发力度;陆续淘汰一批落后的大型煤炭基地产能,严格控制大型煤矿产能数量,应基本控制在5000处以内,大型重点煤炭开发基地煤矿产量预计占全国大型煤炭基地总产量的96%以上。不断提高煤炭的能源储备生产力,主要项目调至重点地区储存燃煤厂实现常态化的存炭储煤不得超过15天的储煤目标,鼓励支持有一定条件的地区依据具体情况优先选择大型储存燃煤厂,完善易地扩建大型储存燃煤场地、现有燃煤设备升级改造等配套措施,进一步提高地区煤炭的储存量。最后,遵循“产销联动、共建共享”原则,以合理储煤辐射扩散半径为抓手,重点加快煤炭储煤生产基地项目建设。鼓励支持在主要产区煤炭资源产区政策研究中探索建立长期调峰煤炭储存供应能力和质量监管长效机制,提高主要煤炭的长期供应量和弹性。

二是推行煤炭清洁高效利用模式。中央要求强化散装废煤的综合治理力度,对劣质性散煤的生产使用进行严格控制,进而提高诸如煤炭原料加工煤和火力发电煤等用途散煤所占比例;依托科技手段,加快超低能碳排放燃煤节能和清洁节能技术改造,该举措对大型燃煤热力电厂至关重要,综合治理大型燃煤热力锅炉燃煤造成的环境污染,创新研发清洁利用技术和节能设备,推进高效清洁利用技术的应用推广,激励企业分级煤炭分层清洁利用,进而提高煤炭的节能清洁利用效率;重点做好东北地区、“两湖一江”和西南等三个重点局部地区的主要煤炭能源供应产能保证,抓紧努力弥补重点区域主要煤炭能源供货供应系统产能短板,不断完善煤炭供应方案,有序地制定煤炭企业用煤供应计划,切实保证民生煤炭稳定供应,满足燃煤发电、加热、取暖供应。

三是增强铁路煤炭运输能力。中央要求推进北京浩吉城际铁路煤炭疏运通道工程建设,充分发挥北京浩吉城际铁路运煤通道的疏运优势,力争累计增加3000万吨利用煤炭;提升配套运输能力,力争实现每年增加3000万吨以上的目标,依托唐呼、包西和宁西的运输支持,争取实现全国煤炭全年运输4000万吨的任务目标,推动疆内地区煤炭能源运输总量增加1000万吨,充分满足疆内和西北河西走廊的合理节约使用能源煤炭运输需求;持续努力推进京津冀鲁豫等地区铁路公路转高速铁路大增量，继续努力提高全国铁路运输总量比例。

四是提高重要港口的综合中转运输能力。中央要求积极组织推进入港铁路专线及铁路支线的前期扩能建造改建，加大高速铁路煤炭运力的综合调配力度，系统性地提高南方港口高速铁路的煤炭疏散转运力和煤炭堆场储存力，提高南方地区煤炭的资源集约化率和专业化利用程度；鼓励企业对大型煤炭生产运输过程中的大型通用船和散货货运泊位项目进行船舶专业性升级改造，加大煤炭环境资源保护基础设施的开发投入；大力支持推动沿海码头港口岸电基础设施升级改造，促进港口船舶及时接受岸上电力设施的升级改造，对使用港口岸上发电设施的船舶实行优先开放停泊等激励措施，不断提高港口岸上发电的实际使用率，推进沿海港口岸电绿色经济发展。

(2)电力行业

一是持续积极构建开放多元化的现代电力装备生产产业格局，建立事关执行国家煤电发展计划项目建设的煤电风险影响预警机制，严格控制新增备用煤电闲置产能的使用规模，依据发电需要分期合理安排闲置备用动力电源，在应急峰期合理储存备用电源以备不时之需。在严格保证能源消纳的同时，大力发展我国清洁再生能源产业，完善风电、光伏等水电补贴政策，鼓励支持开发风电、光伏等新型平价能源网络发电项目，科学有序地加快推进全国重点能源流域地区水电融合发展，打造风电一体化的流域水电和风光可再生清洁能源基地。着力开发先进的大型核电，充分发挥超大基荷综合电力系统的核心作用。在西部大型煤电和其他新能源发电资源丰富的西部地区，开展西部煤电资源风光储能综合体化利用试点，充分发挥西部煤电的风光调峰调节功能，促进清洁绿色能源的应用多发。截至 2023 年 9 月底我国常规以上水电电站设备发电总量达到 3.69 亿千瓦，风电达到 4 亿千瓦，光伏发电达到 5.21 亿千瓦。现有的火电电动机组对电力性能系统进行了可调节性改造，实现灵活运作民用电力系统，提升其可调节性。积极推进大型抽水直流蓄能电站、龙头直流水电站等电力设备的优化建设，以提升其综合调峰发电能力，有序组织安排国家煤电企业应急峰期高效储备清洁能源建设重点工作。着力建立完善的辅助调峰服务补偿定价机制，优化电力辅助调峰等各种辅助增值服务，促进收费市场化服务发展，探索并推进电力用户侧合理负担降低辅助调峰服务费机制，促使用户提高调峰的积极性。依托网络储能技术，并推动其融合应用，鼓励推进电源侧，网络边和移动用户边网络储能的融合应用，推动更多的社会公共资源通过多元化投资渠道和方法参与建设网络储能。

二是深化电力需求侧管理，依托电力电价市场化工程改革开放的政策契机,引导、支持、鼓励广大电力系统用户深度挖掘电力调峰反应资源,参与电力系统需求调峰,形成占当年度电网用电最大调峰负荷约3%的电力需求调峰反应处理能力。根据用户需求编制有序的空调用电发展计划,并通过必要的综合演练,提高客户需求侧数据参与系统的数据调峰处理能力。深化民用电能移动替代改革,持续扩大民用电能对移动终端的直接消费量。大力推广地面风能发电热泵,工业装载用电燃煤锅炉(窑),农业装载用电农田排水,船舶装载用电机械桥梁装载用电设备,蓄能峰等。完善我国电动车智能充电系统基础装备设施的配套设备,加快其建设和升级改造,推进电动车智能充放电工程发展,加强其有序管理,拓展电动汽车和物联网等相关新领域的充电信息技术服务,进一步改善优化我国电动车智能充电系统基础配套设施的产业发展应用环境和改变行业竞争格局。

三是统筹推进电网建设。有序组织建设一条跨多个省区的能源送电运输通道工程,优先考虑确保高效送出清洁绿色能源,持续提升全省电网的资源互济供电能力和高环保给电效率。强化西电东送两大通道对电力资源配置力度,实现电力发展资源区域内各级水力电网的均衡协调发展。实施城市配电网系统改造升级改造行动计划,推进一批区域性的智能化配电网体系建设并提高标准,覆盖粤港澳大湾区和长江珠三角地区。继续大力支持农村贫困地区光伏电网工程建设,累计完成农网供电改造转型升级脱贫攻坚重点任务。对我国电力重要基础设备、科技和基础网络技术进行大量的国产化解和替代,发展大型新能源电力网络安全基础配套设施,加强对电力网络安全数据防护关键技术的开发研究与推广应用,开发和应用管理形成海量全球电力系统产业安全数据,为加强电力系统及其网络安全防护奠定坚实基础。

(3)油气行业

一是积极推动国内油气稳产增产。支持国内油气资源勘探项目开发,持续加大其投入力度,鼓励勘探企业探索发掘境外资金进入通道,增加企业信用贷款额度,依托改革开放和国际合作扩大,加大油气勘探企业对外投资力度。加强对渤海湾、鄂尔多斯、塔里木和四川等重要油气资源盆地的石油勘探,确保石油资源勘探永续发展。保持东部旧金山油气田稳产发展,加强东部新区的石油生产建设。加快对页岩中石油和煤层气等多种常规利用油然气资源的摸底勘探和综合开发。

二是推动油气管道建设。立足于建设全国一条管输网,提高我国石油气和天然气的管道输送能力和能源供给安全保障能力。加快深化天然气燃油管道传输互联互通和大型燃气工程的项目建设,提高燃气管道传输运行效率,加强企业地区间、企业之间的相联互保,加强气源地区间、气源之间的相联互保。推进西部油品运输管道的优化建设，保障西部炼厂地区原油的稳定供应，满足西部地区对成品油的巨大消费量和需求量，改善我国油品运输资源的不平衡的现状，运输交通瓶颈这一问题被突破。

三是稳定进口油气资源供应。保证海外进口的油气资源稳定。鼓励利用油气进口公司与国际运输油气公司不断加强合作联系，保障利用油气的安全进口能力和输运力。

四是加快推进储气设施建设。综合统筹规划布局地下地上储气库和10万LNG地下储罐，以实现地下储气基础设施资源集约化建设为目标，持续扩大储气规模。各省（自治区、直辖市）政府编制了省级以上储气发电设施工程建设专项投资计划，鼓励各省和地方人民政府及其他有关投资企业以政府异地直接合作、参股或者合资等多种形式，共同出资承担省级储气发电设施工程建设项目投资的总体成本，共享收益。持续提升天然气应急调峰能力。动态调整公布城市民用天然气安全需求供应调峰期间燃气用户日常用气情况名单，细化城市燃气安全应急预案措施执行保障并及时提供组织实施应急预案，在确定用户城市燃气安全需求供应高峰时，按用户燃气利用资源安全需求供应实际运行状况，分级有序组织人员开展燃气应急预案实施，保障城镇居民的生命财产人身生活安全，合理使用“煤改气”，并对公办学校、医院、养老院和社会福利院等医疗机构集中供热，合理使用城市燃气。为满足城市公车、出租汽车等各类大型民生交通车辆日常使用中的燃气安全需求，优先进行组织应急实施和有效管理保证城市燃气利用资源的有效利用落实，优先通过组织项目实施和有效管理保证非煤燃气和水资源的有效利用落实。

（4）新能源行业[1]

随着全球环境的日益恶化，利用清洁能源实现绿色发展已经成为人类社会发展的趋势。党的二十大指出，要积极稳妥推进碳达峰碳中和，因此新能源行业具有良好的发展前景。

一是推进能源科技创新，进行产品和产业的升级。推动能源行业的发展，提高科技创新能力是关键，因此中央和各级政府应当注重理论和实践相结合，一方面推动建设产学研一体化平台、国家级能源实验室和研发平台，为能源行业发展提供技术平台；另一方面加大对理论研究的投入，用理论研究来支撑实验内容，进行具有前瞻性、战略性的技术研究。同时，加大对于科技创新的支持，包括经济支持和政策支持，减少企业的后顾之忧；为进行科技创

---

[1] 《〈关于促进新时代新能源高质量发展的实施方案〉解读》，载《中国电力报》2022年5月31日，第1版。

新提供方向和引导，推动国家和企业集中力量攻克关键技术，完成对重要材料、设备的更新，推进能源产业实现绿色智慧发展，实现能源产品和产业的升级；提高退役产品处理技术，发展相关产业链，降低废品率，促进闭环式的绿色能源产业链的建立。

二是保障能源产业链供应链安全。能源产业的安全是推动能源产业发展的基础，因此为了保障供应链产业链的安全，应了解产业上下游情况，通过分工对供应链产业链进行科学化管理，在不涉及保密信息的情况下公开能源有关信息，提升能源产业链供应链中有关产品价格波动异常的预测能力，增强产业的安全性和韧性，推动能源产业整体协调发展；出台相应的维护能源秩序的政策，为企业提供政策性引导，同时要求各级政府依照上级政府发布的政策，依据本地实际情况进行细化，加强政策的可执行性和可操作性，完善光伏产业的相关规范；要提高发展质量，防止低水平项目的重复、盲目建设，维护能源市场的良好秩序和良性竞争，反对不正当竞争行为，打破地方壁垒。

三是提高能源产业国际化水平。随着"碳中和"等概念的提出，全球都积极采取措施推动能源产业发展，因此能源领域内的国际化合作和竞争对于推动我国能源行业的发展具有重大意义；但是我国能源行业发展相对缓慢，相关知识产权方面发展不成熟，认证标准不完善，在国际上缺乏认可度，在国际能源领域中并不占优势。因此，要重视知识产权，完善知识产权法规，培养能源领域内的高素质人才，使我国具备先进的整体性研究能力和研究水平，以国际先进水平为参考目标，力求达到可与之同台竞技的标准。同时，要积极参加国际标准的制定和修订，提升能源行业管理水平，提高计量和合格评定结果互认水平，让我国的能源产业发展与国际发展趋势相一致，提升我国在能源领域内的影响力。除此之外，中央还提出了一系列政策。相关政策提出，要优化财政资金使用。为了保证采取的经济政策能够推动企业自主进行能源开发，要加强中央和地方之间的合作，以收定支，避免政府资金的浪费；考虑由地方政府债券支持该领域内的部分公益性项目，进而带动全社会进行投资。相关政策提出，要完善能源项目用地管制规则。为能源大规模开发提供用地，保证能源项目发展的物质条件，因此，应当加强各部门之间用地协调，依据不同的能源种类以及能源开发规模完善空间规划，优化能源空间用途管制规则，建立自然资源、生态环境、能源等各主管部门的联系机制，保证空间规划以及能源项目的顺利进行，减少企业担忧。在进行国土空间规划时，应当将能源用地考虑在内，执行国家关于生态环境区域的管控要求，合理安排大型能源基地项目的用地；同时，不应当将利用空间延伸至沙漠、戈壁等地，应合理利用这些未利用地规划建设大型能源基地。相关政策还指出，要大力推广生态修复类能源项目。在所有能源产业中,光伏发电是能够进行生态修复的能源项目之一,因此,应当大力开发和扩展生态修复能源项目,研究相关技术,并出台相关的政策以及规范,来推动沙漠、荒山等生态被破坏地的生态修复性的能源项目的开展;可以通过光伏发电来治理这些生态被破坏地,对土地进行最大限度的利用,实现绿色发展。

(四)地方政策层面——以山西为例

山西作为能源大省,不仅是煤炭能源的最重要供应地之一,也是发电、输电大省,同时逐渐成为光伏、风能大省。因此,山西的地方能源政策具有代表性、典型性。自2020年新冠疫情暴发以来,山西作为能源大省,出台了一系列有针对性的政策文件。

1. 增产保供类政策

2022年6月20日,山西省人民政府办公厅印发了《山西省煤炭增产保供和产能新增工作方案》。该文件是在充分理解中央有关煤炭增产的决策后,根据本省实际情况所推出的政策文件。该文件提出确保现有煤矿产量基础、加快煤矿施工进度、依据现实情况合理处置长期停缓建煤矿、响应国家保供建设煤矿规模调整要求、优化新建接续煤矿项目核准流程、持续推进煤矿产能核增接等8个方面的有效举措,实现煤炭产能产量持续扩大。2023年1月19日,山西省人民政府办公厅印发《山西省2021—2025年矿产资源总体规划和煤层气资源勘查开发规划》。该规划提出到2025年,煤炭产能稳定在15.6亿吨/年以内、煤炭产量保持在14亿吨/年,煤矿数量900座左右;煤层气抽采量力争达到200亿~250亿立方米;对部分特殊煤种和稀缺煤种(主焦煤和无烟煤)进行战略储备,战略储备矿产地数量为10处左右。这些详尽的数字,正是山西省对煤炭产能增产保供的规划。

2. 可再生能源鼓励类政策

2023年2月9日,山西省人民政府办公厅印发《山西省推进分布式可再生能源发展三年行动计划(2023—2025年)》[1]。该计划体现了山西省对于可再生能源的重视,是在当地落实《可再生能源法》的具体举措。

在该计划中,山西省提出到2025年全省分布式可再生能源电力装机总规模达到1000万千瓦左右,分布式可再生能源发电量较2022年实现翻番,分布式可再生能源利用率保持在合理水平,各类应用场景"百花齐放",试点

---

〔1〕 山西省人民政府办公厅《关于印发山西省推进分布式可再生能源发展三年行动计划(2023—2025年)的通知》(晋政办发〔2023〕5号),载山西省人民政府网,https://www.shanxi.gov.cn/zfxxgk/zfxxgkzl/fdzdgknr/lzyj/szfbgtwj/202302/t20230222_8027560.shtml。

示范项目建成达效。坚持因地制宜、就近利用、市场主导、科技支撑、协同融合、试点探索的原则,通过改善发展方式,拓展应用场景,总结积累试点经验,加快形成绿色低碳发展新格局。在具体措施上,规范项目管理,实行分级分类管理实施资源评估,对可再生能源资源进行全面勘查评估;建立引导机制,实施区域承载力预测引导机制;提升服务水平,电网企业要提前规划布局配电网建设和改造;拓宽融资渠道,积极引导社会资本投资建设分布式能源项目。

3. 煤炭产业升级类政策

2022 年,山西省人民政府办公厅印发《关于促进煤化工产业绿色低碳发展的意见》[1],该意见是响应近年来碳中和的世界呼吁以提升山西省煤炭化工环保水平的重大政策文件。该意见明确了山西省煤化工产业绿色低碳发展的主要目标:到 2025 年,山西省煤化工产业产值力争突破 1500 亿元,40%的烧碱产能、30%的煤制甲醇产能、30%的煤制乙二醇产能、15%的合成氨产能达到能效标杆水平,基准水平以下产能基本清零,绿色低碳发展水平大幅提高。该意见一并提出,要依法依规开展化工园区认定,分批公布省级合格化工园区名单,引导化工生产企业向化工园区转移,推动产业优化整合,形成规模效应;促进相关企业循环经济和低碳经济的发展,实现产业体系的绿色化、低碳化;坚持煤焦化一体、煤化电热一体和多联产发展方向,构建企业首尾相连、互为供需和生产装置互联互通的产业链,提升资源综合利用率,减少物流运输能源消耗。

《山西省 2021—2025 年矿产资源总体规划和煤层气资源勘查开发规划》对此类项目予以详细规划。按照该规划,要坚持优化能源结构布局、坚持高端多元低碳发展方向、坚持智能化绿色化服务化的原则,大力推进晋北、晋中、晋东三大国家级煤炭基地建设。晋北基地着力巩固动力煤优势,坚决兜住保供底线,狠抓绿色低碳技术攻关,加强煤电产业机组灵活性改造;晋中基地发挥炼焦用煤全产业链优势,推进"煤—焦—气—化"一体化发展,妥善解决历史遗留探矿权转采矿权问题,突出煤矿智能绿色安全开采和瓦斯抽采循环利用;晋东基地做好优质无烟煤资源保护性开发,有序释放先进产能,研究关键性技术,着重攻克煤基清洁能源和煤基高端石化产业两个方面的难题,培育高端化的煤炭类产业集群,提升煤炭清洁高效深度利用水平。

---

[1] 山西省人民政府办公厅《关于促进煤化工产业绿色低碳发展的意见》(晋政办发〔2022〕53号),载山西省人民政府网,https://www.shanxi.gov.cn/zfxxgk/zfxxgkzl/fdzdgknr/lzyj/szfbgtwj/202208/t20220816_6948180.shtml。

2022 年 5 月 28 日印发的《山西省煤电项目"上大压小"实施方案》提出通过煤电项目"上大压小"，到 2025 年年底，全省建成百万千瓦机组 1000 万千瓦以上，新建大机组煤耗低于 285 克标准煤/千瓦时，促进全省供电煤耗大幅降低，同时建议在 30 万千瓦以下退役燃煤机组数量多或者在相关机组停止工作后热力能够就近平衡的城市进行规划和建设。2023 年 12 月 11 日，山西省发展和改革委员会、山西省能源局印发的《山西煤炭行业碳达峰实施方案》提出要以煤炭清洁高效利用为方向，提升全产业链碳减排水平，推动煤炭产业绿色低碳转型，进一步提高资源利用率。

第四节　域外能源突发事件影响与应对分析

一、域外能源行业现状

（一）突发事件对欧洲能源危机的影响与现状

近年来，受众多因素影响，欧洲出现能源危机，成为全球能源产业关注的焦点。2022 年欧洲迎来能源尤其是天然气短缺的寒冬，此次迫在眉睫的能源危机肇始于俄乌冲突，但反映的是长期的能源的结构性问题。无论是在传统上还是绿色转型后，欧洲的能源消耗都极度依赖煤炭、石油、天然气这三大化石能源。

从 1965 年有统计数据开始，1965~2001 年，煤炭、石油、天然气在欧洲能源消耗中的比重不断上升，峰值时三者的合计占比超过能源消耗总量的一半，剩下的不到一半中，核能约占 30%，水力占比 10%，太阳能、风能等可再生能源合计占比不到 5%。2001~2021 年，化石能源有升有降，可再生能源稳步上升但占比依然较小。具体来看，化石能源中，石油、煤炭占比缓慢下降，其中石油占比由 2001 年的约 38%下降至 2021 年的约 33%，煤炭占比由 2001 年的 18%下降至 2021 年的 12%，而天然气占比则稳中略升，由 2001 年的 23%升至 2021 年的 25%，三者合计占比超过 70%。可再生能源由 2001 年的不到 1%升至 2021 年的接近 13%。天然气热值高，相对于煤炭和石油来讲，产生的污染物也更少。所以欧洲的能源转型基本上围绕"天然气为支柱、退煤退核、风光并进"的原则——实际上就是用天然气和可再生能源逐步替代煤炭、核能。

进入 21 世纪后，欧洲不断降低石油、煤炭等传统能源在能源消费结构中的比重，致力于提高天然气、风能、核能等清洁能源的比重。到 2020 年，欧洲能源结构中,风能、光伏、核能等清洁能源占28%,石油占32%,天然气占26%,煤炭仅占14%。能源结构和能源安全的不确定性更大。但欧洲自身化石能源产量有限,进口依存度和集中度很高,导致能源供应稳定性下降,脆弱性增加。

据2022年统计,欧洲煤炭和石油的进口依存度(净进口/能源消费总量)分别为42%和96.7%,天然气消费量是生产量的2.7倍,进口依存度约为81.8%。[1] 同时,由于俄罗斯是能源生产和出口大国,且在地理位置上具有其他国家无可比拟的运距优势,所以俄罗斯一直以来都是欧洲的主要能源进口国。自2022年2月俄乌冲突升级以来,美国、欧盟相继对俄罗斯实施了包括原油和石油产品在内的多项制裁措施。由于欧洲的通货膨胀仍然居高不下,限制价格以及对俄罗斯石油产品的封锁将抵消欧洲为遏制通货膨胀所做的努力,因此其经济也有下滑的危险。到2022年年底,美国是欧洲最大的原油供应国,挪威为第二大原油供应国。2022年8月欧盟禁止从俄罗斯进口煤炭,开始从俄罗斯的能源依赖中解脱出来,加快欧洲各国新能源领域的部署。

在煤炭方面,整体缺口不大,然而俄乌冲突后欧洲各国都面临着能源危机,为了保障电力供应,各国开始重新使用煤电,增加煤炭进口引发了全球对煤炭的抢购,从而推高了国际煤价。欧洲的煤炭进口量在2022年有了明显增加,而实际燃烧增幅却很少,大部分煤炭为保障能源安全进入储备库。全年欧洲国家海运煤炭进口量为1.166亿吨,较上年同期增长34%。2022年欧盟煤炭消费预计增长7%左右。[2]

此前,意大利、法国、英国等国家纷纷承诺于2025年前后停止使用煤炭,荷兰承诺于2030年不再使用煤炭,德国则承诺于2038年实现退煤。如今,西欧各国重新启用煤炭,使得“去煤化”变得更加曲折。

石油方面,对外依存度较高(近年来,原油的进口依存度已超过70%[3]),但是进口来源国较为分散,总体上风险在可控范围内。到2022年1月底,俄罗斯仍然是欧盟最大的原油供应商,占欧盟原油进口量的31%。那时美国是欧盟的第二大原油供应国,向欧盟进口13%的原油。2022年12月,美国占到了欧盟原油进口的18%。目前,来自俄罗斯的煤炭供给已经持续退出。与此

---

[1] 刘玲玲:《国际煤炭市场价格今年或将继续高位运行——访中国煤炭经济研究会副理事长梁敦仕》,载《中国煤炭报》2023年4月4日,第7版。

[2] 吕建中:《欧洲能源危机的启示与思考》,载《世界石油工业》2022年第1期。

[3] 数据来源于《国际专题报告|国际石油市场变化趋势与中国石油进口贸易》,载北大汇丰智库网2022年4月13日,https://thinktank.phbs.pku.edu.cn/info/1031/2221.htm#:~:text=。

同时,来自澳大利亚、哥伦比亚、美国、南非的煤炭进口增加。石油方面,除俄罗斯外,还有美国、沙特等产油国,虽然供需缺口的替代难度较高,但至少供给格局存在理论上的重构可能性——这也是俄乌冲突伊始,欧盟主动对俄罗斯进行煤炭和石油禁运制裁的原因。

因俄乌冲突引发的能源危机使欧洲天然气供给面临严峻挑战。2015 年以来,欧洲北海部分天然气田开始枯竭。世界上最大的天然气田之一——荷兰格罗宁根气田因开采加剧地质灾害即将关闭。与石油和煤炭不同,天然气市场一体化程度低,欧洲天然气不仅对外依存度高(2022 年高达 90%〔1〕),而且进口来源高度集中。俄乌冲突导致欧洲的天然气出现了供应短板,因此欧洲不得不采取措施在全球范围内寻找更多的合作伙伴。2022 年,欧洲天然气消费的 24%来自挪威,另有 15.3%的天然气消费来自俄罗斯,相较上一年少了 8%左右。〔2〕 2022 年以前,捷克、拉脱维亚甚至 100%依赖俄罗斯天然气,德国对俄罗斯天然气的依赖度达 50%~65.22%,就连核能相对丰富的法国对俄罗斯天然气的依赖度也有 16.80%。各国对俄罗斯天然气的依赖程度差异很大,但总体而言都处于较高的比例。因此,天然气停产作为俄罗斯针对欧盟煤炭和石油禁运的反制措施,对于欧洲国家而言是一个重大的打击。俄乌冲突爆发后,欧洲国家在努力减少俄罗斯管道天然气进口量,截至 2023 年 5 月减少至 10%。

欧洲的天然气之所以会短缺,主要有以下四个原因。一是欧洲对俄罗斯天然气的依赖度很高,很难寻找替代来源。俄罗斯是世界第二大天然气生产国,到 2021 年,欧洲 32%的天然气消费量来自俄罗斯。主要的 LNG 出口国,包括卡塔尔和澳大利亚,已经将亚洲买家捆绑在长期合同上,使得向欧洲出口的剩余产能有限,转而在亚洲和欧洲之间重新分配供应。二是 LNG 的生产和产能在短期内难以增加。目前世界上有 600 余艘 LNG 船,总容量不到 600 亿立方米,生产能力几乎已到极限。LNG 船造船周期为 30~50 个月,如果全球船厂的投资下降,短期内 LNG 产能的增加可能相对有限。此外,虽然美国准备增加对欧洲的出口,但美国的天然气主要存在页岩之中。相较于俄罗斯天然气,页岩气开采难度更大,需要更先进的开采技术以及更高的开采成本,也就需要不断地投入更多资本。但是,由于美国经济下滑的风险不断加大,美国油气生产商的资本支出意愿不高,钻井投资周期相对较长,导致天

〔1〕 周武英:《欧盟摆脱能源对外依赖并非易事》,载《经济参考报》2022 年 3 月 30 日,A02 版。
〔2〕 邱丽静:《欧洲能源安全政策调整方向及影响分析》,载《中国电力报》2023 年 10 月 9 日,第 4 版。

然气钻井启动缓慢。此外,欧洲的液化天然气基础设施不足,分布不均。因此,即使有足够的天然气,LNG 在“液化—海上运输—再气化”的每个阶段都可能面临瓶颈——进口码头的再气化项目的建设周期为 7~9 年。欧盟缺乏 30 多个主要的 LNG 港口,这些港口的建设至少需要 4 年时间。三是欧盟的天然气接收能力存在缺陷。由于技术瓶颈、季节性需求、系统维护等因素,目前欧盟 LNG 接收站的天然气接收能力在各成员之间差异较大,成员之间的天然气自给率也存在差异,导致 LNG 接收站在接收天然气后可能对天然气进行再分配,但是跨国运输面临重大挑战。四是液化天然气价格被运输成本和效率损失推高。与煤炭和石油不同,天然气最好通过管道运输,因为这样最便宜,占地面积最小,体积最大,安全性最高,损失最低。液化天然气在转化为液体的过程中会损失 11%~30%的能量,再加上长距离运输、储存和运营的成本,天然气的价格会大大增加。鉴于短期内扩大液化天然气生产能力面临困难,欧盟额外进口的液化天然气更有可能与世界其他地区,特别是亚洲有效竞争供应份额,这可能导致价格进一步上涨。

综上所述,欧洲的天然气供应缺口是难以弥补的。但欧洲“天然气短缺”对欧洲各国所造成的影响又是巨大的,因为欧洲地区的能源消费高度集中,92%以上的能源消费集中在欧洲工业能源消费最高的 12 个国家(德国、土耳其、法国、意大利、英国、西班牙、波兰、荷兰、瑞典、芬兰、比利时和挪威)。除了瑞典、芬兰(其工业能源消费的很大一部分来自可再生能源)和挪威(其工业能源消费的很大一部分来自水电)之外,其余 9 个国家的工业能源消费严重依赖天然气。

由于依赖天然气进口,西班牙、比利时、法国、意大利、德国、土耳其和比利时将受到供应中断的最大影响。德国将受到最大的影响。德国对天然气进口的依赖程度超过 90%,而俄罗斯的天然气进口份额超过 65%。作为一个以重工业、汽车和化学品为重点的出口导向型经济体,德国在住房领域的支出略低于英国,但在制造业领域的支出是英国的两倍以上。此外,煤炭已经占到了德国能源消耗的 40%以上,这使得通过增加煤炭消耗来弥补天然气的短缺变得更加困难。

意大利可能是风险最大的国家。意大利是欧洲继德国、法国和英国之后的第四大能源消费国,是继德国之后的第二大天然气进口国。意大利对外依赖天然气的比例为 93%,俄罗斯约占意大利天然气进口的 43%。在高能源价格继续拖累意大利工业生产的同时,意大利面临着巨大的债务负担:预计到 2021 年年底,意大利公共部门的债务率将达到 151%,远远高于德国和法国。

最脆弱的是中欧小国。中欧国家的天然气库存储备普遍较低,再加上小国的经济体量小,更容易受外部环境影响,如捷克、拉脱维亚等国对俄天然气依存度超过 90%甚至接近 100%。

(二)突发事件对美国能源行业的影响及其现状

受新冠疫情影响,自 2020 年以来,美国的能源消费、油气生产,以及能源进出口等方面均面临较大的困境,而低迷的能源需求和能源价格也对能源行业产生了巨大的抑制作用。美国劳动力市场的不稳定和能源市场的不确定性已经成为影响美国政治经济的重要因素,其中能源市场的不稳定性加剧了金融风险。未来,在中长期范围内,预计美国的能源供应将继续保持增长态势,而美国在国际能源市场上的地位也有望得到进一步提升。

新冠疫情对美国能源生产造成了严重影响,导致能源公司的资本支出以及能源生产都遭受了严重冲击。2020 年 4 月,由于疫情影响,美国能源消耗创下了自 1971 年 9 月以来的历史新低,企业经营面临着巨大的挑战。为了缓解疫情所带来的负面影响,美国企业不得不减少支出或者暂时取消部分项目的投资,进而直接导致能源公司资本支出和能源生产的大幅减少,这严重威胁了美国的能源供应安全。美国石油钻井平台的数量持续下滑,展现出美国石油行业的整体活动状况,截至 2020 年 7 月 17 日,在 3 个月持续下滑后,美国活跃油气钻井平台仅有 253 座,创下历史新低。根据《世界能源统计年鉴》,2020 年美国的石油产量较 2019 年下降了 5%,虽然 2021 年的石油产量较 2020 年有所增加,但是仅增加了 0. 3%,远远比不上 2019 年的石油产量。石油减产引发天然气产量的下滑,在 2020 年,美国的天然气日均产量达到了 1112 亿立方英尺,较 2019 年同比下降了 1%。[1] 在全球疫情暴发的背景下,欧洲和亚洲等国家市场的消费需求也出现了下降,导致 LNG 的供应商们亦面临订单取消的压力。此外,LNG 现货价格持续下滑,其他国家生产的天然气和 LNG 的价格进一步上涨,已达到历史最低点。由于美国大部分 LNG 出口都通过全球现货市场进行交易,因此,全球范围内极低的天然气和 LNG 的现货和远期价格使得从美国出口 LNG 不具有经济性。针对这一问题,根据美国能源信息署的数据,截至 2020 年 6 月,约有 46 次 LNG 出口被取消,而 7 月则有约 50 次 LNG 出口被取消,有 45 个 LNG 出口在 2020 年 8 月被取消,30 个 LNG 出口在 2020 年 9 月被撤销。

美国的煤炭行业也不例外。近年来,受到多重因素,如气候变暖、新能源的持续开发以及价格的降低等的影响,煤炭发电失去了其原有的优势,煤炭

---

〔1〕《EIA:2020 年美国天然气年产量下降 1%》,载中国科学院知识服务平台,2021 年 3 月 22 日,https://www. las. ac. cn/front/product/detail? id=81c547b5562aa5f937d835acc6f06ec3。

生产量以及煤电所占比例都在持续减少。此外,疫情防控措施减少了其他企业以及个人对于煤炭的需求,更进一步加剧了美国煤炭行业的萎靡局面,促使相关企业采取减少煤炭产量的策略。值得注意的是,自 2006 年 2 月以来,美国一直是煤炭的净出口国,尽管总体煤炭出口量有所增加,但在 2020 年 5 月,煤炭出口量已经下降了 14%,不到 500 万吨。自 2018 年开始,美国煤炭进口量一直具有下降态势。值得注意的是,在 2020 年 5 月,美国煤炭进口量环比增长 36%,达到了近 50 万吨的规模。同时,据美国国家统计局统计,2020 年 7 月,美国煤炭出口量为 535.9 万吨,同比下降 17.2%;截至 2020 年 5 月,美国生物质、电力、炼焦煤等类型的燃料的进口和出口价值占其总能源进出口价值的约 1%。此外,受制于供应链的中断和疫情防控措施所带来的封锁影响,清洁能源行业中相关原材料(如太阳能电池板)的生产也受到了较大阻碍,导致该行业的产能相应下降。

因受到全球疫情的影响,美国的能源贸易于 2020 年 5 月由净出口转为基本持平状态。2019 年多月美国曾成为能源净出口国。然而,自 2020 年 3 月中旬以来,国内生产异动以及全球能源需求的下降等因素已导致美国的能源贸易又逐渐向净进口方向转变,其中以石油及其衍生品为甚。2020 年 5 月,美国能源进口总量及出口总量分别为 1.652 万亿 Btu 及 1.654 万亿 Btu,出口总量相较进口总量仅略高 0.002 万亿 Btu。相比于去年同期,2020 年 5 月,美国能源出口显著下降了 15%,进口亦出现了 19%的下降趋势。总体而言,在美国的能源贸易中,该国的石油进口量大于出口量;然而,它的石油制品、天然气和煤炭的出口量超过了进口量。此外,在其他燃料的贸易中,如生物燃料、电力、核燃料和炼焦煤等领域,美国的贸易额相对较小。

自 2020 年 3 月 13 日美国宣布进入国家紧急状态以来,美国能源库存面临着不小的压力:由于市场需求持续下降,其能源库存量创下了前所未有的高位水平,储存余量也随之大幅减少。根据美国能源情报局(EIA)数据,截至 2020 年 10 月 4 日,美国的天然气储备总量为 3.26 万亿立方英尺,同比下降了约 14%。[1] 另外,全球煤炭消费量的下降趋势导致库存量增加。对于美国经济而言,能源市场的动荡带来的风险会愈加凸显,而作为其经济的重要组成部分,能源行业贡献了约 10%的美国国内生产总值。因此,能源危机所产生的不良影响不仅仅局限于能源市场本身,其对于股票市场和债券市场的消极影响也是不容小觑的,具体表现为股市市值的缩水和债券市场遭受冲

---

[1] 数据来源于宋佳音、何苗、孟令稀:《数据丨缺气、缺煤、缺油,能源危机席卷全球》,载界面新闻网,2021 年 10 月 15 日,https://baijiahao.baidu.com/s?id=1713641762435966491。

击。此外,疫情和能源市场的不稳定性同时对美国的其他行业造成了严峻的影响,从而增加了美国经济步入衰退的风险。

值得注意的是,近年来,能源行业一直被认为是美国增加就业率的重要支柱。但是,由于疫情,美国的能源企业不得不采取一定的措施来维持正常的生产经营,包括减少资本支出、实行裁员等。同时,疫情防控措施诸如“居家隔离”“交通管制”等,也使得与能源相关的需求量大幅减少,随之而来的是许多能源企业因无法继续经营而破产,许多原本能够就业的从业人员丧失就业机会,成为“能源行业失业潮”中的一员,美国的整体失业形势更加严峻。研究机构 BW Research Partnership 的报告指出,自新冠疫情暴发以来,美国能源行业的就业人数大幅减少。相关数据显示,美国于 2020 年 6 月面临着能源领域就业岗位的大量减少,共有 115 万工作岗位消失,因此减少了 16%。从雇佣类型角度来分析,发电、燃料、交通等能源产业链中各个环节的就业状况都不容乐观。同时,根据地理位置的区分,加利福尼亚州成为失业人数最多的州,紧随其后的是得克萨斯州、密歇根州、宾夕法尼亚州、佛罗里达州、俄亥俄州和北卡罗来纳州。

除了前述因素外,美国能源企业的财务状况也因疫情而存在风险,给美国金融市场带来了许多压力。首先,疫情和油价暴跌两大因素使得美国能源企业的财务状况越发糟糕,诱发了企业债务违约和金融市场动荡的风险,也使得公司股价大幅度下跌,最终申请破产。其次,页岩油生产成本高于常规油气田,这也是能源企业财务状况恶化的一个重要原因。当前,页岩油开采企业的运营成本高,甚至连当前油价都无法抵消该成本,这导致美国主要的页岩油开采企业均陷入亏损困境。再次,受疫情及低油价的影响,能源公司的股价出现了较大下跌。这种趋势加剧了企业破产的风险,同时导致了能源企业的信用等级大规模降级,违约风险进一步增加。鉴于目前能源企业面临着巨大的债务负担和持续的现金流紧缩等困境,国际机构亦不约而同地选择下调能源企业的信用等级。降低信用等级导致企业债券收益率上升,企业融资更加棘手,还进一步提高了企业的债务违约风险。2020 年,美国的能源行业违约率攀升至 10%以上,警示着“违约潮”的到来。最后,能源企业债券与银行信用风险紧密交织,具备系统性金融风险,必须引起高度关注。除了极少数如埃克森美孚和雪佛龙这样的超大型能源企业以外,美国绝大多数能源企业的负债资本均较高,且现金流不足,因此债务压力巨大。油价走低导致石油企业的银行抵押资产价值有所下降,对应地,能源业股票的大幅下跌也对银行业股票表现产生了负面拖累。在能源企业借款人大规模违约的情况下,银行所获得的贷款将会告负并产生巨大的损失,从而引发金融市场的连锁反应,甚至可能导致系统性金融风险。

然而,从长期角度看,疫情对美国能源供应造成的不利影响并不是长期性的,即尽管疫情和能源需求低迷所造成的影响缩减了美国的能源供应,但不会对长期的能源供应产生影响。由于缺乏合适的资金渠道,美国中小型企业难以通过技术进步的手段降低生产成本,尤其是面临关闭油井以及能源供应矛盾时,其恢复生产的难度增大。在短期内,美国产能明显下降。但是,在中长期内,随着油价不断回升,许多跨国石油巨头将进入页岩油气等能源领域,同时随着运输等基础设备设施的完善,美国的能源供应在短时间内就能满足人们的生产生活日常。基于现实利益和地缘战略考虑,美国政府在能源领域的支持会偏向传统化石能源,因此,美国有望通过页岩油气开采降低能源对外依存度。其在全球能源地缘政治中的重要影响力也因疫情期间对石油输出国组织(Organization of the Petroleum Exporting Countries,OPEC,以下简称欧佩克)施加减产压力而更为明显。随着页岩革命的推进,美国页岩油气的快速增长将持续对欧佩克的市场份额造成挤压。这种情况有可能进一步加剧国际能源市场的不平衡。

近年来全球新能源和可再生能源发展蓬勃,可持续能源发电能力不断提升;可持续能源产量不断攀升,占据全球新增发电容量的半数以上。但是,新冠疫情导致石油市场供求关系严重失衡,石油、天然气等传统能源低价竞争对可再生能源发展构成压力。进入困境期的能源企业将缩减或暂停对新能源的投资,这将使全球向清洁能源的过渡遭遇延迟。总的来说,全球能源从传统转型至清洁耗能的道路虽然存在许多起伏,但是其未来展望依然是乐观的。

二、欧美应对能源突发事件的具体措施

(一)欧盟的应对措施

2022 年冬季,欧盟提出了一系列应对能源短缺的措施。一是增加储备。短期内建设管道、增加 LNG 船舶或改进 LNG 设施都是不现实的。增加供应的唯一选择就是不断增加储备,将库存提高到 100%,随时补充。二是节约能源。由于法律要求优先保障居民和公共服务的天然气消费,且在冬季有关部门对能源使用的刚性要求较多,可能使得各国的工业部门面临更多的生产限制甚至停止。当前,高昂的能源价格已经开始抑制经济需求,同时能源需求的持续下降将进一步导致生产限制的加剧,最终将直接导致欧洲经济陷入滞胀和衰退。三是增加政府补贴。德国、英国、意大利等国相继出台了不同规

模的补贴计划。但德国在宣布2000亿欧元的巨额能源救助后成为众矢之的。出现这种情况的原因关键在于欧盟各国财力不同,补贴不同会拉开贫富差距,加大国与国之间的差距。

由于天然气、石油和电力价格不断上涨,欧洲各国政府纷纷采取专项财政补贴应对能源危机。其中,西班牙对电力供应商制定了严格的利润上限限制,然而其电力供应仍然严重依赖于天然气发电。为避免能源危机加剧,西班牙政府于2020年7月作出决议:暂时将电力税率从21%降至10%。然而,随着能源价格不断上涨,该举措的不足之处逐渐凸显,于是在9月中旬,西班牙又决定实施一项长期举措:直到2021年年底,特别电力税率将从5.1%降至0.5%。英国政府设立了一项资助贫困家庭的基金,向地方当局提供了5亿英镑的援助以帮助最贫困的家庭。据政府网站所述,家庭支持基金可以通过购买食品、衣物以及支付能源账单等形式予以资助。除此之外,德国也在积极降低费用,例如在2021年10月中旬,德国电网便宣布下调能源附加费用,以应对不断攀升的电价。但德国当局并未有任何减轻驾车者负担的计划,以致他们与法国驾车者一样面临压力逐渐增大的困难局面。相比之下,波兰将有1/5的家庭获得补偿。葡萄牙政府针对汽油价格的上涨采取了一系列的紧急应对措施,其中之一是通过为每升汽油提供10美分的补贴,最大限度为每个人、每个月提供不超过50升的补贴。

2022年3月,欧盟开展了名为“复兴欧洲能源自主”的计划,即能源独立计划(REPowerEU),旨在逐步提高能源效率、加大对可再生能源的利用以及扩大电气化领域覆盖面,同时计划逐步增加以非俄罗斯供应商为主的进口天然气规模(预计到2030年增加480吉瓦风能装机容量和420吉瓦光伏装机容量)。该计划的提出是为了降低化石能源所占比重,并且希望逐步完成俄罗斯进口天然气数量2/3的减少,并于2030年实现对俄罗斯进口能源的零依赖。

能源问题不仅关系到居民的日常生活,也关系到欧洲的经济复苏。此外,高能源价格将通过通胀、债务和利率传导至金融体系,从而限制欧洲央行的货币政策和各国的财政政策。最终结果很可能是欧洲央行面对衰退继续加息,各国财政在高通胀下继续出台经济刺激措施,维持加大金融政策支持力度的不利组合和紧缩的货币政策。

在经济增长放缓、能源危机、高通胀、货币政策收紧、财政政策扩张、国与国利差扩大等六大压力叠加影响下,欧洲经济衰退风险持续加大。即便如此,由于核心通胀上升,欧洲央行将不得不继续加息,而美联储也将继续加息。随着经济衰退预期的加息,欧洲央行的底线是避免主权债务危机。主权债务可持续性的关键在于利率与经济增长之间的差异,而能源危机继续导致风险溢价上升并拖累经济增长。因此,即使欧洲不爆发欧债危机,只要能源问题和俄乌冲突问题得不到解决,欧债危机就永远是悬在欧洲头上的“达摩克利斯之剑”。此外,能源问题将波及全球,影响商品价格和供应链稳定。

受新冠疫情与俄乌冲突持续性发酵的影响,欧洲多行业供应链被阻断甚至瘫痪,能源危机加剧通胀,对欧洲经济造成了严重冲击。天然气供应可能中断,消费和生产供应链也会出现问题。在新冠疫情引发的供应链危机后,欧盟更加重视提升产业链供应链的韧性。相关研究表明,欧盟产业链供应链政策的主要特点如下。第一,通过技术优势和产业模式的彻底转变,尤其是产业链供应链游戏规则的改变,来重新塑造全球产业链供应链,让工业继续成为欧盟经济发展的“加速器”。第二,集中发展能够改变产业链供应链规则的技术,最大限度地发挥其在气候变化和数字技术方面的优势。第三,支持欧盟制造,强化欧盟产业链供应链的自主权,构建以欧盟为核心的稳定矿产供应链,来打造欧盟战略产业生态系统。

(二)美国的应对措施

针对受疫情影响的能源问题,美国监管机构出台了相关临时措施,有针对性地放宽了部分监管要求。一是欠费不停供。美国监管机构要求为受疫情影响无法外出支付账单、隔离期间没有收入的“弱势用户”提供能源;二是减费。加利福尼亚州提前发行气候基金,从能源供应商那里拨款为居民用户购买碳污染许可证,实施能源替代指数计划,将所有用户支付的公共用途费用用于降低低收入用户的能源账单,同时放宽一些监管要求。美国联邦能源监管委员会将确保能源基础设施可靠运行的相关文件列为最高优先级,并放宽部分受疫情影响无法实施的监管要求,给予电网公司相关授权。

由于疫情对美国能源行业造成严重影响,自油价下跌以来,为了支持能源行业度过危机,美国政府虽然提出了对进口征收关税、提供贷款等具体的计划,但是在之前的实践中这些计划流于形式,并没有被执行。与此同时,美国政府还推行了“工资保护贷款计划”“主街贷款计划”等救助方案,但是对于大部分小企业而言其能获得的帮助是极为有限的,甚至近乎没有。“主街贷款计划”是一项为中小企业提供资金救助的计划,在 2020 年 3 月宣布后,直至 2020 年 7 月第二个星期才正式实施,但是在实施后的几天内无贷款被放出,中小型企业,包括一些中小型能源企业面临的破产风险没有降低。因此,美国政府实施的经济援助和刺激政策可能难以有效缓解能源、就业以及违约等方面的困境。

美国为应对能源突发公共事件,还十分重视能源立法。在新冠疫情带来的能源突发事件中,美国政府也使用了法律手段来对能源行业进行管制。从20世纪90年代开始美国就在制定能源法律方面不停探索,到现在已经形成了较为完善的能源法律体系。值得注意的是2022年美国能源信息署发布的能源展望,对比往年,主要呈现了两个变化趋势。第一,新冠疫情仍是全球范围内能源市场的重要不确定性因素;第二,年度能源展望将考虑两党基础设施法提供的有关规定,同时保持2021年11月之前已实施的法律和法规不发生变化。

三、能源突发事件的域外举措对我国的影响

(一)疫情下国际能源格局变化对我国的影响

俄罗斯和沙特阿拉伯是两大主要的石油产出国,以能源为主要财政来源。然而,新冠疫情引起的油价低迷和被迫减产,对两国的能源经济造成了严重冲击。在过去几年中,两国的经济都受到了重创,但石油市场出现了复苏的迹象。在2020年,受新冠疫情影响,油价骤降,金融市场波动加剧,俄罗斯经济不容乐观。相较于俄罗斯,沙特阿拉伯所面临的情况则更为残酷。乍看之下,沙特阿拉伯的石油生产成本仅为每桶9.9美元,远低于俄罗斯的17.2美元,但其经济高度依赖于石油出口。尽管沙特阿拉伯是一个享有较高福利待遇的国家,但财政赤字已经持续6年,主要是由于近年来原油价格的持续下滑。此外,石油市场也面临诸多问题,如过度投机、政府监管不力以及石油产品的质量和数量难以满足不断增长的需求等。沙特阿拉伯曾经通过提高油价来减轻其经济负担,但这一策略在当前情境下变得越发不切实际,因此,推动经济多元化成为该国尤为紧迫的任务。面对当前的困境,俄罗斯和沙特阿拉伯选择以"欧佩克+"为平台展开合作,这种团结和互助的势头预计将持续相当长的时间。但随着能源技术的发展,人们逐渐发现页岩油拥有庞大的储量和高度的反应能力,因此页岩油崛起已经势不可挡,石油格局也将被打破。根据美国在页岩油气开发上的"机制优势",无论国际市场发生何种变化,一旦油价再次升至成本水平,页岩油的产量也将重新上升。因此,美国在全球能源市场上的影响力逐渐增强,并逐步成为世界上最大的石油出产国。综上所述,能源突发事件在一定程度上导致了全球能源格局被打破,能源市场供需关系开始逆转,能源竞争呈现出新趋势,使我国能源安全陷入了更为复杂的局面;但对于我国而言,这并不全为坏处,综合来看甚至利大于弊。其一,美国原油市场的迅猛崛起以及疫情对于国际能源市场的深刻冲击,使得

俄罗斯、沙特阿拉伯等国不得不引起警惕,加速东进战略,集中力量维持亚太地区的市场,而在能源消费增长最快的亚太地区,我国又成为这些国家战略关注的焦点。其二,在当前全球能源格局下,美国的油气产量增加,积极扩大能源出口成为美国解决就业、投资等方面难题的重要方案之一,同时有利于推动实现中国能源进口多元化格局的实现,推动中美贸易的平衡。其三,在能源突发事件影响下,买方市场急速崛起,再加上美国对俄罗斯、伊朗等石油生产国实施的能源制裁政策,使得我国逐渐掌握石油定价的主动权,同时对于保障我国能源供应安全具有关键作用。近年来,西方国家如美国基于俄乌冲突对俄罗斯发起极限制裁,减少从俄罗斯进口石油,然而这些措施成了俄罗斯转变对华能源政策的催化剂。为了维持石油出口量,俄罗斯授予我国在其境内进行油气勘探开发、寻找和开采油气资源等上游油气开发的权利和利益,拓展了中俄两国在油气领域的合作。同时,随着美俄在能源领域竞争的加剧,尤其是美国对北溪-2 天然气管道的施压,我国作为买方在与俄罗斯进行价格、运输基础设建设以及油气勘探开发等谈判时可以占据主导地位,加强与俄罗斯的能源全过程产业链方面的合作。

(二)国际能源应急管理措施对我国的影响

美国的能源应急管理体系主要注重生产安全和供应短缺事件,相关部门对这两种事件都负有应急管理的责任。在供应中断情境下,美国高度关注其石油储备,并采用多种管理策略,以确保战略性石油储备能够保持可靠运作。我国强调生产安全事故的应急管理,彰显对民众生命和财产安全的极高关切,因此,建议对能源供应不稳定或中断的紧急情况加强关注。我国大部分能源紧急响应计划主要侧重于安全生产事故和自然灾害,对供应中断的风险关注较为有限。目前,能源供应短缺已经成为一个严重的挑战。当能源供应中断时,首要的紧急手段是动用能源储备。然而,我国在石油和天然气储备方面依然存在不足,石油和天然气储备管理机制有待进一步发展。我国能源危机的形势依然严峻,能源应急管理体系仍存在许多问题,如缺乏统一协调机制、缺乏健全的信息共享平台以及缺乏必要的法律法规支持。因此我国需关注能源供应短缺等问题,将其作为能源应急管理的核心议题,并通过发布应急预案和其他相关文件,加强国家能源局和应急管理部在应急响应方面的责任。此外,还应建立相应的法律法规体系,明确政府在应急管理工作中的责任,完善企业应对突发事件的机制,提高企业的社会责任感;成立专门负责应对紧急能源管理的机构,并与国家能源局和应急管理部密切合作,提升我国在面对能源突发状况时的响应能力。

我国需要从欧盟能源危机的惨痛经验中汲取教训。为确保中长期的能源安全,我国必须高度警惕与单一化石能源来源国在能源贸易方面的过度捆绑行为。我国应当不断推动能源进口的多样化,通过促进清洁能源的转型,减弱对化石能源的依赖,降低能源进口依存度。

当前,我国的战略石油储备整体水平相对较低,因此有必要更深入地了解其在国民经济发展和社会进步中的作用,即其在维持经济稳定和社会发展中的支撑和平衡作用。由于国际油价波动和国内经济下行压力的加大,我国正面临着巨大的能源安全挑战。首先,考虑到电动汽车和清洁能源在我国的占比相对较低,因此有必要更积极地推动我国油气上游业务的开展,采取绿色安全的、清洁高效的能源利用方式,如煤制油,构建绿色低碳能源体系。其次,我国应当减少对石油和天然气等关键能源的外部依赖,完善国内能源供应链,提升对进口能源供应不足等突发事件的应对能力,确保能源供应安全。再次,我国还应当保持与周边国家的友好关系,保持原油进口渠道多元化,并致力于逐渐提升在原油交易市场中的话语权。基于我国的实际情况,想要在短时间内彻底消除对于进口石油的依赖是无法实现的,此时防止对单一国家存在高度依赖,建设立足国内、进口来源多元的石油供应体系,是减少国际能源格局巨变对我国的影响的关键措施。最后,我国应当推动人民币离岸市场发展,推进人民币国际化,并深化上海原油期货的建设,以提升我国在全球能源定价中的地位,促进国内油气产业发展和优化配置,提高国家能源安全保障能力。随着人民币逐渐走向国际化,我国在全球原油交易中的影响力也将逐步增强,有助于更有效地应对国际石油价格波动带来的各种风险。

为推动我国的能源朝着安全、高效、环保和低碳的方向发展,必须加强对新能源的布局,以促进能源供应和需求的协同发展。随着我国经济的迅猛增长,电力需求不断攀升,传统能源面临严重的资源短缺,因此必须大力推进可再生能源的发展。目前,全球各国正积极促进能源转型,推动可再生能源的发展;与此同时,能源供应安全的需要和实现“双碳”目标的需要进一步凸显了新型能源的开发的紧迫性。在这一背景下,一些发达国家正紧锣密鼓地制定和实施本国的中长期能源政策,以优先发展和利用新能源来缓解当前紧张的能源供应危机。就我国而言,首先,应当充分利用以光伏、风电为主的新能源系统的本土化特性,加大对新能源系统的投入与开发,建立完善以光伏、风电为主的可再生能源标准体系,降低对进口能源的依赖;其次,应当提升光伏、风电等可再生能源在社会用电方面的比例,构建以新能源为主体的新型电力系统;最后,为了从根本上解决能源供应的安全性问题,应在西北地区实施大规模的新能源项目(如风电和光伏)、大运输(如特高压和氢能)以及大电动汽车等项目，推动新能源加速发展，以迅速扩大新能源在市场上的占比。

第五节 能源突发事件下我国能源应急管理体系的完善建议

新冠疫情发生以来，习近平总书记多次强调全面提高依法防控、依法治理能力。《突发事件应对法》作为应对各类突发事件的基础性法律，对提高全社会应对突发事件的能力，及时有效采取应对措施维护社会稳定具有重要意义，但其在实施过程中也出现了许多不足之处，仍需要不断完善。对于突发性事件的应急建议不仅要从法律层面，还要从国家层面等进行全方位的完善，推动全社会协作，构建社会主义和谐社会。

一、国家层面：保证能源安全

（一）确保能源供给

1. 优化能源供给结构

推动构建多元清洁能源供应体系是我国能源安全的主要内容之一，是推动社会全面绿色转型和能源转型变革的重要措施之一。首先，就我国能源供给现状而言，煤炭仍占较大比重，因此我国在推动煤炭清洁高效利用的同时要重视天然气等非煤能源的发展，在保证能源供给安全的情况下平稳过渡到化石能源、核能以及新能源等多元化的能源供给结构，逐步完成可再生能源对化石能源的替代。其次，要明确多元化能源供给是实现“双碳”目标、推进能源安全新战略的必然要求，其能够提供能源供应安全保障，优化能源供应链。除此之外，加强能源输配网络和储备设施建设也是必要的，能够为能源结构的优化提供重要支撑。因此，要坚持宁可备而不用、不可用时不备的原则，围绕我国的主要能源消费区域，在重要的交通枢纽周边建设一批能源储存基地，并且配套建设相关能源输送设施，增强跨区调动配送能力，发挥好储存基地调节能源供给的作用。

2. 开展能源供给外交

首先，要开辟海外能源供给的途径。从中国海关署公布的 2022 年我国十大原油进口来源国数据中可以发现，中东地区国家占了一半（分别为沙特阿拉伯、伊拉克、阿联酋、阿曼、科威特），但是中东地区形势十分严峻，大规模冲突不断爆发，过度地依赖中东地区的进口石油将加剧我国能源供应风险。

因此,我国需要开辟新的能源供给渠道,深化"一带一路"能源合作,加强与中亚地区、非洲地区之间的能源交流;充分利用"一带一路"的优势,加快拓宽进口能源的来源和种类,逐步改变我国能源进口过度集中的局面。例如,非洲国家有着丰富的石油天然气资源可供开发,但由于其设施落后,无法有效开采。因此,加强与非洲国家的能源合作,形成优势互补,建立良好的合作关系,可以进一步保证我国能源的海外供给安全。其次,维护输油、输气管道等运输安全,提升管道基础设施水平是确保海外能源供给安全的必要举措。我国 80%的石油进口都要经过马六甲海峡,在保障海上石油运输安全的同时要重视陆路管道的建设,统筹规划好伊朗—阿富汗—中国石油天然气管道等的能源运输管道,减少对马六甲海峡的依赖,以此来保障海外能源供给安全。值得一提的是,在能源全球化的今天,我国保障好国内能源安全的内在要求是积极地融入国际能源秩序和国际能源金融体系,把握好人民币结算这个关键抓手,不断提高人民币在国际金融上的影响力,加强我国在国际能源定价方面的话语权和影响力。

3. 创新能源供给技术

现阶段我国要推动能源科技创新发展战略,致力于能源开发以及能源清洁高效利用等重点领域的重点理论和实践,发展无害化开采技术、太阳能利用以及核能技术等,对于基础性设备设施、零件等进行更新升级,为我国能源安全提供技术支撑。我国要紧跟国际步伐,大力支持能源行业的技术创新,以绿色低碳为发展方向,推动清洁能源和可再生能源的技术发展,同时要注重与大数据、人工智能技术等其他领域高新技术的紧密结合,促进能源供给的绿色化、智慧化发展。简而言之,发展方向有两方面:一是降低化石能源的污染,比如煤粉低氮燃烧技术;二是开发新的能源,比如氢能。

(二)完善能源储备

1. 优化能源储备体系

我国的能源储备不仅要重视石油的储备,也要保证其他类型能源的储备。能源储备的有效路径如下。首先,以不开发的形式进行储备,即探明某些矿区的能源储量之后,对储备条件良好的矿区不进行开采,以此来保障能源储备。其次,可以采取部分开采、部分封存的方式来储备能源,促进能源储备的多元化。再次,在加大能源储备规模的同时提倡节约能源。我国的能源消费不能仅依靠不断扩大能源供给,还应当提高能源消费的质量,以提高能源的利用率来保证能源消费。这样也能为能源储备提供现实基础。最后,优化能源储备格局,确保产地就近进行能源储备。

2. 明确能源储备模式

根据我国《能源法》规定，国务院能源主管部门及国土资源主管部门是我国能源储备的主体，政府储备是我国目前能源储备的主要模式。但目前来看，由政府主导的单一能源储备模式的不足较多。例如，行政干预过多使得能源储备不够灵活，行政手续的繁杂使在需要释放能源储备之时往往难以释放，进而致使效果降低，无法实现能源储备效率的最大化，也无法发挥市场配置资源的效应。因此，我国能源储备应采纳政府与企业共同储备的模式。政府与企业共同储备模式的实现，需要依靠国家支持，充分引导商业资本进入，可以考虑将企业能源储备分为企业法定储备与企业商业储备。企业法定储备是法律对企业规定的储备义务。企业商业储备则是企业为了应对商业风险而自行进行的储备，政府不能横加干预。

3. 保证能源储备资金

能源储备相应的基础设施建设与日常维护开销需花费大量资金。目前，我国能源储备建设等资金由国家承担，但随着能源储备的不断扩大，这必然会给国家财政带来较大负担。因此，应允许企业参与能源储备，吸引企业资金参与能源储备，应对能源储备的不断扩大，进而减轻国家财政负担。当然，必须明确国家财政的主导地位，因为政府能源储备可以保证在遇到类似新冠疫情等突发事件时能源供应不会中断。在国家财政主导的基础之上，为了缓解国家财政的负担，可以吸引企业资金参与能源储备。

(三) 推动能源消费

1. 要推进能源生产和消费革命

全面推进各个领域的节能工作，特别是要重视城镇化节能，在全社会形成勤俭节约的消费观。在能源工业领域，要努力构建清洁高效、安全稳定的现代能源产业体系。对能源消费总量的控制应从生产和生活两方面进行，减少污染物排放总量，强化能源管理，大力发展新兴产业，优化产业结构和布局。在能源消费领域，树立绿色消费观念，倡导绿色生活，确保更多先进的节能减排技术如电动汽车等可以得到应用。在能源产业结构上，坚持以习近平生态文明思想为引领，加快产业绿色低碳转型，构建绿色和谐社会。

2. 要加强国际合作和对外投资

全球的碳排放问题日益严峻，我国在减排上也负担着越来越多的责任。因此，现阶段研发能源清洁技术和发展新能源迫在眉睫。除此之外，保护生态环境、实现可持续发展是全球各国共同追求的目标，需要各个国家协力共同完成。因此，我国需要深化国际合作和交流，加强对外投资，推动我国能源绿色消费以及“双碳”目标加快实现。一方面，我国需要深化与他国间的技术合作，提升自身的能源生产供应能力。我国应当立足页岩气开采难以及太阳能利用技术成本高等实际情况以及能源未来发展趋势，积极与国外具有先进技术的国家进行交流与合作，并引进相关技术。另一方面，我国需要深化与他国间的能源合作。我国应当加大对国际能源的投资，其中包括对于非洲、俄罗斯等资源型国家的投资，也包括对科威特等“一带一路”共建国家的投资。

3. 要坚持节约能源和绿色发展

坚持节约能源和绿色发展，就要在社会生活中倡导节约资源理念，将节约资源贯彻落实到社会生活的各领域各方面。首先，注重结构节能，即在能源供应和消费的全过程，用尽可能少的能源来达到同样的目的，如零耗能建筑的搭建。其次，注重技术节能，即通过采取技术措施而实现节能，如采用新型长寿命激光闪速氧化膜热轧辊，减少停机保温时间，减少标准煤的使用。最后，注重管理节能，即通过管理手段，使得能源能够被充分利用，如采用电网节能管理优化用电方式。除此之外，还应当倡导绿色生活方式以及绿色发展方式，大力推广新能源电动汽车，助力实现新型的电力系统，加快产业转型，提高全流程电气化水平。

二、法律层面

（一）加快能源基本法系统引领建设

《能源法》自 2025 年 1 月 1 日正式实施，作为我国能源领域首部基础性、统领性法律，标志着能源治理进入系统性法治化阶段。但能源基本法在系统引领能源法律体系完善、协调利益关系及推动政策落地方面仍面临多重挑战。因此，应当以我国“十四五”时期能源安全政策为导向，以《能源法》为引领，加快推动能源基本法与其他单行法的衔接，避免现有单行法与能源基本法有关条款的冲突，协调各法律之间的关系。在适用《能源法》时，除根据有关能源应急管理规定外，还应结合应对各类能源突发事件的经验，在能源应急、储备、预警、保障等多方面推动地方性法规、政策制定，在能源基本法引领下协调好中央与地方的沟通，加快能源基本法落实，推动能源基本法系统引领制度建设。

（二）增加重要能源单行法

党的十八大以来在多个五年规划对清洁能源和可再生能源的大力倡导下，在全球能源绿色低碳转型中，风能、氢能应用范围逐渐广泛，但石油、天然气、核能等能源在我国能源市场乃至国际能源市场依然占据着重要的战略地位,其重要性不言而喻。然而,这些重要能源尚处于立法空白阶段,没有专项立法予以调整,不仅重要能源的安全无法保障,还制约着我国经济的发展与对外开放。在新冠疫情期间,能源应急法律的缺失也使得能源供需、结构与管理等方面受到了诸多影响。因此,必须增加重要能源单行法律,弥补立法空白,对重要能源的生产、消费等环节加以规范;在能源基本法统领下,可借鉴域外相关立法经验,结合我国能源实际情况与特点,抓紧制定重要能源单行法。

(三)推进能源领域法律法规的立改废

2014年6月13日,习近平总书记在中央财经领导小组第六次会议上指出,积极推进能源体制改革,启动能源领域法律法规立改废工作。诚然,当前我国能源法律体系尚不完善,存在立法空白,诸多能源虽然有专项法律或法规条例,但是这些法律法规条例出台早,带有明显的时代特征与社会烙印,尤其是一些传统能源法律的规定已经不适应当代能源政策导向,需要有针对性地进行修改、解释或废除。一些清洁能源由于过去的技术限制等因素,其生产方式、价格区间、应用领域等相对落后,因此,关于这些能源的一些政策或规章如果试点效果良好,有利于能源安全与经济发展,可以适时上升为法律。例如,新冠疫情中的一些地方实际做法具有良好的成效在此次如《山西省煤炭增产保供和产能新增工作方案》中的一些有关安全为先,科学生产的规定。我国应在确保安全生产的前提下深挖增产潜力,优化生产接续,科学组织生产,坚决守牢不发生重大生产安全事故的底线。严格程序、依法依规等此类规定均可以上升到法律的实际规定;时机或实践条件不成熟的,根据相关能源政策及时修改,明确能源法律法规立改废的内容,如应当加强《电力法》中新能源有关规定,以更加有力地促进电力顺应形势,提升能源安全水平。只有如此,才能更好地落实习近平总书记的指示,实现能源的法治化与现代化,将能源立法与能源改革有机结合,使不同位阶、不同能源、不同地域的法律在同一法律体系内部协调、完整,整体符合我国能源立法规律和原则。

(四)完善法律解释

目前,我国对于能源突发性事件的部分规定缺乏可操作性,还有部分处于空白状态。以突发事件为例,《宪法》中并无"突发事件"四字,而是规定了"紧急状态",同时对于紧急状态也未作出明确规定,但是关于突发性事件的实践并不少;因此,在法律没有规定的情况下,全国人大常委会应当对该概念作出相关解释,明确紧急状态对应的类型以及应急处置向紧急状态转化的条件,使得各级政府的行为有方向指引,且有法可依。除此之外,全国人大常委会还可列明紧急状态发生的事项,包括《突发事件应对法》第3条所规定的4

类突发事件和经济危机、战争等其他紧急事件。完善能源应急法律的立法解释,应当充分发挥立法解释在能源应急方面的作用,明确能源法有关的能源应急法律的应用。

三、加强省市能源应急管理能力建设

(一)完善应急管理制度和信息对接机制

我们已经经历雪灾、洪水和疫情等社会突发事件对能源和经济带来的冲击,正因其不可预测,所以才应对其应急管理作出更高要求。以新冠疫情为警示,我们要强化底线思维,加强城市能源应急管理能力建设,完善应急管理制度和信息对接机制。

首先,应该从政府层面制定应对突发事件的应急管理制度,建立突发事件的应急协调机制与能源应急物资储备调用机制,使各部门在应对突发事件时有据可依,制定应对措施时有制度保障,提高城市应急管理制度。其次,避免出现疫情期间能源供应保障不足与公众恐慌问题,应当建立信息对接机制,确保接收、登记、反馈的信息完整准确,进而能够提前预警、准确应对,保证能源应急物资的调用与分配,使民众安心,同心协力共克时艰。最后,政府主管部门应该针对有可能出现的能源安全与公共安全风险重大事件、应急状态和极端情形,建立多层次、分级别的应对策略和应急预案;对能源安全风险进行管控,对能源安全进行监管,完善能源应急管理制度。

(二)打造应急管理专业化人才队伍

完善的能源应急管理制度必须由专业的人才队伍实施。我国能源应急管理人才的素质应当引起重视,必须加强能源应急管理人才的战略储备。

应急管理人才的培养不能是临时的、单一的,而应该作为一项人才战略稳步实施,可以政府部门为主导,加强与相关企业以及专业院校的合作,从应急预警、应急保障、应急计划和应急处置等方面针对性地入手,与能源结合,组织申请研究课题,设立专门机构,培养复合型人才;加强岗前实习培训与日常应急演练,将能源应急理论与实践深度融合,打造一支高水平、高素质的专业应急管理人才队伍。

(三)重点关注能源大省(自治区)

目前,我国有众多能源大省(自治区),如山西、内蒙古、四川、陕西。在面临能源危机情况,如外部震荡、供应链不畅、上游来水稀少等情况时,能源供应将面临重大挑战。对此,能源大省(自治区)应当提升各级政府以及相关工作人员对能源突发性事件的应对能力:在事前要加强早期能源安全监测预警能力,建立健全煤炭等供需预警机制,提前完成相关预案,进行应急演练,提高对突发性能源事件的警惕性;在能源突发性事件发生时,应当保持冷静,将预案根据实际情况修改后实施,维护社会稳定;在能源突发性事件发生后,应对该事件的处理过程进行总结,吸取经验,不断提升突发公共事件快速响应能力。

能源大省(自治区)应当响应国家政策,在坚持可持续发展的基础上致力于提升供能源供应水平。首先,应当在生态文明建设的基础上开采能源,稳住存量,依据当地能源情况进行能源输送,完善能源供应体系,切不可为了促进经济增长而过量开采和开发。其次,应当根据实践经验,与研究所等机构合作,进行技术研发,提高能源开采效率。能源大省(自治区)作为能源的产出地,其更清楚能源开发和开采过程中遇到的技术难题以及能源研究方向,与研究所等机构合作能够更快地找到问题,攻克关键性技术。最后,应当依据国家政策安排,加强与其他省(自治区)的交流,完善能源运输基础设备设施,实现能源在全国范围内的安全输送。

四、国外应对能源突发事件主要措施特点

疫情严重冲击国际能源市场,改变了国际能源格局,我国的能源安全也面临着新的机遇与挑战。我国可从国外应对能源突发事件采取的各种措施中借鉴相关方法,将其运用到我国能源发展当中。

(一)加强自身能源储备,构建多元化能源供给结构

欧洲的能源主要依赖于进口,其能源的对外依存度可达60%,疫情对能源的影响对欧洲各国而言是极为致命的打击。目前我国能源供给主要依赖化石能源,且我国作为最大的石油进口国和能源消费国,对于构建多元化能源供给结构还有很长一段路要走。欧洲能源危机爆发启发我国要加强自身能源储备,未雨绸缪,只有自身能源储备充足,才能应对可能发生的能源突发事件,如能源短缺等。欧洲能源危机影响深远,因为其能源高度依赖国外进口,而新冠疫情和俄乌冲突都导致了诸如天然气、石油、电力等价格在全球范围内的上涨,全球经济化进程下,各国都不可避免地受到了能源危机的波及,甚至直接发生经济金融危机,此问题在未完全解决的情况下将持续影响着各个国家的能源与经济发展。

我国加强自身能源储备不仅要进行主要供给能源煤炭的储备,同时应保证天然气、石油、电力、新能源等其他类型能源的储备。由此可见,加强自身能源储备,构建多元化能源(除了煤炭之外的其他能源,如天然气、石油、新能

源等)供给结构对我国能源可持续稳定发展、应对未来更多挑战以及形成更合理的国家能源供给结构来说是非常必要的。

(二)保障能源安全,推动能源革命

2020年以来,欧盟、美国等的能源行业、能源消费和资源进出口全方面受到了新冠疫情的极大影响。全球能源消费较之前全面下降,能源消费的大量减少对全球经济、能源行业都产生了巨大的影响。从长远来看,只有在保障能源安全的基础上推动能源消费和革命,才能实现能源长期稳定向好发展。

在保障能源安全的同时,应注重促进能源转型。在新发展理念下,我国应该从夯实基础、有序置换以及风险管控三个方面着手,守住能源安全底线。根据我国的能源资源优势,要坚持先解决问题后发展,进一步深化能源革命,推动能源绿色安全低碳发展,实现能源革命性转型。首先,要推动煤炭清洁高效利用,积极推进煤电"三改并网"。"十四五"期间的规划计划将改造总规模控制在约6亿千瓦,同时提出了力推二氧化碳捕获、利用和封存(CCUS)技术示范应用的有力措施。其次,"十四五"规划总体上强调了积极开发非化石能源和高质量建设风电、太阳能等项目,推动大型水电、核电等基础设施项目的实施,且支持以地域环境特点为基础的生物质能、地热能等可再生能源项目的开发。再次,要积极推动光伏、风电等新能源发电研究,提高新能源发电占比,构建以新能源为主体的新型电力系统,以减少能源生产端碳排放量,实现"双碳"目标。最后,为了实现节能减碳的目标,需要明确能源使用的重点领域。其中,通过推进电力替代的措施可以有效地减少碳排放。因此,我们应该在积极推动电力替代的同时,不断提升其在终端能源中的比重,争取在2025年实现电力占终端能源比重达到30%的目标。

(三)发展可再生能源,实现绿色低碳发展

可再生能源具有许多其他能源所没有的优点。首先,可再生资源无处不在,国际可再生能源署估计,到2050年,全球90%的电力可以来自可再生能源。可再生能源提供了一条摆脱进口依赖的途径,使各国能够实现经济多元化,保护自身免受不可预测的化石燃料价格波动的影响,同时推动包容性经济增长、创造就业和减少贫困。其次,可再生能源更便宜。可再生能源技术的价格正在迅速下降。到2050年,它可以使90%的电力部门脱碳,从而大幅减少碳排放并有助于缓解气候变化。再次,可再生能源更健康。使用风能和太阳能等清洁能源有助于应对气候变化以及解决空气污染和健康问题。最

后,可再生能源可以创造大量就业机会,缓解就业压力,还具有经济意义。高效可靠的可再生能源技术的发展可以为我国创造一个不易受市场冲击影响的系统,并通过多样化的电力供应选择来确保能源安全。

我国是一个能源结构不平衡的国家,除煤炭外的能源大部分依赖进口,能源安全问题仍须解决。另外,当今世界都在提倡低碳发展,化石能源特别是煤炭资源的消耗长期造成严重的大气污染和温室气体的排放,与绿色低碳的理念不相符。我国提出的低碳发展与可再生能源开发是解决能源供应问题、实现能源脱碳转型、应对气候变化、推动能源高质量发展的重要战略。数据显示,截至2020年年底,我国水电、风电、光伏发电和生物质发电分别连续16年、11年、6年和3年位居世界第一。

因此,发展可再生能源产业可以保障国家能源供应,促进能源转型,减少污染和温室气体排放,实现绿色低碳发展,带动国家经济发展。首先,政府应当出台相应政策来大力支持能源发展,既包括政策方面的支持,将能源的发展置于经济社会发展中的重要地位,也包括经济政策方面的支持,如给予专项补贴,或划拨专项用地用于能源的开发和研究,鼓励更多的企业投身于能源的开发。其次,政府应当鼓励培养高素质的技术人才。能源的开发和利用离不开科技的支撑,培养高素质的人才则能为能源发展提供人才保证,技术和人才的双重支撑才能将能源发展推向更高的领域,才能更快地实现"双碳"目标。最后,政府应当推动建立能源发展的互联网平台,深化企业技术人员与各大研究所、高校的科研人员之间的交流与合作,在交流中发现解决问题的捷径。

(四)加强国际合作,完善能源应急法律制度

当前,开放与合作是共赢的不二选择。因此,除了完善国内能源应急法律制度,我国也要积极寻求对外合作。当前,我国签署并批准了《联合国气候变化公约》以及《京都议定书》,在能源安全方面加入了《南海各方行为宣言》等条约,可通过直接适用或转化适用已加入的国际条约,完善我国能源应急法律体系。[1] 与此同时,我国应该在更广泛的能源合作中,增加国际性能源安全与能源合作的条约或会议,加强合作深度与广度,提升大国影响力,加强我国在国际能源市场的话语权和定价权,体现大国担当,共同应对能源突发事件,借鉴国际能源应急经验,完善我国的能源应急制度。

---

〔1〕 吴菲:《气候变化背景下我国能源应急法律制度面临的挑战及对策》,暨南大学2014年硕士学位论文,第17页。

参 考 文 献

一、政策法规

1.《山西省煤炭清洁高效利用促进条例》(山西省人民代表大会常务委员会公告第127号),2022年12月9日发布。

2.《国务院办公厅关于印发国家煤炭工业局职能配置内设机构和人员编制规定的通知》(国办发〔1998〕82号),1998年6月25日发布。

3.《探矿权采矿权招标拍卖挂牌管理办法(试行)》(国土资发〔2003〕197号),2003年6月11日发布。

4.《国家发展改革委关于全面深化价格机制改革的意见》(发改价格〔2017〕1941号),2017年11月8日发布。

5.《石油天然气管网运营机制改革实施意见》,2019年3月19日中央全面深化改革委员会第七次会议审议通过。

6.《国家发展改革委、财政部、自然资源部等关于加快推进天然气储备能力建设的实施意见》(发改价格〔2020〕567号),2020年4月10日发布。

7.《清洁能源发展专项资金管理暂行办法》(财建〔2020〕190号),2020年6月12日发布。

8.《国家发展改革委、市场监管总局关于加强天然气输配价格监管的通知》(发改价格〔2020〕1044号),2020年7月1日发布。

9.《海洋石油平台弃置管理暂行办法》(国海发〔2020〕21号),2002年6月24日发布。

10.《中华人民共和国煤炭法(修订草案)》(征求意见稿),载国家发展和改革委员会网,https://www.ndrc.gov.cn/hdjl/yjzq/202007/t20200729_1234856.html。

11.《2020年能源工作指导意见》国家能源局,2020年6月5日发布。

12.《中华人民共和国国民经济和社会发展第十四个五年规划和2035年远景目标纲要》全国人民代表大会,2021年3月11日发布。

13.《新时代的中国能源发展》国务院新闻办公室,2020年12月21日发布。

14.《新能源汽车产业发展规划(2021—2035年)》(国办发〔2020〕39号),2020年11月2日发布。

15.《大连市氢能产业发展规划(2020—2035年)》(大政办发〔2020〕57号),2020年11月5日发布。
16.《氢能产业发展中长期规划(2021—2035年)》国家发展改革委、国家能源局,2022年3月23日发布。
17.《国家发展改革委关于发挥价格杠杆作用促进光伏产业健康发展的通知》(发改价格〔2013〕1638号),2013年8月26日发布。
18.《国家发展改革委关于完善光伏发电上网电价机制有关问题的通知》(发改价格〔2019〕761号),2019年4月28日发布。
19.《国家发展改革委关于2020年光伏发电上网电价政策有关事项的通知》(发改价格〔2020〕511号),2020年3月31日发布。
20.《关于印发分布式电源并网服务管理规则的通知》(国家电网营销〔2014〕174号),2014年1月28日发布。
21.《国家能源局关于进一步落实分布式光伏发电有关政策的通知》(国能新能〔2014〕406号),2014年9月2日公布。
22.《国家能源局关于2019年风电、光伏发电项目建设有关事项的通知》(国能发新能〔2019〕49号),2019年5月28日发布。
23.《光伏电站开发建设管理办法》(国能发新能规〔2021〕104号),2022年11月30日发布。
24.《国家发展改革委关于2021年新能源上网电价政策有关事项的通知》(发改价格〔2021〕833号),2021年6月7日发布。
25.《国家能源局综合司关于公布整县(市、区)屋顶分布式光伏开发试点名单的通知》(国能综通新能〔2021〕84号),2021年9月8日公布。
26.《中央定价目录》中华人民共和国国家发展和改革委员会令第31号,2020年3月13日公布。

二、新闻报道

1. 吕建中:《后疫情时代,能源安全理念亟待更新》,载《中国能源报》2020年9月21日,第4版。
2. 朱妍:《新能源竞价项目应否延期并网?》,载《中国能源报》2020年5月25日,第2版。
3. 国家能源局:《我国太阳能资源是如何分布的》,载国家能源局官网2014年8月3日,https://www.nea.gov.cn/2014-08/03/c_133617073.htm。
4.《2018年国内外天然气管道输送行业发展现状及预测分析》,载观研报告网2018年9月18日,https://tuozi.chinabaogao.com/nengyuan/091SBM52018.html。
5.《上汽集团助力鄂尔多斯打造"北疆绿氢城"将建成全球首个万辆级氢能重卡产业化应用基地》,载上汽集团官网2021年7月26日,https://www.saicmotor.com/

chinese/xwzx/xwk/2021/55786. shtml。
6. 晶科能源:《晶科能源大面积 N 型单晶硅单结电池效率达 25. 25%再次刷新世界纪录》,载北极星太阳能光伏网,https://guangfu. bjx. com. cn/news/20210601/1155755. shtml。
7. 罗佐县:《中石化专家撰文:我国天然气基础设施不足》,载新浪财经网,http://finance. sina. com. cn/chanjing/yjsy/20140120/121418013405. shtml。
8. 刘满芝:《疫情对煤炭行业影响的传导机制和应对举措》[Z/OL]. (2020-05-25)[2021-08-26],https://k. cnki. net/CInfo/Index/5473。

三、行业报告

1. 中华人民共和国自然资源部:《中国矿产资源报告(2022)》(2022 年 9 月 20 日)。
2. 毕马威会计师事务所、能源研究院:《世界能源统计年鉴 2023》(2023 年 11 月 6 日)。
3. 华经产业研究院:《2023-2028 年中国氢能行业市场深度分析及投资战略研究报告》(2022 年 10 月 9 日)。

四、中文论文和专著

1. 唐颖:《陕西省煤矿矿区环境生态化法律制度研究》,西安建筑科技大学 2011 年硕士学位论文。
2. 毛涛:《论我国煤炭清洁高效利用的法律政策保障》,载《环境保护》2017 年第 12 期。
3. 陈茜、任世华:《消费平台期煤炭行业发展的国际经验借鉴》,载《煤炭经济研究》2020 年第 6 期。
4. 姜大霖:《应对气候变化背景下中美煤炭清洁高效利用技术路径对比与合作前景》,载《中国煤炭》2020 年第 11 期。
5. 罗佐县:《"双碳"视角下 2021 能源市场回顾》,载《能源》2022 年第 1 期。
6. 周杰、周溪峤:《日本如何实现煤炭的清洁高效利用》,载《中国能源报》2016 年 3 月 28 日,第 4 版。
7. 党政军:《煤炭清洁化利用对我国能源安全的作用和影响机制》,中国地质大学 2012 年博士学位论文。
8. 刘明明:《"双碳"目标下可再生能源发展规划实施的用地困境及其纾解》,载《中国人口·资源与环境》2022 年第 12 期。
9. 王晓苏:《德国绿色转型变成煤炭转型——煤炭发电比例创 7 年新高》,载《中国能源报》2014 年 4 月 21 日,第 9 版。
10. 赵笑笑:《论煤炭清洁化利用中践行排放标准的相关问题》,载《中国市场》2018 年第 2 期。
11. 王慧、杨天敏:《我国煤炭清洁高效利用现状及发展建议》,载《能源》2023 年第

3 期。
12. 董洁、乔建强:《“双碳”目标下先进煤炭清洁利用发电技术研究综述》,载《中国电力》2022 年第 8 期。
13. 张菲菲:《促进清洁煤技术应用的法律问题研究》,山东大学 2014 年硕士学位论文。
14. 唐珏、王俊:《“双碳”目标下煤炭发展及对策建议》,载《中国矿业》2023 年第 9 期。
15. 李欣民:《分布式光伏商业模式设计与评价研究》,华北电力大学(北京)2018 年硕士学位论文。
16. 何国庆、王伟胜等:《分布式电源并网技术标准研究》,载《中国电力》2020 年第 4 期。
17. 李德智、田世明等:《分布式储能的商业模式研究和经济性分析》,载《供用电》2019 年第 4 期。
18. 刘辰亮:《推广光伏发电法律问题研究》,中央民族大学 2017 年硕士学位论文。
19. 赵万明:《双碳愿景下中国光伏发电发展的困境及破解之策》,载《北方经济》2022 年第 9 期。
20. 俞健、叶浩然等:《“双碳”目标下光伏发展新机遇及在能源网络的应用》,载《油气与新能源》2022 年第 3 期。
21. 裴海天:《绿色发展理念下光伏产业法律制度优化研究》,载《河南理工大学学报(社会科学版)》2021 年第 4 期。
22. 左媛:《我国太阳能光伏发电法律保障制度研究》,山东科技大学 2011 年硕士学位论文。
23. 张昱恒:《我国光伏发电产业法律制度完善研究》,郑州大学 2017 年硕士学位论文。
24. 秦建芝:《山西煤炭清洁利用地方立法研究》,载《中国政法大学学报》2014 年第 1 期。
25. 张延悦:《我国煤炭清洁利用的法律监管》,载《中国市场》2018 年第 2 期。
26. 柳第:《雾霾治理背景下的煤炭清洁化利用法律规制》,载《中国市场》2018 年第 3 期。
27. 陈惠芬、邓雪莲:《我国石油市场集中度及原因分析》,载《产业与科技论坛》2014 年第 6 期。
28. 董晓波:《关于全面提升中国石油天然气集团公司执行力的思考》,载《国际石油经济》2010 年第 12 期。
29. 胡健、张凡勇、董春诗:《中国石油天然气产业成长:历史沿革与未来取向》,载《西安石油大学学报(社会科学版)》2011 年第 1 期。
30. 张前荣:《对天然气发展“十二五”规划的解读及政策建议》,载《发展研究》2013 年第 5 期。

31. 雷培莉、余志宇:《“十二五”期间中国天然气能源发展策略探究》,载《山西财经大学学报》2011 年 S1 期。
32. 高芸等:《2014 年中国天然气市场发展综述及 2015 年展望》,载《天然气技术与经济》2015 年第 2 期。
33. 谢玉洪、高阳东:《中国海油近期国内勘探进展与勘探方向》,载《中国石油勘探》2020 年第 1 期。
34. 济民:《天然气管网改革三大支点》,载《能源》2018 年第 3 期。
35. 高芸等:《2022 年中国天然气发展述评及 2023 年展望》,载《天然气技术与经济》2023 年第 1 期。
36. 李俊杰:《天然气产业改革综述及国家油气管网公司成立后的影响》,载《天然气技术与经济》2020 年第 3 期。
37. 何晋越等:《川渝地区天然气产业发展现状与“十四五”展望》,载《天然气与石油》2022 年第 3 期。
38. 周淑慧、王军、梁严:《碳中和背景下中国“十四五”天然气行业发展》,载《天然气工业》2021 年第 2 期。
39. 王震、孔盈皓、李伟:《“碳中和”背景下中国天然气产业发展综述》,载《天然气工业》2021 年第 2 期。
40. 刘恒阳:《“双碳”背景下天然气地下储气库机遇与挑战》,载《石油与天然气化工》2022 年第 6 期。
41. 徐博等:《推进我国天然气行业供给侧结构性改革的政策与建议研究》,载《世界石油工业》2019 年第 5 期。
42. 蒲明:《中国油气管道发展现状及展望》,载《国际石油经济》2009 年第 3 期。
43. 李建君:《中国地下储气库发展现状及展望》,载《油气储运》2022 年第 7 期。
44. 张福强等:《国内外地下储气库研究现状与应用展望》,载《中国煤炭地质》2021 年第 10 期。
45. 赵广明:《中国 LNG 接收站建设与未来发展》,载《石油化工安全环保技术》2020 年第 5 期。
46. 程民贵:《中国液化天然气接收站发展趋势思考》,载《国际石油经济》2022 年第 5 期。
47. 周跃忠等:《推进我国天然气行业监管制度发展与完善的思考》,载《石油科技论坛》2012 年第 5 期。
48. 唐芬、杨莉:《省级天然气产业发展法规体系建设研究——以四川省为例》,载《河南科技大学学报(社会科学版)》2011 年第 3 期。
49. 汪天凯等:《政府对天然气产业发展的影响及启示——以美国、英国为例》,载《石油科技论坛》2017 年第 6 期。
50. 傅晶晶:《中美石油资源法律制度比较研究》,载《资源开发与市场》2012 年第

11 期。
51. 李永昌:《天然气对外依存度可控》,载《中国石油和化工产业观察》2023 年第 1 期。
52. 白平则:《我国能源安全保障的法律问题探讨》,载《经济问题》2007 年第 1 期。
53. 张茹:《浅析我国天然气对外依存度的发展趋势及应对策略》,载《中国石油和化工标准与质量》2019 年第 16 期。
54. 周德群:《我国能源应急管理体系与能力建设》,载《江淮论坛》2020 年第 6 期。
55. 张建民:《煤炭价格波动对经济影响的相关分析》,载《中外企业家》2019 年第 22 期。
56. 闫芸、赵洁:《企业如何应对因新冠肺炎疫情导致的合同履行不能》,载《中国对外贸易》2020 年第 2 期。
57. 王健:《新冠疫情对煤炭行业的影响分析》,载《煤炭经济研究》2020 年第 4 期。
58. 张跃军:《能源行业应急保障能力待提升》,载《中国能源报》2020 年 3 月 2 日,第 4 版。
59. 王启瑞:《新冠疫情对山西煤炭产业的影响及相关建议》,载《中国煤炭》2020 年第 5 期。
60. 张跃军:《新冠肺炎疫情警示:智慧城市不应忽视综合能源系统建设》,载《中国能源报》2020 年 3 月 16 日,第 32 版。
61. 王义保:《服务战略需要加快人才培养——中国矿业大学应急管理教育事业发展纪实》,载《中国应急管理》2020 年第 5 期。
62. 叶志强:《疫情问责坚持实事求是彰显人性温度》,载《中国纪检监察》2020 年第 9 期。
63. 廖建凯:《我国能源储备与应急法律制度及其完善》,载《西部法学评论》2010 年第 2 期。
64. 饶彩霞:《我国公共安全管理体制的问题与对策研究》,载《北华大学学报(社会科学版)》2012 年第 2 期。
65. 马超林:《新中国成立以来我国能源安全观及能源安全政策的历史演进》,载《湖北社会科学》2023 年第 2 期。
66. 马俊驹、龚向前:《论能源法的变革》,载《中国法学》2007 年第 3 期。
67. 叶荣泗:《回顾与展望:改革开放以来的我国能源法制建设》,载《郑州大学学报(哲学社会科学版)》2009 年第 3 期。
68. 车咚咚:《我国能源法律法规及标准体系简介》(上),载《中国水泥》2021 年第 5 期。
69. 叶荣泗、吴钟蝴主编:《中国能源法律体系研究》,中国电力出版社 2006 年版。
70. 王铁崖:《国际法引论》,北京大学出版社 1998 年版。
71. 肖兴志、李少林:《能源供给侧改革:实践反思、国际镜鉴与动力找寻》,载《价格理论与实践》2016 年第 2 期。
72. 孟涛:《浅议我国能源储备制度的完善》,载《法制与社会》2016 年第 22 期。
73. 董秀成、皮光林:《能源地缘政治与中国能源战略》,载《经济问题》2015 年第 2 期。
74. 刘华军、刘传明、孙亚男:《中国能源消费的空间关联网络结构特征及其效应研究》,载《中国工业经济》2015 年第 5 期。
75. 魏文栋:《能源安全新战略下的应急管理》,载《煤炭经济研究》2020 年第 6 期。
76. 罗佩石:《天然气掺氢(HCNG)发动机性能及掺混 CO 的燃烧特性》,清华大学 2019 年博士学位论文。
77. 冷先银等:《预燃室式天然气掺氢发动机燃烧及排放模拟》,载《内燃机学报》2021 年第 1 期。
78.《德国正式宣布"以氢代煤"炼铁》,载《铸造工程》2020 年第 1 期。
79. 程文姬等:《"十四五"规划下氢能政策与电解水制氢研究》,载《热力发电》2022 年第 11 期。
80. 侯巍巍、陈奕秀:《能源革命视域下氢能安全法律规制问题探析》,载《南方论刊》2022 年第 12 期。
81. 孙旭东等:《我国地方性氢能发展政策的文本量化分析》,载《化工进展》2023 年第 7 期。
82. 邓彤:《氢能产业发展的挑战与机遇分析——以山西为例》,载《技术经济与管理研究》2019 年第 10 期。
83. 翁帅、左梅:《山西省氢能源发展对策研究》,载《山西科技》2020 年第 1 期。
84. 王湘军、邱倩:《大部制视野下美国独立监管机构的设置及其镜鉴》,载《中国行政管理》2016 年第 6 期。
85. 李建林等:《氢能储运技术现状及其在电力系统中的典型应用》,载《现代电力》2021 年第 5 期。
86. 石少华:《能源法的立法难点及对策》,载中国法学会能源法研究会编:《能源法学总论》,法律出版社 2019 年版。

五、英文文献

1. J. Romm, *The Hype About Hydrogen: Fact and Fiction in the Race to Save the Climate*, Washington Island Press, 2004.
2. Romdhane et al., *Dynamicmodeling of an Eco-neighborhood Integrated Micro-CHP Based on PEMFC: Performance and Economic Analyses*, Energy and Buildings, 2018.
3. United States Department of Energy, *Hydrogen Posture Plan: An Integrated Research, Development, and Demonstration Plan*, United States Department of Energy, 2006.
4. Behling N., Williams M. C. & Managi S., *Fuel Cells and the Hydrogen Revolution: Analysis of a Strategic Plan in Japan*, Economic Analysis & Policy, 2015.

5. Trencher G. & van der Heijden J. ,*Contradictory but also Complementary*:*National and Local Imaginaries in Japan and Fukushima Around Transitions to Hydrogen and Renewables*,Energy Research & Social Science, 2019.
6. Bleischwitz R. & Bader N. ,*Policies for the Transition Towards a Hydrogen Economy*: *the EU Case*,Energy Policy, 2010.

后　　记

本书致力于对能源产业现状及其发展演化过程进行描绘，意图为这一领域之学者与行业参与各方提供一份可资参考的材料，倘若观者可借助本书对这一领域有更清晰的认识，实为作者最大荣幸。本书以与能源行业所相伴相生的法律法规为抓手，从中研析其所处国内外时代背景所提供的发展条件与阻隔，更有当时一代从业人士辛苦拼搏的辉煌成果和当时顶层设计所凸显的政治智慧。

当然，追思过往，所求者仍在今日，过往的宝贵经验能够为今日我们应对困难提供有益参考。今日的能源产业之中，旧能源格局错杂，新能源强势进入旧格局，为能源产业带来新变数。国际化导致各国能源市场受到国际局势波动的强烈影响，可谓一波三折。能源产业受到多种因素和趋势的影响，不可避免地表现出波动性；然而能源产业对一国的经济安全起到柱石的作用，国家势必保障自身能源供应渠道的顺畅运行，这就意味着在国家的调控下能源市场要呈现出一定的定性。这一变与不变、定或不定的对立统一的趋势，就是我们理解今日能源产业的焦点所在。

首先，我们看到能源行业在当前面临着许多挑战，包括政策法规的调整和市场环境的不稳定，这可能对能源行业的发展产生影响。这些领域也面临着供需形势的挑战，需要通过新技术如 TOPCon、HJT 等打开发展空间。但能源领域的发展潜力巨大，风电和光伏领域的投资前景良好，尤其是在政策支持下，到 2025 年累计装机并网容量将达到 60 吉瓦。这一切都有赖于政府的支持政策和国际合作，因为政策环境和市场竞争等外部因素会对行业发展产生影响。随着智能电网、分布式发电、电动汽车等新兴领域的发展，新的能源行业在未来的能源体系中将扮演越来越重要的角色。总体来看，能源产业具有巨大的发展潜力和广阔的发展前景，但同时需要应对各种挑战和问题，以确保其健康和可持续地发展。

其次，新的能源行业的发展需要政府的大力支持，并出台相应的支持政策。政府应当鼓励企业进行技术创新和研发投入，并给予必要的财政、税收和信贷支持，如完善产业补贴、税收减免等政策，以降低企业的生产成本，提高企业的投资信心和积极性。同时，政府需要与其他国家和地区开展合作，共同推动能源技术的创新和发展。国际及区际合作可以推动能源技术的共享和交流，借鉴其他国家和地区的成功经验，共同解决能源技术发展中面临的问题。此外，政府还需要加强与国际组织和研究机构的合作，共同推进能源技术的创新和研发。在科技的不断进步下，可以在提高太阳能转换效率、降低生产成本等方面发挥重要作用，从而为能源行业的发展打开新的发展空间。这些新技术的研发和应用，可以促进能源产业的技术升级和产业转型，从而实现可持续发展的目标。

最后，随着电动化、光伏发电成本下降、储能技术取得重大突破、氢能产业发展迅速、智能电网建设加速、分布式能源成为重要发展方向、能源互联网初具雏形、新的能源与传统能源深度融合、国际合作日益加强和创新驱动成为核心动力等趋势，新的能源产业的发展已经初露锋芒。我国出台了一系列支持产业发展的资源保障政策，包括出台支持光伏发电产业用地管理政策，优化沿海和内河港口码头改扩建项目用地用海审批，加大用地、用海、用矿自然资源要素保障，积极推进新一轮找矿突破战略行动等，这些政策促进了能源产业的健康发展。未来，能源产业还将在全球范围内实现更大规模的部署和应用，推动能源行业的转型和升级。同时，能源技术的研究将更加注重集成和协同发展，加强对新型能源与传统能源的融合应用研究。

总的来说，能源产业的发展前景广阔，我们期待着能源产业为全球的可持续发展做出更大贡献。在此，对在本书成稿过程中付出辛勤劳动与智力成果的各位表示感谢，特别是提供详细数据的相关企业对本书成文有着积极的贡献。更对所有为新能源产业的发展付出辛勤努力的学者和企业家表示衷心的感谢。

郗伟明、郗志豪

2025 年 2 月 5 日